天使初心

——天津护理人物志

主　编　孙　玫　张克森
顾　问　梅玉文　陈荣秀
主　审　熊　智
副主编　曹文媚　刘亚平　田　丽
　　　　王维宁　夏欣华　付　丽

天津大学出版社
TIANJIN UNIVERSITY PRESS

图书在版编目（CIP）数据

天使初心 ：天津护理人物志 / 孙玫，张克森主编
. -- 天津 ：天津大学出版社，2022.8
ISBN 978-7-5618-7283-3

Ⅰ.①天… Ⅱ.①孙… ②张… Ⅲ.①护理人员—人
物志—天津—1949—2020 Ⅳ.①K826.2

中国版本图书馆CIP数据核字(2022)第142240号

出版发行	天津大学出版社
地　　址	天津市卫津路92号天津大学内（邮编：300072）
电　　话	发行部：022-27403647
网　　址	www.tjupress.com.cn
印　　刷	廊坊市海涛印刷有限公司
经　　销	全国各地新华书店
开　　本	710mm×1010mm 1/16
印　　张	34
字　　数	630千
版　　次	2022年8月第1版
印　　次	2022年8月第1次
定　　价	56.00元

编委名单

主　编　孙　玫　张克森

顾　问　梅玉文　陈荣秀

主　审　熊　智

副主编　曹文媚　刘亚平　田　丽　王维宁
夏欣华　付　丽

编　委　马红梅　马新娟　马宏文　王玉玲
王　申　王春梅　王　晋　尹雪梅
邢秋玲　任　怡　刘彦慧　齐连秀
池艳俊　孙培芳　孙　瑶　苏爱军
杨志敏　王树苓　邹　萍　宋丽萍
宋国敏　张佳琪　张香娟　张　靖
林　梅　金　奕　金　霞　法天锷
殷桂春　郭　洁　唐明霞　黄雪丽
曹淑卿　程秀玲　强万敏　鲍雨婷
窦佩娥　燕朋波　薛　梅　戴艳梅
董　丽

谨以此书献给天津市护理学会
建会七十周年

天津市护理学会走过了崎岖坎坷的道路，与护理事业一同风雨兼程，成为广大护理人心中的灯塔。掩卷而思，今天的我们，在前人铺就的康庄大道上前进。展望未来，希望你们承载更多的责任与希冀，继续发扬南丁格尔精神，推进我市护理事业再创辉煌！

仁爱奉献，传承创新，谱写护理新篇章！

丁晓清 2022.6.21

序

天津的护理历史从1908年中国第一所公立护士学校——北洋女医学堂建立开始，至今已有百年。护士队伍在天津医疗领域对人民卫生健康、战时救护、临床医疗、疫情应对、科学研究、社会服务等起到非常重要的作用，是一支勇敢智慧的力量。

2021年是天津市护理学会建会70周年，70年的奋斗历程，记载传承了护理事业的发展历史，对现实有启迪作用，对未来有昭示意义。为铭记和缅怀护理先辈的历史功绩，激励当代、启迪后世，天津市护理学会第九届理事会研究决定组织撰写《天使初心——天津护理人物志》，把天津护理事业的发展记载下来，把为之奋斗终身无怨无悔的护理老前辈的事迹传播开来，引导一代又一代南丁格尔的传承人景仰他们，以他们为榜样做好现代护理工作。研究决定，本书主要收录南丁格尔奖章获得者、享受国务院政府特殊津贴的护理专家、各医院建院以来的护理部主任、天津医学类院校护理学院历任院长及护理系主任、获得国家级表彰的护理人员（科研人员、先进个人等）、护理专业硕士生/博士生导师、天津市护理学会第一届至第九届理事会常务理事及专业学组或专业委员会主任委员等的业绩，旨在承上启下、继往开来，服务当代、有益后世。

这次编修天津护理人物志，是天津护理史上的一项史料浩繁的收集整理工程、重大的文字工程、系统的文化工程。这部志书也将是天津有护士以来第一部比较完整地记载护士辛苦工作及对天津卫生事业所做的贡献的书籍。本书本着“晓之医界，教育今人；告之社会，宣传世人；传之下代，有益后人”的原则，共征集到75家医院327位护理工作者的材料，文章经过各医院护理部主任、人物志编委会编委、天津市护理学会第九届理事会严格审核，几经修改，方作定稿，力争留下经得起当代人推敲与后代人检验的专史与宝贵资料。

《天使初心——天津护理人物志》在编纂过程中，得到各级领导和有关单位的大力支持，加之全体编纂人员的共同努力，使得本书如期顺利完成。虽然尽力收集资料，仍难免挂一漏万，因为这些护理人物只是百年来数万平凡护士中的代表。由于组织编纂工作的时间短促，疏漏之处，诚请读者批评指正。谨以此书的出版，向这些曾经为天津护理事业发展作出突出贡献的前辈们致敬！

原天津市卫生局局长

张愈

2021年12月22日

《天使初心——天津护理人物志》编辑凡例

一、《天使初心——天津护理人物志》（以下简称《人物志》）主要本着实事求是的原则记述天津市护理事业的历史与现状及护理工作者的突出贡献。

二、《人物志》主要收录历届南丁格尔奖章获得者、享受国务院政府特殊津贴的护理专家、各医院建院以来的护理部主任、天津医学类院校护理学院历任院长及护理系主任、获得国家级表彰的护理人员（科研人员、先进个人等）、护理专业硕士生/博士生导师、天津市护理学会第一届至第九届理事会常务理事及专业学组或专业委员会主任委员的业绩。

三、《人物志》事件内容选取截至2020年12月31日。

按照人物从事护理工作的开始时间分四个阶段，即艰难创业期（1946—1956年）、曲折前行期（1957—1977年）、改革开放期（1978—1999年）、跨越发展期（2000—2020年），每阶段中的人物按其出生年月自然排序。

四、《人物志》以文为主，辅以工作照或生活照，用简洁、朴实、生动的语言，直陈其事，描述具体业绩，详略得当，不评论、不渲染。

五、《人物志》内容来自各医院护理部组织上报的材料，经医院核实以及经考证的有关人士的记述材料，由天津市护理学会第九届理事会常务理事组成编委会对其进行汇总、编辑、审核。

六、《人物志》采用记述文体，以第三人称按照个人简历及先后从事的临床护理及教学、科研工作，分段描述人物取得的业绩。

七、标点符号的使用参照《标点符号用法》（GB/T 15834—2011）。

八、《人物志》主要反映多年来天津护理事业的发展史、天津护理工作者的突出贡献，正文由简介、名录（表）二部分组成，卷末设“《天津护理》杂志发展史”“获得市级以上表彰的护理人员名单”。

目　　录

南丁格尔奖章获得者

享受国务院政府特殊津贴专家

创业期（1946—1956）

前行期（1957—1977）

开放期（1978—1999）

发展期（2000—2020）

南丁格尔奖章获得者

陈路得

陈路得（1914—2000），女，出生于湖北省武汉市，中共党员，主任护师。1937年同时毕业于燕京大学生物系（获学士学位）、协和医院护士专科学校。天津护理事业创始人，天津市护理学会创始人并历任第一、二届理事会理事长。曾任中华护理学会常务理事，天津科协第一届常务理事、第二届理事，第三届全国人大代表，全国第五届政协委员，全国妇女大会三届代表，第一届至第九届天津市人大代表，第七届天津市政协委员，《现代化医院管理》编委。第31届南丁格尔奖章获得者，享受国务院政府特殊津贴的护理专家。

她毕业后受聘于协和医院，曾任协和医院护士督导兼护校教师，1942年就职于天津恩光医院，任总护士长。1947年工作于天津中央医院（天津市立总医院、天津医学院附属医院前身，现天津医科大学总医院），曾任护理部主任、护校校长、医务科副主任等；1957年任副院长，成为中国第一位由护士出任的院级女领导。

她在护理管理方面狠下功夫，在医大总医院护理管理期间，建立、健全病房基本管理制度，包括医护联合交接班制度、医嘱核对制度、三级护理制度、药物三查五对制度等，规范了护理工作；对教学病房的管理提出三化要求，建立岗位责任制。她还倡导开放门诊、实行三班门诊制、组建综合急症和综合简易病房。周恩来总理接见医院领导班子时，得知她负责护理工作，特意与她亲切握手。1972年她重新管理总医院护理工作，逐步恢复各项规章制度。由于她在护理管理工作中成绩突出，1956年天津市护理工作会议授予她“一等优秀护理工作者”称号。

她处处践行南丁格尔精神，1956年她向天津市护理学会提议开展评选优秀护士活动，389名优秀护理工作者及93名护龄在20年以上的护士受到表彰。她两次带队赴农村抢救危重病人，有效地控制了河北省献县的伤寒病和静海县（现天津市静海区）的营养不良性浮肿。1976年唐山地震波及天津，62岁的她连夜起草关于建临时病房、造封闭式厕所、火化尸体、设分诊处等建议。

她注重培养合格的护理人才，提出“护理发展，教育优先”的理念。筹建医院附设高级护校，建立教学病房来完成医院承担的教学和科研任务，在病房设教学护士为专职带教老师，她通过组织培养教学力量，搞好护校的教学工作，抓紧开展年轻护士长的培训教育工作。后来，医学模式转变，护理学科发展也需顺应新形势，从1978年提出提案一直到1983年高教部批准首先在天津医学院设立护理系，她为恢复护理高等教育四处奔走，并把几十年的工资积蓄11000元捐给天津医学院护理系，设立“陈路得护理教育奖学金”，以奖励优秀师生。

她重视护理学术工作，1996年她捐赠2000元作为学会的科研启动基金，结束了45年的在天津市护理学会的任职。她先后撰写《绷带包扎法手册》《建立简易病房的经验体会》《试行“个案研究”教学法的初步体会》《病房管理讲座七讲》《加强组织领导、提高临床护理教学质量》《医院科学管理的基本法则》《愿将毕生献给护理事业》《难忘的岁月、美好的回忆》等，组编《临床护理应知应会手册》第一、二册，并发行到全国各地护理分会。曾参加科普学术委员会和外文翻译专业组活动的审稿工作，参与翻译《国外护理教育标准》《护理实践标准》《护理程序》等著作。三年严重困难时期她还汇总了《各级护理人员的职责和各科护理的规章制度》和《医院的规章制度和各类工作人员的职责》等制度。

1987年，陈路得获国际护士最高荣誉——第31届南丁格尔奖，是天津市第一位南丁格尔奖章获得者。

她把一切都奉献给了护理事业。2000年，心脏手术后的她找来了律师，写下遗嘱：

丧事一切从简，不开追悼会，不送花圈，遗体捐献给天津医科大学用于解剖研究，用什么器官取什么器官；现住房（已购产权）捐给医大总医院，包括室内全部财产，内含存款（1万多元）、首饰、家具、字画、电器；1987年所获南丁格尔金质奖章捐给医大总医院；全部书籍、个人小传及相应著作权捐给医大总医院；公证律师费用由本人承担。

关小瑛

关小瑛（1928—2021），女，出生于上海市，中共党员，主任护师，享受国务院政府特殊津贴专家。1947年考入上海仁济高级护校，1950年工作于上海仁济高级护校附属医院，1952年调入天津市第一中心医院从事护理工作。曾当选政协天津市第二届至第六届委员，天津市第十、十一、十二届人大常委会委员，农工党天津市委员会常委。曾担任中华护理学会常务理事，1990年任天津护理学会第四届理事会理事长、国家卫生部医院评审委员会委员，担任《护士进修杂志》《实用护理杂志》编委。第36届南丁格尔奖章获得者，多次获得全国三八红旗手、天津市三八红旗手、天津市优秀护士、天津市优秀科技工作者、局级优秀共产党员等荣誉称号。

1957年，天津站南货场发生了一起严重的化学中毒事件，一百多名工人中毒，部分严重病人已经出现了呼吸衰竭的迹象，生命垂危。在抢救中，医生打算使用当时比较先进的仪器“铁肺”辅助危重病人呼吸，但“铁肺”刚到天津，医生们还不熟悉其性能。此时，抢救小组成员关小瑛挺身而出，毅然要求在自己身上做“铁肺”实验，被她深深感动的同事们只能含泪操作，直至确认“铁肺”良好的辅助呼吸性能——同时对人体无害。“铁肺”马上被投入抢救中，整整七个昼夜后，所有的病人都转危为安。

1967年，关小瑛响应国家号召，报名参加支援内蒙古大草原的医疗队，为期一年。在那里，她克服了种种困难，夜以继日地为牧区的广大群众服务。当时，一个年仅3岁的蒙古族孩子被严重烧伤，恰好血型相同的关小瑛毫不犹豫地为他输血，输血后又立刻参与抢救。因痰液堵在喉头而导致孩子呼吸困难、危在旦夕，关小瑛口对口把孩子的积痰吸了出来，从死神手中抢回了这个小生命。孩子苏醒了，关小瑛却累得晕倒在抢救帐篷里。关小瑛忘我的精神和出色的工作赢得了草原人民的信任，牧民们称她是远方飞到大草原上的一只雄鹰。在内蒙古医疗队工作期间，她的母亲不幸病故，没能见到母亲最后一面是关小瑛一生的遗憾。1976年，天津发生强烈地震后，她担任救灾医疗队队长，在宝坻县（现宝坻区）开展医疗防疫工作。为防止疫情发生，她带领医疗队广泛深入宣传防病防疫知识，指导群众积极采取预防措施。为查看水源，她不辞辛苦走遍全乡的每个村落，行走数百里，圆满出色地完成了任务。

1978年，相濡以沫25年的丈夫老陈被确诊为胃癌患者，女儿因意外被砸成重伤，头骨凹陷性骨折，需要马上进行开颅手术，她却不能陪伴在丈夫和女儿的身边，因为她的病人也需要她。在对待病人与亲人的态度上，在处理工作和私人利益的关系上，关小瑛曾说："作为一名护理工作者，任何时候都要摆正公与私的位置。为了病人，个人的事再大也是小事，这是护理职业对护理工作者的要求。"这就是关小瑛的人生信条。

她不仅心系每一位患者，也时刻为护理事业的发展贡献力量。她根据护士的职业要求、护理工作的规律和多年经验，以高度负责的精神狠抓护理工作的整顿；撰写了《如何做好护士长工作》《危重病监护病房建立和组织管理》等文章，并参编《临床用药观察手册》一书；统一了技术操作规程，明确了岗位职责，还重新建立了"医嘱本""报告本"和"交接班本"，护理人员在岗时要依据这"三本"对危重病人严加观察，发现问题及时采取措施。

她对下级既关心爱护，又严格要求，注重言传身教。在她的带动下，护士们工作上吃苦耐劳，技术上精益求精。她曾带领医院连年夺得市级护理理论和技术操作比赛的第一、二名。关小瑛积极为护士学习创造条件，每年都组织举办新理论、新技术管理培训班，并实施长期培训计划，鼓励护士继续深造，解决了护理管理者青黄不接的问题，储备了青年力量。

她不但重视护理实践，还重视护理理论建设和护理科研工作，常年利用业余时间为杂志修改文章，积极推荐优秀护理论文到全国会议上交流。为了护理事业的发展，她多次利用参与社会活动的机会，呼吁提高护士待遇。在她的努力下，天津市护理工作得到社会普遍重视，护士待遇也明显提高。

1997年，关小瑛获得了世界护理学界的最高荣誉——第36届南丁格尔奖，这份不同寻常的荣誉是对关小瑛将一生奉献给护理事业的最大肯定，也是任何奖项所不能比拟和替代的。她用自己坚韧的心和质朴的行动履行着“燃烧自己，照亮别人”的誓言，她以自己柔弱的双手拯救无数濒临死亡的生命，在危急时刻像南丁格尔那样为了挽救别人的生命执着前行！

古稀之年她仍忙碌在工作一线，年近八旬才从天津市第一中心医院退休。关小瑛于2006年签署办理了“遗体捐献公证书”，自愿将遗体贡献给医学事业，她说：“我没有什么长篇大论，就是觉得活着的时候，为社会做的贡献太少，希望死后能为医学研究尽一点绵薄之力，还有一个要求就是，我干了一辈子护理工作，穿了一辈子护士服，希望我走后也能给我换上一身护士服，这是我最喜欢的衣服。”

王桂英

王桂英（1920—2012），女，山东德州人，1935年就读于山西汾阳医院附设高级护士学校。1938年毕业后经校长推荐到了北平协和医院当护士，历任天津市传染病医院、工人医院护理部主任，天津市卫生局医疗预防处副处长，1978年任天津市护理学会专职副理事长、1986—1990年任第三届理事会理事长等。1999年荣获第37届南丁格尔奖章。享受国务院政府特殊津贴专家。

她从事临床护理、护理管理、护理教育工作60余年。为了天津护理事业的发展向上级提出过十几项重大合理化建议，如培养高、中级护理人才，选拔中青年护士出国进修，在部分医院实行学分制教育，开展护理高等自学考试，发挥护理学会职能，多渠道、多层次、多形式办学习班、学术讲座、学术交流等，她还与其他护理老前辈一起促成大本、大专护理培养基地建设，这些工作使天津市的护理专业从学校教育、成人教育、继续教育方面形成一个较完整体系。天津市护理学会在她主持工作的十年中两次被评为先进集体，并被市科协列为一级学会。她个人也先后受到十三次奖励。为了提高广大护理人员的业务水平、补充新知识，她参与编写《实用护理管理学》《护理人际关系学》《护理美学》及《中级护理专业理论考试题集》等著作，曾发表过9篇有关护理教育、学会办学经验等方面的论文。

1945年，天津南郊区暴发了霍乱，一批批患者被送到了天津市传染病医院。在协和医院受过严格专业训练的王桂英来到天津，在传染病医院医疗护理设备奇缺、条件极差的情况下，毅然投身到抢救患者的第一线。经过七天七夜的奋战，终于使160多人安然脱险。这场灾难将王桂英留在了与她结下不解之缘的天津。

中华人民共和国成立后，王桂英参加了天津市工人医院的筹备工作，并担任护理部主任。1951年工人医院成为抗美援朝的后方医院，开始承接护理前线伤病员的任务。在危急时刻，王桂英创造了“布条辨认法”。她请接伤员的医生在列车上就对伤员进行检查，并用她事先做好的布条在伤员胸前做好记号。红色的布条表示“危重病人”，黄色、白色的布条表示不同的伤情。伤员到达医院的时候，她就守在医院的大门口，将别着不同布条的伤员分别送到手术室和不同的病房立即救治。就这样，看似简单的“布条辨认法”使送到天津的200多名伤员均得到了及时治疗。为了使伤员尽快痊愈，她亲自为伤员换药打针，照料他们的饮食起居，细心地为其冲洗伤口，感动得那些在战场上都没有掉眼泪的战士们流下了热泪。为了表彰她的精神，天津市人民政府授予她“抗美援朝二等功奖章”。

1959年，已经是天津市卫生局医疗预防处副处长的王桂英受市领导的委托，前往河北省岳城水库工地，她被任命为指挥部卫生处处长，为水库工地上的30万名民工建立一所工地医院。细心的她发现有的民工小腿上出现了紫斑，后来有200多人也出现了这种症状，她立即把情况汇报到指挥部。经专家组会诊，考虑此症与维生素缺乏等因素有关，指挥部接受了王桂英的建议，立即在饮食中加入了大量绿色蔬菜，从而保护了广大民工的身体健康。

在岳城水库工作时，她每天巡查工地的工棚、厨房、厕所，检查土炕上的稻草是否干净，检查厕所是否卫生，检查厨房是否“生熟分开”。正是在她的严格管理下，30万名民工的生活秩序井然，工地上没有发生过一次疫情。大家亲昵地称呼她为白衣天使。

“文革”期间，她曾经在和平区清和街当“地段保健医”，挨家挨户地了解情况，为群众建立“健康卡片”，为因贫困不能到医院治疗的患者上门服务。有的老人瘫痪在家，她就亲自把如何进行鼻饲、导尿、灌肠等护理方法手把手地教给病人家属，还耐心地告诉他们怎样给病人翻身、擦背和喂药。在她的关怀下，这个社区的十多位重病患者逐渐恢复了健康。

1976年，唐山地震波及天津。她将90岁的老母亲安排在床铺下面，自己冒着余震的危险飞速赶到当时任职的第六医院，立即指挥着护士们迅速地辨认伤情，组织紧急抢救。她和医院的同事们一起搭建起临时帐篷，组建临时病房，救治更多的伤员。在地震发生后的一个多月里，她一天也没有离开过医院，而且常常是24小时都在工作，在地震中受伤住院的几百名伤病员几乎都认识王桂英。

1979年，王桂英担任了天津市护理学会的专职副理事长，她认为要搞好护理工作，首先需要教育体制的转变，这样才能培养出一支高素质的护理队伍。1949年，中国的护理教育一直停留在中等专业教育层面，为了提高护理教育水平，王桂英多年与其他专家一起呼吁护理教育体制改革，并进行了广泛的调研和上下奔走。

1980年，在大家的共同努力下，教育部决定首先在天津市实施护理专业成人大专教育、护理专业高等教育自学考试和临床护士学分制继续教育。1983年，又在天津医科大学开设了全国首个“护理系”专业。从此，大专以上学历的护理人才出现在天津市的各大医院，许多人还进入了医院的领导岗位。

1983年，她得知一些护士退休后生活有困难，就组织这些退休护士做“特护”，既解决了退休护士的困难，又解决了患者家属的困难。

她积极促进护士的职称评定，对天津市的职称评审条件提出了中肯的意见，提出了“应以实际能力和贡献大小来评定护士的高级职称”。她的建议被有关部门采纳，从此，护理人员的社会地位和政治地位得以提高。

1986年，王桂英担任天津市护理学会第三届理事会理事长，她关心每一名护士的成长，鼓励护士们自尊、自爱，热爱护理工作。她经常亲自给护士们讲课，还通过多种渠道把许多护士送到国外深造。她经常为了护士们的住房、待遇、求学、就业而奔走。

1988年，年近70岁的王桂英退休了，但仍然在天津市护理学会继续工作并负责护理人员晋升以及医院评审工作。1995年，她致力于老年护理工作，应邀担任了一所老年护理院院长，亲自为该院制定护理标准、规章制度，亲自指导和培训护理人员。在她的号召下，全市各大医院的护士们都定期义务到老年院为老人们服务，青年护士也到老年院实习。她在老年院工作分文不取，还设立了“王桂英护理奖”，奖励在护理老人中表现出色的人。她积极组织再就业培训，为老年护理培训了400多名下岗女工。

王桂英在护理岗位工作60余年，这位护理界的传奇人物终生孑然一身，去世后遗体被捐献给天津中医药大学，用自己的一生续写了南丁格尔的辉煌传奇……

梅玉文

梅玉文，女，汉族，1939年生于天津，中共党员，主任护师，1958年毕业于天津市护士学校，1980年深造于天津市卫生职工医学院护理系。2003年荣获第39届南丁格尔奖章。历任天津市第三中心医院护理部主任、护理副院长，天津市护理学会第五届理事会理事长，中华护理学会常务理事，中华医院管理学会医院感染管理专业委员会常务委员，卫生部高评委，《中华国际护理杂志》和《天津护理》常务编委等多个社会职务。现任天津市护理学会名誉理事长。

自1958年参加工作以来，梅玉文护理过的病人不计其数。她从没有把自己的职责简单地定位在“打针、喂药”上，而是在数次重大灾害面前，以非凡的勇气和献身精神，全身心地融入救护伤员、为他人减轻病痛的护理事业之中。她注重对护士的素质教育，手把手地帮助她们提高业务水平。梅玉文亲自带领护理队伍，通过“护理查房”形式，提高广大护理人员的理论和技术水平。“进入护理岗位，必须进入护士角色”，这是梅玉文常说的一句话，她严格要求护士视病人如亲人，认为只有这样，患者才能得到最好的服务。

梅玉文特别注重学科建设。为了筹备“危重病人急救病房”，她亲自培训护士，并安排护士们到北京协和医院、复兴医院去学习，到了1997年，当医院要成立血液净化室时，梅玉文早已前瞻性地培训出了能够胜任的护理人员，保证了护理工作紧跟医疗事业的发展。

1990年，梅玉文率先在天津市进行了“预防院内感染”管理工作，促进天津市“预防院内感染”工作的开展。她亲自组织感染情况的调查，成立了“感染科”和感染管理委员会，发现“预防院内感染”工作方面存在的问题，及时提出指导意见，把好“预防院内感染”关。同时在天津市各医院手术室、供应室等重点部门的改造工程中，梅玉文提供了指导。

1986年以来，梅玉文在天津市护理学会历任第三、四届理事会副理事长，之后，1996年梅玉文接任了天津市护理学会第五届理事会理事长职务，她团结全市护理界的同人，调动各位护理专家的积极性，不断深化全市护理管理及临床护理模式改革。根据学会的性质和自身优势，解放思想、大胆创新、充分发挥学会的职能作用，围绕护理中心工作，服务广大会员，并积极承担政府职能转变后的委托任务，为政府部门决策提出有价值、有依据的建议，加快了学会的改革与发展。

1989年，为了天津护理事业的发展，梅玉文亲自与中国香港地区护士训练及教育基金会主席姚瑞棠先生联系，希望天津护理工作能得到基金会的支持，姚瑞棠主席被她的诚恳和认真打动，决定资助天津的护士到中国香港地区进修学习，自此梅玉文为天津的护士们打开了一个通往外界的窗口。到2005年，已有82名临床护理技术骨干及感染控制人员赴中国香港地区学习，许多人回来后成为医院和学会的骨干、天津护理界的人才。

1998年，梅玉文即将退居二线，这时，恰逢天津市第三中心医院开始“病人选择满意医生”的改革。梅玉文积极出主意、想办法，按整体护理模式设置岗位，在不降低质量、不增加人员的同时制定了护理改革的方案，实施护理计划，增强了护士的责任感，激励了大家的竞争意识，调动了广大护理人员的积极性，使医院的改革得以顺利进行。

在梅玉文的倡导下，学会每年“5·12”国际护士节都会组织多种多样的活动，让护士们学习南丁格尔奖章获得者的先进事迹，以坚定广大护士为“增进人民健康，人人享有保健”而努力的信心。2000年的国际护士节期间，她领导学会开展了“护理科技成果展示会”，使得护理科研成果得到充分展示。

2001年7月，梅玉文去中国香港地区考察社区护理工作，就社区护理工作的开展提出许多新的设想和建议。为促使护理队伍多出人才、快出人才，她还促成了护理专业“专接本”的实施。护理事业要发展，最重要的是人才建设。梅玉文以南丁格尔为榜样，为天津带出了一支出色的护理队伍。

2003年抗击非典疫情时，梅玉文作为专家组成员到武警医院现场考察并向政府提供建议。在黄区，她详细了解了情况后提出关于密切接触非典病人和非密切接触非典病人的隔离办法并得到了专家组的支持。

退居二线后，梅玉文将工作重心转移至“如何提高护士的素质和护理工作的质量”上来，她接连撰写了《护士如何面对21世纪》《人际沟通及人际关系》《护理管理者如何提高非权力影响力》《护理领导者非权力影响力》《事业成功九大要素》等极有指导意义的文章。

正是由于梅玉文的努力，天津市护理学会的工作成绩显著，被评为“全国百家学会之星”和市级“明星学会”，她本人被评选为天津市科协先进个人，并获得了天津市“八五”立功奖章。

在梅玉文的生命里，“护理”这两个字已不简简单单地意味着一份工作，而是一份事业，她说，“自从选择了当护士，一生已经献给了护理事业。心存仁爱、奉献毕生是今生今世永远的追求”。

南丁格尔奖章获得者

陈荣秀

陈荣秀，女，1944年10月出生于天津市，中共党员，主任护师。1964年毕业于天津市护士学校，1983年毕业于天津市卫生职工医学院护理系并取得大专学历。1964年就职于天津市肿瘤医院（时称天津市立人民医院），1973—1980年任腹部肿瘤科护士长，1983—2005年任护理部主任。1986—2012年历任天津市护理学会第三届理事会理事、第四届理事会常务理事、第五届至第七届理事会副理事长。1990—2001年历任天津市护理学会第四、五届肿瘤专业组组长。2001—2006年任天津市护理学会外科专业委员会主任委员。2013年任天津市护理学会外科专委会名誉主任委员。2008—2019年任天津市卫健委护理质控中心主任。2019年至今任天津市卫健委护理质控中心顾问。曾任中华护理学会理事、中华护理学会肿瘤专业委员会副主任委员、天津市康复医学会理事、天津市康复医学会肿瘤康复委员会主任委员、天津市康复医学会护理专业委员会副主任委员、天津市医疗事故技术鉴定专家库成员。同时担任《中华护理杂志》《中国护理管理》及《天津护理》杂志编委。2011年荣获第43届南丁格尔奖章。

她从事肿瘤护理工作50余年，自学生时代起就以奉献于医疗卫生事业为目标，参与20世纪60年代霍乱疫情疫苗接种宣传工作。70年代成为护士长后，深入落后封闭的地区普及妇女保健防癌抗癌知识。唐山大地震时期舍弃家庭投身抗震救灾工作。自1983年担任护理部主任后始终致力于肿瘤临床护理及护理管理工作的创新与发展。1987年医院迁址更名为天津市肿瘤医院，她进行病房标准化建设，建章立制，完善护理管理体系，推行护理质量管理督导制，重视基础护理质量，严控环节质量，建立健全护理质量控制体系。她将护理安全时刻放在工作首位，制定护理缺陷管理制度。1995年率先提出“以病人为中心，护理部主任质量查房”规范化模式，天津市卫生局对此进行全市推广。自1997年开始将护士节定为向患者献爱心日，她持续开展一年一主题的“感动服务”活动，于2002年提出“人文化护理 亲情化服务”的护理理念，指引了护理服务工作的推进方向。

她在专业发展上突出肿瘤护埋特色，1991年建立了天津市第一个临终关怀病房。1988年在医院建立了国内第一家“乳腺康复室”，她提出了“关爱造口病人”的新理念，改进了造口换药的方法，自行设计了简易的“造口袋”，被患者誉为“造口专家”，于1998年成立天津市第一个造口关怀协会。

她致力于肿瘤护理科研，其开展的“乳腺癌系列康复护理研究”于1998年获天津科技成果奖、2000年获天津医科大学科技进步二等奖。1992年研发出第一台有毒化疗药物安全操作台，获天津市科技进步三等奖并获专利，设立了第一个化疗药物安全配置室。1998年主编了国内第一部肿瘤护理专著《肿瘤护理学》，填补了中国肿瘤护理教科书的空白。2007年主编由天津科学技术出版社出版的《实用护理技术》，2009年主编由人民军医出版社出版的《肿瘤疾病社区护理与自我管理》等书籍。她撰写的20余篇论文在省市级刊物上发表或国际会议上交流。她制订人才梯队培养计划，先后派出30余名护理骨干出国学习，为医院发展储备了护理人才。

她于2008年接任天津市卫健委护理质控中心主任，开始制定天津市《临床护理质量管理标准执行手册》及《临床护理技术操作执行手册》，使天津市护理质量标准达到同质化、标准化。她着力发展天津市护理管理人才及急诊、重症、手术室等专科护士队伍建设，多年来培养专科护士人员达3300人次，并牵头成立天津市PICC门诊维护网，解决了郊区患者维护难、维护贵的问题。2010年起多措并举持续推动优质护理服务在医疗机构内全面落实，并向社区、家庭延伸，向人民群众提供安全、优质、满意的护理服务。结合《患者安全目标》以及护理不良事件安全文化理念，她于2012—2013年研发护理不良事件信息化管理系统。

2013年在国家护理专业质控中心引领下，在全国率先启动护理敏感质量指标评价项目，构建了天津市敏感质量指标采集、上报、分析、反馈闭环系统。联合其他省市护理质控中心制定国内首部《预防成人经口气管插管非计划性拔管护理实践专家共识》。“建立反馈机制保证质量指标评价体系有效运行项目”于2015年获得国家级护理质量改善优秀成果奖。2017年初与天津市护理学会共同组织天津市3所高校护理学院及6所医院，作为天津市首批单位，申报加入中国南丁格尔志愿服务总队，志愿者人数达4500余人。2017年在天津市卫健委的支持下，由天津大学经济与管理学部团队指导，联合天津医科大学、天津中医药大学和4所三级综合医院开展护理人力资源优化与配置项目。2017年联合天津医科大学护理学院，组织护理专家编写了《新入职护士培训系列丛书》，该丛书于2018年由人民卫生出版社出版。她任职期间创办《质控时讯》内部刊物，共发行36期。

1989、1995、1998年被评为市级优秀卫生工作者。1990年被评为市卫生系统优秀思想政治工作者。1989、1995、1998、2004年被评为市级优秀护士。1989、1993、1998年被评为天津市“七五”“八五”“九五”立功先进个人。2016—2018年连续被评为“天津市优秀医疗质量控制中心主任”。2018年被评为中国好护士。2011年荣获第43届南丁格尔奖章。

享受国务院政府
特殊津贴专家

佘韫珠

佘韫珠（1907—2009），女，出生于江苏省南京市，中共党员，主任护师，享受国务院政府特殊津贴专家。1931年毕业于北京协和医学院护士学校，同时获得燕京大学理学学士学位。1931—1935年担任北京协和医院护士、妇产科门诊护士长。1935年在美国哥伦比亚大学进修一年后回国。1936—1941年担任北京协和医学院护士学校教师兼附属协和医院妇产科督导员；1942—1945年担任天津天和医院护士，同时担任天和护士学校校长；1945—1949年担任天津市立第一医院护理部主任，同时担任天津市护士学校校长；1949—1958年担任天津市中纺医院（今天津市第一中心医院）护理部主任；1950年参加抗美援朝医疗队第二大队，担任护理部主任；1951—1952年担任保定市河北医学院附属医院护理部主任；1958—1962年担任天津市第一中心医院五官科护士；1962—1969年担任天津市第一中心医院护士；1969—1972年担任广西灵川县医院供应室护士；1972—1978年担任广西南宁广西医学院附属医院医政处干部；1978—1983年担任天津市第二医学院附属第一中心医院护理部主任；1980—1982年担任天津市第二医学院附属第一中心医院副院长。1951—1957年担任中华护理学会理事，1978—1987年担任中华护理学会天津分会副理事长，1984年起担任天津医科大学附属天津市第一中心医院终身制顾问，曾任第一届天津市护理学会副理事长、天津市政协常委、天津市卫生局咨询委员、天津市卫生史志编纂委员会委员。

她重视护理管理工作，在担任天津市立第一医院护理部主任及卫生局专员期间，曾整顿过几个护理实习医院。以专员身份，要求有关医院建立规章制度，设法增添设备。她除了宣传提高护理质量的重要性，还与护理部主任们一起调整护理队伍的各级领导班子，设立了夜班护士长和主班护士，明确工作职责，统一总务护士工作职责，落实各级护理岗位责任制，并完善了管理制度。她积极支持护理部主任们整理了28页的护理技术基本操作规程，开展各级护理人员技术练兵等活动。当她了解到医院去农村采血时没有专门采血室，就建议医院血库对采血场地进行一次细菌培养，测试结果表明，无论在室内还是室外，菌落数都大大超过了正常标准。在她的建议下，医院在农村租了一间房，建成无菌采血室，添置必要的设备和器械，建立必要的规章制度，消除了污染的隐患。1980年她所带领的第一中心医院护理部被评为市级先进集体。

霍乱流行期间，为救治霍乱病人，她四处奔波筹备抢救物资，有力地支援抢救工作。抗日战争时期，她不顾自身安全，打破职务界限，毅然收留因参加抗日游行而受伤的学生住院，为革命事业贡献自己微薄的力量。中华人民共和国成立后，她参加抗美援朝医疗队，主持收容病员的后方医院，带领护理团队出色地完成了护理伤病员的任务，受到上级褒奖。她的护理职业生涯并不平坦，动荡时代所致的种种困境从未打消她为护理事业献身的决心，只要还在从事护理工作，她就会热忱地为每一位患者服务。

在护理科研工作方面，她与护士学校教师合作编译《人体力学在护理技术操作中的应用》，该书1980年由中华护理学会天津分会出版发行了一万册，供全国护理工作者参考。为减轻护士工作负担，她研制出冲洗便器车、婴儿用品展览柜等医疗设备，改进和制作冲洗针头器、冲洗针筒器、卷棉球机等设备，使供应室从原来的全部手工操作升级到半机械化操作。为了寻找在抢救危重患者时省时省力又高效的办法，她去急诊室调查研究，把按旧规程操作时的动作次数、走路的时间和距离、每次动作时间及抢救物品所放位置等一一进行细致观察和记录，并参照有关资料，反复分析数据，重新制定操作规程，利用运筹法绘出图表。她通过实验总结，撰写了题为《运用作业管理法提高护理工作效率》的论文，于1980年在全国第一届医院管理学术会上宣读，并于1981年在《中华护理杂志》发表。另外，她亲自参加导演由天津市护士学校编摄的

《消毒灭菌和无菌技术》教学彩色影片，该片先后在全国护理教育学术会议和全国中等医学教育会议上放映，并为全国各医院和院校提供影片文件100多套。她在广西灵川县医院和天津市第一中心医院工作期间，协助供应室改进和设计了冲洗针头、冲洗针管、卷棉球的设备，不仅节省人力，也大大提高了工作效率。她对医院建设有浓厚兴趣，早在20世纪50年代就先后参加了天津市中纺医院、石家庄市纺织医院等7个卫生单位办公楼的建筑设计和室内装修工作，并将经验撰写成论文发表在《建筑杂志》上。1984年她参编了《医院建筑与设计图案》一书。

佘韫珠90岁高龄时仍然非常关心护理工作及老年人的健康，在一中心医院住院期间，经常夜里到病房检查工作，发现问题并及时向院领导提出改进建议。针对老年人易发的便秘，老年痴呆，脑、心血管疾病，她编写了《防治老年人便秘》及预防老年痴呆症、心脑血管疾病的宣传资料，并向社会免费发放。

1979年她被评为全国三八红旗手，1980年被评为天津市特等劳动模范，享受国务院颁发的优秀科技工作者津贴。

甘兰君

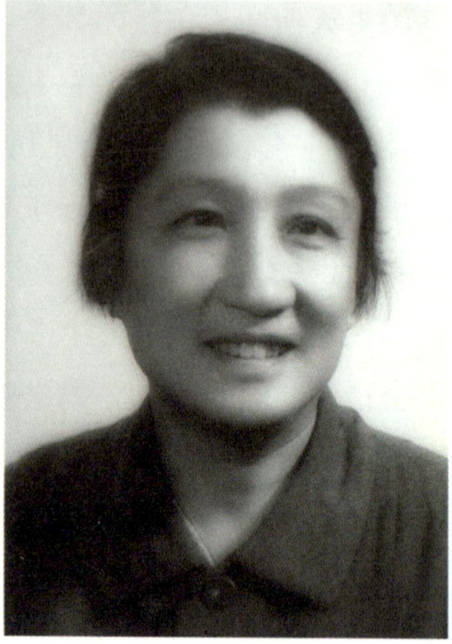

甘兰君（1920—2011），女，出生于上海市，中共党员，教授。1946年毕业于北京协和医学院和上海东吴大学生物系，获理学学士学位。1946—1982年担任天津市第一医院门诊部护士、天津市第一医院护校教师、上海第一医学院附属中山医院护校教师。中华人民共和国成立后历任天津市天和医院护校、天津市第二护士学校、天津市护士助产学校、天津市护士学校教师、教务主任、副校长。1982—1984年任天津医学院护理系筹备组组长，1984—1990年担任天津医学院护理系首任主任。曾担任中华护理学会天津分会副秘书长、常务理事、外文翻译组组长、顾问，同时担任《中华护理杂志》护理教育委员会委员、《天津护理》杂志副主编、《国外医学——护理学分册》和《护士进修杂志》等书刊编委。

1966年，河北省邢台地震发生后，她参加了医疗队，夜以继日抢救伤病员，开展卫生宣教，举办了多期赤脚医生培训班，为当地培训了上百名卫生保健人员。1976年，唐山大地震时她正在医学院附属医院工作，也积极投入抢救工作。

从20世纪50年代初到1970年，甘兰君任护士学校的教务主任，组织和管理教学，重视学生道德品质教育。1978年，天津护士学校经历8年停办恢复办学后，她被任命为教务主任、副校长，主管教学工作，亲自调研各大医院，确定了10所医院为教学基地，选配专业带教老师，组织编写专业教材，制作了护理技术彩色教学电影。

1982年，甘兰君接受了当时天津医学院吴咸中院长的邀请和附属医院陈路得副院长的推荐，担任天津医学院护理系筹备组组长。经过一年多的艰苦努力，于1983年率先招生临床医学（护理班），招收了第一届护理专业五年制本科生，甘兰君任护理系第一任系主任。高等护理教育创办初期，甘兰君主持编写了《护理学基础》《护理内科学》《护理外科学》《护理儿科学》等300多万字的自编教材。她筹划组建了各专业课实验室，建立模拟病房和电教室，自制、购置了教具、仪器设备。给学生和老师讲授护理专业新进展、新观念。她选派教师到国内、外学习进修，申请建立硕士生培养点，并与加拿大渥太华大学护理学院签订联合培养研究生的协议，选送青年教师赴加拿大学习。她倡导、组织护理系学生深入社区，参加志愿者服务活动，她的学生们成为全国最早的大学生志愿者群体。

她为学生们讲授如何选题立项、撰写科研报告。自1986年开始，护理系每年召开科研成果论文报告会，促进了教学质量的提升。她发表学术论文20余篇，译文18篇，主编了《护理学基础》《基础知识与护理》《护理学基础——护士晋升自学丛书》3部教材，主审译著2部，参编著作、教材7部。她重视借鉴国外经验，多次赴日本、美国、加拿大考察访问，先后聘请日本护理专家和美国护理学博士成为医学院客座教授。与美国加州大学护理学院、加拿大渥太华大学护理学院等建立了长期合作关系，互派人员讲学、进修、考察。由加方资助设备建立的“中加远程教育网络中心”已投入使用。

1982—1985年她四次被天津市科学技术协会评为科技工作积极分子，1992年获国务院政府特殊津贴。

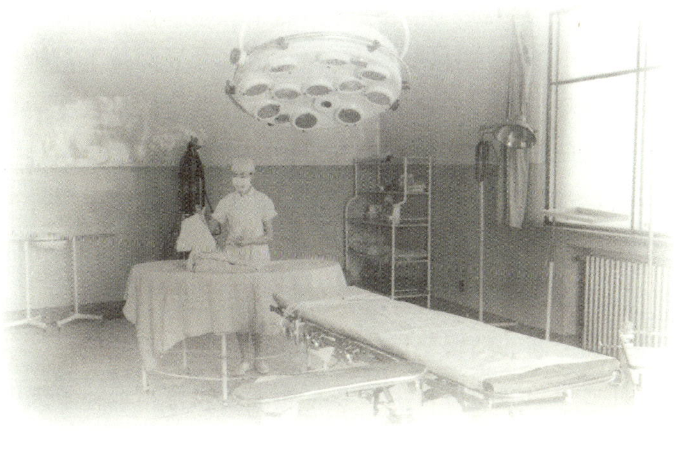

邹道慧

邹道慧，女，1931年7月生于四川省华阳县，满族，中共党员，教授，主任护师，硕士生导师，享受国务院政府特殊津贴专家。1952年毕业于天津市高级天和护士学校。1952—1990年担任天津医科大学总医院护士、护士长，1990—1998年任天津医科大学护理系主任，曾担任中华护理学会理事，中华护理学会资深会员、荣誉会员，天津市护理学会第四、五届常务理事、副理事长，全国高等医学教育护理教育分会副主任委员，中加大学校际联系项目、中加巩固大学合作特别项目中方项目主任，同时担任《天津护理》杂志编委。

她自20世纪50年代从事护理管理。1965年6月26日，毛主席下达“六二六”指示，特别强调“把医疗卫生工作的重点放到农村去”，在全国卫生战线，掀起了城市医护人员到边疆、农村安家落户的热潮。1969年11月中旬，天津医学院附属医院（现天津医科大学总医院）医护人员代表下放到各县公社卫生院医疗援助宁夏自治区。1979年她担任宁夏自治区人民医院护理部副主任，与各科主任协作，为筹备医院门诊病房全面开诊做了大量工作。在天津医科大学总医院任职期间，她主持建立病房各种规章制度，修订岗位职责。在医院领导支持下，她率领护理骨干建立高血压病房、传染病房、科研病房及教学病房，在护理部的共同努力下建立全院标准化病房，促进了护理质量提高。为医院供应室购置机械化设备，提高了工作效率和质量。在天津医科大学护理学院工作期间，她带领团队出访日本、加拿大、韩国进行学术交流。1990年她带领天津医科大学护理系通过中加大学校际合作项目（CCULP），建立了与加拿大渥太华大学间的师资交流、教学改革、联合研究项目，引进资金75万加元，并通过该网络进行学历教育和继续教育，填补了国内空白。

1994年，她被遴选为首届护理学硕士研究生导师，并与加拿大渥太华大学的南希·爱德华兹（Nancy Edwards）教授联合培养4名硕士研究生。1996年4月，护理系获得中加巩固大学合作特别项目（SULCP）批准，并获得经费66.3万加元，获天津市教委配套经费100万元。1990—2002年，天津医科大学护理系教师在加拿大CIDA项目支持下，两期34人次赴加进修，并接收加拿大留学生8人、进修生2人，成功举办国际、国内高等护理教育学术交流会4次，继续教育讲习班14次，近1700人参加。

主持国家级“护理学专业课程体系、教学内容、教学方法的改革”、市级“高等护理教育模式的研究”课题。参与编写多部论著。撰写论文20余篇。2001年11月，她主持的“国际远程护理教育的建立与应用”研究课题获中华护理学会第五届全国护理科技进步奖三等奖。

1957年被评为天津市先进个人。

王瑾秀

王瑾秀（1931—2008），女，出生于江苏省金坛市，中共党员，主任护师。1951年中专毕业于江苏省立高级护校。1951—1958年先后工作于苏州市康复总医院、第一军医大学临床学院、中国人民解放军第254医院，1958—1972年工作于天津市第二结核病院，1972—1991年工作于天津市结核病医院。1991—1998年工作于天津市肺科医院，1972—1980年任护士长，1980—1998年任护理部主任。1986—1996年任天津市护理学会第三、四届理事会理事，1986—2001年任天津市护理学会结核专业组组长，2001—2006年任天津市护理学会结核专业委员会委员。曾任《护理研究》杂志编委，天津市护理高级职称评选委员会成员。

她从事临床护理工作21年、护理管理工作26年。1972年第二结核病院与第一结核病院合并为天津市结核病医院（原肺科医院前身），她分管的结核重症病区被评为先进病区，担任护理部主任后，她转变护理观念和模式，制订护理岗位工作职责，编写结核常见疾病护理常规和病房的各项管理制度，其中专科护理技术质量标准被全市结核病护理采纳。1985年在全院贯彻落实责任制整体护理，开展道德教育，强化服务意识，实行护理“行为工程”，拓宽服务范围，借鉴国外先进管理经验，建立了护理人员技术档案，采用护士长择优上岗聘用机制。她组织全院护理人员开展护理查房，共同讨论危重病例，筛选典型案例，将护理经验进行总结并与全院护理人员分享。

她作为结核专业的学科带头人，在医院学科的发展和专业人员的培养中，先后培训了4批院办护校学生，并将培训合格的结核专业护士输送到天津市各区结核病防治所。

1986年她协助天津市护理学会组建结核护理专业组，并担任组长，为结核专业护理人员搭建学习的平台，组织学术会议进行交流，并选派专业组成员到北京、上海等地进行学术交流和学习，吸纳国内外先进的护理和管理理念，提升天津市结核护理水平。

以第一作者发表论文3篇，包括《86例肺结核合并咯血的分析及心理护理》《结核菌耐药对新世纪结核病控制的护理商榷》《21世纪经济市场竞争中护理事业的生存和发展》，分别被《中华医学会结核病学分会全国结核病学术大会论文汇编》《中华护理学会会议论文集》录用。

1989年被天津市人民政府授予天津市优秀护理工作者称号，1993年被天津市科学技术协会评为天津市科技工作积极分子，1995年经国务院批准享受政府特殊津贴。

汪传润

汪传润（1933—2014），女，出生于江苏省徐州市，主任护师。1951年毕业于蚌埠仁慈高级护校，毕业后在私立医院放射科工作。1953年起先后就职于天津市第一结核病防治院、天津市和平医院、天津市胸科医院，1984年担任天津市胸科医院护理部副主任。享受国务院政府特殊津贴专家，曾任《中国实用护理杂志》编委。

她的专业功底和英语水平在天津护理界享有盛誉，曾以全市英语晋升考试第一名的优异成绩考取副主任护师职称。1979年天津市胸科医院进口一台心脏监护仪，她利用业余时间夜以继日地翻阅英文文献，赶在外商来院装仪器前将使用资料全部译出，为及时发现并提出问题做出贡献。她经常辅导青年职工，促进青年护士英语水平提高。

她曾承担天津市卫生职工医学院护理系、天津医学院护理系及天津市护理学会主办的各种培训班的教学工作，亲自辅导，负责学生的专科实习带教和毕业论文评审。1982年起先后承办12期心脏监护学习班，共培养监护室专业护士228名，促进了天津市各医院心脏监护护理质量的提高。

1983年她负责编写《心肌梗塞的监护》科教影片脚本。担任天津市护理学会组织的《一般护理学》部分章节的翻译工作，该书1987年由人民科技出版社出版。参编《中级护师资格考试题集》及《护理内科学》教材中“循环系统疾病护理”章节。承担《冠心病监护手册》部分章节和英国护理学部分章节翻译工作。撰写《无痛性心肌梗塞的识别》《急性心肌梗塞的精神护理》《心绞痛的观察和处理》等多篇论文并发表于核心护理杂志。

1982、1986年被评为天津市优秀护理工作者，1982年获天津市三八红旗手称号，1982、1984年被评为天津市科技先进积极分子，1986年荣获天津市劳动模范称号，1987年被评为市级劳动模范，1988年被卫生部授予模范护士称号，1992年荣获国家科技进步奖。

王学媛

王学媛，女，1933年11月生于天津市，中共党员，主任护师。1951年毕业于天津市济华高级护士学校。1951—1995年工作于天津市天津医院，1980—1995年任天津市天津医院护理部副主任。1982—1991年任天津市护理学会第二、三届理事，第四届副秘书长。1986—1989年任职工医学院外科护理教研室主任。曾兼任天津医学院护理系外科教研组教师、《天津护理》杂志编委。曾任天津市医院评审委员会评审专家组成员、天津中等医学教育兼职研究员、天津市护理质控中心委员。1996—1997年任临床护理教研室主任。1999年任中国残疾人康复协会肢体残疾专业委员会顾问委员。1993年至今享受国务院颁发的“对卫生事业做出突出贡献者”的政府特殊津贴。

她从事护理管理工作47年，受卫生局委托统一了骨科护理操作质量标准，倡导护理教学查房、护理管理查房等措施，并为天津市卫生局制订骨科护理操作的质量标准。她从事护理教学工作35年，亲临一线护理工作，培养出大批中、高级专业护理人才。她视患者如亲人，从不考虑个人得失，把患者的利益、安危放在首位，全心全意为患者服务，四十余年如一日，用实践履行着南丁格尔的誓言。

她不断钻研护理技术、临床护理、护理管理、护理教学及科研等。参与编写书籍有：《中国医学百科全书护理学》、《中西医结合治疗骨折的护理》、护士自学丛书《基础护理》、天津市护士学校主编《基础护理学》、《中级护师资格专业理论考试试题集》、《各科常见疾病护理常规》、《天津市卫生行业岗位规范化培训大纲护理分册》等，发表论文及译文共计14篇。

1951—1956年5次被评为优秀工作者，5次被评为优秀护士长，荣获天津市优秀工作者、海河劳动优秀战士。1982—1988年5次荣获天津市科协工作积极分子荣誉称号。

孟宝珍

孟宝珍，女，1934年6月生于浙江省绍兴市，中共党员，主任护师，硕士生导师。1952年毕业于浙江省绍兴市福康高级护士学校，1962年毕业于天津医学院临床医学专业研修班。1953—2006年工作于天津市第一中心医院，1980—1983年任护理部副主任，1983—1994年任副院长。1996—2001年任天津市护理学会第五届理事会护理管理专业组组长、继续教育专业组成员，2001年曾任天津市康复医学会副会长，1996年创立天津市护理质控中心。曾任《天津护理》杂志副主编，《护士进修》《武警医学》《中国综合医学杂志》编委，《中华现代护理学杂志》常务编委。

她从事护理工作五十余年，1954年参加天津市医疗队到安徽省去抗洪救灾，1960年参加救灾医疗队赴河北省沧县防治浮肿病，1967年参加天津市医疗队赴河南省鹿邑县抢救流行性脑膜炎，均圆满完成任务。1970年她举家到内蒙古草原安家落户，她既做医生又做护士，夜以继日地工作并积极创造条件完善服务，为开展手术她用政府补贴给她建房的2000元钱修建了手术室。在内蒙古的8年里，她不仅抢救无数妇女、儿童等危重病人，还把那个当初“人兽合一”的小卫生院改建成一个有放射、检验等设备的内蒙古自治区的卫生红旗单位。

1978年她被调回天津市第一中心医院，被任命为内科科护士长。由于当时管理混乱，规章制度不健全，她重新建章立制，严抓基础护理和重症护理，规范护士言行。通过一年的整顿，她所管理的科室在全市年终护理质量检查评比中名列首位。1992年天津市第一中心医院搬迁新址后，床位由原来的500余张扩展到1000余张，她招聘并培养了一批护理人员，提拔并培养数十名护士长。天津市第一中心医院于1993年顺利通过三级甲等医院的评审。

她注重在职护士的培养，早在80年代初就借鉴发达国家的继续教育方法，制订不同年制护士的培训计划、考核办法，并组织实施。1984年赴美国宾州大学学习期间，参观访问费城及纽约等城市的十几所较大医院和医学中心，回国后她立即开展责任制护理和家庭护理的探索，把医院的护理工作由过去的生物医学模式逐渐转向生物-心理-社会医学模式。1986年她应美国科学委员会、美国心脏协会和美国护理学会的联合邀请作为嘉宾参加在华盛顿召开的第十届国际心血管会议，宣读《中国对脑卒中病人的处理》一文并带回许多最新的技术资料，翻译《经皮冠状动脉成形术(PTCA)与护理》《心肺复苏及心脏急症处理的最新标准和准则》《心肌血管重建成形术(冠状动脉搭桥术)及护理》等文章发表于《国外医学护理分册》，为全国护士提供了最新护理科技信息。在“他山之石”借鉴与推广方面，她共计发表论文及译文29篇。

为促进护理学科的发展，1992年她率先建立天津市第一中心医院护理研究室。1994年卸任副院长后，她全身心地投入护理研究工作，立即着手撰写《临床护理管理指指南》一书。她主持了多项科研项目，“xW-1型全自动洗胃机”荣获局级科技进步三等奖、第四届全国护理科技进步二等奖；“整体护理模式病房人员编配、管理规范和评价标准”的研究经专家鉴定为国内领先水平。主编《临床护理管理指南》《医院质量管理要求与标准》《常见疾病护理常规》，副主编《医院护理管理》《中级护师资格专业理论考试题集》，参编《英文医学文献阅读指南》《基础护理学》《实用医院质量管理学》《整体护理理论研究与实践》，其中《临床护理管理指南》一书获局级科技著作三等奖。1996年正值医院试行整体护理期间，她被诊断为乳腺癌，在术后化、放疗期间，为保证试点工作的顺利进行她多次回院指导工作。同年天津市卫生局成立护理质量控制中心，她被聘任为中心主任。

在内蒙古工作期间，1970—1978年8次被评为县、盟先进工作者，1974年被评为内蒙古自治区模范工作者，1993年被评为享受中华人民共和国国务院政府特殊津贴专家，1994年被授予天津市八五立功奖章，1998年被评为天津市优秀护理工作者。

张益信

张益信，女，1934年生于天津，中共党员，中国农工民主党党员，主任护师。1953年毕业于天和护校，同年被分配到华北纺织局职工医院（后于1956年正式更名为天津市第一中心医院）。1954年担任外科病房护士长，1959年任天津市护士学校第一中心医院分校教学老师，1972年任外科科护士长，1980年任护理部副主任，1990年任护理部主任，1992年任天和医院护理部主任（这一年天和医院正式成立）。2002年被聘为天和医院护理部技术顾问，于2012年正式退休。曾任中华护理学会全国外科专业委员会委员，天津医科大学护理系外科教研组成员及兼职教师，天津市医学高等专科学校护理系外科教研组副组长及兼职教师，天津市护士学校基础护理编委，天津市护理学会第四、五届理事会常务理事，外科护理专业委员会主任委员、顾问，天津市医院评审委员会评审专家组成员，天津市和平区医疗事故技术鉴定委员会成员，天津市卫生局考试中心题库成员。

她在教学工作中，举办观摩教学，以认真负责的态度备课，教案内容丰富，每堂课都有生动的例子，每每有新的想法和灵感她都及时添加到教案中，有学术性问题她就向各科专家请教，翻阅大量前沿性文章，她的教案经常写满标注和提示。她在临床带教中要求学生以责任制护理方式实习，以提高对病人的整体化护理水平。她开展护理查房，使理论联系实际，让每位学生在实践中学有所专、学有所长、学有所成。于1985年编导录像片《护理教学查房》，代表天津市参加于杭州召开的全国护理教育大会，并在大会发言。同年为纪念5·12国际护士节编导录制了“护理工作的地位和作用”影音资料。

她在护理管理工作中，运用护理理论并结合临床实践，制订严格的护理规章制度、各科护理常规，完善护理质量标准；制订严格的操作规程，明确职责分工，使病房管理标准化、规范化，提高了护理质量，防止出现护理差错及事故，在全市病房管理检查评比中多次获得第一名。在担任天和医院护理部主任期间，本着负责任的态度，杜绝护理工作因量增而质减的现象，延续老传统，加强护理管理和人员培训，保持三甲医院的护理水平。改革开放后作为护理部主任，倡导护理工作者不断学习和提高，她也寻找机会派年轻人去学习、深造，培养医院护理骨干。

发表论文《肾移植病人常见并发症护理》《护师进修班临床实习体会》《开展整体化护理体会》《护士长的素质与角色》。1985年参与编写全国高等医药院校试用教材《护理学基础》第十八章“医疗文件”及《基础护理》等图书。

1988年被评为天津医科大学陈路得护理教育奖学金二等奖。1989年被评为天津市优秀护理工作者。1989、1993年被评为天津市三八红旗手。1989年被市政府授予天津市卫生行业优秀卫生工作者称号。1993年入选天津市当代专家名人录。1993年获得国务院颁发的政府特殊津贴。

朱美棋

朱美棋(1919-2004)，女，出生于浙江省义乌市，中共党员。1936-1941年就读于中央高级护士职业学校，1942-1945年就读于中央大学医学院护士专修班，1946-1947年参加联合国善后救济总署(UNRRA)主办的留美护士师资进修班，1965年调入天津解放军第254医院，历任护理部主任、副院长。曾任中华护理学会理事，1978-1989年任天津市护理学会第二、三届理事会副理事长，1980年至退休任全军护理专业组副组长、北京军区护理专业委员会主任、北京军区后勤第八分部护理专业组组长。1992年获批成为享受国务院政府特殊津贴专家。

她在军队医院工作多年，有全面的医院护理管理能力，制订53项护理操作，设计护理质量控制措施，使病区管理工作从人、物、技术等方面综合开展，效果良好。她为没有经过正规训练的护士办学习班，围绕基础护理、专科护理、专科发展三个层次组织护士的在职培训，使500余名护士获得了中专学历。她担任培训班护理基础学、内科学、传染病学课程的授课工作。

1976年后她持续多年为军内外护理部主任及院长训练班进行授课。她提出了“医院护理业务技术建设五项要求”，该“要求”由军区后勤卫生部转发各医院，推动了护理事业的发展。1980年后，她主持出版《护理资料汇编》共三期，负责稿件的组织和审读工作，创办了《护理工作守则》《护理工作通讯》期刊，编写《供应室工作手册》，担任《人民军医》护理增刊编辑、《护士进修杂志》编辑、《天津护理》杂志顾问。

1982年被全军科学技术大会评为先进个人，1984年荣立三等功，1985年被评为天津市科学技术协会工作积极分子，1988年被评为中华护理学会天津分会积极分子。

万明明

万明明，女，1930年11月出生于上海市，中共党员，主任护师。1950年大专毕业于华东军区高级护校（原国立中央高级护校），1950-1957年分别工作于中国人民解放军华东军区军医医院和中国人民解放军第七军区学校。1957-1995年工作于中国医学科学院输血及血液学研究所［现中国医学科学院血液病医院（中国医学科学院血液学研究所）］，1962-1971年担任医务部总护士长。1979-1983年担任中国医学科学院分院卫生技术学校校长，1983-1986年任医务处主任，1986-1995年任护理部主任。1982-1995年担任中国医学科学院护理专题委员会副主任委员、中华护理学会理事，1984-1986年任天津市护理学会护理教育委员会组长，1986-1996年任天津市护理学会第三届、第四届理事会副理事长。

她从事护理工作45年，其中护理管理工作38年。1959年医院为了应对当时烧伤患者日益增多的情况，紧急组建烧伤病房，当时工作于血液外科的她，抢救大量大面积严重烧伤早期休克患者，创新性地采取了自体小邮票及异体交替等多种植皮方式，并总结出一套行之有效的输血补液方案及省时省力的护理方案和方法，挽救了许多患者的生命，当时我院患者的存活率在国内居首位。1963年，她主编了全国第一部烧伤护理专著，解决了各地医院的燃眉之急。她不断接受上级紧急指派或兄弟单位邀请参加各地发生的严重烧伤的抢救任务，并连续举办了多期有关烧伤护理、烧伤急救与抗休克防治等学习班。1965年6月16日，天津日报刊登她及团队撰写的《烧伤临床研究经验》。1983年医院迁回天津，她负责医务及护理部的工作，在没有工作与生活基地的条件下，通过租借其他医院的病房，开展医疗、护理工作，同年她赴上海等地参观条件较好的医院，作为建新院的参考，终于在1989年医院住院楼建成，开始了正常运转。

她从事护理教育24年，1971年，医院搬迁至四川简阳成为中国医学科学院分院的一部分，她主要从事学校教育管理工作，在办学条件十分艰苦的情况下，她认真开展各专业课的教学，同时重视青年人的德育教育，培养了大批的人才。她开办管理提高班，组织几十名来自协和、北医、阜外等五大医院富有丰富临床经验的优秀护理骨干到分院学习。1980年她赴日本考察，学习护理教育与科研管理模式，先后参与了卫生部护理中心及全国12个省市的护理管理培训，并完成全国骨髓移植培训班护理部分的教学任务。1984年开始先后为天津市医学院，北京市协和医学院，天津市卫生职工医学院护理系及护士长提高班、护理部主任及院长提高班授课。

她以第一作者发表论文12篇，代表作包括《烧伤后液体补充治疗的护理》《小儿烧伤的护理》《整体护理在骨髓移植病人中的应用》《从不同侧面谈做好护理工作》《血友病151例临床分析》分别在《中华内科杂志》《中华护理杂志》《护理杂志》《人民军医》等杂志发表。她主编著作1部，参编著作4部，主编《烧伤的护理》在《上海科学技术出版社》出版，主编并摄制了科普电影《晚期战伤的护理》以及电教录像带《血液病骨髓移植的护理》。

1951-1953年3次分别被中国人民解放军华东军区军医医院、中国人民解放军第七军医中学授予三等功，1984年被评为天津市科协工作积极分子，1995年享受国务院政府特殊津贴。

创业期

（1946—1956）

程文清

程文清（1906.9-1992.12），女，山东恩县人，副主任护师。1930年毕业于济南齐鲁高级护校，1931-1946年先后工作于北京协和医院、南京中央医院、德州博济医院，1946-1953年历任山东济南后方医院护理主任、山东青岛陆军医院护士主任、天津市总医院护士督导、天津市传染病院护士主任。1953-1974年任天津市民族医院总护士长、护理部主任，1974-1982年任天津市民族医院附属护校副校长。

1953年正处于建国初期，民族医院的卫生条件非常艰苦，病房医疗设施简陋。在她的带领下，病区、门急诊、手术室逐步建立相关的护理管理制度和护理工作流程，为医院护理工作顺利的起步和发展打下基础。在从事近20年的护理管理工作中，她整顿病房管理中存在的问题，建议医院改善病房医疗环境，建立了各项护理工作制度，梳理并统一护理操作流程，创建了医院护理文件档案，得到了所在医院和上级部门的多次嘉奖。

新中国成立初期，部分护理人员没有在护士学校系统学习过专业护理知识，护理学知识匮乏，护理技术经验欠缺。为了尽快提升护理人员的专业技术水平，她结合工作实际制定了详细的护理技能培训计划，积极开展护理岗位技能的培训，对护理人员进行有计划、有步骤地在职教育，为广大患者提供专业和优质的护理服务。1974年她担任民族医院附属护校副校长，继续从事护理教育管理工作，为医院培养了近百名专业护理人员。

1960-1972年她2次被评为区级卫生系统先进工作者称号。

袁艺菊

袁艺菊（1915-1995），女，浙江上虞县人，1915年5月出生于上海市，中共党员，主任护师。1934年高中毕业考入南京金陵女子大学文理学院，1937年毕业同年考入北京协和医学院护理学院，1940年毕业获理学学士，并取得中国护士会会考证书，毕业后留北京协和医院任护士长。后调入天津市立传染病医院任护理部主任。1950年调至天津市护士学校，从此走上护理教育事业之路，长达35年，历任教师（1950-1955年）、教务主任（1955-1957年）、副校长（1957-1979年）、校长（1979-1983年）、名誉校长（1983-1985年）。“文革”期间，天津市护士学校被迫停办，她被调到天津医学院附属医院（现天津医科大学总医院）任医政处副处长。“文革”后回到天津市护士学校任学校筹备组主要成员。1979年她的职称被核定为主任护师，为第一批核定主任护师之一。曾任全国护士学会理事，常务理事，中华护理学会常务委员会委员，中华护理学会河北省分会秘书长，中华护理学会天津市分会第一届理事会秘书长、第二届理事会副理事长，护理学教育委员会主任委员；《中华护理杂志》与《国外医学护理分册》编辑委员会委员；天津市第二届、第八届、第九届人大代表。

任天津市护士学校校长期间，学校百废待兴，师资匮乏，设备短缺。她与全校师生共同奋斗，二次创业，使学校很快得以恢复，为重振天津市护理教育事业作出了重要贡献。根据新时期国家对护理教育的要求，她组织修订招生计划，实施新学制，对教学内容和教学方法进行了一系列改革，并继续实行“总分校”制办学模式。对现有师资队伍进行补充更新、进修和培养，教学水平不断提高。她曾将去美国探亲时购置的2台放映机、1台幻灯机、1台录音机、1台电影机以及各种书刊无偿赠予学校。她鼓励青年教师钻研业务，搞好科研，并指导他们编写教材，撰写学术论文，编译专著，使很多青年教师受益。她发表了许多护理学论文，《美国护理实践及护理教育情况》等文章刊登在医学情报资料上。参与《基础知识与护理》《护理学基础》《临终关怀》《现代护理学辞典》等专著的撰写。在她的领导下，学校迎来了快速发展期，教学质量优秀，师资水平一流，教学设备先进，毕业学生广受社会欢迎，学校被国务院授予“全国全日制重点中等专业学校”称号，被天津市评为“第二教育局系统先进单位”。20世纪80年代初，袁艺菊代表天津市护士学校，同上海市护士学校的代表共同组成中国护士学校代表团，出席由世界卫生组织（WHO）在菲律宾马尼拉主办的“世界护士学校校长论坛”。会上她用英语进行了20多分钟的“关于护理教育面向未来医学发展”的精彩演讲，受到世界同仁关注。

作为资深护理界前辈，她用满腔的热情投身到护理学会的工作中，任中华护理学会天津市分会秘书长、副理事长期间，她与陈路得、甘兰君、王桂英等学会领导共事多年，一起主持工作，组织全市在职护理人员参加护理专业理论技术学习培训，内容涉及伦理学、心理学、人际关系学、管理学和相关医学基础理论、专科理论、护理新业务新技术、医用英语等；开展多形式、多渠道、多层次的护理学术交流活动，包括各种专题讲座、护理技术操作练兵比赛、护理查房现场观察、护理学学术论文研讨会、护理学学术报告会等；策划“全国护理教育会议”“全国内科护理学术会议”在天津成功举办；组织编辑出版护理学相关图书，利用电影、录像等手段普及医护知识；开展国际间的护理交往与交流，促进我国护理事业的发展。

1983年，袁艺菊卸任天津市护士学校校长一职，天津市卫生局党委决定，聘她为天津市护士学校名誉校长。护理教育事业是她一生的追求，虽年事已高，她仍旧时刻关心着学校的发展和天津护理事业的进步。她经常阅读翻译一些国外护理教育的文章，为在职护理人员传播国外护理新理论和新知识，指导年轻护理人员提高业务水平，默默奉献着自己的余热。

1957年被评为天津市一等优秀护士工作者，1984年被评为天津市科技协会工作积极分子。

陶荣芳

陶荣芳（1918-不详），女，1918年出生于安徽滁州市，主任护师。1939年毕业于北京协和护士学校，毕业后在协和医院传染病病房工作1年，1940-1947年分别在西安卫生干部人员训练所、南京中央高级护校担任教务员，1947-1950年在天津市立总医院门诊任护士长，1950-1957年担任天津市第一护校的教务主任，1957-1987年担任天津市眼科医院护理部主任。

她在眼科医院任职期间，眼科医院的门诊与病房分设在不同地方，护理人员之间相互联系交流少，基于这种情况她建立了护士长周会，加强各科室的联系，将发现问题汇总并及时解决。她尤其重视对年轻护士的培养，利用在护校的教学经验，定期组织基础医学和眼科学习班，亲自教学并为有晋升需求的护士批改论文；为提升护理人员的英语水平，她成立了医药英语学习班，并参与讲课。她有计划地培养与任用，先后派遣年轻护士到一中心医院、儿童医院与和平医院等医院进行学习交流。

她在工作期间参编《儿童眼病学》，填补了儿童眼病著作空白。她负责管理的眼科医院的门诊与病房多次被评为市级一等门诊与病房。在退休后她经常为眼科医院提出建设性意见，为眼科医院义务导诊数年，并向新的年轻骨干传授经验。

1982年被评选为天津市优秀护理工作者，两次被评为天津市科技协会工作积极分子。

陈奂新

陈奂新（1919.9-2000.12），女，出生于河北省，主任护师。1942年中专毕业于天津马大夫医院（天津市第一所官办西医医院）济华高级护校，1963年大专毕业于天津红桥业余医学院。1946-1952年，在马大夫医院、人民医院（现在的天津市医科大学肿瘤医院），任病房护士长及总护士长。1950年12月参加抗美援朝医疗队。1952年调入天津市第四医院（第二中心医院前身）担任护理部负责人，1956年担任天津市第二中心医院护理部主任，1968年参加天津赴内蒙医疗队，1973-1978年任第二中心医院门诊办公室副主任，1978-1983年任护理部主任。1956-1977年担任中华护理学会天津分会第一届理事会理事、天津市卫生职工医学院护理系临床教研室主任。

她从事临床护理工作45年，于1964年提出“大练护理基本功”的倡议，推广至全市，使我市的护理技术水平迅速提高。通过与护士长们在工作方法上的探讨和研究，制定出病房管理、全面评比、定时评优等行业标准和工作制度，提高了护士长的管理水平，实效显著。

1978年末她重返护理部领导岗位，在院内指导授课，完成护理员的进修培训，培养护士近百名，提升了护理队伍的整体业务水平。她梳理完善院内护理工作制度，如各科护理常规、各项管理制度、消毒隔离标准等，组织护士们复习护理理论、各种技术操作。1979年起，为了适应护士职称晋升的需要，组织护士参加医学基础辅导班，指导她们晋升职称，为大家搭建了较好的学习平台。

她致力于医学专业知识的总结和研究，1980年整理制订了《医院常用化学药品的使用方法》，1985年参编《供应室手册》，曾发表《护理员培养晋升教育探讨》《浅谈护校分校临床课教学师资问题》等论文。

她于1981年荣获红桥区科技协会积极分子称号，1984年荣获中华护理学会天津分会学会工作积极分子称号，1985年荣获天津市科技协会积极分子称号。

黄君华

黄君华（1920年-不详），女，生于江西省清江县，主任护师。1941年9月毕业于四川省立成都高级医师职业学校，1950-1984年工作于天津市传染病医院，1962年任天津市传染病医院护理部主任。1957年3月至6月加入支援西郊张家窝医疗队，1960年9月至1961年3月加入支援河间医疗队，1965年9月至1966年6月加入支援邢台医疗队。

她从事临床护理工作12年，曾在地段社区、工厂及农村工作。

她从事护理管理工作22年，严守规章制度，亲临实践，及时发现问题并且解决问题，有效地提高了工作效率和质量。

1957年在预防麻疹工作中表现突出，荣获天津市和平区政府的表彰。

诚岩

诚岩（1920-2015），女，出生于北京市，中共党员，主任护师。1942年毕业于天津马大夫纪念医院济华高级护校，1942-1943年工作于英国医院，1943-1947年工作于开滦医院天津分院。1952年工作于振华医院，半年后合并到工业局医院，1954年工业局医院改为市立第五医院（天津市滨江医院前身），她继续在该院工作至1969年。1952-1958年任外科病房护士长，1958-1969年先后任护理部副主任、护理部主任，1969-1972年随“六二六”医疗队赴内蒙工作，并担任医疗队队长。1972-1980年工作于新兴街卫生院，先后担任防治组长及医学图书馆组长，1980-1985年回到天津市滨江医院工作，并担任护理部主任。

她从事临床护理工作10年，护理管理工作20余年。在护理工作中带领团队注重制订各项规章制度，规范交接班制度、严格消毒隔离制度，培养护士对形象的塑造能力。在病房发起术前讨论会、工作座谈会、差错讨论会等，为肛肠外科专科护理和管理积累了宝贵的经验。1966年“文革”开始，她被调到急症室，协助院领导开设肠道门诊及“六二六”病房，后参加“六二六”医疗队赴内蒙热水地区，并担任医疗队队长。1980年她被调回医院再次担任护理部主任，任职期间她更新旧制度，改革新技术，组织护士学习，提高人员素质。她注重护理教育和人才培养，严抓护士长自身建设，做好护理部人才梯队建设。

她注重护理教学及科研，曾开办天津市和平区第一防治院护校并担任教导主任。在科研条件滞后的情况下，撰写的2篇论文，《直肠癌手术前后护理》《护士的素质》分别在天津市护理学会学术活动、区级学术活动中宣读。

她1953-1960年先后被评为区级先进工作者、建设社会主义积极分子、三八红旗手等称号，1976年、1977年在医学图书馆被评为先进工作者，1982年被评为天津市和平区卫生系统优秀党员称号，获中华人民共和国卫生部从事护理工作三十年荣誉证书。

王学智

王学智（1922-2011），女，出生于天津市，中共党员，主任护师。1941年毕业于开滦高级护士学校，1952年就职于天津市中心妇产科医院，1952-1961年担任护理部主任，1961-1970年担任北京医学院附属四院护理部主任，1970-1972年在湖北省汗江第一职工医院工作，1972-1979年担任天津市大港油田职工医院医务科副科长，1979年调回天津市中心妇产科医院，1981-1987年担任天津市中心妇产科医院副院长。

她从事护理管理工作35年。1979年调回天津市中心妇产科医院后，她主持医院的护理工作，规范了医嘱开具及执行流程、护士操作流程、消毒隔离程序，并开展示范操作专题培训，建立健全了护理工作制度及护士长会议制度，亲自抓会议的议题内容，针对差错事故，认真剖析原因，并开展警示教育。她恢复了护士长夜班制，带头值夜班检查、指导夜间护理工作，完善了夜班应急处理和抢救工作流程，提高了工作质量。在人员管理方面，她坚持“全面考核，择优分配”的原则，坚持量才适用，以岗择人。1984年她进行护理工作改革实验，开始实施责任制护理试点工作，实现功能制护理向责任制护理转化，体现护理服务的连续性，强化护理人员的责任感，提高了护理质量。1987年，她帮助医院设计电子计算机住院病人结账软件程序，核对数据，纠正误差，保证了计算机结账的灵敏度和准确性她。从事护理教育工作2年，1958-1960年，承办天津市卫生局主办的“全国妇产科高级医师进修班”，她负责新生儿护理教学。做为联合国人口基金会CPR/80-84/P06—CPR/85-89/P01项目天津市中心妇产科医院的领导小组副组长，她带领研究人员设计表格，核实数据，选定专人收集分析相关业务统计和研究资料，如期上报卫生部妇幼司，完成研究任务。

1957年被天津市卫生局评为天津市一等优秀护理人员；1981年荣获天津市卫生局先进工作者称号。

朱美安

朱美安（1923-1998），女，出生于江西南昌市，中共党员，主任护师。1942年大专毕业于江西南昌省立高级护校，1942-1944年工作于江西省立医院，1947-1949年工作于福建省福州诊所，1952-1957年工作于上海市纺织工业局第三医院，任代护士长。1957-1969年工作于天津市第二医院，任儿科、内科护士长。1969-1978年随天津市“六二六”医疗队去广西，先后任广西隆林克长公社负责人、南宁市第一人民医院内科医师。1978年11月回到天津市第二医院工作，1978-1987年担任护理部主任。

她从事护理工作45年，护理管理工作35年。

诸佩兰

诸佩兰（1924-2019），女，天津市人，主任护师。1945年毕业于天津市私立济华高级护士职业学校，同年进入天津市肿瘤医院（时称马大夫纪念医院）。1975年任天津市肿瘤医院（时称天津市立人民医院）护理部主任。

诸佩兰从事护理工作42年，任天津肿瘤医院护理部主任期间，主持制定了肿瘤护理常规、镭锭护理常规，制定病房管理规章制度及各级护理人员工作职责。“文革”期间各项工作极度混乱，全面整顿工作势在必行，她全力恢复和健全各项规章制度，初步使门诊及病房工作达到“文革”前水平。

1976年天津市遭受地震之灾，病房集中改为临建病房，她组织大家参加抗震医疗队，直至1980年临建病房逐渐拆除搬回办公大楼，恢复正常的护理工作。她对全院的护理工作进行了整顿，加强对各级护理人员的培训，恢复并修订了各项制度。

在护理管理工作中，她在病房实行岗位责任制，制定各岗位工作范围、细则、要求等，使护士们分工清晰、职责明确，护士长检查工作可一目了然。恢复了病房小讲课制度，统一了16项护理操作技术及护理文件书写规范等，在天津市卫生局两次大检查中，医院护理工作均取得好成绩。

1956年被评为市级优秀护理工作者。

陈家凤

陈家凤（1926-2021），女，出生于天津市，中共党员，主任护师。1949年毕业于天津马大夫医院附设济华护校。1948-1972年先后工作于天津市立中央医院、天津市立第三医院、天津市总医院，1972-1992年工作于天津医科大学第二医院（原天津医学院第二附属医院），1972-1992年任护理部主任。1982-1987年曾任天津市护理学会第二、三届理事，天津市护理学会外科专委会主任委员。

她从事临床护理工作40余年，护理管理工作30余年。1983年随天津市护理学会到兄弟省市学习后，在部分病房推行护理责任制，并协助各病房建立重症室及监护室，创建了良好危重病人救治环境。她在全院病房推行密闭式输液法，基本杜绝了输液反应，保证了病人的治疗安全。

她关心青年的成长和培养，选拔青年护理骨干充实护士长岗位，占比近50%。她以思想教育和传授工作方法为切入点，通过审阅批改护士长手册、选送新上任护士长参加各类学习班等方法，培养和提升年轻护士长的管理能力。1985年筹建天津医学院二附院护校，培养护生100余名。

1982年被天津市政府授予优秀护理工作者称号。

王幼文

王幼文，女，1926年12月出生于北京市，中共党员、主任护师。1947年毕业于北京高级助产学校，同年就职于天津市立医院（现天津医科大学总医院），曾任医院人事科干事、院长办公室秘书，1957年任妇产科科护士长，1959年被选聘为天津市和平区法院人民陪审员，1964年任总医院妇产科、儿科联合支部书记、总护士长，1969年任贺兰县常信公社卫生院医生和副院长，1971年被推举为贺兰县和宁夏回族自治区党代表，1979年任天津医科大学总医院护理部主任，1988年任总医院姜井分院副院长。

她建立三级护理制度，开展“十满意病房”活动，编写了《无痛分娩护理》手册。1959年参加天津市医疗队，任医疗队总护士长，赴河北省邯郸市太行山区筹建岳城水库工地医院，建床位100多张，为30万建库民工服务。1960年她负责天津医学院与总医院幼儿园合并工作，自发豆芽，从产科搞胎盘改善儿童营养，事迹登于同年《天津日报》。1964年她调回总医院，任妇产科、儿科联合支部书记、总护士长。1969年，响应“六二六”号召，她带领全家人下放到宁夏回族自治区的贺兰县常信公社卫生院，期间她培训赤脚医生，修建住院病房，到边远乡村为难产孕妇接生，新华社记者专程来到贺兰县采访她，并发表题为《庄稼院里的好医生》一文。1979年，她因落实归国华侨政策，回到天津医科大学总医院，协助时任副院长陈路得重新建立护理规章制度，编写《护士应知应会手册》。

1958、1959年荣获天津市劳动模范称号，1960年被评为河北省岳城水库建库英雄，1962年被评为天津市先进幼儿教师，1964年被评为优秀妇女工作者，1971年先后被评为公社和贺兰县先进工作者、宁夏回族自治区先进工作者、十大标兵，1982年获天津市优秀护理工作者称号。

赵茹芬

赵茹芬，女，1928年2月出生于山东省乐陵市，中共党员，主任护师。1949年中专毕业于开滦高级护校，1963年大专毕业于天津市红桥医学院。1949-1953年先后工作于唐山开滦总医院、天津大众医院，1950-1956年工作于回民医院（民族医院前身），1953-1956年任回民医院产科护士长，1951年参加抗美援朝战伤护理队，1956-1960年任内科护士长，1974-1987年任医务处副主任兼护理部主任，1982年曾任中华护理学会天津分会理事。

她在1951年参加抗美援朝救护队，曾担任手术室护士长，当时战地医院设备简陋，工作制度很不完善，因此伤员术后感染率高发，她与其他护理人员多次商讨并建立手术室管理规则，统一无菌技术操作程序，历经7个月将手术室工作逐步引入正轨，患者手术后感染率持续下降，得到上级的嘉奖。1953年她回到天津大众医院，任产科护士长，面对医疗护理工作分工不清的问题，她推广护理包干制，降低了护理风险，杜绝了因责任不清引起的医护间的矛盾，提高了工作人员的责任心，对于病房危重患者的观察和护理收到良好效果。她担任护理部主任后，建立健全各项护理管理制度，运用科学管理方法提高护理质量，出台医疗护理安全工作要求，首次建立事故、差错登记制度和护理安全会议讨论制度，及时将护理工作中的安全风险和注意事项传达给护理人员，减少了护理不良事件的发生。

她重视护理带教工作及人才培养，不断搜集医学护理参考书籍指导护理临床实践，提倡并推行病房观摩与实际操作相结合的教学模式，帮助护生更好地掌握解剖学和生理学，也改变了护生动手能力差的问题，提升了护理教学质量。

1957年获得天津市卫生局行政奖励，1962年被评为市级先进工作者。

韩爱荣

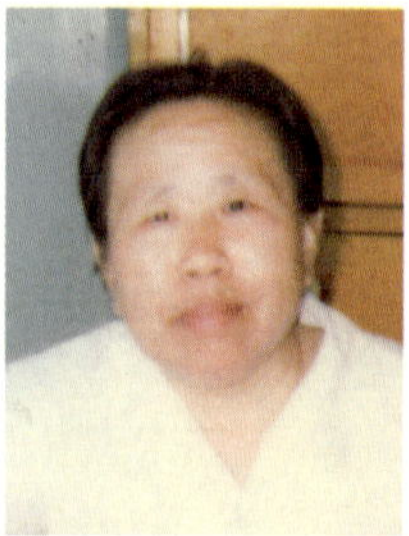

韩爱荣，女，1928年10月出生于河北省抚宁县，中共党员，副主任护师。1953年中专毕业于天津市护士学校，毕业后在塘沽医院（现天津市第五中心医院）从事护理工作。1961-1977年先后任供应室、外科、妇产科护士长，1977-1986年任总护士长同时担任护理部行政主任。1978-1986年任天津市护理学会第二届理事会理事，1979-1986年任塘沽区医药学会理事、护理学组组长。

她从事护理管理工作25年，任外科护士长期间，亲自到手术室观摩手术，密切医护配合，提升了围手术期护理质量。调任妇产科护士长后，她利用业余时间学习专业知识，掌握了分娩期护理、新生儿抢救等相关知识和操作技术。在“文革”期间，她被调至地段负责群防群治工作。在陌生的环境中，她用行动践行“有病送医药无病送温暖”的医疗服务准则，在为群众服务中，丰富了知识提高了技能。1976年唐山大地震，她主动要求去震伤病房截瘫病区工作，为患者提供日常照护，解除病痛同时进行心理疏导，使他们能以较为积极的心态面对现实。

她大量阅读国内外相关书籍，积极参加天津市护理学会组织的各类交流培训，利用多种形式组织全区、全院护理人员学习包括心电图、心理学、疾病护理常规、心肺复苏等基础理论知识，组织护理查房，举办护理员基础理论学习班、配膳员营养知识学习班等，切实提高医院护理质量。她注重护士长的培训、选拔，要求护理队伍的领头人必须要德才兼备，重视护理人员的素质教育及急救技能培训，倡导护理人员跨科室学习。

1982年被天津市人民政府评为天津市优秀护理工作者，1962-1979年3次被评为天津市劳动模范，1979年获得全国三八红旗手称号，1980-1981年连续2年获得塘沽区区级三八红旗手称号，1983年被评为塘沽区三八标兵，1986年被评为塘沽区区级先进科技工作者。

马荫楠

马荫楠（1929.1-2020.1），女，出生于黑龙江省哈尔滨市，中共党员，教授。1949年中专毕业于天津益世高级护校。1949-1982年工作于天津儿童医院（原妇婴医院），1951-1953年任门诊部护士长，1953-1959年任医务室护理干事，1960-1962年任门诊办公室副主任，1962-1964年任护理部副主任，1964-1965年任后勤处副主任，1965-1966年任南郊区医疗队队长，1971-1973年任外科护士长，1973-1977年任门诊部负责人，1977-1982年任护理部主任。1982-1994年工作于天津医学院护理系，1982-1984年任护理系筹备组副组长，1984-1988年任护理系副主任，1988-1990年任儿科教研室主任。1978-1990年任天津市护理学会第二、三届理事会副秘书长，1990-1996年任天津市护理学会理事会理事、儿科学术组组长。曾任和平区、河西区政协委员，市总工会委员，兼任中国康复医学会及心理卫生协会理事，天津市医院等级评审护理专业组委员等。曾任天津市卫生职工医学院护理系顾问，鹤童老年福利协会护理专家委员会委员，《天津护理》杂志副主编，《实用护理杂志》编委。

她从事护理管理工作31年。历经医院管理体制改革，在现有资料记载中，她是儿童医院第一批被正式任命的护士长、护理部主任，最早组织制订病房管理制度、儿科护理常规、工作守则，建立了护理技术质量标准。1978年开始她选送优秀护士及护校应届毕业生去北京儿童医院学习，开始在病房施行医护小组全面责任制。1981年她建立质量管理三级体制，确定2个管理标准化病房，并建立内、外科两个教学病房，作为院办护校培训基地，承担医院临床实习任务。

她从事高等护理教育工作8年。1982年接受天津医学院聘请，担任护理系筹备组成员，成为天津医学院护理系的创始人之一，协助第一任护理系主任甘兰君筹建全国第一个高等护理专业，组织编制教学计划、编写学习教材、实习大纲，建立临床教学基地，培训临床师资，创建实验室和模拟病房。经天津市教卫委会议研究批准，天津医学院1983年9月开始招收医疗系（护理班）学生30名，学制5年，成为当时全国高等医学院校中唯一的本科护理人才培养基地，她任第一任副主任。为了适应现代医学模式的要求增设人文科学与社会科学课程，她编写了58万多字的教材和毕业实习大纲。结合我国国情在教学中注意改进教学方法，及时吸收国内外护理学的新进展更新教学内容，提高教学质量。1989年被聘为护理系教授。

她多年开展护理研究，在儿童医院期间积极组织护士撰写护理论文，组织开展新生儿护理工作研究课题，探索技术革新，研究用六丫散治疗三度尿布皮炎。她有较高的日语水平，在护理系期间，曾先后三次去日本进修、讲学，与美国、日本护理教授合作开展“疼痛护理”与“临终关怀”科研项目。以第一作者发表论文30多篇，代表作包括《高等护理教育中儿科教研室的建设》《老年人的基础护理及技术》《特殊状态下患儿的心理护理》《现代医学模式与护理学的进展》《新中国大学本科护理专业的创建》，分别在《中华护理杂志》《国际护理学杂志》《中国实用护理杂志》《护士进修杂志》《天津护理》发表。主编全国中等卫生学校护士专业教材《儿科学及护理》，由山东科学技术出版社出版；组织编写了第一部五年制本科护理专业《儿科护理学》，由人民卫生出版社出版，并作为天津医学院护理系教材使用。

任护理学会副秘书长期间，分担科普工作，建立健全了市区、郊县两大科普纲要，建立了多个科普网站，发展了500名宣传员。为科普宣传员举办培训班，采取多种形式、多种渠道向社会、人群进行卫生知识的普及宣传、咨询，使护理科普工作更加活跃，医院的门诊、电台、电视台及卫生科普专栏都有了护理科普文章。

1957年被评为天津市优秀护理工作者，1980年被评为全国医药卫生科普先进个人，1982年被评为天津市优秀护理工作者、天津市三八红旗手、天津市科协积极分子，1987年被评为天津医学院优秀教师，1989年获天津医学院优秀教学成果奖及陈路得护理教育奖金一等奖。

王慧

王慧，女，1929年6月出生于天津市，主任护师。1948年毕业于天津市马大夫纪念医院附属高级济华护校，并就职于马大夫纪念医院（先后更名为天津市立人民医院、天津市天津医院），1951年任手术室护士长，1979年任护理部主任。1952年曾任天津市护理学会手术室专业小组成员。

她从事临床护理及管理工作40余年，1952年参加抗美援朝国际红十字医疗队在沈阳军区总医院工作，接受过廖承志首长亲自接见。1968年响应毛主席“六二六”号召，赴内蒙古乌蒙医院工作。1976年河北省邯郸地震她参加地震医疗小分队。她曾学习麻醉专业知识与操作技能，担任手术室护理长并兼任麻醉医师工作，负责我国著名骨科专家及医学教育家方先之教授开创骨结核手术首例病例的麻醉管理，并随医疗团队赴美国参加国际学术会议交流展示。她建立输血、输液、给药制度，落实安全输血。在一次输血发生休克的救治过程中，她及时分析原因，查找安全隐患，杜绝了一次严重的医疗事故。她建立健全手术安全核查与消毒隔离制度，建立各种术式的铺单操作规范，并受卫生局委托录制《手术室无菌技术操作规范》电教教材指导全市手术室工作。

她举办手术室护士进修班，培养了远至新疆乌鲁木齐市等来自全国各地的护理骨干近二十名。她曾应长春人民医院的邀请，长期指导该院手术室的教学工作；组织北京市积水潭医院、福建省医院在山东文登骨科医院举办针灸麻醉学术交流会。在天津市举办全国针灸麻醉学术交流大会，与会者到天津医院手术室进行实地观摩交流学习。

鉴于她的专业能力及影响力，退休后，深圳、郑州的中医骨科医院邀请她协助完成手术室的建设，培养手术室护理骨干二十余人，当时的《人民日报》在三八妇女节刊登文章表彰她出色的业绩。

苑淑宜

苑淑宜，女，1929年11月出生于天津市，中共党员，主任护师。1948年毕业于天津市私立济华高级护士职业学校，同年进入天津市肿瘤医院工作（时称马大夫纪念医院），1962年任护理部主任。

苑淑宜从事护理工作39年。1956年，医院由原来的综合性医院改为骨、瘤两科的专科医院，她作为护理骨干逐渐建立起骨科、瘤科病房的各项制度。1957年，她代表护理部参加了全国卫生工作会议，介绍了工作经验。病房护理工作实行护士包干制，提高了护理质量，小儿科病室开展“小学化、幼儿化”的护理方法，对患儿集治疗、学习辅导为一体的工作得到大会的肯定。

1962年天津市下达“整顿医院护理工作意见”，她带领病房护士长大力整顿一线护理工作，研究和解决护理工作问题，成立整顿护理工作脏乱差小组，对全院护理工作进行了调查并写出调查报告。她对病房的整顿工作有步骤地开展，使病房面貌大为改观，评定护理人员技术水平等级，拟定技术鉴定方案及考核条例。在全国护士会议精神的推动下，她以提高护理质量为中心，加强全院护士理论学习，统一了33项护理操作规程，开展了基本功训练，使医院的护士在全市护士技术大比武中获得较好成绩。

在临床护理管理中，她推动各科室着手书写病房护理常规，建立护士长查房制度、差错事故登记汇报制度等，让这些护理工作逐渐步入正轨。1964年，她再次代表医院在全国卫生工作会议（小组发言）中介绍经验，使医院护理工作在当时处于市内领先的地位。

温田媛

温田媛，女，1929年11月出生于日本鹿儿岛县，主管护师。1946年毕业于日本京都帝国大学医学部附属医院护校。1946-1953年就职于日本神户中华同文学校医务室，1954-1984年就职于天津市中心妇产科医院。1956-1977年任病房护士长，1977-1982年任产科科护士长，1982-1984年任护理部主任。1978-1984年任中华护理学会天津分会理事兼任妇产科学术组组长。

她从事临床护理工作10年，护理管理工作26年。在担任病房护士长、科护士长或护理部主任期间，她每天6:30准时进病房指导、检查工作，查阅各项护理记录，制订和修改危重病人护理计划，与护理人员一同为患者进行护理、治疗工作。1983年，她在临床开展锁骨下静脉穿刺技术，满足化疗病人胃肠外营养治疗及长期输液的需要。开展股静脉穿刺技术，用于新生儿取血，并对护士进行培训。她严格管理护理人员，恢复并修订各项制度，实行岗位责任制，建全组织架构。她注重护理管理人才的培养，建立了护士长考核考察制度和轮换制度，通过建立健全奖惩机制，将护士待遇与工作质量、科室特点相结合，提高了护士工作积极性及护理服务质量水平。

为提高全市妇产科护理人员业务水平，她多次组织业务经验交流会，负责日本交流人员翻译工作，1984年10月作为天津代表参加中华护理学会组织的8人代表团赴日本考察。

1958年被评为天津市劳动模范，1959年被评为天津市女红旗手、河北省女红旗手、天津市工会优秀积极分子，1982年被评为天津市优秀护理工作者、天津市卫生局先进工作者，1983年被授予天津市三八红旗手称号，1984年被评为天津市科技协会工作积极分子。

邓光馨

邓光馨，女，1930年出生于辽宁省营口市，副主任护师，中共党员。1949年毕业于中国医科大学附设高级护士学校，1950年入职沈阳中国医科大学第二附属医院，1956年任医院门诊部副主任，1959年任医院托儿所所长。1961年担任北京协和医院幼儿园主任，1970年担任湖北江汉油田第一职工医院妇产科护士长，1972年担任天津大港油田职工总医院妇产科护士长，1981年担任天津大港油田职工总医院护理部副主任。

她于1980年调入医院机关组建护理部，1981年任护理部副主任，建立健全护理岗位及岗位制度，组织全院护理人员配合医院扩建工作，开展责任制护理，增加专职清洁员、配膳员。1982年创建干部病房，1983年建立烧伤病房，1985年建立中医病房，完善各种制度及护理常规，制定文明病房标准，开展创文明病房活动。

她注重护理人才培养，组织三年制护士班临床实习教学工作。组织脱产新文化教育、护理员实习（中专护士班三年制），组织护士长、护理骨干参加市内进修、业务培训。1986年开展医院输液热原反应原因调查，建立护理部档案。

她重视护理专业技术的发展及科研工作，1956年担任沈阳中国医科大学第二附属医院门诊部副主任期间为防止交叉感染，建立门诊分诊处，健全卫生消毒隔离制度；1960年担任医院托儿所所长期间，为防止肝炎在托儿所蔓延，建立肝炎护理常规，执行晨检、卫生、消毒、隔离制度，建立食谱制度合理调配营养，增强幼儿体质，杜绝了肝炎蔓延及其他感染性疾病流行。1986年11月撰写论文《243例差错分析》及《我院输液热原反应原因调查报告》，均在医院学术年会中宣读。

1989年获中华人民共和国卫生部从事护理工作三十年荣誉证书，2019年荣获建国70周年纪念章。

王梅郁

王梅郁（1930-2015），女，出生于山东省德州市，主任护师。1950年毕业于天津市高级护校，1950-1953年进入天津市第一医院工作并先后担任手术室、儿科护士长，1953-1955年参加朝鲜医疗队担任野战医院总护士长，1956-1969年于天津市第一医院担任外科、妇产科护士长，1970-1971年于天津北大港区干校承担医师工作，1972-1973年于天津南郊区北闸口一农机厂承担医师工作，1974-1987年任天津中医药大学第二附属医院护理部副主任主持护理部工作。曾任中华护理学会天津分会行政管理组委员、天津市河北区卫生局护理组委员。

她从事临床护理30余年，1953年参加抗美援朝医疗队顺利完成抢救伤员工作和组织伤员转移工作。1954年奉令外调，成立护士培训班，担任培训班教学工作并顺利完成。1975年曾参加西学中学习班，进修中医基础、方剂、中药、内外妇儿针灸，熟练掌握各专科知识。1958年在《中华护理杂志》发表论文《乳腺癌扩大手术的护理》。

1953年在朝鲜志愿军总部荣获国际三等功臣，1960年获天津市卫生局对教学工作认真大会表彰物质奖，1964年获天津市卫生局光荣册物质奖（模范护士），1982年获中华人民共和国卫生部从事护理工作三十年荣誉证书。

李淑鸾

李淑鸾（1930.4-2013.8），女，出生于天津市，主管护师。1950年中专毕业于哈尔滨医科大学附属学校，1961年大专毕业于天津市业余护校。1950年参加革命工作即做护理工作，1951-1954年工作于哈尔滨医科大学附属医院。1954-1983年工作于天津市口腔医院，1961-1965年担任门诊护士长，1966-1969年先后担任门诊、病房、手术室护士长，1969-1972年任总护士长。1974-1976年担任天津市卫生学校医七班、技七班教师兼班主任。1978-1983年担任天津市口腔医院总护士长。1972年任天津市护理学会五官科专业组组长。

她从事护理管理工作25年。1960年担任天津市口腔医院门诊护士长期间，带领护士配合医生完成141例牙髓根尖周病患牙的拔髓、扩大、冲洗、根管充填一次完成牙髓治疗护理配合；1961年医院在国内引进英国先进的牙科高速涡轮机用于龋齿充填、开髓等牙体病治疗，她制定了护理配合流程并培训落实。“文革”期间医院工作程序受到干扰，1978年恢复正常秩序后，她带领护理人员重建口腔护理规章制度，组织基础护理、急救护理技术培训，改进口腔器械消毒方法，组织编写口腔科护理手册细化护理工作流程，并开展“如何处理好医护患关系”的专题培训，提出护士做到“四勤”，做好诊前物品准备，倡导快速、高效完成护理配合。

她从事教学工作2年，克服教学环境简陋等困难，强化学生无菌观念，从思想、生活上关心帮助困难学生及孤儿护士，为医院培养口腔护理人才。

1976年被评为天津市卫生局医学教育先进工作者。

张光苐

张光苐，女，1930年12月出生于北京市，中共党员，副主任护师。1951年中专毕业于天津市高级护校护理专业，1965年大专毕业于红桥区业余医学院。1951-1955年工作于天津市第四医院（原天津市第二中心医院前身），1968-1978年从事内科医生工作，1978年回归护理岗位任护理部负责人。1983-1987年任天津市第二中心医院护理部主任，1983-1987年任天津职工医学院护理基础教研室教师，1978-1987年任红桥医科协医学会理事兼护理组长。1983-1987年任《天津护理》杂志编委。

她从事护理工作35年，1951年参加抗美援朝，在石家庄白求恩国际和平医院工作，1952年回到医院后对各种穿刺包的应用及注射器更换消毒方法进行了改进，提高了工作效率，方便了临床科室使用。1955年天津市第二中心医院新院建成，她被选派到北京协和医院、同仁医院及黑山扈胸科医院的手术室进修学习，回院后任手术室护士长。

1980年她参编《医院护理管理》，以第一作者发表论文《书写护理病程记录》，并在全国责任制护理研讨会交流。

1982年她荣获天津市优秀护理工作者称号、天津市卫生局优秀护士、天津市卫生局先进护理工作者称号。

丁淑芳

丁淑芳（1930.12-2011.6），女，出生于四川省荣县，中共党员，主任护师。1951年大专毕业于四川成都仁济高级护士学校。1951年工作于中国人民解放军成都公安部队医院。1951-1960年工作于北京中国科学院整形外科医院（原北京中国人民解放军和平医院），1958-1960年任护士长。1960-1969工作于天津市第一中心医院，1960-1965年担任外科护士长、外科科护士长，1965-1969年从事外科医师工作（经卫生局批准）。1969-1976年在新疆军区生产建设兵团农三师五十团卫生队做医师。1976-1991年工作于天津市河西医院，1976-1978年任河西医院护校副校长，1978-1991年任护理部主任。1988年当选天津市第十一届人民代表大会代表。

她从事整形外科护理工作9年，针对灼伤，烧伤、战伤抢救等护理需要，编写了灼伤整形的护理常规。她从事护理管理工作24年，任护理部主任期间，建立健全各项护理管理制度，运用科学管理方法提高护理质量管理。她强化护理人员的学习与训练，开展具有专科特色的护理服务。她坚持每年有计划地安排护士外出学习，举办护士长管理培训班和经验交流会，1979-1984年举办了两年为一期的“护理人员技术培训班”。

1952年在中国人民解放军和平医院荣立三等功。1973年在新疆建设兵团农三师荣立三等功。1959年被评为北京市文教卫生先进工作者、北京市青年积极分子、北京市三八红旗手。1960年被评为北京市劳动模范。1982年获中华人民共和国卫生部从事护理工作三十年荣誉证书。1983-1989年2次荣获天津市优秀护理工作者称号。1984年被评为天津市科协工作积极分子。1988年荣获天津市总工会“七·五”立功奖章、天津市卫生局1987年度先进工作者称号。

韩俊玉

韩俊玉，女，1931年6月出生于天津市，中共党员，副主任护师。1951年中专毕业于天津市立护士学校，1951年工作于天津市立总医院（现天津医科大学总医院），1971年当选为宁夏回族自治区党代会代表，1974 年任天津医科大学总医院高干病房行政副主任。

1954年她参加朝鲜战争国际医疗队，成为中国人民志愿军战士，负责在后方医院护理伤病员。当时生活、工作环境异常艰苦，气温经常在零下40摄氏度左右，没有取暖设备，劳动强度大，随时可能有生命危险，但她发扬一不怕苦、二不怕死的革命精神，奉献不言苦，追求无止境。1954年荣获中国人民志愿军三等功。

1969年她到宁夏回族自治区灵武县梧桐树公社工作。有一次夜里，患者是一名孕妇，子宫出血、血压下降。她立即赶到现场，先给产妇输液止血、升压，因条件有限，她和家属用人力小推车徒步走了三十里路，轮流高举输液瓶将孕妇送到县医院。当她到家后，看到她的两个孩子冻得紧缩成一团，坐在地上睡着的场景不禁泪流满面。但她并不后悔，她认为做应该做的事情，一切都值得。

1974年她从宁夏调回总医院，重建高干病房。干部保健工作面对的“特殊人群”肩负着党和国家赋予的重任，保健人员必须把他们照顾好，但这还有个“适度”的问题，既要照顾好，又不能脱离群众。“文革”期间，她克服种种困难和压力，保存下重要保健对象珍贵的病案资料。教学工作方面，由于保健工作的特殊性质当时只接收生产实习的护士和各省市干部保健进修人员。在繁忙的工作之余，她还善于总结工作经验并撰写多篇护理文章。

1956年荣获天津市先进护理工作者一等奖，1982年被评为天津市优秀护理工作者，1982、1986年两次被评为天津市劳动模范。

田增魁

田增魁（1931-2018），男，出生于天津市，中共党员。1948年中专毕业于晋察冀军区卫生部医科大学护士学校。1951-1955年在华北军区后勤部卫生部白求恩国际和平医院担任副护士长、护士长、干部助理员。1955-1956年在中国人民解放军第十三军医学校干部处担任干部助理员。1956-1957年在天津市卫生局药品检验所担任党支部书记、人事部门负责人。1957-1960年在天津市口腔医院担任护士长，1960-1969年担任总护士长。1969-1972年随天津市“六二六”医疗队赴广西岑溪大湴公社卫生院工作，担任护士长。1972-1978年回到天津市口腔医院工作，任总护士长。

他在解放战争时期即参加革命工作，从事护理管理工作23年，建院伊始，医院仅有牙椅13台，设备简陋，他传承了部队的优良传统，把在部队军校所学知识运用到工作当中。20世纪50年代，护理人员多数没有经过正规的护理学习培训，基础护理知识掌握甚少，根据毕业来院护士没有学过口腔护理相关知识的现状，按照口腔医学专业特点和分科情况，他建立了各专业护理小组长负责制，示教护理操作技术并教会护士辨识口腔器械。他重视拔牙钳等器械的消毒，初步建立了口腔医院院感管理。在兼管口腔修复科期间，对总义齿修复及颌骨缺损后赝附体修复的护理，开展了“老带新”护理技术传承教授模式，对于年轻护士给予积极指导和帮助。1959年医院建立口腔颌面外科住院病房，他根据医院发展需要，制订护士招聘计划，并开展护理技术培训，病房基础护理及专科护理水平逐步提高。

1950年在华北军区白求恩国际和平医院被选为四评运动二等模范，1955年被批准授予解放奖章，1956年被授予少尉军衔。

刘启馨

刘启馨（1932-2008），女，出生于北京市，农工民主党员，主任护师。1951年中专毕业于天津市儿童医院护校。1951-1991年工作于天津市工人医院，1957年任命为副护士长，后期任天津市工人医院护理部主任。

她从事护理工作30余年，积极从事专业研究和探讨，在护理工作上有一定的建树，特别是在改进工作方法、提出护理建议等方面得到了大家的认可。担任护理部主任工作以来，能够严把质量关，注重基础护理，最大限度地调动了护理人员工作的积极性，团结同志，整顿病房，和大家一起建立科室的各种规章制度，狠抓护理工作的质量，正本清源，建立了科室工作流程。

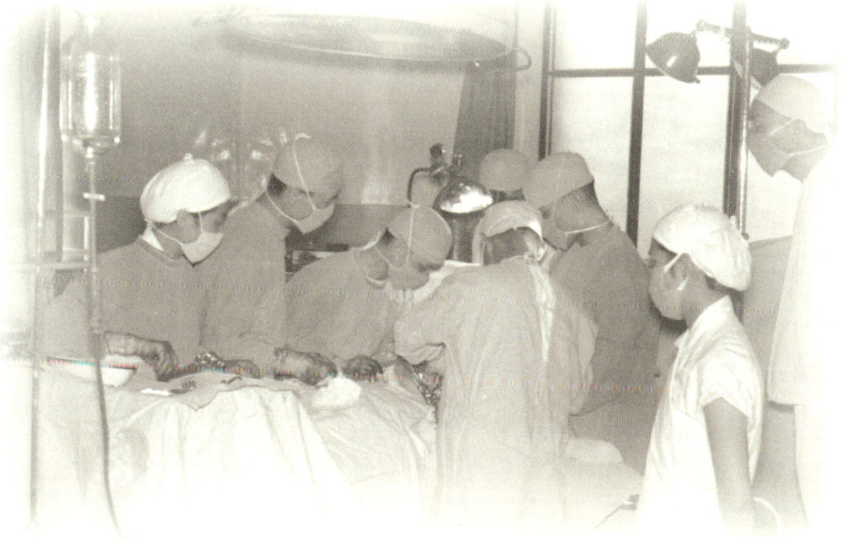

贾尔芬

贾尔芬(1932-2017)，女，出生于山西省汾阳市，中共党员，副主任护师。1950年毕业于山西汾阳医院附设高级护士学校。1950年工作于天津市立总医院（现天津医科大学总医院），1960-1983年历任医院内科代护士长、科护士长、内科副主任兼科护士长。1983年任医院护理部主任。

1951年她参加抗美援朝后方医院医疗队，为伤员服务，1952年回到总医院工作。1957年响应党的号召，到天津南部大安乡安家落户，开设病房，建立手术室，开展心导管检查、纤维内窥镜检查、呼吸功能检查等工作，培养大批初级卫生人员，初步解决农民治病难的问题。

在护理管理方面，她所带领的内科科室在教学、科研、临床护理质量等方面均位于总医院前列，被评为医院先进科室。1983年任护理部主任后，她巩固健全护理人员各级岗位责任制；组织护理人员在职学习，培养护理技术人才；开展责任制护理；建立12个标准化病房；建立健全护士长查房制、考核检查制、重症护理考核制；建立各科业务工作月报表，便于掌握相关情况；开展各级人员考核制度；加强科研工作，每年进行论文宣读；推行分级绩效，促进护理质量提高。

在护理教育方面，从1952年开始，她作为科室护理带教老师工作三年，结合临床讲课，严格落实教学计划，受到实习学生的好评。

她1975年在《天津医药》杂志发表《做好心肌梗塞病人的护理和监护工作》论文，曾撰写《急性心肌梗塞病人的护理与监护工作》《腹腔镜检查600例术前后护理》《在职护理人员培养体会》等文章，并于1983年参编医院内部发行的《临床护理应知应会手册》第一、二册，1985年参编高等护理教育教材《内科护理学》的“消化系统疾病护理及各科引流内窥镜检查和消化系统检查技术操作”部分。

1971年被评为天津医学院七零年度总评五好战士，1989年被评为天津市优秀卫生工作者。

徐爱玲

徐爱玲，女，1933年6月出生于北京市，中共党员，副主任护师。1952年毕业于天津第一护士学校。1949-1951年工作于天津工人医院。1952年工作于天津市立总医院（现天津医科大学总医院），1962-1980年历任耳鼻喉科、眼科病房、门诊部护士长，1980-1995年任五官科科护士长。1986-1996年历任天津市护理学会第三、四届理事会理事，1986-2001年历任天津市护理学会第三、四、五届五官专业组组长，1991-1996年任《天津护理》杂志编委。

她从事临床护理工作46年、护理管理工作33年，制订病房计划、推动护理工作落实，加强护理人员政治思想工作及责任心提升，注重专业知识培训与考核，认真落实各项规章制度和护理常规，定期组织护理查房，杜绝护理差错事故的发生。她对眼、耳、口三个病房工作进行协调管理，参与各科室晨交班，检查岗位责任制、危重症患者护理措施、护理教学工作的落实情况，并积极开展全科护理新技术项目。督促各科护士长落实各项护理工作计划，总结工作经验，不断提高护理工作水平。

她从事临床带教33年，指导有教学能力的护士进行临床带教工作。自天津医学院护理系（现天津医科大学护理学院）1983年创建以来，负责耳鼻喉科护理理论教学工作及辅导学生的病房见习、实习工作。

芮素珍

芮素珍，女，1935年3月出生于河南省郾城县，中共党员，副主任护师。1955年毕业于天津市护士学校，中专学历。1955-1995年就职于天津市传染病医院（现天津市第二人民医院），1958年任护士长，1981年5月至12月任护理部副主任，1988年任护理部主任。1991年任中华护理学会第二十一届理事会传染病护理专业委员会委员。

她从事临床工作26年，从事护理管理工作7年，作为护理部主任，她严格规范消毒隔离制度，杜绝交叉感染。她在工作中善于思考，把中医特色与西医临床相结合，扬长避短，优化了护理工作结构。她注重护士长查房制度和十五项基础护理操作，举办学习班，对护士分期分批进行培训，1973-1975年为普及中医教育举办3个培训班。1975-1976年在城市医疗队中主讲乙脑防治知识，1979-1981年担任护理培训班传染病护理班主任，在宁河医疗队筹划传染科。

1981年荣获天津市卫生系统优秀共产党员称号，1982年荣获天津市优秀护理工作者称号，同年荣获天津市优秀护士称号，1989年荣获天津市卫生行业优秀卫生工作者称号，1992年荣获天津市优秀护士称号。

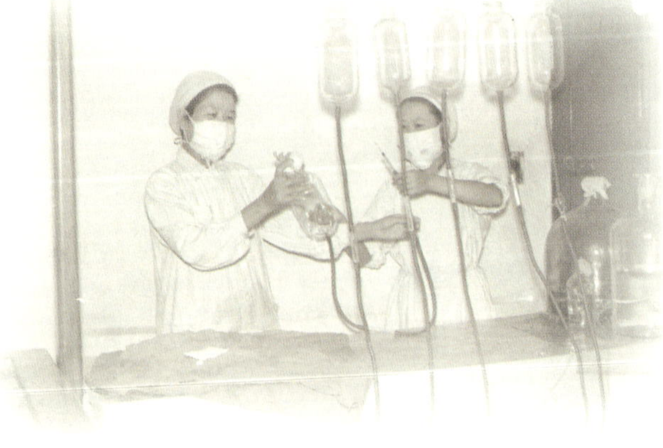

李瑛

李瑛（1935-2015），女，出生于福建省，中共党员，副主任护师。1953年毕业于福建龙溪护士学校，自1953年先后在福建龙溪地区医院、天津市内燃机轴承厂保健站工作。1957年调入天津市工人医院妇产科，1962年任妇产科护士长，1981年任医院护理部主任。

她自参加工作以来，不断完善妇产科常见病的护理常规。十年动乱期间，护士长职务中断，1970年开始护改医工作，在她的努力学习和老同志的帮助下，很快掌握妇产科常见病的诊疗处理及各种妇产科手术操作。1977参加医疗队到宁河潘庄卫生院任妇产科医师，协助卫生院解决产科难题、妇科计划生育手术等工作。1978年医疗队结束，由于工作需要归院，任妇产科护士长，1981年初任护理部主任职务。

她在30多年的护理实践中，热爱本职工作，任劳任怨，严以律己，努力学习，较好地掌握了护理管理和护理专业基本理论、基本技能、基本技术。平常她注意自身业务知识的更新和提高，先后参加各种学习班，如“中医基础医学基础理论及护理专科理论学习班”“护理伦理学习班”“心理学学习班”“医院管理学习班”等，并经常坚持阅读有关护理专业期刊，了解护理工作信息。担任护理部主任工作以后，狠抓护士长队伍建设，组织大家走出去参观学习提高管理水平。建立规章制度，建全工作流程，修改各种工作质量考核，开展护理查房。同时，注重护理人员培训，组织全院护理人员系统学习业务，定期组织考核。护理部工作做到全年有工作计划，季度有工作重点，月有工作安排，事事做到有布置有检查有总结，使护理部管理体制迈进一大步。

1980年被评为天津市河东区先进工作者，1981年被评为天津市河东区红旗突击手，1981年被评为建设社会主义积极分子，1982年被评为天津市优秀护理工作者。

包淑芳

包淑芳，女，1935年10月出生于浙江省奉化县，中共党员，副主任护师。1955年毕业于天津市护士学校，中专学历。1955-1991年工作于天津市传染病医院（现天津市第二人民医院），1984-1987年任护理部主任。1978年任中华护理学会天津分会科普委员会主任、中华护理学会天津分会第三届理事会理事。1987-1996年任天津市护士学校护理教学办公室主任。

她从事临床护理工作30年，在供应室工作期间，她改革了输液器和注射器的消毒方法；在预防科工作期间，她和同事们共同建立了肝炎咨询门诊普及预防知识，改进医院的消毒隔离制度，推出新的消毒隔离办法；在门诊期间，她以病人为先，总能做到迅速出诊，减少患者的等候时间，使门诊就诊顺序井然有序。

她从事护理管理工作26年，完善医院的基础设施，划清区域标志并利用板报进行宣传，有效地减少了院内交叉感染。她创立咨询门诊，进行院外肝炎普查。在家庭病床工作中，她加大管理力度，总结经验，做好家庭病床的科研工作，建立了一套家庭消毒隔离制度。1986年卫生局十大窗口百日竞赛，她在争创“五个一”过程中作出了突出成绩。她所建立的标准化病房，连续数年被评为局级先进病房。她在病房建立了十几项规章制度，统一了13项技术操作。她为青年人提供平台，成立了“青年示范岗”。

她编著《家庭中的隔离与消毒》。1959年荣获建设社会主义积极分子称号，1987年荣获全国模范护士荣誉称号，1980年、1983年分别荣获天津市科协科普工作积极分子称号，1982年荣获天津市优秀护士称号，1984年荣获天津市三八红旗手称号，1986年荣获天津市七五立功奖章。

汪鉥

汪鉥，女，1936年9月出生于天津市，中共党员，副主任护师。1953年中专毕业于天津市助产学校，1992年大专毕业于天津市卫生职工医学院。1953年就职于天津市中心妇产科医院，1956-1983年先后担任手术室、妇科病房、计划生育护士长、妇科科护士长，1983-1984年任护理部副主任，1984-1995年任护理部主任。1986-1996年任天津市护理学会第三、四届理事会理事，1992-2001年任《天津护理》杂志编委。

她从事护理管理工作39年。制订护理工作管理制度及护理常规，对护士进行定期考核，并每半年组织全市妇产科护理人员进行讲座。1987年在主管院长指导下，她带领护理团队完成了护理工作管理的计算机编程工作，是全市第一所实现护理工作计算机管理的医院。1993年为促进母婴健康，提高母婴健康照护水平，在产科贯彻母乳喂养，通过改进医院服务设施，实行母婴同室，加强母乳喂养培训及宣教，提高了母乳喂养率。协助医院开展爱婴医院及家化病房建设，增加高级病房，为病人提供良好的环境及优质的护理服务，并根据三级甲等医院的评审标准，建立了病人出入院处置室，方便病人住院治疗。

她以第一作者发表论文2篇，我院创办爱婴医院的做法和体会》《母乳喂养率的调查分析》分别发表在《天津护理》和《天津市医药卫生专业学术年会论文集》。

1982年被评为天津市妇幼卫生、计划生育技术指导工作先进工作者，1986年获中华人民共和国卫生部从事护理工作三十年荣誉证书，1988年被评为1986-1987年度科协工作积极分子，1988年被评为中华护理学会年度学会工作积极分子，1991年获第四届陈路得护理教育奖学金三等奖，1996年获天津市护理学会荣誉会员称号。

前行期

（1957—1977）

张桂华

张桂华（1935-2019），女，出生于天津市，副主任护师。1957年中专毕业于天津市护士学校。1957-1996年工作于天津市儿童医院，1970-1971年赴农村医疗队，1971-1974年赴工矿医疗队，1980-1983年任儿童医院内科护士长，1983-1986年任内科科护士长，1987-1988年任护理部副主任，1989-1996年任护理部主任。

她从事护理管理工作16年，坚持深入以先，随时掌握病房新动向，通过制订并落实严格的奖惩制度，使得病房差错事故明显减少。她重视供应室管理，建立健全各项规章制度，于1990年在天津市卫生局组织的供应室专业评审中，获第一批合格证书。1992年开始在五个病房实行“责任制护理”，开展“优质优价特殊服务”项目，如术后苏醒室的专护、监护室危重患儿的专护等，先后接受来自全国各地的进修护士100余人次。1995年9月，卫生局三甲小组对医院护理工作进行检查指导，评价医院“护士训练有素、规范化，护理工作熟练细微，病房整洁、安静、有序、病人舒适、护理到位”。

她重视对外交流工作，1994年接待加拿大护理专家至医院ICU进行护理工作交流；1995年接待中国台湾地区护理学会代表团一行6人、天津护理学会10人左右来院交流；1995年输送护理骨干至新加坡、中国香港地区学习；1996年组织护士21人至北京儿童医院学习留置针使用、操作及交流。

1980年被天津市卫生局评为局级优秀护理工作者，1992被天津市卫生局评为市级优秀护士，1992年开展的“输液质量保证”QC项目被评为市级优秀奖。

孔淑琴

孔淑琴，女，1936年3月出生于北京市，中共党员，主任护师。1957年中专毕业于北京市第三护士学校。1957-1959年进入北京医学院第二附属医院工作，1960-1970年进入天津市第一医院工作，1971年调入天津中医药大学第二附属医院，1972-1977年任天津中医学院二附院内科副科护士长。1978-1981年任天津市护校中医二附院分校教导主任，1982-1984年任门诊副科护士长，1984-1986年任内科副科护士长，1987年任护理部副主任主持护理部工作。1982年曾任中华护理学会会员。

她从事临床护理30余年，擅长中西医结合护理。1970年参加西学中学习班，学习中医基础知识、方剂、中药，并自学《金匮要略》，结合临床实践，积极探索中医护理专业化发展方向。开展责任制护理，加强院内中医理论知识培训，指导各级护士技术操作和中医专病护理常规，提升护理人员辨证施护能力。为不断提升自身业务能力，自学和进修药理学、解剖学、生物化学、基础心理学及护理心理学等，指导护士熟练使用各种现代设备仪器并掌握保养方法。

刘云玲

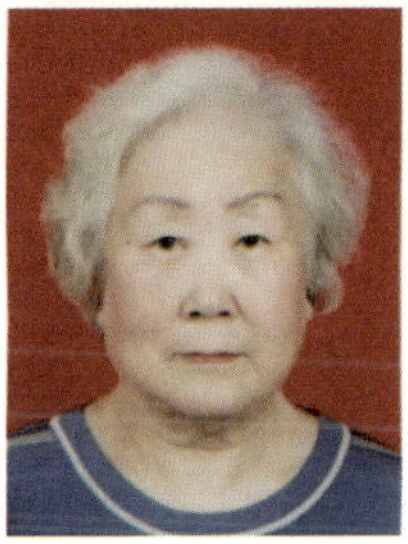

刘云玲，女，1936年10月生于天津市，中国农工民主党党员，主任护师。1957年毕业于北京第二护士学校。1957年-1963年就职于北京朝阳医院。1963年-1987年就职于天津市肿瘤医院，任护理部副主任。1982年-1985年于天津市红桥职专兼职开展护理教育工作。1987-1995年就职于天津市护理学会。任学会外科专业组组长，1994年任学会第三届理事会秘书长，《天津护理》杂志第二届编委，《山西护理》杂志编委。她引进“锁骨下静脉穿刺术”填补了天津市及华北地区的技术空白，并培训全市及全国护理人员100多人。撰写以“住院病房分设重症室很有必要”为题的文章在天津市学术年会发言，为现今ICU病房的建立提供指导借鉴。1989年“治疗盘内摆放物品活动支架”荣获国家实用新型专利。1992年主持拍摄“护士职业道德行为规范”视频，在天津市及全国发行。她参与编写著作《实用护理人际学》《实用护理管理学》《基础护理学》《中级护理专业理论考试题集》等，承担全市各级护理人员理论考试出题工作。

1995年退休后，她继续担任天津市多家养老院顾问，负责养老院管理及护理培训工作，联合十几家养老院为700多名下岗职工进行家庭与老年护理培训，规范养老院经营和管理模式，将经验型管理转变为科学化、规范化管理。2003年编写《养老院职工手册》《养老院综合管理》书稿，提供养老院参考使用。1997年被评为天津市“漾漾红杯”优秀老人。

1989年被评为天津市优秀护理工作者及天津市卫生行业优秀工作者，1993年获全国首届“护理科技进步奖”三等奖及天津市首届护理成果三等奖，2003-2004年被评为中国农工民主党天津市委会年度社会服务工作先进个人，2005年-2007年荣获中国农工民主党天津市委会年度先进党员称号。

刘熙春

刘熙春，女，1937年3月出生于天津市，中共党员，副主任护师。1959年中专毕业于天津市护士学校，毕业后留校任教。1964年就职于山西大同矿物局医院医政科主管护理工作。1974年调回天津市和平医院（天津市胸科医院前身）医政科主管护理工作。1984年医院实行护理部“垂直”领导制，任首位护理部主任。

她任职护理部主任以来，带领护理团队根据医院各专业学科的发展和管理的需求，修订完善护理管理制度、工作流程和质量标准，落实护理差错管理。1995年医院顺利通过三甲医院的创评，成为天津市首批三级甲等专科医院之一。她着手建立慢性阻塞性肺疾病、肺癌、心绞痛、冠脉搭桥等专科病种的标准化护理计划。1996年创办整体护理模式试点病房，制订相关制度、岗位职责以及护理规范，建立从住院接诊到在院护理至出院健康教育的整体护理模式。她鼓励并积极创造条件让护士们“走出去”，到国内外进修学习，有效提升医院专科护理质量。她注重从患者的生理、心理、社会适应能力等各方面进行全方位、多层次的优质服务。带动全院护士注重服务创新，重新认识护理的正确含义，从仅对疾病的护理转变为对患者的心身护理和健康教育。

她重视护理队伍的建设和护士的资质，要求全院护士积极参加学历提升继续教育。在她的带动和引领下，1999年全院护士中专以上学历覆盖率及护士以上职称率皆达到100%。

她注重护理科研，引进护理新技术，鼓励论文撰写、技术创新，填补多项护理技术空白，连续多次在中华护理等核心期刊及专业期刊发表论文，为天津市心血管及呼吸护理专业的发展起到推动作用。

1989年被评为天津市优秀护理工作者、局级优秀卫生工作者，1990年被评为局优秀党务工作者，1991年荣获局级优秀政治工作者等荣誉称号。

高娥

高娥（1937-2018），女，生于河北秦皇岛市，中共党员，副主任护师。1958年毕业于北京第一护士学校，中专学历。1958年工作于北京医学院第三附属医院儿科，1964年工作于北京医学院第四附属医院，1965年工作于工业卫生实验所，1970年工作于江汉石油管理局第一职工医院儿科。1972年先后任大港石油管理局职工总医院儿科、传染科、急诊科护士长，1985年任医院护理部副主任。1986年任天津市护理学会理事，1990-1996年任天津市护理学会第四届理事会理事及第四届护理管理学组组员。

她担任护理部副主任后，从健全并落实各项护理规章制度开始抓管理工作。健全了护士长例会制度、护士长手册记录制度、危重病人管理制度、安全护理管理制度及各级护理人员定期考核和护理质量督导检查评比制度，并且在1985-1988年提出基础护理、专科护理、分级护理、病房管理、质量控制等一整套护理工作管理措施。学习并开展锁骨下静脉穿刺、红外线辐射台、一次性输液器、输血器的应用等。

她在业务培训方面，首先是采取请进来、送出去的学习方式。定期邀请天津市护理专家到油田职工总医院给大家授课，同时选派护士长、护理骨干到市里医院进修培训，极大提高护理人员业务能力水平。另外，她坚持每年举行一次技术比武，通过比武，提高了广大护理人员队伍业务素质，涌现出一批又一批技术能手，护理差错明显降低、静脉穿刺成功率平均达98%。同时根据不同年资要求，对护理人员实行学分制培养考核。

1987年在中华护理杂志发表论文《新生儿感染性疾病的观察护理》，1982年被评为天津市市级优秀护理工作者，1988年获中华人民共和国卫生部从事护理工作三十年荣誉证书，1989年被评为天津市优秀卫生工作者。

胡淑凤

胡淑凤（1938-2013），女，1938年出生于天津市，中共党员，副主任护师。1959年中专毕业于天津市护士学校，1987年大专毕业于全国心理函授大学。1959-2003年工作于天津市安定医院，1960-1974年担任病房护士长，1974-1978年担任男病房护理副主任，1978-1980年担任医政处副处长，1980-1984年担任护理部副主任，1984-2003年担任护理部主任。1986至2001年历任天津市护理学会第三届至第五届理事会理事，1990-2001年任天津市护理学会第四、五届精神科学术组组长。

她从事临床护理工作四十余年，见证了医院从230张病床到708张病床的变迁和精神科护理的发展，从最初的注重给药与基础护理到强调对患者保持亲切、体贴、爱护与尊重态度的改进。

她从事护理管理四十余年，始终坚持“为正人，先正己”的原则，使自己的管理行为不是单纯地发号施令。她在工作中注意对年轻护士的培养，坚持整体护理的推广学习，让护士在做好生活护理的同时，逐步扩展到治疗性护理。1982年被评为市级优秀护理工作者。

她注重护理科研，1983-1985年连续三年被评为天津市科学技术协会积极分子。撰写多篇论文，1974年撰写《精神科病房管理》在华北地区精神病会议交流；1981年撰写的《服用抗精神病药物的护理》被“全国精神科护士长学习班”采用；1982年《精神科护士应急重视心理学在临床的应用》论文在全国自然辩证法学术会上交流；1985年撰写的《精神科护理工作的医德》编入全国第二次精神卫生工作会议论文汇编。

张慧珍

张慧珍，女，1938年1月出生于河北省，中共党员，副主任护师。1958年中专毕业于天津市护士学校。1959-1973年工作于天津市第二中心医院，1960年兼任天津市护士学校任课老师，1965-1971工作于天津市第二中心医院护校，1971-1973年调任天津市第二中心医院协助护理部主任工作。1973-1981年工作于天津市红十字会医院，1981-1984年任护理部副主任，1984-1988年任护理部主任。

张慧珍从事护理管理工作22年，她建立建全医院各项护理规章制度及质量检查考核标准，实施责任制护理，统一操作流程，并开展操作技术比武，落实“三查七对”核查制度。她经常与院外护理同道进行学术交流，主动学习有关护理方面的法律知识，为护理人员开设讲座和法律咨询。1973年调至天津市红十字会医院后负责计划生育工作，经常深入职工的家庭做思想工作，宣传国家计划生育方针、政策，据统计医院当时的结婚及一胎率100%达到管理要求。

她从事护理教学工作11年，任院办护校教师期间，临床实习带教及理论授课双肩挑。1986年与天津市红星中学合作，培养职业护士，她培养的学生在全市技术操作考核中取得第一名。

1981年被评为天津市科协积极分子，1982年被评为市级三八红旗手。

徐树英

徐树英(1938-2019)，女，出生于天津市，中共党员，副主任护师。1959年中专毕业于天津市护士学校。1959年工作于天津市第一结核病防治院。1960-1972年工作于天津市第二中心医院，1966-1972年任急诊室护士长。1972-1973年任大伙巷卫生院门诊负责人。1973-1993年工作于天津市红十字会医院，1973-1988年任内科护士长、科护士长，1988-1993年任护理部主任。

她从事护理管理工作27年，规范了冠心病、血液病、肺心病等疾病护理常规；制定了各岗职责、工作标准和流程，规范了护士的执业行为；建立护士绩效考核细则，将考核结果与护士评优相结合；规范了各种护理文件的书写；多次开展学习讲座，组织全体护理人员学习急救相关知识及应对突发公共事件的处置流程，修订了各项护理应急预案，现场操作教学并演练，提升了护理队伍的应急能力。

她撰写论文6篇，包括《1例青霉素过敏抢救体会》《心肌梗塞护理常规体会》《外敷麝香治愈重度褥疮二例报告》《心肌病患者二天内心跳停止五次抢救成功的经验》《护士对T、P、R、BP观察体会》及《护士对24小时出入量观察的意义》。

刘金焕

刘金焕，女，1938年7月出生于河北省保定市，中共党员，副主任护师。1960年中专毕业于北京军区空军护校，并留校任护理学教学助教。1971-1994年工作于空军天津医院，担任护理部主任。1983-1995年任北京军区空军护理专业组组长，担任空军职称晋升护理专业评委。1986-1996年任天津市护理学会理事会理事，1990-1996年任天津市护理学会五官科学术组副组长。

她从事护理管理工作23年，任护理部主任期间，先后制定了医院各项护理制度、工作流程，统一规范培训护理技术操作。为解决护士严重缺编，她择优筛选卫生员开展护理基础理论和专业技术培训，并亲自任教。在此基础上经医院、北京军区空军后勤卫生处两级考核合格后，由空军吉林训练部颁发毕业证书，并报批北京军区提升为护士后上岗，为医院培养护理人员约100名。

她从事护理教育23年，为适应护理专业的发展，经空军后勤部卫生部批准，联合第四军医大学训练部，在空军天津医院区承办护理专业大专班，为医院培养护理骨干90余名。

1984年，按照总后卫生部指示，在全军医院开展大检查，她作为专家组成员历时三个月，圆满完成11所医院的检查任务。

她于1982、1993年两次荣获个人三等功。

韩广芬

韩广芬，女，1938年12月生于天津市，中共党员，副教授。1990年毕业于天津市成人高等教育学院。1958年开始在天津市传染病医院工作，曾任医院护理部主任。1985年调至天津医学院护理系，1990年任护理系副主任。曾任卫生部全国护理科研委员会委员、天津市卫生技术考试题库编委会委员。曾入选《中国专家人名词典》（天津卷）。

自1958年毕业后在传染病医院护理麻疹、流脑、乙脑、伤寒、肝炎、百日咳、水痘、气管切开护理、压疮预防等危重患者。1971年参加青年下乡，为农村公社培训赤脚医生。曾协助天津医学院附属医院（现天津医科大学总医院）、胸科医院等创办护校，并进行传染病护理授课。1985年天津医学院（现天津医科大学）初建护理系，她调至天津医学院护理系任教，主管教学与科研工作，在任职期间赴加拿大访问，并借鉴国外先进经验，进行教学改革。

在教学科研方面完成了天津市“高等护理教育模式的研究”和国家教委教材建设委员会“传染病护理学教材建设和改革原则的探讨”等课题。参编《护理学基础》《基础护理学》和《一般护理学》《临终关怀学》等图书。共发表3篇论文并被美国只读光盘（CD-ROM）数据库Medline《医学索引》摘录收藏。

尹宏琰

尹宏琰，女，1939年2月生于天津市，中共党员，主任护师。1957年中专毕业于天津市护士学校，1966年大专毕业于天津市红桥区业余医学院。1957-1999年工作于天津市第二中心医院（现人民医院），1965-1983年任内科护士长，1988-1998年任护理部主任。1990-2001年任天津市护理学会内科专业组副组长、组长，1990-2001年任天津市护理学会第四、五届理事会常务理事。曾任天津市医院评审委员会专家组成员、天津市护理控制中心委员、红桥区医疗事故技术鉴定委员会委员等职务。

她从事临床护理工作40余年，自1989年起主持全院的护理管理工作。她刻苦钻研新理论，跟踪本专业国内外发展新动态，开展科研工作，提升护理队伍整体素质。1995年带领全院护理队伍通过三甲医院的评审，17项护理指标全部达标，受到评审专家的高度认可。在护理质量管理方面，制订护士长考核标准、护士长手册，举办护士长学习班。1990年组织护理部开展QC小组的管理模式，指导全院教学查房，筹建脑系科监护室和麻醉复苏监护室。

她参编天津市护士学校16项技术操作质量标准，承担天津市护士学校、天津市卫生职专的基础护理、内科护理学授课任务。

她主持天津市护理学会课题2项“预防褥疮的探讨”“医院责任制整体护理模式及相关研究”，获得中华护理科技进步三等奖。她以第一作者发表论文4篇，代表作《搞好基本功训练，提高护理人员技术水平》《重视临床实习，提高教学质量》在《天津护理》发表；《按职上岗，深化责任制护理实施体会》获得中华护理学会优秀论文；《实行护理学分制探讨》在护理职务系列上岗学术会议交流。主编著作《护理人员行为语言规范手册》。

楚瑞娟

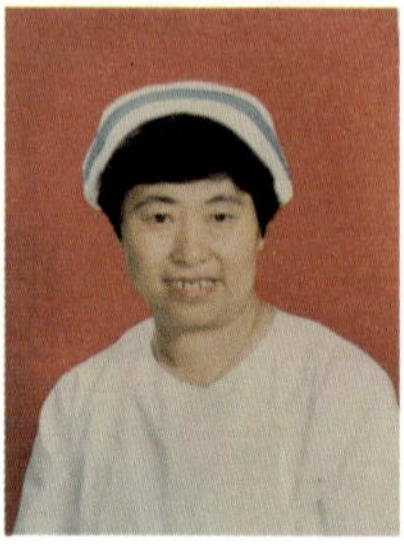

楚瑞娟，女，1939年5月出生于河北省青县，中共党员，副主任护师。1959中专毕业于天津市护士助产学校，1964年大专毕业于原天津市卫生局业余大专班（儿科医师专业），1985年大专毕业于天津市卫生职工医学院。1959-2000年工作于天津市儿童医院，1961-1963年任代理护士长、副护士长。1969-1979年下乡至广西，工作于柳州专区寨沙县寨沙卫生院和南宁妇幼保健院。1980-1986年任内科科护士长，1987-1999年任护理部副主任。1990-1996年任天津市护理学会儿科学组副组长，1996-2001年任组长。

她从事护理工作41年，1969年下乡至广西，扎根基层十年，被评为院级先进工作者。1980年返回儿童医院工作，任科护士长期间，多次组织开展QC质量改进项目参与院内评比。任护理部副主任后，在每年季节性高峰诊疗期，她配合医院测算接诊量，动态调配护理人员，并成立呼吸物理治疗中心，缓解患儿就诊压力，完成每日1000多人次的门急诊输液量。她重视护理继续教育和人才培养，制订护士长选拔方案及优秀护士培养规划，坚持组织护士业务培训与技能竞赛，输送护理骨干出国或至外省市学习。

任护理学会儿科学组组长期间，多次组织开展市内儿科专业研讨会、继教培训班，邀请国内外儿科护理专家到津授课，组织儿科论文宣读活动，使儿科护理专业得到了持续发展。

她主持天津市卫生局管理课题1项“以静脉输液为质量保证提高护理质量”，被评为市级优秀；参与天津市卫生局管理课题2项均被评为局级QC成果。她以第一作者撰写的论文“护理人员继续教育的管理”在《天津护理》发表。副主编著作1部，天津市卫生局《中级护师资格专业理论考试题集》，在天津科技翻译出版公司出版。

1995年被评为天津市总工会“九五”立功奖章，1989年获得中华人民共和国卫生部从事护理工作三十年荣誉。

许燕霞

许燕霞，女，1939年6月出生于北京市，中共党员，主任护师。1958年毕业于石家庄军医学校，1987年参加安徽医科大学卫生管理干部函授班。1958年工作于原解放军第二五四医院，1984年任护理部主任。1983-1999年任中国人民解放军北京军区后勤部八分部护理专业组组长，1999年任中国人民解放军北京军区后勤部护理专业委员会委员。

她从事护理工作41年，任职期间，每月组织护士长护理管理培训，增强干部的管理能力，着力提升各项护理质量及沟通能力。要求各科室开展晨间教学护理查房制，由各科护士长组织，每周至少一次，结合病人实际问题，全员展开一系列的评估和整改，并制订相应的护理措施，使护理工作更加完善和规范。1990-1991年组织护士长、主管护师参加大专证书提高班的医学基础和卫生专业管理的学习，共计124人参加培训，充实提升护理人员自身素质水平和文化底蕴，为做好护理工作奠定深厚的基础。为丰富护理人员的知识内涵，针对各项护理技术操作技能进行统一规范培训和演示操作，与多所医院联合组织相互观摩指导。为提高护理临床质量、护理文书的书写水平，每周组织两次科室护士长及护士进行培训和检查，由护理部人员到科随检。聘请军区总医院护理专家授课并莅临指导，并与加拿大两位护士座谈交流。开展责任制护理，病人管理责任到人并书写护理病历。增强全员对科研论文的撰写能力，提高日常统计方法的认知水平，邀请专家对论文的书写及统计学方法进行全员培训授课。

她加强各病区的管理工作，增设夜间护理查房制度，设专职夜班护士长，由经验丰富、管理能力强的老护士长进行夜间查房，确保安全稳定。保持清洁整齐舒适的环境，减少陪伴，实施严格探视制度，加强病区护理设施的建设，病房内统一安装输液轨道，更新部分急救器材，改造新生儿用床，确保更加安全、舒适。根据急救器材及常备药品的管理规定，制订统一要求规范标准。建立整个病区内消毒制度，建立2个护理教研室。1995年医院参加全军十所三甲医院评审，以高分成绩通过评审。

她工作期间，撰写《拟向紫外线灯管消毒效果因素的探讨》《灰色聚类法对护理人才进行综合评价的计算》《用灰色聚类法和民意测验两种方法考评护士长的比较》《运用激励和需要的理论调动护理人员的积极性》等国家级和省级科研论文共9篇，1996年完成的《用灰色聚类法是护理人才进行综合评价及预测》研究荣获军内科技进步奖。

1985年荣获个人三等功。

刘子筠

刘子筠，女，1938年9月出生于天津市，中共党员，副主任护师。1958年中专毕业于天津市护士学校，中专文凭。1958-1969年工作于天津市第四医院，1969-1982年工作于宁夏石嘴山大武口职工医院。1982-1999年工作于天津市大港医院，1983-1999年任护理部主任，同时担任大港区技术鉴定委员会委员。1970-1982年担任宁夏石嘴山市护理学会外科学组组长。

1969年，她跟随医院迁至宁夏石嘴山大武口职工医院工作。与同事们并肩奋斗十几年，为当地患者健康保驾护航。

她从事护理管理工作17年，带领医院护理团队总结、编写各种应急预案和操作流程，为临床护理工作提供参考。在临床一线，她亲自指导护士工作，从为患者清理面部、修剪指甲等日常照护，到监督消毒隔离工作、预防肝炎传播，再到指挥抢救危重病人，她将多年的工作经验与护理心得毫无保留地传授给护士，耐心细致地为她们答疑解惑。管理过程中，她利用自己擅长外语的优势，业余时间阅读、翻译护理专业文献，借鉴国外先进理念，开展护理工作，强化服务意识，促进医院护理质量和服务水平的提升。

1962年被评为天津市和平区先进工作者，1989、1991年两次被评为天津市卫生局优秀共产党员。

王以玲

王以玲，女，1939年9月出生于天津市，中共党员，副主任护师。1960年中专毕业于天津市护士学校。1960-1969年工作于天津市民族医院，1964-1969年任儿科副护士长。1969-1978年工作于广西贵县（现贵港市）木梓卫生院，1978-1980年工作于广西贵港师范学校校医室。1980-1995年工作于天津市河西医院，1980-1981年任儿科代理护士长，1981-1984年任儿科护士长，1984-1991年任护理部副主任，并兼任红斑狼疮病房护士长，1991-1995年任护理部主任。

她从事护理管理工作15年，从健全和落实制度入手，建立了院科两级护理质量管理体系。制定了一系列护理质量标准及管理考核制度，使护士的各项工作有章可依。她根据当时护理人员现状，开展了院内、院外分层培训，共培养了大专学历护士13人，中专学历护士21人。1995年二级医院等级评审期间，她已过退休年龄，仍选择留下继续工作。1987-1988年，医院实行改革，提出双增双节和定额管理工作，她制订节约措施，在管理中及时纠正违规行为，取得了较好的经济效益和社会效益。

1986-1995年4次被天津市人民政府评为天津市优秀护理工作者。1988年获全国模范护士称号，1992年获得天津市人民政府从事护理工作三十年荣誉。

李淑丞

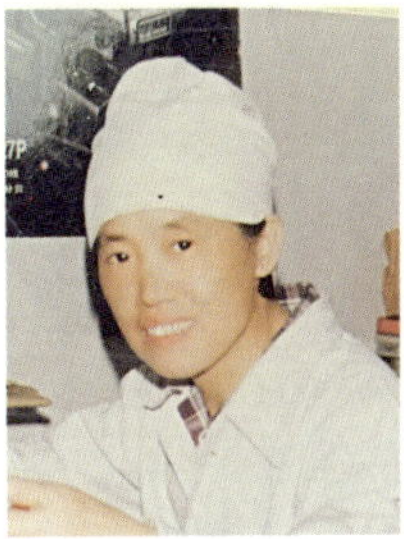

李淑丞，女，1939年9月出生于天津市，中共党员，主管护师。1959年中专毕业于天津市护士学校。1959-1997年工作于天津市口腔医院，1972-1983年先后担任口腔内科门诊、病房护士长，1983-1991年担任总护士长，1991年医院正式成立护理部，1991-1994年担任医院护理部主任。

她从事临床护理工作13年，护理管理工作25年。1990年医院迁至大沽北路新址，牙科椅位增至97台，随着医院规模扩大，患者逐步增多，她提出了各口腔门诊增加请诊护士，制定了相应的岗位职责和工作流程，维护了门诊诊疗秩序。随着医院先后开展“普通可见光固化复合树脂充填、腭咽环扎技术、取断层片修复颌骨肿瘤切除后遗留骨缺损”等医疗新技术，她带领护理人员制订口腔科各种护理技术操作常规和危重症抢救常规，统一技术标准，组织护理人员学习并执行。以熟悉口腔科器械及口腔诊疗护理的基本操作流程为目标，开展新护士轮转培训。迁址同时医院口腔颌面外科病房扩建，包含口腔颌面外科、唇腭裂科、整形外科，为了落实患者基础护理，提升专科护理质量，她制定了相关护理制度和护理操作流程，指导口腔颌面外科病房围手术期护理工作的开展。

1982年被天津市人民政府评为天津市优秀护理工作者，1985年被评为天津市卫生局优秀共产党员，1986年被评为天津市卫生局先进工作者，1988年获得中华人民共和国卫生部从事护理工作三十年荣誉证书。

辛国琪

辛国琪，女，1939年11月出生于天津市，回族，中共党员，主管护师。1960年中专毕业于天津市护士学校。1960-1973年工作于天津市第二中心医院。1973-1995年工作于天津市红十字会医院，1973-1979年任儿科护士组长，1979-1984年任儿科护士长，1984-1988年任护理部副主任。

她从事护理管理工作15年，制订专科培训计划并监督落实，常规开展护士技术练兵比武，使全院护理技术水平迅速提高。她注重服务过程的标准化管理，突出对服务质量进行全程监督。她把每一位护士的大事小情都记在心上，经常与基层护士交心谈心，了解她们心中所想所需，并尽量解决她们工作中、生活中的实际问题，被护士们称为“知心姐姐”。

她担任天津市职业护校兼职教师，为护生讲授《护理心理学》及《责任制护理》课程。

她于1982年被天津市政府授予优秀护理工作者称号，1982-1983年被评为卫生局先进个人及先进工作者。

刘曾敏

刘曾敏（1939-2005），女出生于天津市，中共党员，副主任护师。1959年中专毕业于天津市护士学校，1960-1962年任天津市红桥区卫生学校教员。1962-1998年工作于天津市民族医院，1971-1974年担任天津市民族医院附属护校教导主任，1974-1985年担任外科护士长，1985-1998年任护理部主任。

她从事临床护理工作40年，任护理部主任期间，她逐步完善护理质量管理组织体系，根据临床工作要求制订严格的护理规章制度，逐步完善各科护理常规，落实护理质量标准，规范管理方法，制订严格的操作规程，建立护理岗位职责，使护士有明确的职责分工，病房管理达到标准化、规范化，提高了护理质量，防止护理差错事故的发生。她心系一线职工，在工作中严格要求护理人员，在生活上关心护理人员，积极地为她们提供帮助，解决了护理人员的后顾之忧。

她担任院办护校教导主任期间，坚持严谨办学的态度，秉承教书育人的理念，对护校的教学质量进行科学有效的管理，为医院培养出50余名护理人员充实临床护理队伍。

1960-1974年2次被评为区级卫生系统先进个人称号，1976年荣获红桥区抗震救灾先进个人。

赵玉生

赵玉生（1939-2015），女，出生于天津市，中共党员，副主任护师。1959年中专毕业于天津市护士学校，毕业后分配至塘沽医院（2004年更名为天津市第五中心医院），1967-1980年任急诊室护士长，1980-1984年先后任内科科护士长、外科科护士长，1986-1995年任护理部主任。

她从事护理工作38年，先后在手术室、门诊注射室、门诊手术室、儿科病房从事临床护理工作，并牵头筹备成立了耳鼻喉科门诊。任急诊室护士长期间她注重对护士急救知识及技能的培训，在她领导下，急诊室多次被评为先进集体。任科护士长期间，她注重培养护理人员发现问题、解决问题的能力，指导危重症护理工作。1985年到护理部工作，她注重院内感染管理，在全院各病区特别是儿科病区推行无陪护管理，减少交叉感染的发生。

她从事护理管理工作28年，多次参加全国及天津市组织的管理学习班，学习新的管理理念，在全院推行责任制护理，落实各项质量标准，使管理工作制度化、规范化。

1978年她担任院内护理员教师及实习生的带教工作，使临床护理水平及教学能力均有不同程度的提高。1983年开始，她对普通心理学、医学心理学、护理心理学进行深入系统的学习，学习后在区级护理人员业务学习中主讲心理学课程。

1982年被天津市人民政府评为市级优秀护理工作者，1986年被评为塘沽区区级优秀护士及三八红旗手。

战玉臻

战玉臻，女，1940年1月出生于山东省宁津市，中共党员，主任护师。1959年中专毕业于天津市护士助产学校，1992年大专毕业于天津市卫生职工医学院。1959年工作于天津市第一中心医院，1963-1970年任急诊科护士长，1970-1973年任心内科护士长，1971-1973年在天津市第二医院进修，1973-1978年任内科医生，1978-1982年任高干病房护士长，1982-1984年任内科科护士长，1984-1992年任护理部主任。1992-2002年任天津市天和医院预防科科长及院长办公室主任。

她从事临床护理工作40年，制订竞争机制条例使工作井井有序，该模式被上级机关介荐各医院学习观摩。她先后在国内外发表学术论文13篇，1995年论文《关于肝炎病毒传播研究》于中美会议交流，论文《新医学模式的应用与老年人医护》被国际华夏医学会录用，刊登于中国香港地区《亚洲医药》杂志。《控制医院感染与戊二醛消毒剂应用》一文被《中国跨世纪战略与管理丛书》录用。1996年获颁中国专家人名辞典证书。1999年入选《科学中国人·中国专家人才库》一书。

1982年带领天津市第一中心医院内科被评为市级先进集体，1990年带领天津市第一中心医院护理部获局级先进集体称号，1995年被评为局级优秀工会积极分子，1997、1998年两次被评为天津市卫生局先进职工代表。

张国英

张国英，女，1940年2月出生于天津市，中共党员，副主任护师。1959年中专毕业于天津市护士学校，1992年大专毕业于天津市卫生职工医学院。1959年就职于天津市中心妇产科医院，1965-1977年相继担任计划生育手术室、妇瘤科病房和镭病房的护理组长，1977-1987年先后任手术室护士长，妇科、儿科科护士长，1987-1995年任护理部副主任，1995-1999年任护理部主任。1996-2001年任天津市护理学会护理管理专业组委员。

她从事临床护理工作36年，1981年医院地震后重建，她担任手术室护士长，在环境拥挤、人多床少的情况下，健全感控制度，加强人员管理，保证各项措施严格落实。1986年，医院成立新生儿科，她任护士长，带头建立健全各项常规制度，尤其是消毒隔离制度，落实岗位责任制，开展了封闭式婴儿暖箱（C100型、C200型）的使用，建立了暖箱的使用常规及技术操作流程，提高了早产儿的成活率。

她从事护理管理工作30年。任护理部主任期间，全面推行了岗位责任制，带领各级护理人员完成了三级甲等医院评审的工作。她重视人才培养，培养年轻护士学习外语，选拔专职护士任带教老师。1962年医院开展计划生育工作，设置天津市第一个计划生育病房，她任计划生育手术室组长，承担了本市“计划生育四项技术”的基地培训工作，负责培训和指导地段、区级医院各级人员的相关操作，为天津市计划生育工作培养了专业技术人才。

她引进多参数监护仪、成人及新生儿静脉留置针及宫腔镜配合技术。以第一作者发表论文2篇，《阻止一例金葡菌性阴道炎造成院内感染》《强化继续教育提高护理人员素质》分别在1996年全国护理学术会和1997年全国继续护理教育研讨会录用并交流。参编著作1部，天津市护理学会《护理技术操作常规》。

1982年被评为天津市局级优秀护理工作者，1985年获计划生育科技成果奖。

陈玉琴

陈玉琴（1940-2021），女，出生于天津市，中共党员，副主任护师。1959年中专毕业于天津市护士助产学校。1959-1973年工作于天津市第一中心医院，1973-1979年工作于天津市救护车站。1979-1998年工作于天津市河西医院，1979-1983年分别任外科、内科护士长，1983-1984年任内科护士长，1984-1987年任外科科护士长，1987-1995年任护理部副主任，1995-1998年任护理部主任。1984年当选河西区政治协商会议委员、河西区中国共产党代表大会代表。

她从事护理管理工作20年，总结了急腹症中西医结合辩证护理的方案，其科室多次被评为河西区区级先进科室。她引进PDCA管理模式，开展QC小组活动，并落实到护理人员的考核管理中；她定期开展全院护理人员的技术竞赛、护理年会，评选、宣读优秀护理论文；在全院推行护士长以病例为模板的分析、总结及交流活动；她坚持对危重患者进行护理查房，指导护理工作。

1979-1986年举办医院护理员培训班3期，并为医院培训了初级卫生人员90余人。1988-1991年负责红星职专和天津护士学校河西医院分校2个班的护理教学工作，培养护理人员70余人。

她以第一作者撰写的论文《急腹症的护理》在《天津医药杂志》发表。

1982年被天津市人民政府评为优秀护理工作者，1988年获中华人民共和国卫生部颁发从事护理工作三十年荣誉证书。

刘学梅

刘学梅，女，1940年9月出生于天津市，中共党员，主任护师，硕士生导师。1959年中专毕业于天津市护士学校。1976-1993年历任天津医学院附属医院（现天津医科大学总医院）内科病房护士长、科护士长、护理部副主任，1993-2000年任护理部主任。1986年曾任天津市护理学会第三届理事会理事，1990年任天津市护理学会第四届理事会常务理事、副理事长，1993年任天津市护理质控中心副主任，1996年任天津市卫生局继续医学教育委员会学科组成员。曾任《天津护理》编委。

她从事临床护理工作40余年，从普通护士到护理管理者，一步一个脚印，积累了丰富的临床护理和护理管理经验。严格管理，健全落实制度，紧跟国内外护理专业发展趋势，开拓创新，引进先进护理模式和先进技术，以病人为中心，在内科开展责任制护理、系统化整体护理，建立8个“整体护理模式病房”，带领呼吸、血液病房护理部创建并获天津市青年文明号称号。

她在护理管理方面，1993年在创建三级甲等医院中，她依据卫生部有关等级医院评审基本标准和分等标准的要求找差距，运用现代科学管理理论和方法，采用全面质量管理手段，加强全院护理人员思想教育，健全护理管理系统，为评审汇报做好一切准备，顺利通过护理评审组的检查评审，1993年总医院技术水平、管理质量等级水平评分结果共获得960.2分，成为天津市首家三级甲等医院。1994年根据卫生局妇幼保健处要求进行产科制度改革，积极创建爱婴医院，在接受师资培训后，组织院内培训，最终儿科、妇产科全员100%培训，其他各科培训率也在95%以上。根据爱婴医院母婴同室原则，积极向院方争取条件，对产科病房、婴儿室、奶库进行了改造。在1995年顺利通过市卫生局的初评和国际评估，总医院成为爱婴医院。

1998年，护理部完成市卫生局护理质控中心对重点监控部门的验收，以新门诊楼启用为契机，在天津市率先建立“绿色通道”及“24小时导诊”。护理部配合卫生部积极开展“世纪行健康教育活动”，获得全国千家医院百病调护知识竞赛二等奖及卫生部颁发的健康教育宣教奖。

60年代，她任内科教学护士，从事中专教学工作。1983年全国高等护理教育恢复，天津医学院建立护理系后，参编《护理内科学》，撰写“呼吸系统疾病护理”及“诊疗技术”章节并参与讲授，主管护理系本科生的临床教学工作，建立本科生实习基地。由于护理教学工作成绩出众，曾获陈路得护理教育奖学金一等奖。在医院护理人员队伍建设方面，建立并推行新入院护士的岗前培训。加强总医院护理人员的继续教育工作，参加院、市、全国各级继教班的培训，建立继教档案为三特医院做人才准备。

她自1988年开始大力开展护理科研活动，组建内科护理科研小组，进行护理应用实践研究，作为各课题负责人，她在总医院学术委员会论证中争取科研基金立项。其中，“试用CMI量表对554名内科住院患者的调查分析”获中华护理学会全国第二届护理科技进步奖三等奖，“临床教学模式改革的应用研究”获天津中等教育学术研讨会一等奖，“静脉留置针的临床应用”获天津市护理学术年会一等奖。在专科护理上，她建立了血流动力学监测的微漂浮导管检查术的护理配合、显微支气管镜的护理配合。她总结肺心病的护理经验，在《天津护理》发表并在病房推广。

1986年荣获天津市优秀护理工作者称号，1988年被授予全国模范护士称号，2003年被授予中华护理学会荣誉会员。

程广娴

程广娴，女，1940年10月出生于山东省黄县，中共党员，副主任护师。1958年中专毕业于天津市护士学校。1958-1970年工作于天津市传染病医院，1970-1976年工作于黑龙江阿莱旗地区医院，1976-1987年工作于天津医院。1987-1999年工作于天津市第四医院，1987-1999年任护理部主任。曾任天津护理学会第四、五届理事，1990-2001年历任护理学会第四、五届门急诊学术组组长。

1994年她对全院护理人员进行理论培训，完成普烧病房全责任制护理病房的调整、管理。制订奖惩条例，加强护理质量管理。参与撰写著述《普通烧伤全责任制护理管理》。

王玉玲

王玉玲，女，1941年1月出生于天津市，中共党员，主管护师。1961年中专毕业于天津市护士助产学校，1983年大专毕业于天津市卫生职工医学院。1961-1996年工作于天津市儿童医院，1972-1980年任护校班主任，1983年任内科护士长，1984-1989年任医院护理部主任。1986-1990年任天津市护理学会第三届理事会理事。

她从事临床护理工作10年，主要在外科病房工作，期间还担任中西医结合专业医助工作。从事护理管理工作6年，1984年她任护理部主任，先行护理管理体制改革，全院护理人员由原来的科主任管理模式转为护理部垂直管理。护理队伍的人员调配、业务培训、思想教育、技术练兵、绩效分配均由护理部统一管理。此做法实施后迅速在天津市其他医院推广，并吸引北京、河北等地医院参观学习。同年，在部分科室试行责任护士负责制，对患儿护理从生理照护转向生理、心理整体护理，建立了良好的护患关系。1988年她开始在病房成立QC小组，按PDCA质量持续改进方法指导护理管理工作，开展多项临床护理技术革新和质量改进项目。例如，当时在新生儿内科监护室，护士能独立进行气管插管；肾脏内科护士自制阴囊吊袋，解决了肾病患儿阴囊高度水肿的护理问题；新生儿ABO溶血换血疗法获得成功；胸外科针对心脏术后患儿建立一套完整的护理常规，对术后患儿实施3天专护，术后护理成功率达100%，胸外专科护理达到国内先进水平。

她在从事护理教学9年期间，在天津市护士学校儿童医院分校培养三届共约150名学生。

她承担原天津市卫生局局级课题1项“完善注射室操作核对程序”，被评为1993年局级优秀；撰写的论文《提高护理质量，加强门诊注射室管理》在《天津护理》发表。

1988年获得中华人民共和国卫生部从事护理工作三十年荣誉证书，1994年被评为天津市卫生行业思想政治工作研究会第四届年会优秀思想政治工作者。

由慈业

由慈业，女，1941年3月出生于天津市，中共党员，副主任护师，1959年中专毕业于天津市护士学校，毕业后到天津市眼科医院工作，1969-1970年被调往天津市小三线——红卫医院工作，1970年回到眼科医院工作。1972年在天津市眼科医院举办的医师进修班进修并结业，一直到1980年在天津市眼科医院从事护代医工作，1981年任天津市眼科医院护理部主任。1990-2001年担任天津护理学会第四、五届理事会常务理事，1990-2001年担任两届五官科学术专业组副组长，1996-2001年担任护理管理学组的委员、天津市卫生局考试中心命题组组员、《天津护理》杂志编辑部编委。

她从事临床医疗护理工作22年，从事护理管理工作26年，在护理部工作中，改革传统的分散工作模式，不断建立完善的护理工作制度。当时天津市眼科医院门诊、住院部分设在不同地方，消毒室设在住院部，门诊的消毒器械由消毒员推车运至门诊，她在人力、物力紧缺情况下申请设备，送消毒员进修学习，建立了门诊消毒室。当时，医院患者全麻手术结束后未苏醒直接送回病区，存在患者安全隐患，她在没有场地的情况下申请在手术室建立了全麻苏醒室，并安排人员护理未苏醒患者，保障了患者全麻术后的安全。她策划建立敷料供应室，改变了多年护士手工做敷料的情况。注重让护士加强自身专业的学习，结合医院特点落实责任制护理，更多时间用于临床护理工作。

她注重人才的培养，先后选送多名护士去国外进修，学习借鉴先进的护理工作模式；开设多种形式的讲座，组织英语学习班等全面提升护理人员的素质。

在临床护理工作中，她制订和执行护理查房制度，要求科室做好重点病人的病例汇报及护理要点，组织科室和护士长参与每周查房、讨论并查找问题，不断提高临床护理质量和水平。倡导护理人员每年在病房、门诊、手术室等科室轮转并进行考核，从而培训护理人员的全面技能，眼科医院将此种轮转方式沿用至今。

她多次在国家级论坛发言并交流，带领护理人员发明“眼科网脱术后病人使用的头部固定U型枕”，撰写《临床婴幼儿视力检查》等论文。参编了《中级护师资格专业理论考试题集》中的眼科护理部分。

陈丽华

陈丽华，女，1941年5月出生于天津市，中共党员，主管护师。1959年中专毕业于天津市护士助产学校。1959-1970年工作于天津市中心妇产科医院，1970-1973年工作于内蒙古自治区乌兰察布盟察哈尔右翼后旗土牧尔台地区医院，1974-1982年工作于内蒙古自治区卫生厅妇幼处，1982-1987年工作于天津市卫生局妇幼卫生处。1988-1996年工作于天津市环湖医院，1989-1991年任护理部副主任，1991-1996年任护理部主任。1990-1996年任天津市护理学会第四、五届理事会理事，科普学术组副组长，管理护理学术组委员。

在土牧尔台地区她是为数不多的妇产科医生，出诊率非常高，她克服骑马奔跑所致的臀部创伤坚持出诊。当时医疗资源匮乏，紧急情况下，她成功完成1例过期妊娠宫内死胎的产妇引产和穿颅术，挽救了产妇的生命。对此，察哈尔右翼后旗宣传部进行了专题采访，天津日报也有相关报道。她在内蒙古自治区卫生厅妇幼处工作时，与妇幼处的同志在边境东乌旗建立牧区产房和流动产房，并完成自治区三级妇幼保健网的建设及《万名蒙族学龄前儿童生长发育指标的调查》统计工作。她调至天津市卫生局妇幼处工作后负责优生优育、婴幼儿保健的宣教管理工作，参与组织妇幼卫生统计学习班，建立全市妇幼卫生统计会审制度，提高了区县妇幼保健统计工作的质量。

她从事护理管理工作8年，调入环湖医院工作时正值新院开诊初期，她带领护理团队建章立制、规范工作流程，开展同岗位护士经验交流和护理技术操作展示等。她坚持深入护理临床一线，亲自参与夜班护士长值班，了解夜班护理的工作情况，针对问题采取相应措施，提高护理工作质量。

1995年被评为天津市优秀护理工作者。

刘芸

刘芸，女，1941年6月出生于天津市，中共党员，主管护师。1959年中专毕业于天津市护士学校，1992年大专毕业于天津市卫生职工医学院。1959-1973年工作于天津市民族医院。1973年工作于天津市红十字会医院，1973-1988年先后任外科护士长、门诊护士长、供应室护士长，1988-1993年担任护理部副主任、1993-1995年担任护理部主任。

她从事护理管理工作23年，她规范了护理人员无菌操作技术、手卫生、消毒监测及供应室无菌物品的洗涤、消毒、存放、下收下送的工作。她制定了护士仪表规范手册，完善了基础操作培训大纲，制定了护理人员岗位职责、工作标准以及病人的安全管理流程。

她先后五次下乡，1959年在北郊区（现北辰区）为当地居民义诊，把需要的医疗资源和药品送到老百姓的家门口。1961年去河北省文安县，为行动不便的病人进行诊治，并结合当地医疗卫生条件与医疗队员共同制订诊疗方案。1963年天津发生特大洪水，她去杨柳青防汛抗洪、抢救伤员，其防汛抗洪事迹在天津今晚报报道，并评为天津市防汛抗洪五好战士。1966年去往河北省固安县，为当地的卫生所进行知识培训。1977年在静海县抗震救灾参与抢救伤员、环境消杀及后勤保障工作。她于1961年被评为区级先进工作者，1963年被评为天津市先进青年及青年突击手、河北省五好民兵。

路俊珍

路俊珍，女，1941年8月出生于天津市，中共党员，副主任护师。1961年中专毕业于天津市护士助产学校。1961-1970年工作于天津市第五医院（天津市滨江医院前身），1970-1977年工作于天津市和平区第一防治院（天津市滨江医院前身），1970-1971年任妇产科护士长，1971-1977年担任天津市和平区第一防治院护校教师。1977-1999年工作于天津市滨江医院，1977-1984先后担任外科、肛肠科护士长、科护士长、护理部副主任，1985-1999年担任护理部主任，期间曾兼任机关党支部书记及护校教导主任。1986-2000年连续担任天津市护理学会第三、四、五届理事会常务理事。

她从事临床护理工作38年，护理教学工作6年，护理管理工作23年。任护理部主任期间，她扩建肛肠外科病房、创建肛肠内科病房、增建CCU监护室、开展夜诊等。1991年成立了天津第一家（全国第三家）“造口联谊会”，延续至今已举办31届。她在信息技术不发达情况下以独特的管理方法，建立护理部全体护士技术档案，其中记录了护士的姓名、出生年月、学历、职称等，堪称数据库。

她于1979-1980年2次被评为局级先进工作者，1982-1986年2次被评为天津市市级优秀护理工作者，1994-1996年2次被评选为局级优秀党员，1989年被评为天津市级优秀卫生工作者。

王纪英

王纪英，女，1941年出生于天津市，回族，中共党员，主管护师。1961年中专毕业于天津市护士学校。1961-1984年工作于天津市塘沽医院（现天津市第五中心医院），1970-1984年任妇产科护士长。1984-1989年工作于天津市塘沽妇幼保健院，同期任护理部主任。

她从事临床护理工作28年，护理管理工作19年。1984任塘沽妇幼保健院护理部主任时，正值医院开诊的筹建中，虽然是华北地区最大的妇幼保健院，但设备简陋，准备时间有限，她与医院的同事们克服了这些困难，并亲手缝制患者的床单、被套、服装及病室窗帘等，保证了1984年6月28日如期开诊。当时全院护理人员仅60多人，设产前、产后、妇科、产房、手术室、供应室、门诊换药室、门诊计划生育手术室、婴儿室、病理儿室、儿保门诊、妇保门诊等十几个护理单元。她带领大家制定了工作制度及岗位职责，编写了妇产科、儿科护理常规、一般护理操作规程，保证了各项护理工作的正常运行，为医院护理学科的发展奠定了基础。1984年8月担任塘沽卫校第一届助产士54名实习生的带教工作，成立塘沽区助产士的人才培养基地。1987年建立华北地区首家家庭式产房（提供产前-分娩-产后为一体的服务模式），家属24小时陪伴，母婴同室，受到家属及患者的好评。

裘月娟

裘月娟（1941-2012），女，出生于浙江宁波市，中共党员，主任护师。中西结合护理的领军人。1960年中专毕业于天津市护士学校。1960-2002年工作于天津市南开医院，1965-1981年任内科护士长，1981-1984年任护理部副主任，1984-2002年任护理部主任。1982年任天津市护理学会第二届理事会常务理事、1983年任中医、中西医结合学术组组长，1984年任中华护理学会中医、中西医结合学术委员会副主任委员，学术组华北片区组长。1986-1990年任天津市护理学会第三届理事会理事，1990-2006年任天津市护理学会第四、五、六届理事会常务理事，1992年任天津市卫生局医院分级管理评审委员会委员。天津市卫生职工医学院护理专业特聘教员，《天津护理》杂志编委。

她从事护理管理工作37年，制定了护士定量与定性相结合的业绩考察办法，统一了全院的基础护理操作，建立了护理技术操作及护理管理考核标准。

她从事护理教学工作20年，1965-1987年兼任天津市护校、南开医院分校、职业护校教学工作。

她主持天津市卫生局1项“中西医结合治疗消化道出血责任制护理的质量管理”课题。2000年完成中药“清热袋茶”口腔护理的临床观察及实验研究、枣木棒穴位按摩用于腹膜炎及腹部术后护理和基础实验研究。她以第一作者发表论文9篇，代表作《月球盈亏与出血护理》《影响穴位按摩对腹膜炎患者神经内分泌调节体液免疫功能》分别在《中华护理杂志》《中国免疫学杂志》发表。她主编著作1部，参编13部，《中医护理诊断手册》在《湖南科学技术出版社》出版。

她于1982-1986年2次荣获天津市人民政府授予的市级优秀护理工作者称号，1984年被评为天津市卫生局先进工作者，1991年荣获国家中医药管理局全国优秀护理工作者称号，1992年荣获天津市人民政府授予的天津市优秀护士称号。

王宝媛

王宝媛，女，1941年12月出生于天津市，中共党员，副主任护师。1961年中专毕业于天津市护士学校，1996年大专毕业于天津市卫生职工医学院。1961-1969年工作于天津市南开医院，1970年落实“6.26”指示赴广西省东兴县那良中心卫生院从事护理工作，1972-1978年在广西医学院附属医院工作，1975-1978年任脑系科护士长。1978年调入天津市第一中心医院工作，1980-1991年任脑系科科护士长，1992-1993年任护理部副主任。1993-1998年任天津市天和医院护理部副主任、1998-1999年任护理部主任。1996-2001年曾任天津市护理学会神经专业组组长及护理管理专业组委员，1999-2000年任天津市康复医学会脑卒中护理专委会副主任委员。她从事临床护理和护理管理工作40年，制定了危重病人抢救流程及气管切开术后换药操作规范。她在护理部设立五个质控小组，定期进行护理工作质量督导，发现问题及时反馈整改，使护理质量持续改进。1992年第一中心医院搬迁前夕，她亲自制订搬迁计划，使患者安全搬迁至新院。因需要她留守睦南道院区工作，负责策划和落实病区环境改造、科室变更、护理用品的配置和各岗位人员编制调整等工作，为天和医院改制后的运转奠定了基础。

她从事教学工作20年，1978-1979年曾兼任天津市护士学校教学工作。自1993年在天津市卫生职工医学院、塘沽卫生学校、护理学会授课。1995 年在天津电视台“卫生与健康”栏目讲解《高血压脑出血病人的家庭护理》知识。

她主持天津市卫生局课题4项，“病房质量标准的管理”获得市级成果奖，“无菌用品的细菌监测和热原监测”获得局级优秀奖，“病人日常接触物品的消毒与保管”“污染物品初消管理”获得局级成果奖。她以第一作者发表论文1篇，《脑系科气管切开病人的护理》荣获《天津护理》杂志优秀论文三等奖。参编《中级护师资格专业理论考试题集》、主编《神经科疾病与护理》在天津科学技术出版社出版。

张和玉

张和玉，女，1942年2月出生于天津市，中共党员，主管护师。1961年中专毕业于天津铁路卫生学校，1988年大专毕业于中共中央党校函授学院经济管理系。1961-1989年工作于天津铁路中心医院（现第四中心医院），1965年担任儿科护士长，1973-1984年担任护理部主任，1984-1989年任副院长。1989-1997任天津铁路防疫站站长兼书记。1986-1990年担任天津市护理学会第三届理事会理事，《天津护理》杂志编审委员会委员，《护士进修》杂志编委。

她从事临床护理4年，护理管理工作19年，医院管理工作13年，她在质量管理中建立护理质量管理体系，实行以病人为中心的系统护理，建立护生实习手册。在护理人员专业能力培养中，选送护理骨干参加各类业务培训班和在职教育，形成护理队伍的骨干力量。于1985年受北京路局卫生处委托举办三期近300人护理部主任、护士长参加的学习班。她参加天津铁路分局铁道部组织的护理状况调研，并提出建设性意见。她参加制订各级护理人员考核标准，受天津市护理学会委派为市级、郊县护理部的主任们授课，并接待全国护理工作会议代表的参观学习。

1976年被天津市铁路分局评为天津市优秀护士。

张士华

张士华，女，1942年11月出生于天津市，副主任护师。1963年中专毕业于中国医学科学院附设卫生技术学校。1991年大专毕业于天津市卫生职工医学院。1963-1997年工作于中国医学科学院血液研究所血液病医院，曾任外科护士长，1979年调护理部任护理部护士长，1993-1997年任护理部主任。1986-1988年曾任护士职业学校护士班兼职教师（班主任），1987-1992年任《中国医学科学院院报》特约记者，1996-2001年任天津市护理学会第五届理事会理事、内科护理学组副组长，并任中国医学科学院护理专题委员会委员。

她从事护理工作35年，在临床护理工作中，注重危重、大手术病人的护理，在落实病人诊断治疗方案的同时，运用个性化护理计划组织护理人员实施全面的照护和周密的观察记录，随时检查、了解落实病人的反映，保证护理质量取得满意效果。1975年6月至12月，她做为外科护理骨干，被抽调参与由中国医学科学院组织的针刺麻醉大手术科研会战，与3名护士及2名外科医生组成临床医护小组，在四川简阳解放公社卫生院极其艰苦简陋的条件下，收治接受胃大部切除手术的病人，完成围手术期的治疗护理200余例。

她从事全院护理管理工作19年，前期14年协助护理部主任分管临床教学及科研管理。任护理部主任后，在全院护理管理中，她采取“年有计划月有安排”工作方法，合理安排繁杂的工作任务，做到了团队工作的方向、目的明确，执行高效。她经历了医院两度搬迁重建的特殊时期，护理队伍骨干力量缺失，年龄结构断挡严重，她有计划地组织安排护生临床实习，通过理论学习+技术培训多形式培养在职护士，使年轻的护理队伍逐渐成熟。医院重建初期，她组织完善各项护理规章制度，包括血液病专科护理技术和疾病护理常规、保护性隔离管理制度、临床输血技术护理管理等制度并组织贯彻落实，同时制订《护士职业行为准则》，人手一册，优化护理人员职业行为。她参与医院血友病跨学科协作组工作，普查分析了血友病病人出血诱因，编写《血友病自我护理指南》科普手册，以此指导教育此种遗传性终生疾病病人避免和减少出血发生，从而减轻患者痛苦，于1988年获中华护理学会天津分会1987年度学术年会二等优秀论文，中华护理学会优秀护理科普作品三等奖。

她以第一作者发表论文20篇，代表作《指导血友病患者自我护理》《血友病严重出血的护理及预防》《血液病护理中的安全措施》分别在《中华护理杂志》《天津护理》《进修护理杂志》等发表。退休后发挥余热主编《血液病护理》在天津科技出版社出版。

郭慧文

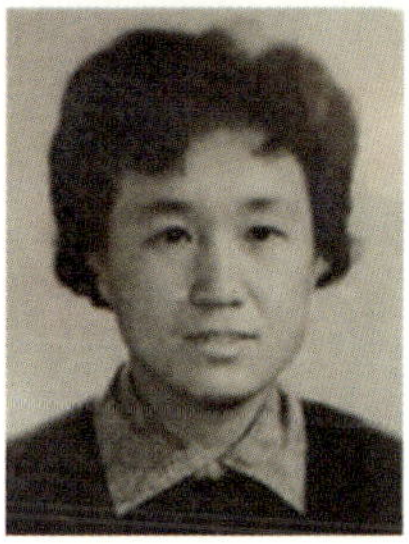

郭慧文（1943-2013），女，出生于天津市，中共党员，副主任护师。1961年中专毕业于天津铁路卫生学校，1990年大专毕业于天津市卫生职工医学院。1961-1964年工作于天津铁路中心医院（现天津市第四中心医院），1964-1975年支援西南“三线”建设在铁路三处医院手术室担任护理工作。1975年调回铁路中心医院，1978-1980年担任外科护士长，1980-1984年担任护理部科护士长，1984-1998年担任护理部主任。1985-1989年担任天津医院管理协会医院管理研究室成员，1990-1996年担任天津市护理学会第四届理事会理事，1996-1998年担任天津市护理学会第五届理事会常务理事。

她从事临床护理工作17年，1978-1987年承担外科护理教学工作，1984年承担责任制护理学习班授课工作，1986年承办全国重点县护理部主任学习班，1987年承办全国农林医院护理管理学习班，1987年在天津市河西区卫生局举办的护士长学习班负责授课工作。

她以第一作者发表论文3篇，包括《搞好质量管理，促进护理工作》《质量控制在保证护理质量中的作用》《浅谈如何减少与控制护理缺陷》分别在《护理学杂志》《中国医学科学》发表。

王文荣

王文荣，女，1943年出生于河北省保定市，副主任护师。1961年中专毕业于河北省保定市医学专科学校护士班，1961年工作于保定市第一医院妇产科工作，曾任保定市第一医院护理部副主任。1988年调入天津医学院附属口腔医院（现天津医科大学口腔医院）护理部，至2000年任医院第一届护理部主任。

1988年天津医学院附属口腔医院成立，王文荣参与筹建规划医院的发展建设，医院成立初期，为应对当时护理队伍口腔专科护士极度缺乏的现况，她组织多名护士赴北京大学口腔医院进修学习，培养建院第一批口腔专科护士。为适应口腔临床护理工作的需要，她还建立口腔诊疗护理常规及口腔诊疗消毒隔离制度。她重视医院感染工作，创建口腔医院的消毒供应室，同时为强化见习和实习学生进入临床后的消毒隔离意识，对口腔系的应届学生及技工班学生在临床实习前进行医院感染知识的培训。

她在1995-1998年期间多篇文章在中华护理学会及其他会议上进行大会宣读，其中撰写的《537例婴幼儿唇裂术后护理新点滴》一文获天津市医药卫生专业学术年会优秀论文。

1998年获天津市优秀护理工作者，同年获中华人民共和国卫生部从事护理工作三十年荣誉证书。

戴虹

戴虹（1943-1999），女，出生于天津市，中共党员，主管护师。1961年中专毕业于天津市护士学校。1961-1998年工作于天津市第二医院，1974-1980年先后担任儿科副护士长、护理部副总护士长，1980-1984年担任护理部副主任，1984-1998年担任护理部主任。

她从事临床护理工作13年，护理管理工作24年，临床教学工作10年。建立内科二个重症病房，创建爱婴医院。1988-1989年担任护理员班班主任，并承担助产士学习班授课工作，协助医院培养助产士30名。

她以第一作者撰写论文3篇，《101例消毒护理用具医疗器械抽样结果分析》《50例护理缺陷差错分析》，分别在全国第二期护理难点研讨会、全国护理工作科学管理学术会上交流；《加强疫情报告控制传染病流行经验体会》一文，被全国丙型肝炎学术研讨会论文集收录。

1989年被评为天津市优秀护理工作者。

刘迺荣

刘迺荣，女，1943年11月出生于天津市，中共党员，主管护师。1961年中专毕业于天津市护士学校，1992年大专毕业于天津中医学院。1961-1998年工作于天津中医学院第一附属医院（现天津中医药大学第一附属医院），1980-1984年任护士长，1984-1985年任护理部副主任，1985-1998年任护理部主任。

她从事临床护理工作30余年，先后在内科、外科、急症、手术室、针灸科病房工作，主管临床护理和教学工作。同时，参与医院搬迁和科室筹建等工作。1976年唐山地震，她根据上级指示连夜赶往宁河潘庄参与救援工作。在物资缺乏、条件艰苦的情况下，就地为骨折患者固定、复位，同时为内科、外科、儿科患者实施护理。

她从事护理管理工作20余年，参与了医院从门诊、病房分处两地，到医院新址落成的筹备工作。完成了医院从251张床位增至1300张再至1500张床的扩建，带领护理队伍从100多人增至300多人，并为护理队伍整体学历的提高做了大量工作。1980年在任针灸科护士长期间，负责护理员培训班工作，从管理到教学安排，从专业授课到临床实习，为护理队伍输送了一批批优秀工作者。

在任护理部主任期间，她重视护理工作的管理环节、基础护理质量、护理理论知识的提高以及护士长的培养等方面的工作。制定了各项护理工作标准与质量检查标准，严格理论考核，增设操作演示，落实护理质量查房，促进全体护理人员理论和实践水平提高。大力推广护士长就护理心理学、护理管理学、责任制护理理论和病历书写内容的学习，完成护理工作从功能制护理向责任制护理的转变，并总结撰写论文《责任制护理的开展和体会》。

1988年获中华人民共和国卫生部从事护理工作三十年荣誉证书，1989年被评为市级优秀护理工作者，1989被评为天津市卫生行业优秀卫生工作者，1991年被国家中医药管理局评为全国优秀护理工作者。

罗士兰

罗士兰，女，1944年4月出生于天津市，中共党员，副主任护师。1964年中专毕业于天津市护士学校，1985年大专毕业于天津市卫生职工医学院。1964-1999年工作于天津市第二医院，1978-1992年先后担任外科病区、妇产科科护士长，1992-1999年担任护理部主任。1995年担任天津市护理质控中心委员、天津市河北区事故鉴定委员会委员、《天津护理》杂志通讯员。

她从事临床护理工作35年，临床带教及护理管理工作21年。

1989年被天津市卫生局评为优秀卫生工作者，1990年被天津市卫生局评为天津市优秀护理标兵，1999年获得天津市卫生局基础护理质量管理QC小组成果奖。

曲建蓉

曲建蓉，女，1944年4月出生于天津市，中共党员，副主任护师。1962年中专毕业于天津市护士学校，1976年毕业于广西南宁地区卫校医疗专修班，1991年大专毕业于天津市卫生职工医学院。1962年工作于天津市第一中心医院，1988-1991年任耳鼻喉科科护士长，1991-1992年任护理部副主任，1992-2003年任护理部主任。曾任天津市护理学会第四届理事会五官科学术组副组长，《天津护理》杂志编委。

她从事护理工作40余年，1969年开始到广西省南宁地区龙州县卫生院安家落户，在之后的9年里，她出色地完成了妇产科、儿科及计划生育工作。1974年她被选送参加广西省举办的“三十八岁以下十年工龄以上的护士助产士晋升医师学习班”，1976年、1977年连续两次被评为广西省南宁地区先进工作者。1978年她被调回天津市第一中心医院，继续从事护理工作，1981年经医院选派到天津医学院附属医院（现天津医科大学总医院）麻醉科学习麻醉一年，学习期满后，兼任耳鼻喉科手术室麻醉师同时继续从事护理工作。

她从事护理管理工作30年，1984年经医院选送到南京医学院参加为期半年的卫生部护理司举办的“全国护理部主任管理学习班”，结业回院之后，开展全院性的护理工作新知识讲座，推动全院护理工作的整体提升。在医院扩建迁址工作中，承担医院配套设施安置及护理人员培训组织工作，医院迁址后即任护理部主任。任职期间，她以“质量”为中心，狠抓护理管理、护理科研教学及全员素质教育，尤其在三基训练上常抓不懈。她引进国际先进的“系统化整体护理模式”，开展全程优质服务，主持全市护理观摩查房。

她参编《临床护理管理指南》《护士用药手册》《护理技术操作规范》等图书。

1987年她被授予天津市总工会七五立功奖章。

王丽华

王丽华，女，1944年4月出生于河北省秦皇岛市，中共党员，副主任护师。1964年中专毕业于天津市护士学校，1991年大专毕业于天津市卫生职工医学院，1997年毕业于中国科学院心理研究所心理函授大学。1964-1970年工作于天津市第三医院，1970-1974年工作于天津市6985矿山医院。1974-1977年工作于邯郸矿建第五井巷医院，1977年-1979年担任院办护校教师。1979-1983年工作于冶金部华北冶金矿建总医院，主管护理部工作兼护校教师，1983-1984年任护理部总护士长。1984-1986年工作于天津市第一中心医院。1986-2001年工作于天津市第四医院，1987年先后任医院护理部副主任、护理部主任。曾任天津市卫生局中级评审委员会评委，1990-1996年任天津市护理学会第四届外科学术组、科普学术组（科普宣传组）委员，1996-2001年任天津市护理学会第五届外科专业组副组长、护理管理专业组委员、天津市中西医结合委员会护理学组委员，1980-1983年任邯郸市护理学会理事。

她担任护理部主任21年，精通护理专业知识，熟悉相关学科新理论、新知识，能根据护理专业国内外发展趋势实施护理工作，对烧伤专业有独立见解，引进新技术解决复杂护理问题。指导护理科研，如烧伤病人营养学研究、药素膳临床应用、特殊部位烧伤后功能恢复，提高重症烧伤治疗后生活质量研究。运用科学管理，提高护理质量。掌握国内外护理信息，在护理管理、教学、科研方面有一定造诣，能承担讲学任务。以提高全体护理人员素质为重点，做到管理程序化、规范化，提高护理质量，使烧伤护理处于全国领先地位。1988年英国朴茨茅斯护校校长来第四医院烧伤科参观时说“看到了中国最优的护理水平”。曾受聘于天津市卫生职工医学院护理系授课老师，承担天津市卫生局护士长继续教育班授课工作，共8期。

她曾多次主持全国省市级以上学术会议，主持第四医院“烧伤综合病房为全责任制护理病房”课题，被评为市级优秀成果奖。主持天津护理学会外科学组整体护理质量管理小组工作，被评为2000年天津市优秀质量管理小组，其“提高外科病人对整体护理质量的满意率”课题被评为2000年度天津市优秀成果奖。引进“光量子血疗”新技术填补院内空白。撰写论文4篇。参编《天津市中级护士资格专业理论考试题集》《天津市护理常规》《天津市卫生行业岗位规范培训大纲》等图书。

1982年被邯郸市政府授予邯郸市优秀护理工作者，1989年被天津市政府授予天津市卫生行业优秀护理工作者称号，入编中国专家人名辞典（天津卷）第二卷。

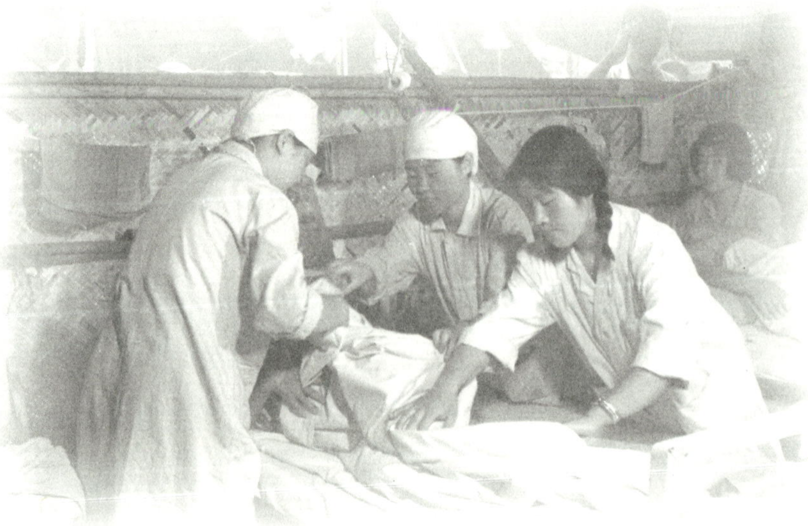

鲁丽燕

鲁丽燕(1944-2006)，女，出生于天津市，农工民主党党员，主任护师。1962年毕业于天津市护士学校，1990年毕业于天津市卫生职工医学院，1993年毕业于中国科学院心理研究所心理学函授大学。1962 年工作于天津医学院附属医院（现天津医科大学总医院），历任总医院神经外科手术室护士长、南楼手术室科护士长、手术科总护士长，1993 年任护理部副主任。1987年任天津医学院护理系兼职教师。1990年任第四届天津市护理学会理事，1995年任天津市卫生局护理质量控制中心委员、协作组组长。1996年任天津市护理学会手术室专业组组长。曾任农工党天津总医院副主任委员。

她在护理管理中开展术后伤口随访、推广手术配合记录、规范交班记录等护理措施。在创百佳医院活动中创建了缝合室、开展导诊工作。

她在护理教育方面，即护理高等教育恢复后，参编首届护理本科生教材《外科护理学》并授课。

她在护理科研方面，“脑室外引流装置”成果被定为填补国家空白项目，1990年获全国首届护理科技进步二等奖。发表论文20篇。1992年主编《神经外科手术室工作手册》，参编《实用护理管理学》《最新外科诊疗手册》《最新神经内外科诊疗手册》等书册。

1994年被列入《中国当代名人大典》、《二十世纪中国医学首创者大辞典》。

李光

李光，女，1944年9月出生于天津市，中共党员，副主任护师。1964年中专毕业于天津市卫生学校，同年工作于天津市第三医院，1969年底随第三医院搬迁至邯郸地区涉县山区1985工程职工医院（即天津涉县铁厂职工医院）。1979-1999年工作于天津医学院二附属医院（现天津医科大学第二医院），1993-1999年任护理部主任。

她从事护理管理工作10余年，创建三甲医院阶段负责全院护理消毒隔离工作，初步实现了目标管理，根据卫生部颁布的标准统一了消毒液使用标准和各种医疗物品消毒及终末处置方式，建立了抑菌制度和规范，提高了护理人员全员性防范院内感染意识。“九五”期间，她把握了等级医院评审这一契机，推动护理管理工作由经验型向科学化管理模式转变。巩固三级甲等医院护理管理水平，促进护理质量正向滚动。针对护理队伍特点，做好护理人员素质教育及医疗安全教育。

她参编教材1部《外科学及护理》。她以第一作者发表论文2篇，《系统工程学在手术室管理中的运用》《目标管理与护理管理实践》分别在《当代中国护理荟萃》《张家口医学院学报》发表。主持天津市卫生局课题1项“消毒隔离质量管理”，荣获天津市质量协会“市级优秀奖”。

夏佩秋

夏佩秋，女，1945年5月出生于天津市，中共党员，副主任护师。1964年中专毕业于天津市护士学校，1984年大专毕业于天津市卫生职工医学院。1964-2001年工作于天津市公安医院，1965-1968年担任院办护校教学工作，1974 1976年任外科科护士长，1976-1982年任总护理部助理，1984-2001年任总护理部主任，期间担任公安医院党委委员。1996-2001年任天津市护理学会第五届理事会理事及门急诊专业专委会委员。

她从事临床护理及护理管理工作30余年，严格护理管理，注重护理业务培训学习，组织护理技术比武练兵、素质教育，在历次天津市护理质控中心检查中获得好成绩。

1985-2000年3次被评为天津市公安局“局级先进工作者”，1994年被评为津门女卫士，1995年荣获“八·五”立功奖章。

杨凤英

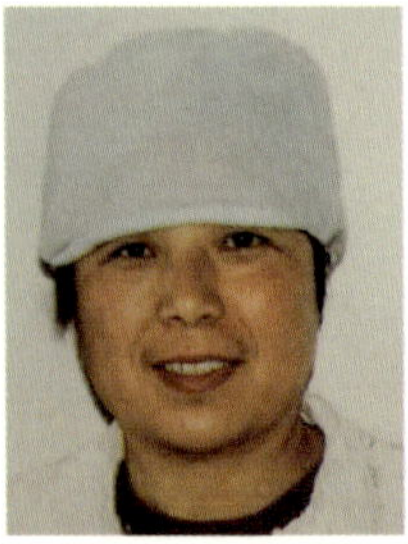

杨凤英，女，1946年1月出生于天津市，中共党员，副主任护师。1965年中专毕业于天津市护士学校。1965-1969年工作于天津市第四医院，1969-1982年工作于宁夏大武口煤炭职工医院，1982-2001年工作于天津市大港医院，1969-1982年担任宁夏大武口煤炭职工医院代理护士长。1985-1990年任大港医院妇产科护士长，1990-1992年任外科护士长，1992-2000年任护理部副主任，2000-2001任护理部主任。

她从事护理工作36年。1967年随天津医疗队支援湖南省干部疗养院，负责流行性脑炎救治和护理工作。1968年响应国家“六二六”指示，随天津医疗队支援内蒙，任内蒙昭乌达蒙医疗队副队长，为当地农民巡诊、治疗，曾独立完成输卵管结扎30余例，参与完成上环、取环、人工流产、剖腹产等手术，参加子宫破裂、羊水栓塞、产后出血等疾病的抢救。

她从事护理管理工作29年，制定了护理质量管理标准，规范护理技术操作。她注重人才培养和继续教育，担任护士培训班授课老师，为医院培养了一大批合格的护理人才。2002年对大港妇幼医院进行帮扶指导，并担任护理部主任，为医院建章立制、完善各种护理常规、规范护理技术操作。

她撰写的《剖腹产前放置尿管深度的探讨》《剖腹产的护理》《输卵管间质部妊娠破裂的抢救及护理》《产妇产后的心理及护理》等文章多次在市级以上学术会议上宣读。1996年8月在《中华临床心理学与应用心理学研究》杂志发表论文《剖宫产率上升社会心理因素浅析》《对妇产科手术后留置尿管时间的认识》。

1992年被评为天津市优秀护理工作者。

靳建卉

靳建卉，女，1946年1月出生于天津市，中共党员，主任护师。1965年中专毕业于天津市护士学校，1983年大专毕业于天津市职工医学院。1965年在卫生局直属卫生工作队下乡一年。1966-2009年工作于天津市天津医院，1976年任内科急诊护士长，1983-1985年任护理部副主任，1985-2003年任护理部主任。1995-2005年任《天津护理》编委，1996-2006年任天津市护理学会第五、六届理事会副理事长，2001-2006年任天津护理学会内科专委会主任委员。2002-2005年任《中华国际护士杂志》编委，2003-2016年任天津市护理质控中心专家组成员，2006-2010年任天津市医学会医疗事故技术专家库成员。

她从事护理管理工作27年，为配合医院及学科发展，创建高干病房、ICU重症监护室。建立天津医院护校，成立护士临床实习基地，选拔优秀护理人员进行教学工作，建立各种教学管埋及教学制度、专职带教制度。鼓励护理人员提升学历，提高职称，制订护士长竞聘制度，通过护士长竞聘的开展，储备护理优秀人员，进行护理人才梯队建设。开展专科护理服务，引进多项护理新技术，选派护理管理者进修学习，培养护理管理者50余名，护理骨干约200名，选送进修人员30余名，培养专科护士60余名。

任护理部主任期间，注重护理队伍建设及护理人员素质、护埋理论、技术操作、护理管理等方面的管理。举办院级护理研讨会、互帮互学活动、临床及患者沟通座谈会，从中听取医生、患者对护理工作的建议及评价，进行针对性整改。邀请院长与护士长进行座谈沟通会，从中发现问题及解决问题的方法，提高护理管理水平。每年举办护理技术操作比赛，提高护士技术操作水平。带领护理骨干定期举办护理咨询及科普会，为患者答疑解惑，普及护理及康复知识，提高患者就医感受及满意度。每逢春节除夕亲自深入病区慰问值班护士并看望患者，为他们带来问候，送去温暖。

在学会任职期间，组织护理义诊、护理专业知识竞赛、基础护理操作技能大赛，推动年度论文申报、审稿及评优工作，引领专业发展。九十年代开始，每年举办护理技术操作比赛，她担任评委，带领护理人员从场地到设施，从设备到比赛用物均做好充分的准备，圆满完成比赛任务，得到大家的好评。在历届比赛中天津医院20余名护理人员分别获得一、二、三等奖项。

她重视护理科研及教学，聘请科研专业老师为护理人员授课，引导护理人员开展护理科研项目。她参与天津市卫生局课题3项“移动式熏箱的研制及应用”“多种手术缝线固定装置的研制”，获得天津市科委科学技术成果证书，“提高膝关节腔穿刺技术成功率”被天津市质量管理协会评为天津市优秀成果。参编《常见病高血压的防治》手册一部。以第一作者发表论文5篇，代表作《浅谈以病人为中心搞好急诊全程优质服务》《老年骨折病人的康复护理》均在《天津护理》杂志发表。

1983年评为卫生局先进工作者，1996年荣获天津市八五立功奖章、天津市卫生局优秀共产党员称号，1998年被评为天津市优秀护理工作者，2003年被评为天津市优秀工会积极分子。

张惠芝

张惠芝，女，1946年9月出生于河北省邢台市，中共党员，副主任护师。1965年中专毕业于天津市护士学校，1987-1989年大专毕业于天津市卫生职工医学院。1965-1968年在北京军区解放军254医院外三科工作。1968-1984年在北京军区解放军269医院，任内科护士长、护士培训队营级助理员兼教员。1984-1996年转业天津市卫生局医政处，任护理专职干部、主任科员。1996-2003年调入天津市天和医院任护理副院长，2003年退休。1986-1990年任天津市护理学会第三届理事会副秘书长，1997-2000年任天津市护理学会第六届理事会理事。1990-1996年担任管理护理学组组长和供应室专业学组组长。1997年任首届全国一次性医疗用品博览会评审委员会委员。2002-2006年任天津市预防医学会第三届消毒分会副主任委员，期间受中国香港地区护士训练及教育基金会的邀请赴香港大学玛丽医院学习。2010-2014年任天津市医院协会第二届院内感染专业委员会第一常务副主任。2013-2017年任天津市卫生保健协会第五届常务理事。

她从事卫生局护理管理工作12年，兼任副秘书长期间，通过护理学会平台开展工作，统一了全市护理工作五种表格书写标准，起草了医院消毒隔离规定、护理级别标识颜色及床头卡使用规范等，执行率达到96%。她在全市组织现场观摩、经验交流会及护士表彰会百余场次。她落实卫生部加强供应室建设文件要求，对全市88所二级以上医院进行调查，对其中34所不达标的单位从建筑布局、人员编制、业务培训及质量监测等方面给予督导，最终达标率为96%。针对使用中一次性输液器、注射器的热源和内毒素监测的薄弱环节，她协助有条件的医院建立监测室监测无菌物品的质量，并在全国护理质量控制研讨会做主题发言介绍经验。

她从事医院管理工作7年，任副院长期间，带领护理部主任和部分护士长到外省市学习。她在医院开展星级护理工作，组织护理部制订实施方案和考核细则，把58个护理岗731条标准细化到125个护理岗1309条标准，用于指导护士按工作流程服务于患者。同时出台科学的计分方案，公正、公开、公平地按护士的得分评定星级服务等级并对应奖励，这种新的考评模式在《天津日报》《今晚报》《工人日报》媒体报道。她改进卧床患者头发护理的方法，购置多功能洗头车，让患者舒适，护士满意。为了提高医院护士长的管理能力，她亲自编写讲义组织培训，培养护士长的沟通技巧及解决问题的能力。她注重学习先进经验，2001年随卫生部高级护理人才培训团赴新加坡学习，引进了专科护士的培养、个性化患者饮食指导、体能锻炼及药物治疗服务等方法。并以第一作者发表论文《整体护理病房中如何对糖尿病人进行健康教育》，在2001年天津国际护理学术研讨会议交流。1999年她荣获天津市卫生局全国城市卫生检查先进个人称号。

沈鹭

沈鹭，女，1947年8月出生于天津市，中共党员，副主任护师。1967年中专毕业于天津市护士学校，1996年大专毕业于天津市卫生职工医学院。1967-2008年工作于天津市黄河医院，1981年在南开医院进修，1983-1993任外科病区护士长、全科护士长、外科分支党支部书记及分会工会主席，1993-2005年任护理部主任，2005-2008任护理部顾问。1994-2006年任天津市护理学会第六、七届理事会常务理事，2001-2006年任社区专委会副主任委员。曾任天津市南开区护理质控中心委员。曾兼任天津市口腔职专、红星职专、天津医学高等专科学校、天津医科大学及北戴河分校老师。

她从事护理管理工作40余年。任护士长期间，带领科室营造温馨的病房环境，开展人性化护理服务，多次被院里评为尖子病房。担任护理部主任后，她在争创全国百姓放心医院、二级甲等医院中，建立护理质量管理电子信息平台、创建急诊绿色通道、建立导诊24小时温馨服务、开展母婴病房，推进血液透析介入治疗、氩氦刀在肿瘤方面的治疗护理工作。参与医院ICU、血透室、手术室的层流系统管理，承接社区医院及继续教育培训。1996年组织年轻团员护士，为鹤童老年公寓老年人提供基础护理服务及生活照护，并捐赠衣物。1998年10月应邀出席在人民大会堂举行健康世纪行千家医院百日竞赛活动。2003年“非典”肆虐，她负责筹建发热门诊，制订《门急诊传染性非典型性肺炎消毒隔离预案》，选派护理人员到隔离点及社区医院参与救治工作。

她以第一作者发表论文9篇，《术后留置尿管与预防泌尿系感染的进展》《医院创建系统化整体护理模式病房的体会》分别在《透析与人工器官》《职业与健康》发表。

1990-1998年被天津市黄河医院评为院级先进工作者、先进个人，1991年被评为卫生局先进工作者，1993年被评为局级“十佳”护士长、天津市卫生行业优秀护士长，1998年被评为区级先进工作者。

王云华

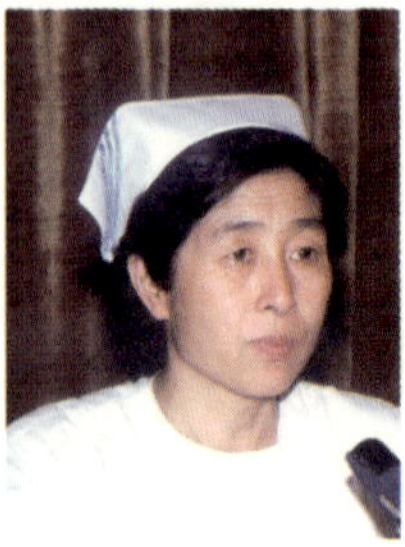

王云华，女，1947年10月出生于河北省三河县，中共党员，主任护师。1966年毕业于内蒙古赤峰卫生学校，中专学历，1996年毕业于天津市卫生职工医学院护理专业，大专学历。1967年7月参加工作，1967-1977年间工作于内蒙古巴彦淖尔盟第一医院，1977年任病房护士长。1977-2004年工作于天津市第三中心医院（原河东医院），1991-2004年任护理部主任。1996-2001年任天津市护理学会第五届理事会理事、第五届院内感染控制专业组组长，2001-2006年任天津市护理学会第六届理事会常务理事、第六届感染专业委员会主任委员。

1993年医院争创三甲医院，作为护理部主任，她带领护理部同仁，建立全院护理查房制度，提高护理人员业务能力，使护理质量得到提升。在她的带领下，全院护理部配合医院顺利完成争创三甲医院的任务。

1998年医院开始“病人选择满意医生”的改革，实际上是通过患者选择的这个杠杆进行一场医疗体制的改革。护理部按照医院整体方案实施和制订护理改革的具体措施，使医院的改革得以顺利进行。

2003年，天津作为SARS的重灾区，天津市第三中心医院临危受命，立即组织医疗队奔赴“前线”，共同抗击“非典”。她一边迅速集结护理队伍并亲临救援一线，一边多方协调物资、联络前线医疗队，创造了“零感染”记录。

王云华从事护理工作37年，发表论文10余篇，1991年被评为天津市局级优秀党员。

刘军

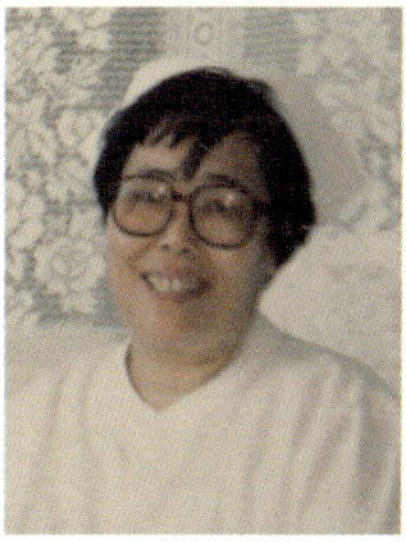

刘军，女，1947年12月出生于河北衡水市，中共党员，副主任护师。1967年中专毕业于天津护士学校，1984年大专毕业于天津市卫生职工医学院。1967年就职于天津大港油田总医院，1972年任外科护士长，1984年至1989年8月任外科科护士长，1992年至2002年12月任护理部主任。1996年担任天津市护理学会第五届护理管理学术组委员。

她自1992年任护理部主任以来，组织护士长及高级职称护理人员参加院内外培训，护理人员每半年进行一次护理知识、技术操作考核。每年进行一次护理技术表演赛，提高护理人员操作技能。护理部支持和鼓励护理人员进行第二学历的学习，对取得大专学历以上的业务管理能力较强的护理人员，及时提拔到护理管理岗位上，截至2002年，有70%-80%的护士长学历达到大专以上。

她以患者满意度为标准，改进护理质量，定期发放满意调查表，对调查结果进行整理、分析，找出问题及时反馈解决。她注重护理质量控制，发挥护士长的质量控制主体作用，要求有计划地落实各项质量标准，各科室进行循环式自查、互查、自评、互评，保证护理质量的全面落实。定期组织护理质量分析反馈，全面掌握护理工作动态，每周在护士长例会上及时反馈护理质量督导中存在的问题，进行分析整理，总结落实。

她承担多项局级、院级科研项目。1994年《加强护理管理提高护理质量-二甲评审达标》论文在华北油田护理学会学术年会上进行交流。《浅谈病人的生活护理与心理效应》参加1994年全国青年护士学术论文交流年会并刊入《今日护理—全国青年护士论文特辑》。1988年“锁骨下静脉穿刺术静脉高营养”及1989“静脉留置针临床应用”2项科研成果获大港油田公司二等奖。

1995年被天津市人民政府授予优秀护理工作者，2000年被天津市总工会授予九五立功奖章。

张俊文

张俊文，女，1948年4月出生于河北省阜平县，中共党员，副主任护师。1984年中专毕业于北京军区军医学校，1991年大专毕业于天津中医学院，1996年大专毕业于天津市卫生职工医学院，1998年本科毕业于第二军医大学卫生事业管理系，同年取得天津市高自考党政专业大专学历。1970年分配到中国人民解放军二五四医院（现中国人民解放军联勤保障部队第九八三医院）小儿科从事护理工作，1993-2001年任护理部主任，2015年返聘在护理部工作。1996-2001年担任天津市护理学会护理管理专业委员会委员、北京军区后勤第八分部护理专业组成员。

她从事护理工作48年，注重提高护士的业务能力和理论水平，1991年组织124名护士参加天津中医学院护理大专班并取得学历证书。着力抓护理队伍建设，规范护士文明用语和行为举止，修订各种规章制度，严格护士“三基”训练和提高护理质量。努力协助护理部主任，确保二五四医院护理工作在1995年以高分顺利通过北京军区三级甲等医院评审。1990年参加北京军区7所医院大检查。2002年参加北京军区11所医院整体护理工作现场调研，主笔起草完成情况汇总及调研报告，助推责任制整体护理在北京军区医院范围内顺利开展。2006年参加北京军区医院12所医院调研检查，完成护理情况汇总及调研报告。曾为中国人民解放军总后勤部卫生部起草贯彻落实《医院整体护理规范》实施意见(草案)，并以文件形式发至全军所有医院贯彻执行。起草北京军区医院《护理调研检查标准与细则》作为检查依据。负责整理并出书册《护理工作制度》《护理工作规范、流程及评分标准》《护理技术操作常见并发症预防处理方案与流程》《临床护理服务关键交接流程》《临床基础护理提问百题》及17项《护理应急预案》，促进护理人员对应知应会知识的了解和掌握。完成30个护理专业的《健康教育手册》，协助出版《PDA护理信息导航》，编印小册子《PDA临床实用指南》，编印《临床护士实用手册》口袋书。

她主编《护士仪表与风采》，参编《天津近代护理发展史研究》。她完成“关于护士长在医院医疗成本核算中的地位及作用的研究”和“提高护士长心理素质有效途径的研究”曾获军队科技进步三等奖，“用灰色聚类法对护理人才进行综合评价及预测”和“双向游标式药物配伍显示器”获军队科技进步四等奖。她发表25篇论文，其中在《中华护理杂志》发表论文《应用灰色聚类和民意测验两种方法考评护士长的比较》，在《天津护理》发表论文《浅析落实继续教育与培养人才》。

1987、1996年两次荣立三等功。

撒素琴

撒素琴，女，1948年6月出生于天津市，中共党员，主管护师。1967年中专毕业于天津市护士学校，1992年大专毕业于天津市卫生职工医学院。1967-2003年工作于天津市口腔医院，1989-2001年担任医院病房护士长，2001-2003年担任护理部主任。2001-2004年担任天津市护理学会第六届理事会理事、五官科专业委员会主任委员。

她从事临床护理工作36年。1998年在口腔颌面外科开展整体护理模式，并制订整体护理标准。2001年成立医院护理质控小组，每月坚持质量检查，强化护理人员考核管理，推进护理工作规范化。为配合医院开展“珊瑚人工骨充填修复颌骨缺损、微型钢板治疗复杂性颜面骨多发性骨折、下颌神经高位切断术治疗三叉神经痛、口腔癌的综合治疗方法”等颌面外科新技术，她制订、完善各项护理操作流程，组织护理人员学习相关理论及技能考核。带领护士长、护理骨干参观学习其他医院的护理技术和病房管理经验。在抗击非典工作中建立消毒隔离制度，制订护理工作流程，协助相关部门建立留观病房，防止院内感染发生。

作为护理工作带头人，以第一作者发表论文6篇，代表作《下颌骨骨折的护理》《腮腺手术前后的护理》《上颌骨切除术的护理》，分别在全国口腔护理学术会议、第一届全国口腔颌面部肿瘤学术会议上交流。

1981年荣获天津市卫生局1980年度先进工作者称号，1995年被天津市人民政府授予优秀护理工作者，2001年被天津市人民政府评为天津市优秀护理工作者，2003年被天津市人民政府评为天津市抗击非典先进个人。

徐慧蒂

徐慧蒂，女，1949年3月出生于上海市，护师。1967年毕业于天津市农村卫生技术学校，1989年中专毕业于天津市第一中心医院护校中修班，1992年大专毕业于天津市卫生职工医学院。1967-1971年工作于天津市第二结核病防治院。1972-2002年工作于天津市肺科医院，1988-1997年任内科病房护士长。

她从事临床护理工作21年，始终扎根基层。1968年她响应“六二六”把医疗工作放到农村去的号召，参加了内蒙古医疗队为贫下中农上门送医送药服务。1977年她参加城市医疗队，被分配到南开区结核病防治所，下工厂、下学校进行防痨筛查工作。1984年她参加天津市护理学会主办的“锁骨下静脉穿刺”学习班，将该技术应用于临床，特别是用于重症结核病患者救治。工作中她从临床实践角度出发，针对护理人员的学历、年资，规范培训方案，关注新护士角色转变过程中易产生的心理问题，建立职工之家，开展心理疏导，直至顺利过渡。

她鼓励临床护士开展科研，结合疑难病历查阅文献，她撰写的结核病、静脉治疗、光量子血疗等方面的文章，在全国及天津市护理学会学术年会上进行交流分享。

1998年荣获中华人民共和国卫生部从事护理工作三十年荣誉证书。

刘纯艳

刘纯艳，女，1949年8月出生于天津市，中共党员，教授，硕士生导师。1976年毕业于天津医学院。1976-1998年工作于天津医学院附属医院（现天津医科大学总医院），1998-2002年担任天津医学院护理系主任，2002-2005年担任天津医科大学护理学院院长。曾担任天津市护理学会教育委员会主任委员、全国高等医学教育学会护理教育分会理事长、卫生部专业技术职称考试专家委员会妇产科护理学专业组组长、卫生部教材评审委员会第一届委员、卫生部教材评审委员会顾问。同时担任《中华护理杂志》《国际护理学杂志》《国外医学.护理学分册》等杂志审稿专家。

1990年，她时任天津医学院护理系副主任，在全国建立护理学专业社区实习基地和精神科实习基地。1993年在全国推行本科毕业生科研论文的撰写；面向毕业班学生开展护理实践技能竞赛，巩固护理临床操作技能，为学生实习、就业奠定坚实的基础。1995年，护理系将美学、文学与写作等课程列入考查课程；同年在全国高等医学院校护理学专业课程体系中率先开设社区护理学课程。2000年增设健康教育学、老年护理学与临终护理等课程。2002年为培养具有国际视野的护理人才，她主持通过论证开设了护理学专业涉外护理方向，同年，护理系改名为护理学院，建成具有护理学专业特色的模拟临床重症监护单元的模拟ICU实验室。2005年建成形体训练室，同年，学院建成国内唯一的信息化仿真新型模拟人隔离实验室。她在护理学院任职期间，学院先后与美国、日本、加拿大等多所国外知名高校进行深入合作，相关学术论文发表于《International Journal of Nursing Practice》等期刊；与国内近百所大学护理学院开展交流，有效推动了护理学院教育教学和科研的发展。1992-2008年，天津医科大学护理系成功举办国际、国内高等护理教育学术交流会4次，并接收多名加拿大、澳大利亚等国留学生。

她于1997年被遴选为天津医科大学护理学专业硕士研究生导师，已培养百余名硕士研究生，围绕临床护理学、社区护理学开展研究。退休以来，刘纯艳被聘为天津医科大学教学督导组专家，帮助青年教师提升教育教学水平。

她主编著作有10部，包括《临床护理技术操作规程》（人民卫生出版社）、《妇产科护理学》（中国协和医科大学出版社）、《器官移植护理学》（人民卫生出版社）、《社区护理学》（人民军医出版社）、《社区护理学》（清华大学出版社）、《社区护理学》（湖南科技技术出版社）、《老年人家庭护理手册》（中共中央党校出版社）、《健康评估》（人民卫生出版社）、《全国卫生专业技术资格考试习题集丛书妇产科护理学（中级）》、《全国卫生专业技术资格考试习题集模拟题试卷妇产科护理学（高级）》（人民卫生出版社）等，参编教材5部，主审及参审教材3部。发表SCI及中文学术论文80余篇。2001年《国际远程护理教育的建立与应用》荣获中华护理学会第五届全国护理科技进步奖三等奖（排名第二），2005年《妇产科护理学》教材获得全国高等学校医药优秀教材三等奖，2007年《护理学专业课程体系、教学内容、教学方法改革》获天津市首届教育科学研究优秀成果二等奖，2007年“重型颅脑创伤急性期脑温与直肠温度关系及亚低温对其影响的研究”被天津市科学技术委员会认定为科技成果，2008年主讲课程“临床应用护理学”获天津市市级精品课，2013年“本科助产紧缺人才培养模式建立的探索与实践”获天津市级教学成果一等奖，2014年“本科助产紧缺人才培养模式建立的探索与实践”获国家级教学成果二等奖。

1994年被评为天津市教学楷模，2003年被评为天津市三八红旗手，2004年被评为天津市优秀教师，2006年被评为天津市师德先进个人。

李平

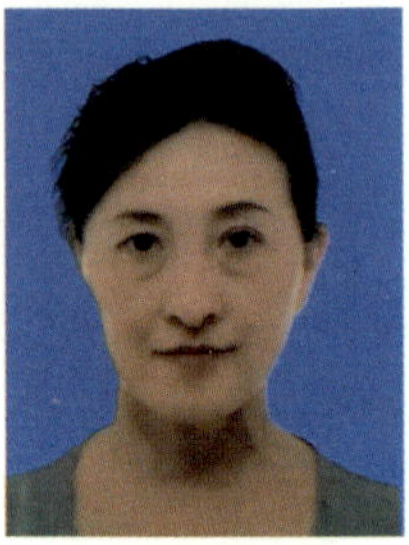

李平，女，1949年10月出生于天津市，中共党员，副主任护师。1966-1974年进入甘肃兰州军区生产建设兵团支边，1972-1974年就职于兰州九零二部队医院护训队，1996年大专毕业于天津中医学院。1975-1982年就职于河南郑州市妇幼保健院，1982-1991年就职于河北唐山卫校附属医院。1992年调入天津中医药大学第二附属医院任妇科护士长，2000年任护理部主任，2004年任护理部顾问。2001年任天津市护理学会第六届理事会理事，2001-2006年任中医、中西医结合护理学术委员会副主任委员。

她从事护理专业32年，参与护理管理工作18年，在天津中医药大学第二附属医院工作期间，主持组建儿科病房、神经外科重症病房、针灸部重症病房。为确保护理质量与安全，制订护理质控标准，抽调五名高年资护士长成立专职护理质控组，并且实行护士长24小时值班制。为解决临床重症护理需求，选派年轻护士长进修学习中心静脉导管穿刺技术并成立PICC技术小组。2003年“非典”疫情期间，依据隔离要求协助相关部门按不同区域划分人员、物流通道，调配物资，制订相关制度流程，确保医疗护理工作有序进行。她反复培训进入红区的医护人员，指导大家正确处理好个人防护与为患者服务关系，为后期天津中医药大学第二附属医院医疗队整建制接管海河医院某病区零感染打下坚实基础。

任职护理部主任期间，在天津中医学院中专护校承担《中医护理》《儿科护理》相关课程授课，并参与编写《中西医结合护理常规》。

1984年、1989年两次获唐山市卫生局记功奖励，1985年被评为唐山市模范工作者，1990年获唐山市卫生局记大功，1991年被评为唐山市卫生系统优秀党员，1994年被评为天津高等院校三育人先进个人，1995年被评为天津市八五立功奖章，1998年被评为天津市教育工会优秀工会工作者，2001年被评为天津市优秀护士，2003年被评为天津市抗击非典先进个人。

徐桂荣

徐桂荣，女，1950年8月出生于天津市，主管护师。1971年中专毕业于呼和浩特市卫校。1971-1980工作于内蒙呼和浩特市医院，1980-1988年工作于天津市塘沽医院（现天津市第五中心医院）。1988-2005年工作于塘沽妇幼保健院，1988-1991年任手术室护士长，1991-2004年任护理部主任。

她从事临床护理工作34年，护理管理工作16年，她着手重新制订和落实护理人员岗位职责，坚持护理操作标准化和规范化、管理的制度化；成立了护理质量小组（管理、差错事故、病历），督导护理质量的改进。1992年争创爱婴医院期间，她推行新生儿分娩30分钟内与产妇肌肤接触，完成早开奶，促进产妇乳汁分泌、母乳喂养等措施，撤销婴儿室实行母婴同室，被评为全国首批国际爱婴医院。她开展新生儿游泳项目，筹建新生儿科，规范异常新生儿的管理。在推行整体护理期间，她增加了护患沟通、病人健康宣教，推行人性化服务制度、预见性护理管理等。她聘请礼仪教育专家，对全体护理人员进行培训，统一护士上岗着装规范，并建立绩效考核末尾淘汰制及经考核合格后再次上岗的机制，提高了护理队伍的整体素质。

“非典”疫情期间，她组建发热门诊，规范布局，制订发热病人预检-接诊-转运流程，防范于未然。

她主持完成“护理咨询门诊”项目，获天津市卫生局系统引进应用新技术填补市空白，并获得天津市质量管理协会的《天津市优秀质量管理小组成员》证书。

她于1995-2001年2次被评为市级优秀护士。

赵春英

赵春英，女，1953年2月出生于河北省安次县，中共党员，副主任医师。1977年本科毕业于天津医学院（现天津医科大学），1977-2008年工作于天津市天津医院，1986-1990年做医政管理工作。1990-1995年任天津医院骨科研究所办公室主任，1995-2002年任科教科科长，1998-2000年兼任医务科长，2003-2006年任护理部主任。

她从事医政管理7年，以抓临床医疗质量，降低医疗事故为目标，建立医院医疗纠纷管理制度且与个人挂钩机制，制订围手术期管理制度，规范复位室和中西医结合门诊交接班制度和阅片机制。她抓病历书写质量的管理，进行病历评审和展览，评选优秀病历和表现突出者给以奖励，提升病历质量。

她从事护理管理工作3年，采用公开的竞聘方式，选拔年轻的护理骨干择优上岗。她组建5个质量控制组，规范和细化了质控质量考核标准。她先后选派9名护士长和10名护理骨干，分别到北京的301医院、友谊医院、中日友好医院，上海第六医院、杭州邵逸夫医院、四川华西医院和广东佛山中医医院进修学习。培养5名主管护师晋升为副主任护师，100多名护士得到学历的提升。2006年她到基建办公室工作，结合医疗和护理管理经验为医院的改扩建工作谏言献策。

她在科研工作中，建立护理科研与发表论文奖励机制，2003年举办天津医院首届护理学术交流会，收集护理论文100余篇，大会交流30余篇。她参与完成天津市卫生系统引进新技术填补空白“多爱肤治疗表皮擦伤与缩短手术等候时间的研究”；参与研发的“外固定胸壁带”“壁挂翻折式垃圾袋固定架”获国家实用新型专利证书；她参与的“假脓长肉加速感染创面修复作用机制研究”获天津市科委技成果三等奖，同时获天津市卫生局级科技成果一等奖。

孙秀萍

孙秀萍，女，1954年出生于天津市，汉族，中共党员，副主任护师。1973年中专毕业于天津市护士学校，1973年工作于天津市第六医院（原天津市长征医院，现合并到天津市中医药研究院附院）外科病房，1984年大专毕业于天津市卫生职工医学院护理系，1985年任天津市长征医院急症科护士长，1989-2006任天津市长征医院护理部主任。2002年至2008年任中国中医药学会护理学会两届副主委，2001-2006年任天津市护理学会中医、中西医结合专业委员会委员。2013-2019年任天津中医药大学护理学院外聘教师

她在工作中注重积累皮肤科专业护理技术，1994年主编天津市长征医院出版的《皮肤科中医护理常规及操作规程》《皮肤科护理质量质控标准》。2004年副主编天津市卫生局出版的《天津市中医、中西医结合医院护理工作指南》，2006年参编中国中医药出版社出版的《中医护理常规技术操作规程》。2006年曾任中华现代皮肤科学杂志常务编委。副主编华龄出版社出版的《养老护理—中级护理》，参编《养老护理基础知识—初级技能》。副主编参与编写职业技能全国民政继续教育系列培训教材《养老护理员》和中国社会敬助基金会的《农村敬老院院长培训教材》。

1998年荣获天津市优秀护士称号。

郑玉荣

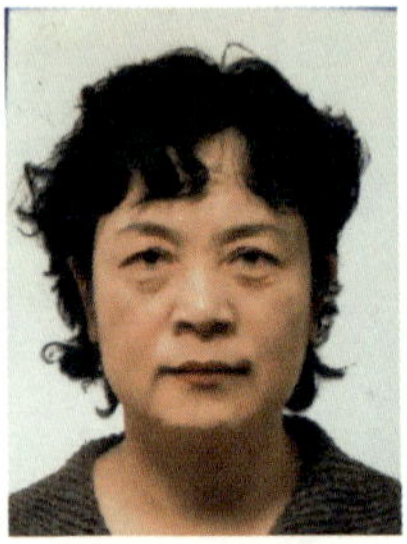

郑玉荣，女，1954年2月出生于天津市，中共党员，副主任护师。1971年中专毕业于天津市卫生学校，1984年大专毕业于天津市卫生职工医学院。1971-2009年工作于天津市河西医院，1975-1987年任儿科护士长、血液科内科护士长，1994-1996年担任内二科护士长，1996-1997年担任护理部副主任，1998-2005年担任护理部主任，2005-2009年担任院内感染管理科主任。2001-2006年担任天津市护理学会社区专业委员会委员。

她从事护理管理工作30年，先后开展了“护理岗位技术大练兵大比武”“护理知识竞赛”等活动。她建立护士长竞争上岗机制，择优选拔护理管理人才。2003年非典期间，她担任护理部主任并兼任发热门诊护士长，制定了发热门诊《护理工作制度》《护理人员各岗位工作流程》《科室管理制度》《各岗工作职责》等，指导全院的消毒隔离和医护人员的防护工作，严格落实和规范各项操作规程。

她带领护理团队开展护理专业的首例研究项目“ICU监护系统及护理指标管理”。

齐之洪

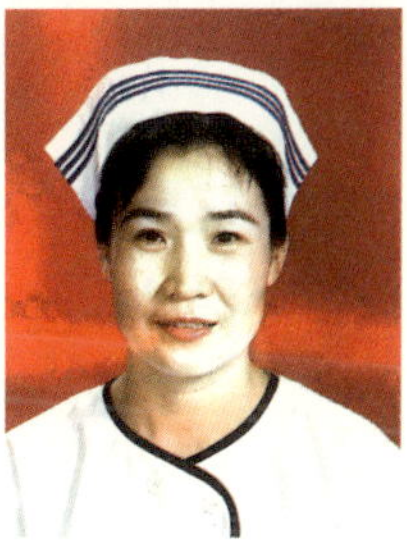

齐之洪，女，1954年3月出生于天津市，中共党员，主管护师。1974年中专毕业于天津市护士学校，1984年大专毕业于天津市卫生职工医学院。1974-2009年工作于天津市儿童医院，1975-1980年任神经内科护士长、代理科护士长，1983-1987年任门诊办公室副主任、门急诊科护士长，1987-1997年任护理部副主任，1997-2009年任护理部主任。2001-2006年任天津市护理学会第六届理事会常务理事、儿科专委会主任委员，2006-2012年任天津市护理学会第七届理事会理事。2000年任天津市护理质控中心委员。

她从事护理管理工作34年，任护士长期间，带领科室开展人性化服务，多次被医院评为尖子病房。1976年唐山地震，她与当班护士将三十多名患儿转移至安全地区。担任护理部主任以后，她开展护士长竞聘上岗制度，设立“护理文明新星”鼓励护士热情工作，为“国际儿童艺术节”等大型活动提供医疗保障，医院护理事迹在《今晚报》等媒体报道。2003年非典期间，她协助医院成立发热门诊，组织制订《门急诊传染性非典型性肺炎消毒隔离预案》等，选派护理人员奔赴定点医院参与救治工作。她牵头建成天津市首家层流净化手术室，被天津市护理质控中心评为“天津市手术室专科护士培训基地”。2006年率先开展儿科PICC技术。2009年起选派护理骨干参加天津市ICU、急诊等专业专科护士培训，举办儿科继续教育培训。每年接待各省市护理同仁参观学习。

她参与天津市卫生局课题1项“建立儿科急救绿色通道质量保证”，天津市新技术引进1项“腋静脉留置套管针在早产儿输液中的应用”。参与撰写的《护理人员继续教育的管理》等在《天津护理》发表。主编的《儿科疾病护理常规及护理管理》，由天津科学技术出版社出版。

1998年被评为天津市优秀护理工作者，2005年被评为全国卫生系统护理专业巾帼建功标兵，2008年被评为天津市卫生行业十佳医务工作者。

陈学云

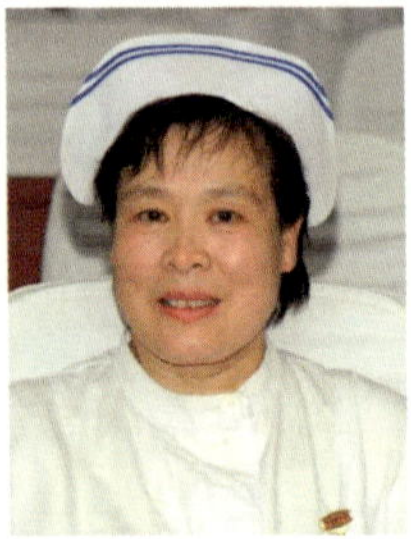

陈学云，女，1954年9月出生于天津市，主管护师。1974年中专毕业于天津市护士学校，1992年大专毕业于天津市卫生职工医学院，1974-1986年工作于天津市红十字会医院。1986-2009年工作于天津市红桥医院，1986-1991年任手术室护士长，1992-2009年任护理部主任。2006-2012年任天津市护理学会第七届理事会理事。

她从事临床护理及护理管理工作36年，任护理部主任期间，针对护士仪表、行为中存在的问题开展“护士仪表行为语言规范”及“诚信护士”活动。将疾病护理与其他护理服务充分结合，开展“三卡一线”护理服务，即：联系卡、问卷调查卡、意见反馈卡，从而如实反映出患者在就医过程中对护理服务的感受，并提出意见和建议，使护理部从中找到不足加以改进和完善，以提高护理团队的整体素质，为打造“诚信医院”品牌打下基础。1993年以100分成绩创建国际爱婴医院，2007年在天津市护理工作质量检查中获得二级综合医院第一的成绩，2009年全市手术室专业护理操作比赛获得优秀奖，2010年红桥区护理操作、理论知识竞赛获得一等奖，全市供应室质量检查成绩优秀。

1995年至今她以第一作者发表论文5篇，代表作《浅谈母乳喂养的基础工作和临床护理》《浅谈中小型医院护理管理的基础工作》《护理管理模式的探索》，分别被中华护理学会全国“三室”管理学术会、中国医学科学院和协和医学科学技术交流中心的全国护理论文交流会、中华医学会行为医学及生物反馈学会学术会议录用，并在大会交流。

1992年被评为红桥区优秀护理工作者，1993年被评为天津市卫生行业优秀护士长，1994年获得天津市卫生局医德高尚百面红旗，1995年被天津市人民政府授予天津市优秀护理工作者称号。2003-2004年2次获得区级优秀护理工作者称号。

曹文媚

曹文媚，女，1954年9月出生于浙江省，中共党员，中国农工民主党党员，主任护师，天津医科大学特聘教授，天津医学高等专科学校特聘教授。1974年中专毕业于天津市护士学校，1988年毕业于天津广播电视大学英文专业，1996年大专毕业于天津市卫生职工医学院。1974年工作于天津市第一中心医院，1994年任护理部副主任，1996-2008年任护理部主任，1999年任副院长。现任天津市护理学会第九届理事会副理事长、天津市护理质控中心顾问。曾任中国人民政治协商会议天津市十二届委员会委员、天津市科协第七届常委、中国农工民主党市委委员。曾任中华护理学会第二十五届常务理事，天津市护理学会第六届及第七届理事会理事长、第八届理事会副理事长，天津市护理质控中心副主任委员。担任《天津护理》杂志副主编，《中华护理杂志》《中国护理管理》《护理学杂志》《国际护理学杂志》《护理研究》《护士进修杂志》《护理学报》《全科护理》《上海护理》等刊物编委。

她从事护理行业四十余年，曾多次赴英国、加拿大、法国、日本等地研修现代护理管理及护理教育，并将现代护理管理理念融入到护理工作中。制订肝肾移植术后护理常规和管理制度，组织各类国家级技术培训和技术指导，为成功开展器官移植、心血管介入、冠脉搭桥、助孕等新技术奠定坚实的基础。在护理管理方面，她健全完善医院各项护理管理制度，建立规范的护理质量管理系统，使得天津市第一中心医院1998年成为卫生部整体护理协作网单位，在全国百家医院评审中总成绩全市第一。她探索开展的集教学查房和护理管理质量查房于一体的护理部主任查房制度已被许多医院所采用。作为医院质量管理者代表，她建立医院质量管理体系，制定出医院质量管理程序文件及质量管理计划，培养了一批质量管理内审员，2001年医院顺利通过ISO9001医院质量体系认证。

她从事护理教育工作14年。承担南开大学医学院临床医学系护理学、天津医科大学护理系研究生班内科护理、营养支持、介入技术、介入治疗与护理、心脏起搏与主动脉球囊反博等课程，还承担医科大学继续教育学院内科护理学等多项教学任务，主持国家级继续教育“危重病人呼吸道科学管理”和“原位肝移植国内外进展及护理”，以及“血液净化在临床的应用”等省市级继续教育四项课程。

她主持和参与完成研究课题“间断声门下清洗结合持续声门下吸引在预防VAP中的应用”和“整体护理模式病房人员编配和管理规范及评价标准研究”等5个项目被鉴定为国内先进水平。“疏肝利胆法结合西医疗法对有机磷中毒肝损害的保护作用的实验研究”和“疏肝利胆法结合胆汁引流对有机磷中毒经胆道排毒的量化实验研究”被评为天津市市级科研成果奖。新技术引进填补空白三项，核心期刊发表论文31篇，主编《实用护理技术》。

1996年被授予天津市九五立功奖章，1998年被评为天津市优秀护士，2000年被评为天津市三八红旗手，2004年被评为天津市十五立功先进个人。她领导的护理部曾被评为天津市三八红旗集体、天津市职工道德建设百家班组，移植护理部和国际诊疗中心先后多次被评为全国巾帼文明示范岗。

姜永亲

姜永亲，女，1954年10月出生于山东，副主任护师。1974年中专毕业于天津市人民医院护士学校，1984年大专毕业于天津市卫生职工医学院护理系，1998年大专毕业于天津市师范大学外语系。1974年就职于天津市肿瘤医院，1989年任头颈科护士长，1992-2005年任护理部副主任，2005-2010年任护理部主任。1996-2004年连续两届担任国际癌症护士学会（ISNCC）理事，1999年担任天津医学康复学会副秘书长、天津心理卫生协会临终关怀专业委员会副主任委员，2001-2006年担任天津市护理学会肿瘤专业委员会主任委员，2001-2012年担任天津市护理学会第六、七届理事会理事和常务理事，2015年至今任中国抗癌协会肿瘤护理专业委员会秘书长。1986年当选为天津市第十一届工会代表，1993年当选天津市第九届政协委员。担任《中华护理杂志》审稿专家，《天津护理》杂志编委。

她从事临床护理工作36年，2005年被美国肿瘤护理学会（ONS）授予国际肿瘤护理贡献奖。她持续推动中国抗癌协会肿瘤护理专业委员会筹委会各项工作直至2015年专委会建立。她于1987年赴英国参加为期1年的肿瘤护理培训班，回国后开展了疼痛、姑息、舒适护理及临终关怀等多项工作，与中国护理文化相结合，与护理前辈及同道们共同塑造出肿瘤医院爱心服务品牌。2007年在护理部开展“人文化护理、亲情化服务”活动的基础上开展“感动服务”活动。她着眼肿瘤护理多元化格局，扶植并创立如心理支持等多个专业组，开展护理会诊及沙龙活动。帮助多名护士获ISNCC基金资助出国培训及参加国际肿瘤护理大会，1名护士成功继任ISNCC理事。

她主持课题2项，2008年主持完成课题“运动处方对乳腺癌患者癌因性疲乏干预效果的护理研究”通过了天津市科技成果鉴定，2010年主持完成“改善癌症患者疲乏及体能状况的护理研究”获天津医科大学科技成果奖。发表论文十余篇，2011年主编人民军医出版社出版的《乳腺癌患者护理446问》，2016年作为共同主编天津科技翻译出版有限公司出版的《肿瘤护理学》（2016版）；副主编著作2部，1999年天津科学技术出版社的《肿瘤护理学》，2009年天津科学技术出版社的《实用护理技术》；参编著作1部——《常见疾病护理常规》；参加译著《癌症疼痛处理规范》。

1979年被评为市级劳动模范，1980年被评为市级特等劳动模范，1981年被评为天津市学雷锋女子标兵，1982年被评为天津市优秀护理工作者。

张富玲

张富玲（1954-2010），女，出生于天津市，中共党员，主管护师。1974年中专毕业于天津市护士学校。1974-2009年工作于天津市津南医院，1988-1998年担任内科护士长，1998-2005年担任护理部主任。

她从事临床护理管理工作17年，擅长内科疾病护理及急危重症患者的护理。她组织护理人员开展业务学习和理论技能考核，带领护理团队首次开展神经外科开颅手术、骨科椎管手术的围手术期护理。她推行整体护理模式，带领护理骨干参观学习兄弟医院的护理技术和病房管理经验。培养临床教学骨干20名，护士长10名，护理部主任1名。带领全院护理人员顺利通过了二级甲等医院的申报及评审工作。

1992年评为天津市三八红旗手，1993年评为天津市卫生行业优秀护士长，1998年被评为天津市优秀护理工作者及天津市劳动模范。

高金娣

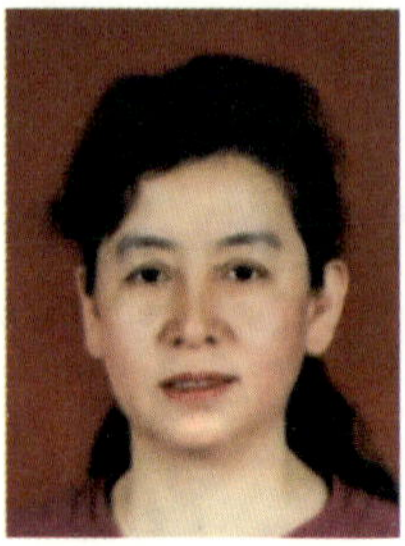

高金娣，女，1954年10月出生于天津市，中共党员，副主任护师。1973年中专毕业于天津市护士学校。1973-2009年工作于天津市第二医院，1987-1999担任内科护士长，1999-2008年担任护理部主任。2006-2012年曾担任天津市护理学会第七届理事会理事。

她从事护理管理工作21年，带领护理团队学习护理前沿知识，开展护理科研，主持引进新技术4项，其中“封闭式负压引流治疗糖尿病化脓性感染创面”“糖耐量试验采用静脉留置法取血的临床应用”“多导夜间睡眠监测技术的临床应用”填补了天津市卫生系统新技术空白，其中第一项技术荣获河北区科技进步三等奖。她以第一作者发表论文3篇，《下消化道出血的护理》《急性缺血性脑血管病用低能量氦氖激光血管内照射疗效初步探讨》《肝腹水直接回输治疗及护理体会》，分别在《中国急救医学》《天津市医药卫生专业学术年会优秀论文汇编》发表。

杜菊芬

杜菊芬，女，1955年1月生于河南新乡市，中共党员，主管护师。1974年毕业于南海舰队第四二二护校。1971-1985年工作于海军第四二二医院。1971-1985年担任南海舰队四四二医院传染科护士长，1985-2010年在天津市宁河县中医医院工作，1985-2007年担任护理部主任。2001-2006年担任天津市护理学会中医、中西医结合护理专业委员会委员。

她38年坚守在护理岗位上，从事护理部主任期间，她向病人征求意见，指导护士工作，在与病人的沟通中发现问题，解决问题，在与护士的沟通中改进工作，提高质量。

1997年准备二级甲等医院评审，她根据科室发展和管理需求，修订了护理管理制度、流程和质量标准等，编写医院各类人员岗位职责、护理技术操作规程和中医护理常规，使管理更加规范，流程合理。组织全体护士培训，带领大家利用班后时间练习护理技术操作并逐一考核，直至达到考核要求。1998年顺利通过评审，提高了护士长的管理素质和能力，使全院护理专业知识和技术水平整体提高。

杨新月

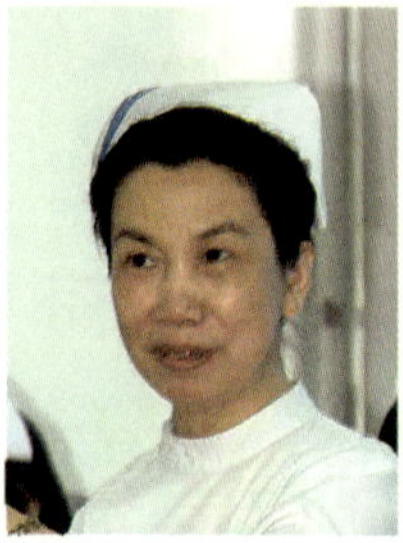

杨新月，女，1955年1月出生于北京市，九三学社社员，教授。1974年毕业于天津市护士学校，1974-1982年工作于天津市肺科医院（现天津市海河医院）。1996年毕业于天津市医学院，取得本科学历。1985-1998年工作于天津市护士学校，1989-1990年担任基础护理教研室主任。2003-2011年担任天津医学高等专科学校护理系主任。2002-2012年担任天津市护理学会第六届、第七届副理事长，教育委员会副主任委员，全国医学高职高专教育护理分会委员，全国医护专业高职教学研究会常务委员，全国高等医学教育学会护理教育分会理事；2013-2011年任教育部高等学校高职高专相关医学类专业教学指导委员会护理专业分委员会委员；2007-2017年担任九三学社天津医学高等专科学校支社主委；2011年至今担任天津医科大学学士毕业论文指导导师；2015年至今担任国家养老服务认证特聘专家；2017年至今担任天津市九三学社老龄委委员，同时担任《中国护理管理》《护理学报》《中华护理教育》杂志审稿专家，以及国内十余所护理学院客座教授。

她从事临床护理工作8年，先后在危重症病房、呼吸内科工作并担任护理教学工作。她从事教学管理工作8年，在她的带领下，1998年护理学基础教研室荣获全国三八巾帼示范岗的称号，2007年护理专业获天津市级优秀教学团队称号，2009年获天津市师德建设先进单位荣誉称号。

她从事护理教学工作26年，年均授课500学时，讲授《护理学导论》《护理学基础》等课程。承担高自考、电视大学护理本科及专科的辅导授课，通过率达80%。2005年4-5月到芬兰研修并讲学。2005年，她主讲的《护理学基础》课程被评为国家精品课。完成省部级和国家级科研立项15项，2000年主持学校教学改革重点研究课题“示教室u型梯式坐椅设计”获校级教学成果二等奖，2004年主持完成教育部课题“高职高专护理专业教学改革与建设”获天津市教育成果一等奖，并于2005年获高等教育国家教学成果二等奖。

她于2004年主持学校教学改革重点研究课题“院校结合模式在高职护理教育中的研究与实践”获校级教学成果一等奖，2009年主持的教育部课题“围绕现代护理岗位，建设护理专业课程体系”获天津市教育成果一等奖、高等教育国家教学成果二等奖。2010年主持国家级精品课程《护理学基本技术》教学资源建设与研究。2007年主持天津市教学研究重点课题“高职高专护理专业人文课程体系的研究”，2010年主持天津市教学研究重点课题“护理技能大赛的对策与研究”。2004年主持教育部子课题“护理高职高专教育实践教学改革的研究与实践”。共同完成的“《护理学基本技术》课程建设与应用”于2007年获天津市教育科研一等奖，2006年全国教育规划课题“高职高专护理精品专业的建设”，2010年“护理技能大赛对策的研究报告”获天津市教委第二届优秀调研成果三等奖。主编教材6部，为2000年校内双语教材《护理学导论》《护理学技术》，2007年人民卫生出版社《护理学导论》（成人学历教育），2008年高等教育出版社《护理学导论》、天津科技出版社《基础护理学上、下》、天津科技出版社《护理学基础学习与指导》。参编著作1部。在《中华护理教育》《护理学杂志》《中国护理管理》等核心期刊发表论文17篇，其中2000年发表于《护理学杂志》的《基础护理教学与临床脱节问题的探讨》论文获天津市教育科研论文一等奖。在全国、学校会议获奖论文5篇。

她从事护理教学管理工作，指导天津市医院临床教学的培训工作，规范护理操作流程，提高临床带教老师的教学水平，指导教学查房、毕业生临床考试等。受邀在中国台湾地区第二十二届两岸学术护理交流大会、中韩第8届护理学术会议、第21届国际社区护理学术会议等会议上发言。

1996年获天津市教学标兵称号，2003年获天津市师德先进个人称号，2004年获天津市优秀教师称号，2007年获天津市教学名师称号。

迟凤玉

迟凤玉，女，1955年1月出生于辽宁省沈阳市，中共党员，主任护师，技术3级/文职2级。1974年中专毕业于第二军医大学护校，1997年本科毕业于第二军医大学卫勤管理专业。1974年工作于第二军医大学长征医院，1994年任北京军区第266医院护理部主任，2001年任中国人民解放军第二五四医院（现中国人民解放军联动保障部队第九八三医院）护理部主任。2001-2006年任天津市护理学会第六届理事会副主委，2006-2015任天津市护理学会第七、八届理事会常务理事，内科护理专业委员会主任委员。2001-2011年任《解放军护理》《天津护理》《护理管理杂志》《南方护理杂志》《现代护理杂志》等刊物编委。2006-2011年任中国人民解放军医学科技委员会中医专业委员会两届副主任委员，同时任全军护理专业委员会委员、全军中医护理专业委员会副主任委员、北京军区护理专业委员会副主任委员、全国老年食品保健营养专业委员会委员。

她从事护理工作42年，为临床86种疾病提供自动配餐食谱，列出600种保健和治疗药膳，164种常见疾病症状的宜食、忌食咨询单。把《食物成分表》中的1500种食物的营养成分全部作详尽的介绍，并编制成“食疗与保健”软件，在医院应用中获得患者的好评，协助临床护士向病人提供规范、全面的饮食指导，被军内外24所医院推广应用。几年来在军内外举办60余场知识讲座，传授健康保健知识。面对血液病人经常鼻腔出血的现象，她特别针对痰多且粘稠、经常阻塞呼吸道的危重病人，开展“孟氏液鼻衄止血”“不同负压值对气管粘膜损伤”“多功能吸痰管”等专题研究，通过建立模型和反复实验，成功解决侵入性操作对呼吸道粘膜损伤、危重病人吸痰导致出血等护理难题，有效地减少病人的痛苦，研究成果获得军队科技进步及以医疗成果三等奖。

大力营造医院人文护理文化，引导护士由他律走向自律；形成一套完善的检测质控办法，规范护士长夜间查房行为，动态增减夜间护理质量检查项目，反向考评护士长夜间履行职责的自我控制能力；整合组建护理外勤中心，使其由单纯的外送作用逐步拓展为特助服务、生活超市、被服供应、鲜花配送四大功能；针对老年病人子女不在身边、行动不便等问题，她将过去单一的医疗服务改变为医疗护理、预防保健等多功能服务，变单纯的院内服务为“院前一体化，24小时预约，随叫随到；院内一站式，全程陪同，无障碍就诊；院后跟踪问效，建立了‘护患连心卡’，随时保持联系，延伸服务空间”，获得天津市科技进步三等奖。

她撰写的《实用护理技术操作手册》成为护理院校的实用教材。为提高临床教学查房质量，提出“护理教学查房中存在的问题与对策”“护理教学查房中的信息与网络化管理”及“护理教学查房管理的实践与思考”等专业研究成果，并于2002年在北京军区及三省两市等区域医院得以推广应用。

2002年底，“食疗与保健”软件代表总后在国际医疗成果展览会上参展，在全军第四届护理教育学术研讨会上被评为一等奖，软件获国家专利。2001年她借助军卫一号平台，研发“临床信息实时采集综合评价系统”，对腕带条形码进行研发。与此同时，在信息化平台的基础上首创护理综合评价系统，不仅把护理工作转变成可量化、可评估、易管理，而且为提高护理效率和质量、促进临床护理管理科学化奠定了基础。2010年是医院训练年，为适应卫勤保障，她结合训练发明智能型一体化野战输液装置、医用无菌输液辅料封装卡和输液盒，申报3项国家发明及实用专利。发表论文20余篇，先后获军队科技进步和医疗成果奖10项。主编《实用护理技术操作手册》《护士仪表与风采》《内科常见疾病健康教育处方》，参编《英汉医学略语大词典》，续编《内科常见疾病健康教育处方》科普书。

2006年被评为北京军区优秀护士，2007年被评为全军护理专业技术标兵，2008年荣获北京军区首届十大女杰、天津市科技传播之星等荣誉称号。

赵平

赵平，女，1955年2月出生于北京市，中共党员，副主任护师。1974年中专毕业于天津市护士学校，1989年大专毕业于天津市卫生职工医学院。1974-2010年就职于天津市中心妇产科医院，1981-1994年先后任新生儿科护士长、妇科护士长，1994-1998年任门诊科护士长兼门诊办公室副主任，1998-1999年任护理部副主任兼门诊办公室主任，1999-2005年任护理部主任，2005-2010年任教学办公室主任，兼任天津医学高等专科学校教学基地教务主任。1996-2005年任天津市护理学会第五届理事会理事，1996-2001年任天津市护理学会妇产科专业组组长，2001-2006年任天津市护理学会妇产科专委会主任委员。

她从事护理管理工作36年，任儿科护士长期间，申领了呼吸机（CPAP）、输液泵、热射床等仪器用于新生儿的救治，并设计蓝光护理记录和新生儿护理记录单，规范护理操作和记录。任妇科护士长期间，申请了固有荧光诊断仪用于宫颈癌、外阴癌的诊断。任护理部主任期间，她多次赴日本、新加坡、芬兰参加学术研讨及交流学习，回医院后成立了健康教育中心，制定了家庭访视制度及护理规范。她组织护理人员学习“21世纪中国护理伦理草案”，并结合工作中的问题进行缺陷分析与改进。2003年“非典”时期她带领护理人员改造隔离病区。

她从事护理教育工作5年，培养助产士近400人，并开展就业述职能力培训，毕业生就业率达100%。

她以第一作者发表论文5篇，代表作《如何做好门诊护士与患者的沟通》在《天津护理》发表。《对性病患者护理应具备的伦理道德观念》《护士长管理对门诊质量与效益的作用》分别在1996年全国首届护理道德研讨会、1997年全国护理管理大会交流。

1981年荣获天津市卫生局新长征突击手称号，1995年被天津市人民政府授予天津市优秀护理工作者称号，1996年被评为天津市卫生局三八红旗手，2001-2006年2次被评为天津市卫生局优秀党员。

高玉敏

高玉敏，女，1955年出生于天津市，中共党员，副主任护师。1973年中专毕业于天津东丽区卫生学校，1973-1986年工作于天津市东丽区程林医院，1983-1986年分别任内科病房、外科病房及总护士长。1986-1992年工作于天津市东丽区医院，任小儿科病房及妇产科护士长。1992-2010年工作于天津市中医药研究院附属医院，1994-2010年任护理部副主任、主任，2019年参与医院的搬迁组合重建，主持护理部工作。2001-2011年任天津市护理学会中医中西医结合专委会副主任委员。2002-2010年任中华中医药学会护理分会常委。2008-2010年任国际传统与现代睡眠医学会护理专委会副主任委员。2009-2014年任天津市中西医结合学会护理专委会副主任委员。

她从事临床护理、护理管理工作37年，1986年参与东丽区医院小儿科病房筹建。1992年参与中医药研究院附属医院护理部筹建，她建章建制、统筹科室布局，保证新建医院的运转。自1994年她每年在全院护士中开展中医理论和操作的培训考核，确立中医、中西医结合病种护理常规，整理制订《中医病种临床辩证施护模板》，推进中医、中西医结合护理在本院的应用。1999年她引用北京广安门医院《病房取消医嘱本》的方法在骨科病房实施，2000年完善后在全院病房推广，减少护士每天处理医嘱时间2-3小时，增加了对患者的护理时间。1999-2000年开展做满意护士活动，制订“护士上岗十做到”标准，患者满意率由68%升为98%。1995年在天津市17所中医中西医结合医院检查中获第三名。2000年在天津市22所中医中西医结合医院年终护理质量检查中名列第五位。

她以第一作者发表论文3篇，代表作《144名健康老人日常生活调查分析》在《临床疑难病症诊治及现代医学新进展》发表。参编著作2部，《心身医学与植物神经功能紊乱》《家庭中医药手册》均在天津市科学技术出版社出版。

她于2009年被中华中医药学会评为第二届全国百名优秀护理标兵。

邵云红

邵云红，女，1955年3月出生于天津市，中共党员，副主任护师。1973年中专毕业于天津市护士学校，1990年大专毕业于天津市卫生职工医学院。1973-1994年在北辰医院工作。1995-1996年在北辰中医院工作，任医院总护士长。1996-2010年在北辰医院工作，1987-1998年任内科护士长，1998-2006年任护理部主任，2007-2008年任门诊办公室主任。

她从事临床护理工作37年，她在护理管理工作中，狠抓护士的“三基”、专科护理。做好重点科室管理，在全院推广实施系统化整体护理，坚持护理部主任查房制。

她组织护士参加天津市护理学会组织的活动，2000年取得天津市总工会组织的护理技术比赛第一名。她配合医院相继建立微创科、脑系科、肛肠科、C型臂工作室、高压氧舱等科室。2005年医院手术室从普通手术室改善为层流手术室，她做好组织管理保证各科手术顺利进行。

她共发表论文3篇，1998年《我院开展系统化整体护理的效果评价》被天津市卫生局医药卫生专业学术年会评为优秀论文，1999年在《中国乡村医药》发表《急性心肌梗死病人血浆肌酸激酶和胸痛的观察与护理》。

1990年被评为卫生系统优质服务竞赛先进工作者，1992年被评为天津市优秀护士，2003年被天津市总工会授予十五立功先进个人荣誉称号，2004年荣获为中华人民共和国卫生部颁发的从事护理工作三十年特授荣誉证书。

张春丽

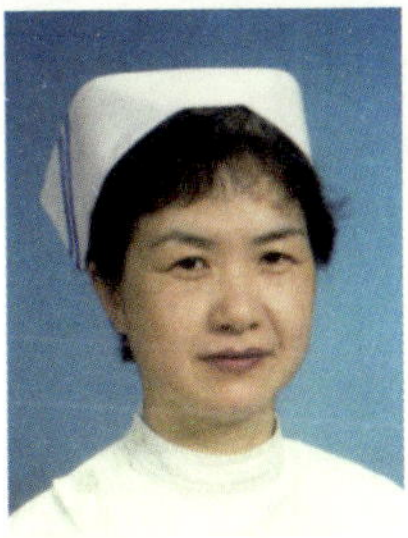

张春丽，女，1955年4月出生于天津市生，中共党员，副主任护师。1973年中专毕业于天津市河东医院护校，1997年大专毕业于天津市卫生职工医学院。1973-2010年工作于天津市第三中心医院（原河东医院），1976-1985年任病房护士长，1993-2010年任内科科护士长。2006-2010年任天津市护理学会第七届理事会理事，2001-2006年任天津护理学会内科专业委员会副主任委员。

在科护士长任职期间，她注重培养低年资护士，制订考核计划、标准，为护理部选拔优秀人才。她还担任全院护理质量管理及检查工作，及时发现隐患问题，确保了院内护理工作质量。她还担任天津医科大学护理系、天津医学高等职业学院护理系的临床授课及带教工作；担任武警医学院大、中专班的多门临床护理教学，并组织数十次教学查房。

2003年SARS期间，张春丽作为首批赴武警医院医疗队副总指挥，带领医疗队奔赴前线。在武警医院她行政、医疗、护理一肩挑。在住宿还没安顿下来的情况下，为了避免发生更多的交互感染，调整人员密度，她与上级指挥中心协商决定及时排查疏散红区以外未发热、无接触史的病人及家属，大大减少了SARS病区的人员密度，为接下来控制疫情、确保及时治疗护理提供了保障。

在科研上，她参与的课题“双特异性抗体在肺癌免疫治疗的研究”获2001年天津市局级科技成果三等奖，2008年“舒适型股动脉压迫带”获国家实用新型专利。在核心期刊及全国性学术会议发表论文13篇，其中《介入治疗后血管迷走反射的护理干预》于2006年发表于《中华医学研究》，《Ⅱ型糖尿病高危人群的预防干预》于2007年发表于《天津护理》，《舒适型股动脉压迫带的设计与应用》于2008年发表于《护理学杂志》。

2003年被评为全国卫生系统抗击非典先进个人、天津市抗击非典先进个人，2004年被评为天津市优秀护士。

范惠兰

范惠兰，女，1955年4月出生于天津市，中共党员，主管护师。1977年中专毕业于天津市护士学校，1990年大专毕业于天津市卫生职工医学院。1977年工作于天津医学院第二附属医院（现天津医科大学第二医院）妇产科。1991年工作于天津医学院附属口腔医院（现天津医科大学口腔医院），1992任第三住院部病房护士长，1993年任口腔急诊科任护士长，1993年底-2003年任牙体牙髓科护士长，2003-2006年任护理部副主任主持护理部工作，2007-2010年任纠正行业不正之风办公室副主任。

她从事临床护理工作30年，1993年医院成立急诊科，她参与组建口腔急诊科，建立各项工作制度、流程，解决口腔急症患者24小时就医的难题。在担任护士长和护理部主任期间，她倡导以病人为中心的护理理念，针对口腔专业特点，提出口腔护士既要服务病人，还要服务医生，要保证医护配合流畅，减少病人治疗时间。她完善护理制度、制订口腔护理配合流程，重视院内感染工作。她提出护士长需竞聘上岗，为医院护理管理人才梯队的建设献计献策。

2003年抗击非典型肺炎救治工作中，她带领天津医科大学口腔医院6名护士加入到筹建天津海河医院工作中，参与了前期的物资准备、隔离病区的规划，并对新入院的非典患者近距离治疗和护理。同时为保证每位进出隔离病区人员自身防护的规范，她严格监督指导穿脱防护用品的操作流程，确保工作人员不被感染，为抗击非典取得胜利作出自己的贡献。

1998-2003年她所撰写的12篇文章分别全国医院感染、河北省口腔医学会、天津医科大学等学术会议上进行大会宣读，其中《SARS之后对口腔专科医院护理工作的反思及对策》一文被评为天津医科大学学术年会优秀论文。

2003年荣获天津市教卫系统防治非典型肺炎工作优秀共产党员、天津市抗击非典先进个人。2008年获中华人民共和国卫生部从事护理工作三十年荣誉证书。

薛俊敏

薛俊敏，女，1955年出生于天津市，中共党员，副主任护师。1973年中专毕业于天津市护士学校，1996年大专毕业于天津市卫生职工医学院，大专学历。1973-2010年工作于天津市安定医院，1976-1990年任病区护士长，1990-1996年任科护士长，1996-2003年任护理部副主任兼科护士长，2003-2010年任护理部主任。2001至2012年任天津市护理学会第六届、第七届理事会理事，2001-2006年任天津市护理学会第六届理事会精神专业委员会副主任委员。

她从事临床护理工作37年，为生活不能自理的急重症精神科患者翻身拍背、洗澡擦身、更衣理发、喂水喂饭，在这零距离的护理中，曾多次受到患者的攻击。

她从事护理管理工作34年，刚担任病房护士长时，正值天津市立新医院和天津市精神病防治院合并重组，来自不同医院的护理人员重新组建，她了解人员能级特点，合理排班。2009年新院搬迁，她带领全体护理人员配合医院完成了医院搬迁和病人转运工作。

她从事护理教育21年，担任天津医科大学外聘兼职教师，承担着天津医科大学与天津医学高等专科学校护理系的教学工作。1989-1993年，作为第一主讲人讲授精神病人特殊治疗护理，主办培训班，培训内容包括电休克、胰岛素特殊症状护理和自缢、外跑、冲动、伤人、吞食异物的护理。

1998-1999年在《天津护理》杂志发表论文2篇，《普鲁卡因青霉素治疗精神疾病合并Ⅲ期褥疮患者的疗效观察》《精神疾病患者急性感染性精神疾病的护理》。2008年完成天津市卫生系统引进新技术填补空白项目“非文字智力手工测量技术”，2009年参编化学工业出版社《医院护理管理规范及质量考核标准书》。

1998-2001年连续两次被评为天津市优秀护士，2009年被评为卫生局双十佳医务工作者。

黄金娟

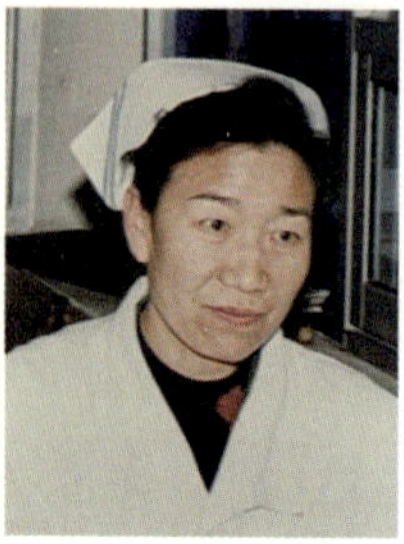

黄金娟，女，1955年5月出生于天津市，中共党员，主管护师。1974年中专毕业于天津市儿童医院护士学校，分配到天津市水阁医院，1987年任新生儿科护士长，1989年任手术室护士长，1998-2000年任护理部总护士长。2001-2006年任天津市护理学会妇产科专业委员会委员。

她从事临床护理工作期间，恰逢2004年的天津海河沿岸改造，医院列为拆迁对象，被安置在南开区天拖医院3-4楼。此时的天拖医院是一家职工医院，不符合妇产科医院规范要求，她依据医院建设规范、院内感控等要求，和后勤部门因地制宜建成小而全的妇产科医院。每个科室布局合理，该有的设施按要求一应俱全。她根据医院当时的情况，完善了临床各项护理管理制度及医院感染和消毒技术规范，采取人人参与院感管理方法，防止了医院搬迁中患者感染的风险。

她以第一作者撰写论文2篇，《利用硫代硫酸钠溶剂祛除酒精溶液中碘溶液》《早产儿足月小样儿分析及护理》分别在天津市护理学会妇产科学组年会、中华医学会北京分会全国儿科护理学术会议上宣读。

2001年荣获天津市人民政府优秀护理工作者称号。

贾玉华

贾玉华，女，1955年6月出生于河北省武邑县，中共党员，副主任护师。1973年中专毕业于天津市护士学校。1973-2010年就职于天津市传染病医院（现天津市第二人民医院），1992-1998年任护理部主任。1993-1998年任天津市护理学会内科专业学组成员，1995-1998年任《天津护理》编辑部通讯员，1995年任天津市南开区医疗事故鉴定委员会委员，1996年担任天津市护理学会第四届理事会理事。

她从事临床护理工作17年，工作期间努力学习提高业务水平，积极参加医院组织的各种形式的业务学习，捕捉新信息。参与护理查房，解决护理工作中的疑难问题。

她从事临床带教工作15年，负责天津市护士学校及天津医科大学护理系在校生的临床见习带教工作。每年按计划组织各岗位护理人员短期岗位培训班及护士职业素质训练。

她从事护理管理工作6年，每月组织护理质量查房，每两个月组织全院业务查房，并指导参与疑难病例的抢救和护理。为了使全院护理管理达到规范化标准质量要求，尤其在医院评审阶段，狠抓岗位责任制落实和护理人员“三基”考核，提高了全院护理质量标准。

她从事临床科研工作6年，1993年QC小组所承担的5种护理表格书写的课题及1995年所承担的病人护理质量保证课题均被评为天津市卫生局局级优秀奖。1995年论文《用山莨菪碱防治肝硬化慢性重症肝炎输血及血浆蛋白制品输液反应的观察护理》在全国第四届传染病护理学术会进行交流。1996年论文《病人基础护理质量保证与护理质量管理》在全国传染病护理管理学学术会进行交流。1996年论文《654-2防治输血及血制品输液反应的观察与护理》荣获《天津护理》杂志优秀论文三等奖。

岳纯

岳纯，女，1955年6月出生于天津市，中共党员，副主任护师。1973年中专毕业于天津市护士学校，1984年大专毕业于天津市卫生职工医学院。1973年到天津市胸科医院工作，1999年任护理部主任。曾先后受聘为天津市护理学会第六、七届常务理事，2001-2006年担任天津市护理学会第六届供应室专委会主任委员、肿瘤专委会副主任委员等。曾任天津市卫生职工医学院兼职教师。

她从事护理工作42年，于1988年建立医院外科系统第一个术后监护室，做到全程护理无陪伴，提高术后病人的康复率。在担任护理部主任期间，她注重护理人才培养。自2000年引入竞聘机制，为提高医院整体护理质量奠定坚实基础。她制订并完善各项规章制度、操作规程、应急预案，尤其是制定护士长及各岗护士的岗位职责、工作任务、各级考核的方法及标准，在2004年天津市护理质量检查中荣获优秀。

2010年她建立和完善教学管理制度，使教学基地操作指导符合教学规范化要求，医院成为天津市三级甲等专科教学医院。曾参加天津市卫生局教育处《护理培训大纲》的编写，并承担卫生局职考办题库的命题工作。

她在省市级刊物发表论文11篇，2篇获天津市护理学会年度优秀论文三等奖，4篇文章在全国护理学术会议上交流，以第一作者于《天津护理》发表《激光光动力治疗晚期肺癌护理体会》《音乐疗法在临床的应用》等论文；参与“注药膨肺吸痰护理技术在婴幼儿心脏手术后的应用”“吸气训练护理技术在心脏术后预防肺部并发症的应用”“气流冲击技术在清除气管插管气囊置留物的应用”新技术填补空白3项；完成“小儿胸骨固定带”“危重患者病人服”护理专利2项。

1997年获局级三八红旗手称号，1998年获天津市优秀护理工作者称号，2003年获天津市抗击非典先进个人称号。

杨玉娟

杨玉娟，女，1955年8月出生于天津市，中共党员，副主任护师。1974年中专毕业于天津市护士学校，毕业后分配至塘沽医院（现天津市第五中心医院）工作，1986-1994年任肿瘤外科护士长，1996-1998年任护理部副主任，1999-2010年任护理部主任。2006-2010年任天津市护理学会第七届理事会常务理事。

她从事护理工作12年，护理管理工作24年。在2003年非典期间，负责医院发热门诊设计、改造、搬迁工作。她坚持每天到发热门诊对医护人员消毒隔离、自身防护进行督导，严防院内感染发生。2008年汶川地震发生后，她带领全院护理人员积极报名参加抗震救灾工作，组建医疗队，成立伤员救治病区。在医院发展中，她制定了护理规章制度、护理常规和操作规范，制定了护士岗位职责和培训目标。她监管塘沽区护理质量工作，组织了区内护理质量督察，通过培训及护理管理经验交流会针对各医院存在的护理问题和工作中的难点进行指导，并制定了针对不同等级医院的检查标准及实施细则。

她注重培养临床护理人员科研意识，引进并开展护理新技术、新项目9项，主持护理科研2项，她主持完成的“一次性静脉输液消毒袋”获国家实用新型专利；主持完成天津市卫生局科研项目“芦荟治疗压疮的临床研究”获天津市科委科研成果证书；主持“复方硼砂溶液替代氧气湿化液”等5项质量改善项目，获天津市局级QC小组活动优秀成果。她以第一作者发表论文5篇，代表作“循证护理在临床工作中的分析”在《护理研究》发表。

1998-2004年3次获天津市人民政府优秀护理工作者称号，1998 年被评为中国红十字先进会员，2003年被评为区级抗击“非典”先进个人、塘沽区防治非典工作优秀共产党员，2005年被评为全国卫生系统护理专业巾帼建功先进标兵，2006年荣获天津市十佳护士称号。

杨翠芳

杨翠芳，女，1955年8月出生于天津市，中共党员，主任护师。1973年中专毕业于天津医学院附属医院护校，1996年毕业于天津市卫生职工医学院。1973年工作于天津医学院附属医院（现天津医科大学总医院），1999年任手术室科护士长。2001-2016年任天津市护理学会第六、七届手术室专业委员会主任委员，2005-2010年任中华护理学会第24、25届手术室护理专业委员会委员。

她从事护理临床工作42年、护理管理工作25年，修改完善了手术室规章制度、应急预案、手术护理记录单、手术病人术前评估及术后随访记录单。

她在担任手术室委员会主任委员期间，从撰写脚本到实地彩排拍摄，耗时3年，于2005年完成《手术室护理技术操作规范》录像片，统一天津市手术室护理操作，录像片由中华医学会向全国发行。2007年组织天津市护理学会第二届手术室理论知识竞赛，40余家医院参赛。

她从事护理科研20年，设计“一种手术用下侧上肢托架”于2005年获国家级实用新型专利。发表手术室护理相关论文7篇，其中《显微神经外科手术患者侧斜位并发症的预防与护理》《显微神经外科手术特殊体位上肢托臂板的制作与应用》《神经外科手术俯卧位并发症的预防与护理》《全麻手术病人导尿时机的选择》4篇论文发表于《中华护理杂志》。

1995年荣获天津市级优秀护理工作者称号，2003年荣获天津市十五立功先进个人称号。

孙玫

孙玫，女，1955年9月出生于天津市，中共党员，主任护师，硕士生导师。1974年中专毕业于天津市护士学校，1997年大专毕业于天津市卫生职工医学院，2007年本科毕业于西安交通大学。1974-2000年工作于天津医科大学总医院（原天津医学院附属医院），1989-1998年先后担任呼吸血液病房护士长、门急诊科护士长，1999-2000年任护理部副主任兼门急诊科护士长，2001-2011年2月任护理部主任，2011年3月-2020年任医院护理督导。1996-2006年先后担任天津市护理学会门急诊专业组副组长，门急诊专业委员会主任委员。2001-2006年担任天津市护理学会第六届理事会副秘书长，第七届理事会副理事长，2006年至今担任天津市护理学会第八、九届理事会理事长。2014年至今担任天津市科协第八、九届委员会委员。2018年至今任中华护理学会决策咨询智库专家及中华护理学会27届内科专业委员会专家库成员。2020年任国家卫健委标委会护理标准专业专家库成员。2003年至今任《天津护理》编委。曾任中华护理学会第25、26届理事会理事，26届内科专业委员会委员，天津市护理质控中心副主任，《中华护理杂志》《中国护理管理》《上海护理》编委，天津市卫生高级专业技术资格评审委员会评委。

她从事护理工作46年，任护士长期间，她探讨无创呼吸机治疗睡眠呼吸暂停患者的临床护理，在《天津护理》发表论文《睡眠呼吸暂停综合征的护理》。1995年她参与的“试用CMI量表对554名内科住院患者调查分析”获中华护理学会第二届科技进步三等奖。任科护士长期间，向门诊患者普及常见病防治知识，获得1998年卫生部颁发的“全国健康世纪行千家医院百日竞赛”健康教育宣传奖优秀奖并作经验介绍。

任护理部主任时期她推出多项管理新机制。2001年打破护士长终身制任职，实行两年为周期的考核淘汰办法。2002年引入护士长竞聘机制，撰写论文《护士长任期目标责任制考核模式的研究》在中国台湾地区国际护理管理峰会交流并在《天津护理》发表。她在2005年和2007年设立了护理质量管理基金及高风险护理岗位津贴，用于奖励风险大、工作难度大、劳动强度大的护理岗位的人员，以及管理成绩突出的护士长和护理集体。她依据国际静脉治疗的先进理念，创办天津市IV-Team培训基地，成立了护理安全委员会，建立护理不良事件无惩罚上报机制。2006年她策划并实施全能护士培养方案，2008年在汶川地震救援中凸显了全能护士的综合实力，论文《全专业适任护士在地震灾害救援中的地位和作用》被亚太地区灾难护理研讨会收录并在《中华护理杂志》发表。

2003年非典时期，她与医疗队赶往肺科医院，和大家连续奋战72个小时改建了符合感染管理标准的“SARS病房”，指导护士收治了第一位病人。5月10日海河医院作为非典定点医院正式启用，来自14家医院的医护人员分批承担救治任务，她任护理部主任，负责完成流程制度建设及人员培训，同时做好护士心理疏导。她在抗疫一线坚守2个月，所在团队实现了1000多名医护人员“零感染”的佳绩。她被中国科协评为“全国防治非典优秀科技工作者”。

2011年她经天津市卫生局推荐和考核成为国家卫健委医院管理研究所国家医院评审评价专家，赴西藏、甘肃、新疆、贵州等20多省市近40所医院开展调研及精准帮扶，传授管理方法及管理工具的应用，累计发现质量安全问题200余项，完成约2万字反馈报告并提出改进建议。在各地政府的支持下大多数医院顺利完成三级医院评审或创建工作。

作为硕士生导师，她以探讨慢性病的护理为方向培养研究生10名，其中两名学生被评为天津医科大学优秀学生，两篇论文被评为“2012年天津医科大学优秀硕士学位论文”，一篇被天津市人民政府学位委员会评为“2013年天津市优秀硕士学位论文。”

2012年始她任理事长，正值我国护理事业快速发展期。她带领两届理事会认真学习总书记系列重要讲话，以党建促会建，凝心聚力、多措并举服务于会员。2013至2016年，开展首届临床护理教师讲课大赛及护理科研立项工作，举办第一届护理用品创新奖评选，促进护理成果转化；承担市社团局公益创投项目“天使传递健康”。2020年获批中华护理学会专科护士京外临床教学基地22个，提升了天津市在全国护理界的影响力。学会建立了消毒供应中心及血友病专科护士培训基地，助力专科发展。组织义诊咨询、科普宣传等多方位护理服务，展示护士在健康促进中的作用。2020年新冠肺炎疫初期主持开展线上直播疫情防控专题培训，有24个省市护理人员收看。她主动作为，带领护理学会更新全市护理人员的理念，引领助推天津护理事业的发展。天津市护理学会在2013-2016年连续四年被天津市科学技术协会评为“学会之星”，2015年被天津市社团局评为市级先进学会，2020年护理学会再次被评为5A级学会。

她主持国家实用新型专利1项，并获天津市科委“科学技术成果”及和平区科技进步三等奖；主持文教委重点调研课题1项；填补天津市卫生系统技术空白1项。主编专著2部，副主编参编1部，分别在人民卫生出版社、人民军医出版社出版。参编中华护理学会团体标准1项已发布。以第一作者发表论文9篇、通讯作者发表中英文论文17篇，其中SCI 3篇。

1982年获天津市人民政府授予的“优秀护理工作者”称号，2003年被评为天津市抗击非典先进个人、津门女将、三八红旗手，2004年荣获中华人民共和国卫生部授予的三十年护龄荣誉证书，2006年获天津市十佳护士、天津市总工会“十五”立功奖章，2016年被《中国护理管理》评为全国十大杰出护理工作者。2020年被评为天津市科协先进学会工作者。

李金赞

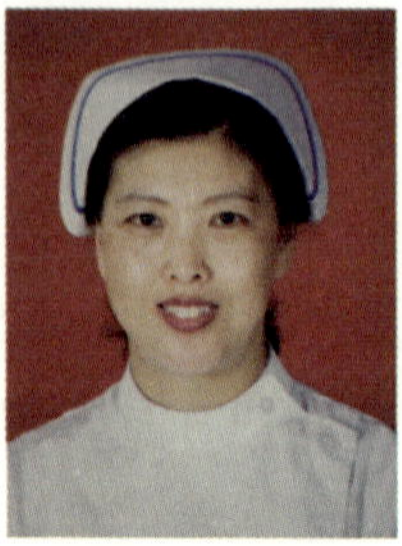

李金赞，女，1955年10月出生于河北省沧州市，中共党员，副主任护师。1972年中专毕业于天津铁路医院护士学校。1972-1982年工作于北戴河铁路疗养院。1982-2010年工作于天津市第四中心医院，1989-1997年担任干部病房护士长，1997-1998年担任护理部副主任、护理部主任。1987-1991年担任中华护理学会第十八届理事会内科专业委员会委员。

她从事临床护理工作17年，护理管理工作9年，在北戴河铁路疗养院工作中，从事慢性疾病的护理治疗工作，熟悉理疗室、针灸室、蜡疗室护理工作流程及相应护理操作。1975-1976年丰台铁路医院进修半年，学习心血管、神经内科等内科疾病护理常规及理论知识。在临床工作中积极配合心内科医疗团队开展冠状动脉造影术及经皮冠状动脉腔内血管成形术。

她以第一作者发表论文3篇，包括《实现物价收费计算机网络监控》《脑卒中老年患者家庭护理》《建立收费机制，降低漏账发生率》，分别在《中国城乡企业卫生》《社区医学杂志》《中华医院管理》发表。

1993年被天津铁路分局评为天津铁路分局优秀共产党员称号，1994年被天津铁路分局评为天津市优秀护士长。

鲁清芬

鲁清芬，女，1955年11月出生于天津市，中共党员，副主任护师。1973年中专毕业于天津和平区第一防治院护校。1973-2004年工作于天津市滨江医院，1988年担任天津市护士学校滨江医院分校教师、班主任，1989年担任天津市滨江医院护理部干事，1990-1997年担任门诊护士长兼任门诊党支部书记，1997-1999年任护理部副主任，2000-2004年任护理部主任。2001-2005年任天津市护理学会第六届理事会理事。

她从事临床护理工作37年，护理管理工作15年。2001年于天津市滨江医院创立了天津市首家造口咨询门诊。2002年选派优秀护士参加“中山医科大学造口治疗师学校”学习并取得国际造口治疗师资质。同年为加快医院造口护理技术与国际接轨，邀请美国国际造口治疗师进行造口护理技术发展趋势专题讲座和学术研讨。2003年天津市滨江医院、天津市第二中心医院和天津市红十字会医院整合为天津市人民医院，并搬至新址，她积极配合新院领导完成护理人员重新分配并合理安置，组织完成病人及危重病人转接，配合相关部门进行医疗物资清点和搬运。

1988年评为天津市卫生局先进工作者，2006年被为天津市卫生局优秀共产党员。

张其迈

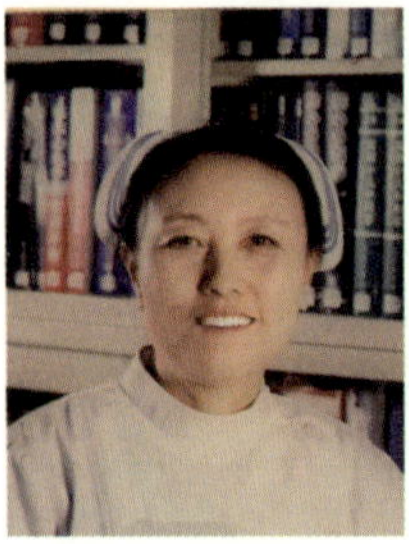

张其迈，女，1955年出生于天津市，中共党员，副主任护师。1974年中专毕业于天津市铁路职工学校护士班。1984年大专毕业于天津市卫生职工医学院。1974-2010年工作于天津市第四中心医院（原天津市铁路中心医院），1978-1984年任护士长。1984-1999年任天津市护士学校天津市铁路中心医院分校教导主任，1999-2010年任护理部主任。2001-2010年任天津市护理学会第六、七届理事会常务理事。2003-2010年任天津市护理质量控制中心委员会委员。

在护校任教导主任工作期间，策化、编导、拍摄“整体化护理综合技能考核”视听教材。主编天津科学技术出版社出版《护理技术操作规程》。以第一作者发表论文2篇，《护校高年级课程的编排与管理》《预防前列腺摘除术后大出血的护理》在《护士进修杂志》《天津护理》杂志发表。“软包装医用药液配液架”获国家知识产权局授予实用新型专利。她组织研发“护理人员信息管理的开发与应用”“便携式多功能吸痰用物架的设计与制作”获医院科技创新二等奖，组织完成质量管理课题“降低计算机联网处理医嘱的缺陷发生率”“开展星级服务，提高患者满意率”被天津市医院管理学会评为天津市局级优秀成果。

2001年被天津市卫生局评为天津市优秀护士。

杨国清

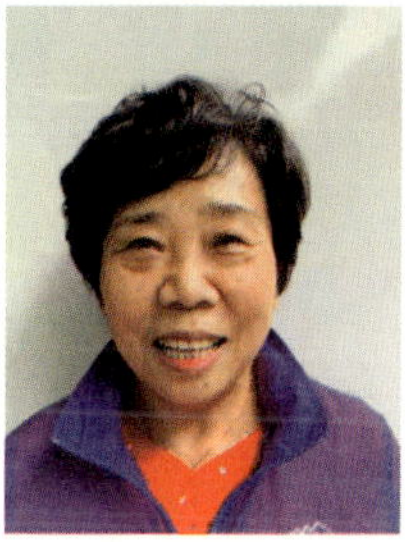

杨国清，女，1955年11月出生于天津市，中共党员，副主任护师。1974年中专毕业于天津市南郊卫生学校。1974-2010年工作于天津市津南医院，1985-1987年任儿科护士长，1987-1994年任外科护士长，1994-1998年任护理部主任，1998-2001年任副院长，2001-2010年任党总支书记。2001-2012年任天津市护理学会第六、七届理事会理事。

1995年医院申报二级甲等医院，她带领护理人员建章立制，完善、落实护理工作的各个环节，顺利通过评审。1988年她带领护理团队完成建院后第一例胸外科手术的配合和护理，并制订了围手术期护理常规，填补了医院胸外科手术护理的空白。同年她带领全院护理人员开展责任制整体护理，患者满意度在95%以上。2003年，在抗击非典工作初期，她不顾患病中的80岁双亲，带队进驻到隔离区内，建立了符合消毒隔离要求的防护流程，并亲临隔离区内护理危重患者，监督院感防控工作的落实。

1987年被评为天津市巾帼建功先进个人，1989年被天津市卫生局评为局级先进工作者，2008年荣获天津市劳动模范称号。

降爱华

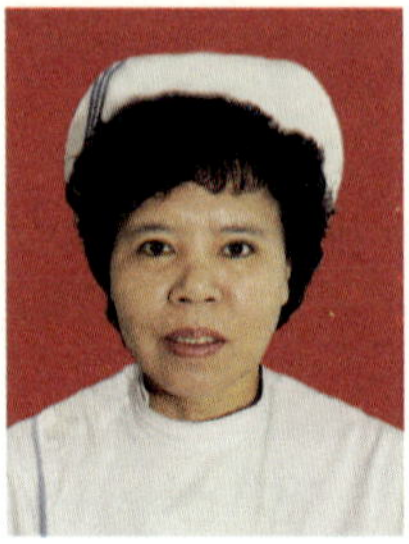

降爱华，女，1955年12月出生于天津市，中共党员，主任护师。1975年中专毕业于天津市护士学校，1996年大专毕业于天津市职工医学院。1975-1983年工作于天津市宁河县丰台医院。1983-2015年工作于天津市第二医院，1983-2008年先后担任内科、内分泌科护士长、内分泌科科护士长，2008-2015年担任护理部主任。2012-2018年任天津市护理学会第八届理事会理事。

她从事护理管理工作22年，任护士长期间，面对2003年肆虐的非典疫情，她递交了“请战书”，第一批进入发热门诊，承担发热门诊负责人和临时党支部书记工作，每天10个小时超负荷的工作连续工作40天，被评为天津市抗击非典先进个人。

她带领护理团队开展科研工作，她以第一作者发表论文4篇，代表作《静脉滴注丹参对糖尿病肾病早期影响的探讨》在《中国实用》发表。她主持完成的“封闭式负压引流治疗糖尿病化脓性感染创面”和“糖耐量试验采用静脉留置法取血的临床应用”被评为天津市卫生局“引进应用新技术填补空白”项目。“诺和笔注射器的临床应用”获2000年度市级QC课题优秀成果奖，“糖尿病知识掌握程度与疾病直接医疗费用的关系”获得天津市QC课题优秀成果奖。

1982年被天津市人民政府评为天津市优秀护理工作者，2010年被评为天津市第七届十佳医务工作者，2011年被中国共产党天津市委员会评为天津市优秀共产党员，获得天津市2011年我最喜爱的健康卫士称号，2012被天津市卫生局授予全国卫生系统先进工作者荣誉称号。

胡世萍

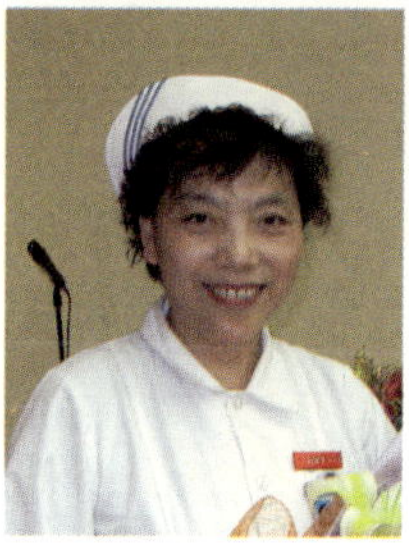

胡世萍，女，1956年1月出生于天津市，中共党员，主任护师。1975年中专毕业于天津市护士学校，2002年大专毕业于天津医科大学，2004年通过南开大学国际商学院工商管理MBA研究生课程。1975-1982年工作于汉沽卫生局，1982-2011年工作于天津市工人医院，1984年任婴儿室护士长，1990年任妇产科护士长，1995年任护理部主任。2003-2004年期间任天津市第一中心医院护理部主任。曾任天津市护理学会第六、七届理事会理事。

她从事护理工作36年，从事护理管理工作27年。在担任妇产科护士长期间，正值生育高峰期，她重视护士理论知识及操作技能培训，严格执行交班制度，保证产妇及婴儿的安全。担任护理部主任以后，她严把护理质量关，修订医院规章制度、完善护理操作流程，实现护理事故为“零”的业绩。她重视护士分层级培训，利用护理学会继教资源，针对不同年资护士进行不同内容的培训，在职期间培养主管护师29名，副主任护师2名。在2003年抗击非典的战役中，进入红区督导护士消毒隔离工作，以科学管理赢得医院医疗队抗击非典的胜利。2003年担任天津市第一中心医院护理部主任，正值“非典”后医院重新收治病人，她抓护理质量，落实常规工作，使医院护理工作迅速恢复正常。

她注重科研工作的开展，在天津护理及护理管理专业期刊发表论文十篇，于《天津护理》发表论文《护士长相互学习观摩的实际实施和体会》，于《中华临床护理学杂志》发表论文《浅谈在非典时期护理管理者必备的能力和角色》等。科研成果“病床侧卧架”获国内先进，“治疗车污物袋”获专利成果一项。

2000年评为局级三八红旗手，2001年评为天津市优秀护士，2003年评为天津市抗击非典先进个人、局级优秀党员，2003年带领工人医院护理部抗击非典医疗队成员荣获局级三八红旗先进集体称号。

王惠连

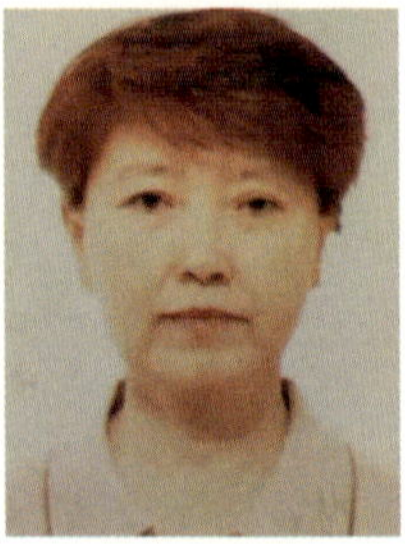

王惠连，女，1956年2月出生于天津市，中共党员，主任护师，硕士生导师。1975年中专毕业于天津市护士学校，1997年大专毕业于天津市卫生职工医学院。1975-2014年工作于天津市南开医院，1988-1998年任预防科副科长、科长，1995-1998年兼任医务科科长，1999-2007年任护理部副主任、主任，2007-2008年任护理研究室主任，2008-2011年任质量控制办公室主任。2006-2014年任天津市护理学会第七届理事会常务理事，中医、中西医结合专委员会副主任委员，1999-2000年任天津市中西医结合学会护理专业委员会副主任委员、2003-2006年中华中医药学会护理分会常委，2006-2010年任天津市医学会医疗事故技术鉴定专家库成员，2005-2008年任天津医科大学护理学兼职副教授。

她从事护理管理工作8年。在她倡导开展的星级服务、评选诚信护理病区、技术能手、服务标兵等系列活动中，护理人员接收的锦旗、表扬信是建院以来最多的。这项工作在天津电视台及《今晚报》进行了报道。护理团队在天津市卫生局开展的知识竞赛、中医系统的护理技能比赛、护理学会妇科知识竞赛中均取得前三名。2001年带领21名护理人员赴中国香港地区考察并学以致用。

她从事教学工作19年，承担中医药大学本科授课及研究生、本科生毕业答辩工作，培养硕士生7名。

她参与研发的“腹腔镜专用仪器架车”“腹腔镜器械消毒槽”获国家实用新型专利；参与自选课题“精神病医院护士情绪劳动、工作应激与疲劳的关系研究”获天津市科委科技成果。她以第一作者发表论文4篇，代表作《延长吸氧时间缓解腹腔镜术后肩痛的效果观察》，在《天津护理》发表。主编著作1部，参编2部，《中西医结合病种护理手册》在天津科技出版社出版。

她于2001-2004年2次荣获天津市优秀护士称号，2006年被评为天津市卫生行业首届“十佳”护士，被中华中医药学会护理分会评为全国优秀中医护理标兵。

刘红敏

刘红敏（1956-2019），女，出生于山东省潍坊市，中共党员，主管护师。1975年中专毕业于山东潍坊益都卫校。1972-1989年工作于山东潍坊市寒亭区人民医院任护士、护士长，1989-1997年工作于山东胶南市中医医院任主管护士、护士长。1997年调入天津市第四医院工作，任儿科护士长，2000-2011年任护理部主任。2001-2006年任天津市护理学会第六届儿科专业委员会副主任委员，历任天津市护理学会第六、七届理事。

她从事护理工作35年，倾注自己全部的精力和热忱，踏实勤奋，敬业奉献。2003年抗击非典期间，她带领护理部成员深入了解护理人员的工作、生活、心理状态，帮助她们解决实际问题和困难，并整理、制订发热门诊的《护理工作制度》《各室管理标准》《护理人员各岗位工作流程》等工作制度，以保证一线护理工作科学、规范、有序。

2003年被评为天津市卫生系统优秀共产党员，2004年被授予天津市优秀护理工作者。

董式辉

董式辉，女，1956年7月出生于天津市，中共党员，副主任护师。1975年中专毕业于天津市护士学校，1997年大专毕业于天津职工医学院，1975-1980年工作于天津市水阁医院，1980-1989年工作于天津市黄河道医院。1989-2011年工作于天津中医药大学第一附属医院，1990-1997年任科护士长，1997-2005年任护理部主任兼科护士长。

她从事临床护理工作36年，提出温情服务模式，在临床中为患者提供全方位护理服务，同时关爱广大护士的身心健康。2000年她以医院发展为机遇，全天候垂直管理病区，从护士长抓起，严格要求基础护理质量，针对不同患者群制订就医服务模式，尤其在无缝隙全程护送特需患者环节中，给国际友人留下了深刻的印象。她应邀去美国、新加坡、日本进行高级护理访学，借鉴考察交流经验，结合祖国医学国粹精髓提倡融合护理，把西医护理同中医护理整体观与辩证施护相结合，发展成中医一附院的护理特色。

她从事护理管理工作26年，2003年SARS期间她指挥全院护理人员，派出了多支医疗队奔赴前线，在隔离期间，她仍指挥作战，直到最后一名患者出院。作为门诊办公室主任，她“下沉”到每一个诊室，为患者制作清晰简洁的指引标识并优化诊疗流程。在国医堂，她提出了全程个体化服务专家与患者的理念。

她从事临床带教工作20年，为医院培养出护士长与骨干人才50余人。

2007年以第一作者研发“针灸并用的皮肤保护器”获国家实用新型专利1项，主持并参与科研课题项目2项。2002年主持完成天津市科学技术成果项目“痛风病中药洗泡相关因素研究”，以第一作者并参与发表核心期刊论文10余篇。2006年《针灸并用施治皮肤保护器的制作与应用》发表于《天津护理》。

1997年荣获天津市市总工会九五立功奖章，1998-2001年两次被评为天津市级优秀护理工作者。

邢洁玲

邢洁玲，女，1959年12月出生于天津市，主管护师。1987年中专毕业于北京铁路局丰台铁路卫校，1998年大专毕业于天津市卫生职工医学院。1976-2014年工作于天津市第四中心医院，1993-2009年任护理部干事、带教老师、科护士长，2010-2014年任护理部副主任、护理部主任。2011年赴匈牙利塞梅韦斯大学护理管理培训，2017年参加香港医院管理局进修学院临床护理管理培训。2006-2009年担任国家级质量管理评审员，2012-2018年担任天津市护理学会第八届理事会理事。

她从事护理工作38年，注重护理人才培养和继续教育，1993-1998年主持天津市质量管理协会课题6项，“运用现代化科学管理方法，提高护理质量，率先达标”“运用TQC方法，提高护理人员三基达标率”“加强缺陷管理，提高护理质量”“加强职业道德教育，提高护理服务质量”“运用PDCA循环方法，开展整体护理”“深入开展整体护理，提高护理服务质量”，获得天津市卫生局局级QC课题优秀奖；主持3项质量改善项目“提高健康教育知晓率”“降低护理缺陷”“降低跌倒发生率”荣获天津市质量管理协会优秀成果奖。她以第一作者发表论文2篇，“护理资料的标准化管理”“某中药厂制药作业人员职业健康检查结果分析”，分别在《天津护理》《中华劳动卫生职业病杂志》发表。2012年被天津市卫生局评为天津市质量管理优秀工作者。

开放期

（1978—1999）

张丽萍

张丽萍，女，1961年3月出生于天津市，中共党员，副主任护师。1981年中专毕业于天津市护士学校，1992年大专毕业于天津市职工医学院。1981-2003年工作于天津市第二中心医院，1992-1993年任内科护士长，1993-1997年任护理部干事、副主任，1998-1999年任护理部主任。2003-2006年工作于天津市人民医院。2000-2021年期间，先后担任天津市第二中心医院医风办主任、党办主任、天津市人民医院医风办主任、天津市环湖医院党办主任、天津市环湖医院院办主任兼工会主席。

她从事临床护理工作12年，护理管理工作7年。她走上护理管理岗位后，努力抓护理质量和护理安全，并大力开展新护理技术在病房中的应用。

她主持的“防褥疮气垫的应用”“袋式输液器”获国家实用新型专利。她以第一作者发表论文5篇，代表作《一例体外循环引起灌注肺的护理》《花蜘蛛叮咬的临床表现及其处置》在《天津护理》《国外医学护理学分册》发表。

2003年被评为天津市抗击非典先进个人、天津市卫生局系统优秀党员。

张宝珍

张宝珍，女，1961年1月出生于天津市，中共党员，副主任护师。1981年中专毕业于天津市护士学校，1991年大专毕业于天津市卫生职工医学院。1981-2003年工作于天津市肺科医院，1992-1993年任结核科护士长，1993-1998年任护理部副主任，1998-2003年任护理部主任。1996-2001年任天津市护理学会结核专业组成员，2001-2006年任天津市护理学会第六届理事会理事、结核专业委员会委员。

她从事临床护理工作11年，2003年抗击“非典”过程中，她深入隔离病区指挥协调救治工作，连续奋战20多天不幸感染“非典”，病倒在工作岗位上。她不顾病痛折磨努力安抚护士情绪，指导病区护士长严格把好感染控制关。

她从事护理管理工作11年，注重采用科学方法改进临床护理质量，制订并完善了医院护理质量标准和护理管理制度，制订《护理管理手册》《护理操作规范》和《呼吸和结核病健康教育手册》等。她建立院科两级护理管理体系，成立多个质控小组，每月以抽查和定期检查的管理模式对临床护理工作进行检查督导，发现问题及时分析和整改，持续改进护理质量和护理安全水平。在护士的“三基”培训中，她制订详细培训计划，安排护士分阶段学习，夯实护士基础知识和基本技能；护理部定期开展护理操作比赛和知识竞赛；她支持护士的在职教育，安排多名护士脱产学习、进修，要求护士长对在职学习的护士给予时间和班次照顾。

她以通讯作者发表论文5篇，代表作《供应室管理的进展》《两例呼吸衰竭合并心肌梗塞病人的抢救护理》《PPD试验致严重变态反应性血管炎病人的护理》，分别在《天津护理》《临床肺科杂志》发表。

2001-2004年2次被天津市人民政府授予优秀护理工作者称号，2003年被天津市人民政府评为天津市抗击非典先进个人。

刘建新

刘建新，女，1952年5月出生于北京市，中共党员，副主任护师。1975年中专毕业于空军吉林医学专科学校，1995年大专毕业于第四军医大学，1997年本科毕业于空军指挥学院。1978-2006年工作于空军天津医院（1994年更名为解放军第四六四医院，2005年更名为北京军区天津疗养院），1994-2006年任解放军第四六四医院护理部主任。1996-2001年任天津市护理学会内科专业组成员，2001-2006年任天津市护理学会内科专业委员会委员。1995-1999年任北京军区空军护理专业组组长，1999-2003年任北京军区第八分部卫生技术人员考评组副组长，1999-2003年任北京军区联勤部中级技术人员考评组副组长。

她从事护理管理工作20余年，制定了临床科室、手术室、消毒供应室、门诊部、急救室各项检查考评标准，运用PDCA循环的管理方法，持续改进护理工作。她严格管理，制订了《护士长手册》，并通过护士长学习班进行培训，组织护士长观摩教学查房，提高护士长的教研水平和管理能力。她推行护理新模式，亲自承担“现代护理学”系列讲座，并通过《护理人员学分制考评标准》，落实护理人员的再教育。

她建立医院护理科研小组，主持的“医院供应室大输液器具的全净化处理研究”荣获中国人民解放军科技进步四等奖，她参与的“静脉输液针头内回血凝集后再回输的实验研究”荣获中国人民解放军科技进步三等奖、天津市科技成果三等奖。

刘宝兰

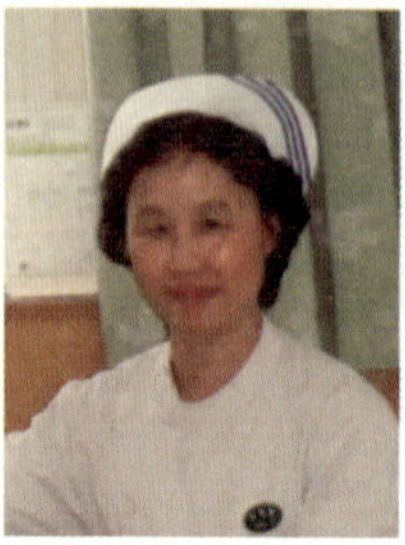

刘宝兰，女，1956年5月出生于天津市，中共党员，副主任护师。1980年中专毕业于天津市护士学校。1980-2011年工作于天津市中心妇产科医院，1984-1989年先后担任产房及产科护士长。1989-1994年担任天津市护士学校助产分校班主任，1995-1999年担任妇科科护士长，1999-2003年担任护理部副主任，2003-2011年任护理部主任。2001-2011年3次到中国香港地区、匈牙利、新加坡进行护士管理学术交流。2001-2006年任天津市护理学会感染专委会委员，2006-2012年任天津市护理学会第七届理事会常务理事。

她从事护理管理工作21年，1995年将计算机医嘱处理系统应用于临床，并引进新型多参数监护仪应用于术后病人。1997年采用负压采血器规避职业暴露风险。2000年在产科推进导乐分娩等服务，同期开展了“一对一”全程责任助产。她改革和规范护理记录方法，并实现了生物安全柜环境下化疗药物的配制。她建立护士、科室、患者及护理部逐层质量评价机制。2010年医院承担天津地区危重新生儿转诊及救治工作，她组织开展新生儿科护士急救技能的培训，并亲自跟随医护人员出诊。

她从事护理教学工作期间，负责不同层次护士和管理人员的教学及培养工作。2003年她带领医院护理骨干完成了天津市及秦皇岛、青岛等地婴儿抚触的培训。2004-2008年共接待14批次芬兰、日本护理专家及学生到院参观学习。

她参与“紫外线防护罩的研制及应用”课题于1998年填补天津市医药卫生应用新技术空白。以第一作者发表论文4篇，代表作《护理模式与护士角色变化》《浅谈当代护士长角色》，在《天津护理》发表。参编天津市护理质控中心质量手册2部。

2001年被天津市卫生局评为天津市优秀护士，2005年荣获中国医学基金会“杨崇瑞妇幼卫生奖励基金”第四次表彰大会优秀工作者称号，2010年荣获天津市五一劳动奖章及天津市第四届科技传媒之星称号。

黄丽君

黄丽君，女，1956年11月出生于天津市，中共党员，副主任护师。1980年中专毕业于天津市护士学校，2009年取得中共天津市委党校法律专业大专学历。1980-1992年工作于天津市第一中心医院。1992-2011年工作于天津市环湖医院，1992-1996年任手术室护士长，1996-2001年任护理部副主任，2001-2011年任护理部主任。2001-2011年任天津市护理学会第六、七届理事会常务理事，神经科专委会副主任委员、主任委员。2011-2015年任中国康复医学会康复护理专委会常务委员，2010-2020年先后任天津市康复医学会第三届康复护理专委会主任委员、名誉主任委员，天津市康复医学会常务理事。

她从事护理管理工作19年，任护理部主任初期，她亲自面试考核新护士，扩大护理队伍规模。她坚持每日深入病房巡查，落实护理规范、制度和护理质量标准。带领护理队伍从基础为区级医院的运作管理模式建设三级甲等医院的护理团队。2001年医院建立康复中心，她选派护理骨干前往北京、广东、中国香港地区等地学习，邀请中国香港地区及内地康复护理专家来院授课及指导工作，将康复理念及技能融入患者日常护理工作中。

她注重护理科研工作，主持天津市科委课题1项“严重脑外伤亚低温治疗中脑温脑氧的监护研究”，被天津市科委认定技术成果，并获天津市卫生局科技成果三等奖。参与“亚低温治疗急性重症颅脑临床基础研究”获天津市科学技术进步一等奖。参编著作3部，《神经科疾病与护理》《护理临床实习指导》《实用护理技术》在天津市科学技术出版社出版。她以第一作者发表论文10篇，代表作《重型颅脑损伤后脑组织氧分压变化的临床观察及护理》《神经外科导航系统治疗颅内病变的手术配合》《诺顿评分在压疮中的预防与护理》《脑卒中运动性失语的早期语言训练》分别在《天津护理》《现代康复》发表。

2001年评为天津市优秀护理工作者。

皮淑君

皮淑君，女，1957年8月出生于天津市，农工民主党党员。1980年中专毕业于天津市护士学校，1980-1995年工作于天津市河西医院内科，1990年担任河西区护理学会秘书。1995-2003年工作于河西区卫生局医政科，曾任河西区卫生局医政科主任科员、护理专干。2003年担任《中国护理管理》编辑委员会委员，2006担任天津市护理学会第七届理事会社区专业委员会副主任委员。曾任天津市护理学会第七、八届理事会常务理事。

她从事护理及管理工作35年，是河西区唯一一位公务员队伍中分管护理工作的专业技术人员。早期从事15年的临床护理工作，她实施责任制整体护理，为临床一线保障医疗安全，科学严谨制定管理标准并认真贯彻实施。她为河西区社区基层医院护理队伍晋升副高职称开创先河，打破了基层社区医院历年来不能晋升高级职称的局面，从而大大调动了河西区护理人员的学习信心和热情，为河西护理储备人才。她直接参与了全市的护理管理、医院感染控制、社区护理发展等工作，河西区院感控制工作得到天津市质控检查的肯定。

她分管民营机构，支持帮助民营机构的发展，规范医疗护理执业行为，深入机构现场指导并排忧解难。在河西区卫生资源调整过程中，她为维护社会稳定与构建和谐稳定劳动关系做出了努力。

2008年她被评为河西区创建社区卫生服务先进个人，2009年、2010年连续两年被评为河西区优秀公务员，2011年荣获河西区五一劳动奖章。

张玉娥

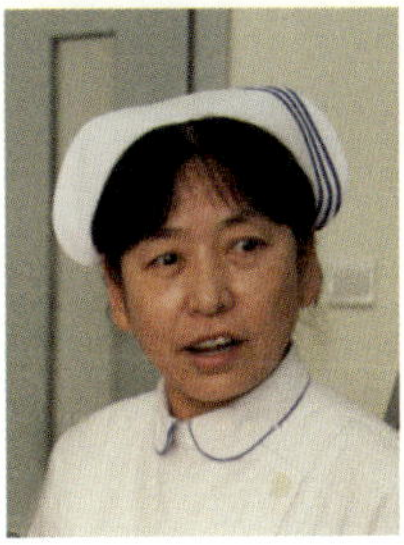

张玉娥，女，1957年10月出生于天津，副主任护师。1980年中专毕业于天津市护士学校，1989年大专毕业于天津市卫生职工医学院，2007年本科毕业于西安交通大学。1980-2012年工作于天津市口腔医院，1989-2006年担任医院病房护士长，2006-2012年担任护理部主任。

她从事护理管理工作23年，2006年为提高护士长管理水平，她组织护士长开展礼仪、服务、业务、管理等系统培训。2007年开展“四手操作”的全员培训，推动医疗质量和工作效率的提高。2009-2012年完成中华口腔医学会口腔专业97名专科护士培训，合格率100%。2009年开始组织门诊护士三年规范化培训，完成31人的培训。2010年在优质护理服务病房建设中，她组织护理人员建立健全病房护理规章制度、优化护理工作流程。护理部每年举行“岗位练兵，技术比武”以促进护理人员技术水平的提升。2007年医院拥有150台牙椅，年门诊量35.8万余人次，随着颌面畸形矫治、口腔种植修复、唇腭裂序列治疗、心电监护拔牙等新医疗新技术的开展，不断更新、完善相应的护理技术配合流程。2008年医院接收汶川地震伤员，她带领护理人员采取一人一护一方案，对伤员进行了精心、专业的护理。2012年医院被评为“优质护理服务医院”，护理团队被评为天津市卫生局“三八”红旗集体。

她作为项目负责人完成的“升降式试管架”获得国家实用新型专利，参与完成的“组织补片在腭裂软组织修复中的应用”获得天津市卫生引进应用新技术填补空白项目。她以第一作者发表论文3篇，综述1篇，代表作《腭咽术后语音训练进展》在《护理研究》发表。

2009年获得中华慈善总会与美国微笑列车唇腭裂修复慈善项目突出贡献天使奖。

杜淑兰

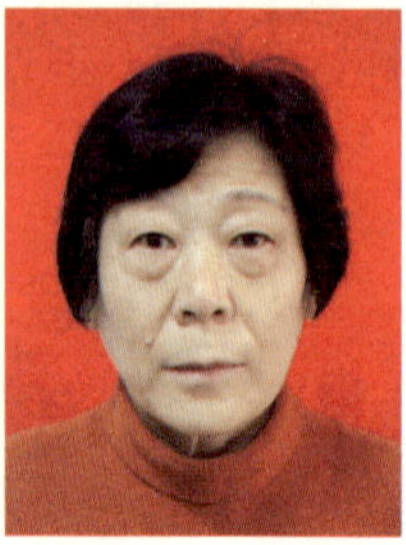

杜淑兰，女，1957年10月出生于天津市，中共党员，农工民主党成员，副主任护师。1980年中专毕业于天津市护士学校，1997年大专毕业于天津医科大学。1980-2008年在天津市河西医院工作，1994-1997年任神经内科护士长，1998-2005年任心内科护士长，2005-2008年担任护理部主任。2008-2012年调至河西区尖山社区卫生服务中心。2006-2012年担任天津市护理学会第七届理事会理事。

她从事护理管理工作13年，规范了治疗室布局和流程，成立了护理质控组，运用PDCA管理模式持续改进护理工作。她通过护理部主任查房对护理工作进行指导，并创办院内护理简报，分享护士长解决管理问题的经验。

她主持天津市河西医院课题1项“加压溶栓治疗下肢深静脉血栓形成的方法”项目获河西区科学进步鼓励奖。

赵云呈

赵云呈，男，1958年4月出生于天津市汉沽区，汉族，中共党员，护师。1994年毕业于天津汉沽卫生学校，2002年8月毕业于北京军地专修学校。1975-2002年曾在天津化工厂工人医院工作。2002年至今在泰达国际心血管病医院工作，任医院消毒供应中心护士长。1982年在天津第一中心医院手术室进修学习一年，1996年在北京协和医院手术室进修半年，2000年在中国香港地区研修，2010年在日本研修，曾经多次去美国、瑞典、德国、意大利、泰国、墨西哥等国家交流学习。2019年任天津市护理学会消毒供应中心专业委员会会主任委员、男护士工作委员会主任委员。2005-2007年担任中华护理学会消毒供应护理专业委员会委员，2008年至今副主任委员，并担任中华护理学会男护士工作委员会副主任委员，现任国家卫健委医院管理研究所院内感染专家委员会委员、医院消毒供应中心实践基地负责人，中华护理学会消毒供应中心专科护士京外建设基地负责人。

2003年他带领医院消毒供应中心科室实行集中管理，24小时对临床开放，承接全院各科室所有可重复使用的器械器具物品的清洗消毒灭菌工作。2012年他带领的科室实行软式内镜的集中管理、精密手术器械管理、外来医疗器械管理。他带领团队四次通过JCI检查。

他注重消毒供应中心专业人才培养，负责天津市护理学会消毒员培训、消毒供应中心专科护士培训、基层技术帮扶活。制定《消毒供应中心专业二十二项操作流程及评分标准》。2020年他所带领的消毒供应中心专业委员会被评为天津市护理学会评为优秀专业委员会。

2018年他负责中华护理学会消毒供应中心专业委员会对基层“一带一路”“文化·技术”基层帮建项目系列工作，共完成十二站，开展基层消毒供应专业培训及现场指导。作为国家卫健委医院管理研究所医院消毒供应中心培训基地负责人，2013-2021年共举办十四期培训班，共有来自全国31个省市自治区466学员参加培训。2006-2021年共11个省市自治区的51名进修护士到医院消毒供应中心学习。

2013年他参与组建中华护理学会第一届男护士工作委员会，2014年参与组建天津市护理学会第一届男护士工作组，成为中国首家由省市护理学会组建的男护士团体，带领天津男护士开展良师益友活动、养老院义诊与科普咨询活动，为男护士的职业发展搭建桥梁。2014年应美国男护士协会主席的邀请在第39届年会发言，促进了两国男护士团队的交流，助推国内男护士向专业化和国际化发展进程。2020年他所带领的男护士工作委员会被天津市护理学会评为优秀专业委员会。

他重视护理科研工作，作为第3完成人参与天津市科学技术委员会科研课题“不同清洗方法对外来器械术中污染影响的研究”。他主编人民卫生出版社出版的《消毒供应质量管理与持续改进》；2018年主审天津出版传媒集团出版的《眼科手术室护理管理》；作为副主编在北京科学技术出版社分别参与2012年出版的《硬式内镜手术器械清洗消毒及灭菌技术操作指南》、2016年出版的《眼科手术器械清洗消毒及灭菌技术操作指南》、2018年出版的《外来医疗器械器械清洗消毒及灭菌技术操作指南》、2020年出版的《软式内镜集中式清洗消毒及灭菌技术操作指南》；2013年参编人民军医出版社出版的《医院消毒供应中心岗位培训教程》；2016年参与修订医院消毒供应中心WS310-2016。

2018年第五届天津市人民满意的好护士。

刘亚平

刘亚平，女，1958年出生于黑龙江省哈尔滨市，中共党员，主任护师，硕士生导师。1979年毕业于黑龙江省伊春卫校护理专业，1995年通过黑龙江成人教育自考获得护理专业专科学历，2003年通过哈尔滨医科大学夜大获得护理专业本科学历。1996-1997年曾在日本北海道手稻溪仁会病院研修一年，1999年10-12月在日本东邦短期医疗大学研修。1979-2004年工作于哈尔滨医科大学附属第二医院，1990年任神经科护士长，1999年任医院护理部副主任。2004年至今就职泰达国际心血管病医院，2004-2011年任护理部主任，2012年至今任医院副院长。2012年至今担任天津市护理学会第八、九届副理事长、科研编评工作委员会主任委员，2018年至今担任中华护理学会心血管护理专业委员会第27届副主任委员，2019年至今担任中国研究型医院学会护理教育专业委员会首届副主任委员，2020年至今担任天津市护理学会第一届心血管护理专业委员会主任委员。担任《中国护理管理杂志》编委。

她至今从事临床护理工作40余年。2011年医院护理学科荣获第一批国家临床护理重点专科建设项目，成为医院优质护理服务和护理管理的新起点，同时医院被定为国家护士岗位管理试点医院。2013年医院消毒供应中心获批为卫生部医院管理研究所第一批医院消毒供应中心实践基地。2017年医院被评为国家首批心血管病专科护理及技术培训示范基地。

2012年医院100%病房开展优质护理服务，她带领团队制定了三大类十五种护理评估表，建立评估体系，保障护理质量和安全。实现护理部是“飞机场”指挥中心，病区是“机场”，医疗服务是“飞机”的护理平台模式。2008年汶川地震，她组织医疗队赴四川华西医院参与抗震救灾工作。2015年8月12日组织滨海新区爆炸救援工作。2020年新冠肺炎疫情爆发，她亲临门/急诊主持疫情防控工作，保障医院诊疗服务的有序进行。

2011-2020年期间，举办了十二期“优质护理服务模式理论与高级实践护士研修班”，培养19省市近百家医院的500名护士长及骨干，为全国输出了大批护理管理高级人才。与多伦多病童医院专家合作护理培训，共同设计“儿科心脏病基础护理培训”课程，从理论知识到应用、操作、实际工作能力4个维度设计了临床人才培养计划。该项目同时还培养了10名儿科心脏病基础护理项目教师，获得多伦多病童医院颁发的教师证书。

她主编专著2部，2018年人民出版社出版的《护理管理新入职护士入职培训系列丛书》，2020年中国科学技术出版社出版的《护理员岗位培训系列丛书-护理员基本知识与技能》。副主编2部，光明日报出版社于2012年出版《知道做到》，她负责从JCI认证到医院评审；2018年出版《知道做到》新版，她负责JCI标准实战解读。发表论文20余篇，2012年《护理岗位管理设计与实践》、2018年《持续改进项目在护理管理中的应用》、2021年《冠状动脉旁路移植术后抑郁的研究进展》等。主持课题4项，2012年天津市滨海新区医药卫生科技项目2012年“护理岗位管理在医院护理管理中的应用研究”、2016年“基于延续护理模式的随访干预对PCI患者疾病管理的影响”，2017年天津市医院协会项目“HIMSS闭环管理在用药安全中的实践与效果评价”、2020年“King达标理论结合回授法在心血管专科医院实习护生临床带教中的应用”。

2013年荣获中华护理学会女科技工作者称号，荣获第一届全国优秀护理管理者称号，2015年荣获首届全国优秀护理部主任称号，2017年荣获全国十佳护理院长称号，2017年被评为天津市护理学会学会工作先进个人，2018年获得中华护理学会杰出护理工作者称号。

韩洁

韩洁，女，1959年9月出生于天津市，中共党员，副主任护师。1980年中专毕业于天津市护士学校，1993年大专毕业于天津市职工医学院。1980年11月工作于天津市第一中心医院。1992-2013年工作于天津市天和医院，1996-1998年任急诊科护士长、门急诊科护士长，1999-2004年任心内科护士长及内科科护士长，2005-2006年任护理部副主任，2006-2013年任护理部主任。2013年-2014年在天津医院护理部任顾问。2007-2012年任天津医科大学护理专业兼职教师，2008-2014年任天津市卫生局护理质量控制中心委员，2012-2014年任天津市护理学会理事会理事，2013-2014年任天津市护理学会内科护理专业委员会委员。

她从事护理管理工作18年，任职期间，完善了规章制度、岗位职责及工作流程，编写制定了护士语音规范手册。细化分级护理标准、服务项目。她注重患者满意度调查，通过分析患者评价，持续改进护理服务质量。2012年天和医院被评为“天津市优质护理服务示范医院”。她注重护理人才培养及护士队伍建设，制定了新护士三年轮转岗位培训规划、各层级护士培训计划及考核标准，组织护理岗位技术演练。作为天津医科大学、天津医学高等专科学校实习基地和天津市急诊专科护士培训基地，共培训护理人员500余名。

她参与完成的“CT增强检查的水化疗治疗护理的研究”项目获得天津市“卫生系统引进应用新技术填补空白”奖。她主持研发的“下肢抬高气垫”获得国家实用新型专利。她以第一作者发表论文四篇，代表作《急诊患者输液过程中的不安全因素分析与对策》《手术患者下肢静脉血栓形成的预防与护理》分别在《中国危重病急救医学》《天津护理》发表。

2006年被评为天津市卫生局系统优秀共产党员，2011年被评为天津市卫生局局级优秀工会积极分子。

徐建英

徐建英，曾用名徐菲，女，1960年7月出生于天津市，中共党员，副主任护师。1981年中专毕业于天津市护士学校，1981就职于天津市北辰区中医医院，1996年任医院护理部主任，2006年任副院长，分管护理工作。2009年担任天津市中西医结合学会护理专业委员会副主任委员。

工作期间带领护理团队配合医院业务发展，从原有的三个病区20名护士发展到16个病区，培养了消毒供应中心、急诊、ICU、手术室、导管室等多个专科护士，带领护理团队努力配合医院在2012年晋升三级甲等医院。

2007年参与完成“前列腺液白细胞定量计数及参考值测定”课题，并获得天津市科学技术成果。2015年《乳房按摩联合中药湿敷对产后泌乳影响的临床观察》发表于《齐齐哈尔医学学报》。

2003年被评为抗击非典型肺炎先进个人。

伊金英

伊金英，女，1960年9月生于天津市，中共党员，副主任护师。1981年中专毕业于天津市护士学校，1987年大专毕业于天津市卫生职工医学院。1981-2009年工作于天津市民族医，1989-1993年任内科护士长、科护士长，1993-1995年任护理部干事，1995-2001年任护理部副主任、护理部主任，2002-2009年任急症科护士长。2009-2020年工作于天津市人民医院。1999-2001年任红桥区卫生局医疗质量管理监控委员会委员，2001-2004年任红桥区卫生局医疗事故技术鉴定委员会委员。

她从事护理管理工作20年，任内科科护士长期间，筹建了医院血透室。任急诊科护士长期间，通过了天津市急救医学医院的评审。任护理部主任期间，采用理论考核加述职的方法对主班护士竞争上岗。她建立了与天津血液病医院合作模式(历时十年)，选派10名护理人员到血液病医院支持护理工作。做为区属二级医院的护理部主任，定期组织一级医院开展护理查房、观摩护理技术操作及开展业务培训。2003年在抗击非典工作中她作为医疗队护士长带领10名护理人员奔赴武警医院参加非典患者救治工作，同年被评为天津市抗击非典先进个人。

她以第一作者发表论文20篇，代表作《老年痴呆患者护理干预进展》《糖尿病肾病及其护理干预》《脑卒中早期肢体功能的康复护理》分别在《天津护理杂志》《中国临床康复》《现代康复》发表。她主持研发的“爱心尿湿提示器”获得国家实用新型专利。2008年参与制订国家卫健委《放射性皮肤病疾病护埋规范（WT/T475 2015）》。参与中国解放军总医院课题1项“糖代谢异常和心血管疾病的整体治疗的研究”。

她于1999-2004年2次被评为天津市卫生局先进个人，并获天津市卫生局优秀共产党员称号。

刘燕英

刘燕英，女，1960年9月出生于天津市，中共党员，主任护师。1981年中专毕业于天津市护士学校，1988年大专毕业于天津市职工医学院，2002年毕业于天津大学管理工程与科学研究生班，2006年本科毕业于天津医科大学。1981年工作于天津市第一中心医院，1993-1996年担任外科科护士长，1996-2008年任护理部副主任，2008-2010年任护理部主任。2010-2020年借调至天津市卫健委医政处工作。2001-2011年任天津市护理学会第六、七届理事会外科护理专业委员会副主任委员，2001年至今任天津市护理学会第六、七届理事会护理管理专业委员会委员，2006-2011年任天津市护理学会第七届理事会理事，2012-2020年任天津市护理质控中心副主任。

她从事临床护理工作29年，在担任外科科护士长期间，带领移植外科护理团队获得国家级优秀团队称号。她关注国内外护理发展动态，2000年赴中国香港地区各大医院考察学习中国香港地区护理工作，2007赴日本四日市医院研修护理管理工作。2003年非典流行期间担任领队连续两次进驻传染病医院。

她从事临床护理管理工作18年，亲自筹建肝移植的护理团队，制定出移植护理工作一系列相应的规章制度及护理常规，并于1999年在天津市第一中心医院首次举办全国肝移植护理培训班。在此期间带领的外科集体获得国家级优秀团队称号及全国优秀质量管理小组称号。1995年推行质量保证累进工作中课题“人体原位肝移植过程中的质量管理”获国家级优秀奖。2000年参加健康教育质量管理小组课题“提高病人自我保健水平”，获得天津市卫生局局级优秀成果。2010-2020年被借调至天津市卫健委医政处工作，主抓天津市护理工作，负责调研（2012-2015）全市二、三级医疗机构临床护士夜班费工作，连续4年逐步提高天津市临床一线护士的夜班收入。2011-2015年组织派出六批全市护理骨干赴匈牙利学习护理管理知识，推动天津市专科护士培训发展。

她在肝移植工作中完成的QC课题获国家级及市级优秀成果奖，引进应用肝移植供体切取的护理流程填补市级空白项目，获得国家实用新型专利技术两项，专业期刊发表论文8篇，参编《临床护理管理指南》，该专著获1998年市卫生局科技进步三等奖，1999年被确认为天津市科学技术成果。

1999年被评为局级工会积极分子，2001、2004、2007年三次被评为天津市优秀护理工作者，2003年被评为天津市抗击非典先进个人、局级优秀共产党员。

彭爱芝

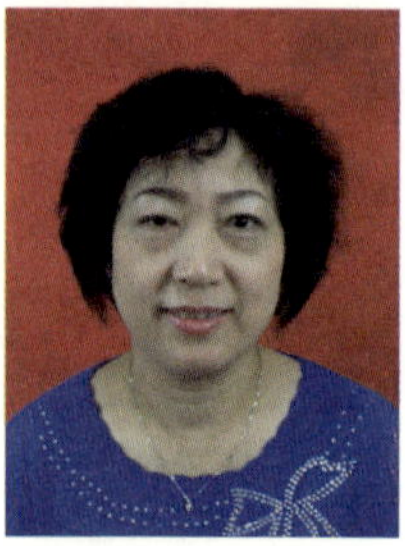

彭爱芝，女，1960年10月出生于天津市，中共党员，主任护师。1981年中专毕业于天津市护士学校，1996年大专毕业于天津医科大学，2008年本科毕业于天津中医药大学。1981-2020年工作于天津市黄河医院，1993-2001年任外科护士长，2001-2003年任党办主任，2003-2020年任护理部主任兼院长助理。1998-2003年被中国医院协会聘为全国百姓放心示范医院《CHA患者安全目标》监督联络员，2012至今担任天津市护理学会第八、九届理事会理事。

她从事护理管理工作28年，担任护理部主任后，建立健全各项护理管理制度，培养护理技术骨干和护士长100余名，她领导的科室于2013年获得全国“巾帼文明”示范岗称号。

2011年获得天津市首届“人民满意的好护士”称号。

王培华

王培华，女，1960年10月出生于天津市，中共党员，副主任护师。1981年中专毕业于天津市护校河西医院分校，1987年大专毕业天津市卫生职工医学院。1981-2020年工作于天津市河西医院，1998-2008年任手术室护士长，2008-2019年任护理部主任。

她从事护理管理工作21年，任护士长期间，坚持落实手术患者术前访视评估、术后随访制度。任护理部主任后，逐渐健全了各项规章制度，完善了护理工作细则，规范了工作流程标准，做到护理管理有章可循，质量评价有据可依。她重点加强供应室质量管控，开展“护理安全月”活动，完善终末护理病历质量控制，鼓励不良事件上报，定期组织专业讲座及学术交流。

她主持完成的“防压疮可调节体位垫”获国家发明专利。以第一作者发表论文2篇，《护患沟通在术前留置导尿操作中的应用效果》《高龄高危前列腺增生症经尿道前列腺电切术的护理》，分别在《中国城乡企业卫生》《河北医药》发表。她撰写的综述《临床护理人力资源配置现状分析及管理对策》被评为2008年天津市卫生局优秀综述。

2004年获得天津市人民政府天津市优秀护理工作者称号。

夏欣华

夏欣华，女，1960年11月生于天津市，中共党员，主任护师，硕士生导师。1981年中专毕业于天津市护士学校，1999年本科毕业于天津医科大学。1981-1994年工作于天津市第一中心医院。1994-2006年工作于天津市天和医院，1989-2006年任科护士长、护理部副主任、护理部主任。2006-2020年工作于天津市泰达医院，任护理部主任。2018年至今任中华护理学会第27届重症护理专业委员会副主任委员、科学传播专家，2006-2017年任天津市护理学会第七、八届理事，2018年至今任天津市护理学会第九届副理事长，2006-2016年任天津市护理学会ICU专业委员会主任委员、2016-2019年全国护理质量促进联盟第一届委员会常委，2020年至今任《天津护理》编委，2009年至任今天津市护理质控中心委员及ICU专业组组长。2007年至今，任天津医学高等专科学校教师、院中校院长。2008年至今，兼任天津医科大学护理学院教师。

她从事临床护理工作13年，护理管理工作27年。坚持以循证护理为依托，追踪国内外最新指南、专家共识、护理学科管理规范、标准作业流程，指导全院护士临床护理实践。在护理管理工作中，以指标监测为引领，每月带领全院护士长分析、查找护理过程质量评价与护理缺失测评的难点，制订整改方案。她沿着护士安全和患者安全两条主线，提升护士和患者满意度。2003年SARS来袭，她带领护理团队坚守海河医院，被天津市人民政府评为抗击非典先进个人，被天津市卫生局委员会评为优秀共产党员。2008年作为医疗队员参与四川省抗震救灾，带领护理部获中华全国总工会颁发“抗震救灾重建家园工人先锋号”。2015年指导“8.12”天津港爆炸事件救治。2020年作为新冠护理会诊专家前往海河医院。

2013年至今，担任天津中医药大学研究生导师期间，共指导硕士研究生11名。

她以第一作者及通讯作者发表论文20余篇，代表作包括《预防呼吸机相关性肺炎集束化护理方案构建》《缩减约束方案对预防ICU气管插管非计划性拔管的效果研究》均在《中华护理杂志》发表。主编及主译著作3部，《护理技术标准操作规范及流程》《急救护理》《脓毒症手册》分别在《人民卫生出版社》《高等教育出版社》《吉林文史出版社》出版。主持天津市护理学会课题3项“构建预防呼吸机相关性肺炎的人工气道管理及干预效果研究”“构建头面部医疗器械相关性压力性损伤预防方案及干预效果研究”“消除护士报警疲劳：其临床管理能力的现状及影响因素研究”。主持天津市滨海新区卫生计生委科技项目（重点支持项目）1项“基于微误吸-预防呼吸机相关性肺炎人工气道管理方案的构建及应用研究”。她主持完成了天津市卫生系统引进新技术填补空白项目“G5震动排痰机在肺感染患者中的应用”；“病原学为基础预防呼吸机相关性肺炎集束化策略及应用研究”，获第六届中华护理学会科技奖三等奖。

她于2010年获天津市科学技术协会第四届“科技传播之星”称号，2014年获天津市护理学会先进个人称号，2015-2019年连续4年获得中华护理学会全国重症护理新进展研讨会优秀组织奖，2016年被《中国护理管理》杂志社评为全国优秀护理部主任并获天津市科学技术协会先进学会工作者称号，2018、2019年分别获中国南丁格尔志愿护理服务总队中国护士志愿精神魅力奖、中国护士志愿精神贡献奖。

齐彦春

齐彦春，女，1960年12月出生于天津市，中共党员，主任护师，天津中医药大学硕士生导师。1981年中专毕业于天津护士学校，1999年大专毕业于天津医科大学。1981-2020年工作于天津中医药大学第一附属医院，1998-2020年任科护士长。2003-2019年任天津市护理学会医院感染专业委员会委员。

她从事临床护理工作40年，在中西医结合护理领域内，坚持以突出中医特色、发挥中医护理优势为主，改进、优化多项传统的中医特色护理技术。2009年被聘为天津中医药大学硕士生导师，以脊柱源性疾病的中医护理为研究方向，培养研究生2名。

她2012年主持完成“中频药透治疗仪用于腰突症的规范治疗程序研究”获得天津市科研成果；2010年参与完成“透皮吸收促进剂对中药熏蒸法增效影响的研究”获得天津市科研成果；2007年参与完成“通脉调气推拿法治疗紧张性头痛的研究”获得天津市科技进步三等奖。作为第二完成人申报国家实用新型专利3项，分别为2002年的“中药熏蒸床”、2008年的“多功能针灸支具”和2013年的“折叠式多用途支被架”。以第一作者在核心期刊发表论文10余篇。

2003年被评为天津市抗击非典先进个人，2009年被评为第二届全国百名优秀护理标兵。

冯永惠

冯永惠，女，1961年1月出生于天津市，中共党员，副主任护师。1981年中专毕业于天津市护士学校，2006年大专毕业于天津市医科大学，2010年本科毕业于西安交通大学。1981-1984年工作于第一中心医院。1984-2021年工作于天津市职工医院，1994-2000年任内科护士长，2000-2010年任门诊部护士长，2010-2021年任护理部主任。2015-2020年任天津市康复医学会康复护理专业委员会委员。

她从事护理管理工作27年，制订细化了体检类别，如劳动模范模、健康体检、女职工、职业病等类别。制定了工伤8个病种的14个康复护理临床路径《康复科会诊入院护理评估表》《康复外科疼痛评估表》等评估量表，落实了康复护理的标准化管理。她编写了《医院康复护理规范》《工伤康复健康教育指导》等手册。

她以第一作者发表论文7篇，代表作包括《健康体检的发展》《浅谈当代护士长应具备的素质》分别在《现代护理》《天津护理》发表。她发明的“静脉取血操作台”获国家实用新型专利。

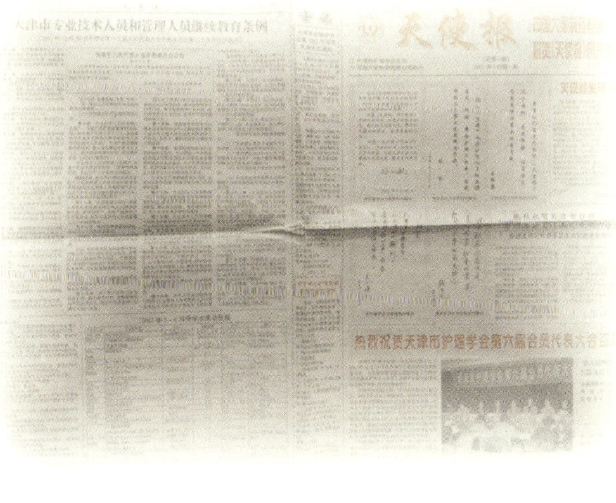
天津市专业技术人员和管理人员继续教育条例

热烈祝贺天津市护理学会第六届会员代表大会

张富玉

张富玉，女，1961年2月出生于天津市，中共党员，主任护师。1981年中专毕业于天津市护士学校，1999年毕业于天津医科大学。1981年工作于天津市第三中心医院，1981-1992年在妇产科工作，1992-2020年任感染管理科护士长。2018年至今任中国医院协会医院感染专业委员会常务委员，1996-2014年任天津市卫健委医院感染质控中心委员，2002-2005年任中华国际感染控制杂志第一届编辑委员会委员，2014年至今任天津市预防医学会医院感染控制分会副主任委员，2015年至今任天津市卫健委医院感染控制中心副主任、天津市医院协会感染专业委员会常务委员，2016年至今任天津市护理学会医院感染专业委员会主任委员，2018年至今任天津市卫生监督协会专家委员会委员，2019年至今任天津市医疗纠纷人民调解委员会咨询专家库专家，2020年任天津市新冠肺炎疫情防控专家组成员。

2003年抗击SARS，她作为感染控制人员第一个进驻天津市疫情重灾区——收治首例SARS患者的医院（武警医院），在武警医院红区工作49天。在49天内她培训及指导9家医院200余名医疗队员进行感染防控工作，实现“零感染”的目标。

2010年4月青海地震，她到抗震救灾前线负责感染防控工作。根据当地反馈问题结合灾后疫情防控工作需要，及时向当地提出建立疫情信息系统、合理安置伤员、加强环境及医疗垃圾治理等10项措施。

2020年新冠疫情爆发，她作为天津市感染控制专家组核心成员，在天津市第三中心医院总部、三中心分院、津南医院、海河医院等各大医院参与抗疫工作。制定出三中心医院的新冠疫情防控预案，并组织进行了实地演练并建立完善了相关的制度和流程，改造发热门诊、隔离病区，因地制宜地设计医务人员和患者的就诊流向，建立起完备的院内新冠防控体系。最终将医院内确诊的11名感染患者平安转运到海河医院。同时她还承担了市卫健委安排的全市医院传染病防控培训。

作为天津市感染质控中心副主任，除做好医院本职感染防控、监测、培训工作外，她还要参加天津市医疗机构感染防控、培训及天津市医院等级评审、大型医院巡查等工作。2009年参加原卫生部组织的全国“医疗质量万里行”督导检查工作等，承担天津市医院感染专职人员取证培训班授课任务。

在护理科研方面，2011年主持完成天津市卫生局项目“流动水冲洗皂液时间对洗手效果影响的研究”，2009年参与完成天津市卫生局项目“呼吸机管路及湿化装置更换周期的研究”。参编著作4部，北京军事科学出版社的《医院感染管理学》、天津科学技术出版社的《SARS的感染与防治》、《实用护理技术》、化工工业出版社的《医院护理管理规范及质量考核标准》。以第一作者发表论文12篇。

2003年荣获天津市抗击非典先进个人、天津市预防医学会防治非典优秀科技工作者、天津市优秀共产党员称号、中华预防医学会防治非典先进工作者、天津市教卫工委优秀共产党员称号，2004年被评为全国先进科技工作者、荣获天津市优秀共产党员称号，2010年被评为天津市科技之星。

王宝琴

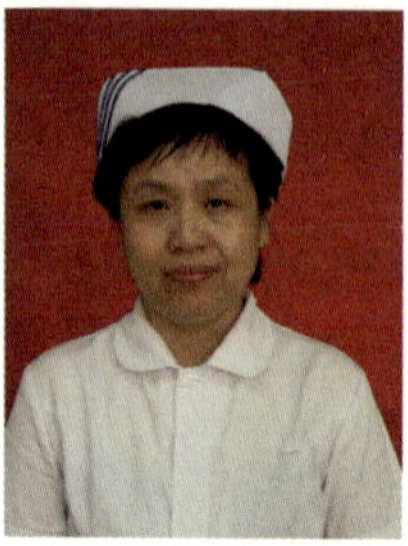

王宝琴，女，1961年2月出生于天津市，中共党员，主任护师。1981年中专毕业于天津护士学校，1988年大专毕业于天津职工医学院。1981年工作于天津市工人医院外科、手术室，1988年任外科病房带教老师，1991年任外科护士长。2003年任天津市第一中心医院东院医保科科长。2011年任天津市职业病防治院护理部主任。曾任天津市护理质量控制中心委员，天津市护理学会第八届及第九届理事会理事、护理管理委员会委员，天津市抗衰老学会第一届护理专业委员会副主任委员等职务。

她从事护理工作近40年，在任期间加强带教老师及专科护士的培养，共培养专科护士32名，培养副主任护师13名。自2016开始连续三年在天津市卫健委护理质控中心大型督导检查中获得优秀。

2001年参与的局级科研课题“磁化棒磁化水对复发性口腔溃疡防治的研究”获得局级科技成果三等奖。

2003年获得天津市抗击非典先进个人、局级抗击非典优秀共产党员，2018年被评为天津市卫生计生系统“维护核心、铸就忠诚、担当作为、抓实支部”主题教育实践活动优秀共产党员。

刘春英

刘春英，女，1961年4月出生于天津市，中共党员，主任护师。1981年中专毕业于天津市护士学校，2006年大专毕业于天津市医学高等专科学校。1981年至今工作于天津市第一中心医院，1996-2001年任手术室护士长，2001-2009年任手术室科护士长，2009年至今任护理部副主任，2016年同时任手术室消毒供应中心科护士长。2012年至今年任天津市护理学会第八、九届理事会理事，2010-2016年任天津市护理学会第五、六届手术室专业委员会副主任委员，2016至今任天津市护理学会第七、八届手术室专业委员会主任委员和天津市护理质控中心手术室护理专家组组长，2018年至今任中华护理学会第二十七届手术室专业委员会副主任委员。

她从事护理工作40年，2004-2006年带领手术室护理团队配合移植外科创下移植手术数量全国第一的记录。首创标准化、规范化的肝、肾、心脏等器官移植手术的配合常规和护理管理流程。发明器官移植修整台，填补天津市空白，为移植器官的修整提供便利，延长了器官保存时间，大大提高了医生修整器官的舒适度。带领护理团队完善手术配合方法，缩短肝移植复温时间，并取得天津市科研成果。2020年积极参与针对新冠疫情的防控工作，制定出天津市手术室应对新冠或疑似患者的处理流程，完善手术室疫情防控的重要一环。

她注重护理专科发展，2018年起任中华护理学会手术室专科护士培训理论授课老师、天津市手术室和消毒供应中心专科护士培训的理论授课老师。2020年作为中华护理学会手术室京外（天津）临床教学基地及麻醉京外（天津）临床教学基地的负责人，推动天津市手术室护理专科及麻醉护理专科向国内行业前沿专科水平靠拢。

她作为第一完成人参与完成课题12项，作为第一完成人参与天津市科学技术委员会科研项目“不同清洗方法对外来器械术中污染影响的研究”和“全程保温措施对开腹手术病人体温变化影响的研究”。作为第一作者和通讯作者发表核心期刊论文31篇，其中《围手术期患者低体温对切口愈合的影响》发表于《中华医院感染学杂志》，《肝移植术后并发精神异常的原因及护理对策》发表于《中华护理杂志》。主编《手术室护理质量管理》和《手术室实用护理技术》，参编《手术室护理实践指南》。发明实用新型专利2项，填补空白一项。

2002年被评为十五立功先进个人，2007年荣获中华医学会医学伦理学分会人文医学荣誉奖。

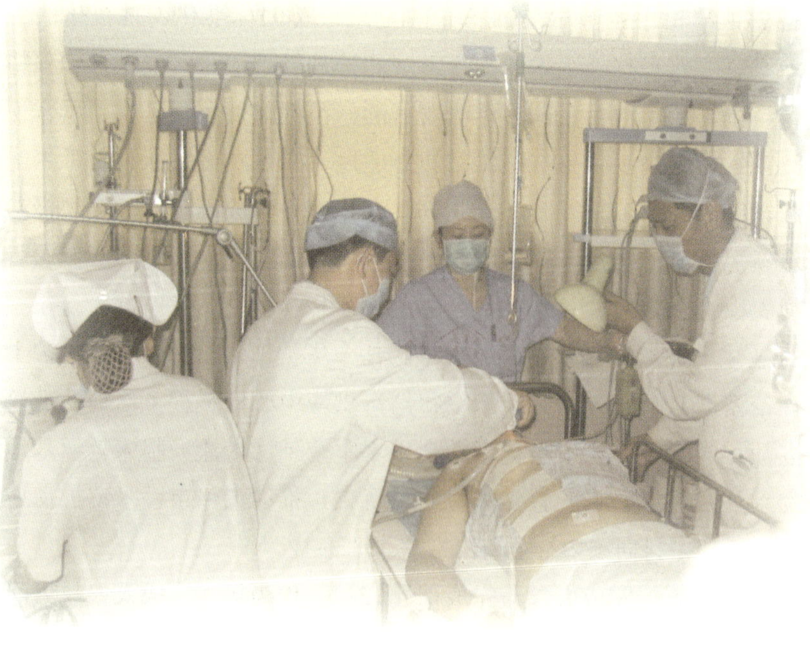

常虹

常虹，女，1961年5月出生于山东省青岛市，中共党员，主任护师，天津中医药大学硕士生导师。1981年中专毕业于天津市护士学校，1987年大专毕业于天津市卫生职工医学院。1981-2021年工作于天津中医药大学第一附属医院（原天津中医学院第一附属医院），1993-2004年任科护士长，其中1994-1997年兼任护理部副主任，2005-2009年任护理部主任。2005-2007年任中华中医药学会护理分会委员，2005-2012年任国家中医药管理局中医师资格认证中心命审题专家，2006-2011年任天津市护理学会第七届理事会副理事长、天津市护理学会中医中西医结合专业委员会主任委员及护理管理专业委员会委员，2008-2010年任天津市护理质控中心委员、中华中医药学会护理分会副主任委员，2008-2011年任中华护理学会中医中西医结合护理专业委员会委员，2012-2015年任中华中医药学会护理分会委员，2012-2019年任天津市护理学会名誉理事，2013-2015年任天津市医院感染控制与流程指导中心副主任委员，2015-2017年任中国老年医学会医院感染质量控制分会第一届委员会委员，2018年至今任天津市卫生监督协会专家委员会委员、天津市预防医学会第六届消毒分会副主任委员，同时担任《护理学报》第四、五届编辑委员会编委。

她从事临床护理工作40年，2006年她带领护理部率先实行新入职护士五年规范化培训，通过制定和落实护士五年规范化培训内容，对新护士进行严格的培训和考核，提高护士的三基水平。严管临床护理质量，以不良事件为抓手，全面分析查找原因，让护理管理团队参与其中，并提出有效改进措施，为患者安全筑牢护理防线。

她从事护理管理工作30年，为培养护理人才，启动了带教老师、主班护士竞聘上岗，为有能力的护士提供了公平竞争的平台，调动了护士的积极性。启动了科护士长与护理部干事轮岗制，让临床科护士长进入护理部系统进行护理管理的实操性培训。她还提出要对中医护理质量进行控制，制订并撰写了中医护理工作手册与中医护理管理制度，2016-2018年参与天津市护理质控中心2016-2018版临床护理管理质量标准手册医院感染质控标准的制订。

1989-1992年担任本院护校基础护理及外科护理授课。2009年被聘为天津中医药大学硕士研究生导师，培养研究生5名。

她2011年主持完成“中药熏蒸法联合透皮吸收促进剂治疗腰椎间盘突出症的增效作用的临床研究”获得天津市科学技术成果。2013年以第2完成人参与天津中医药大学第一附属医院“拓新工程”基金科研项目“中频药透治疗仪用于腰椎间盘突出症的程序研究”获得天津市科学技术成果。2008年以第一发明人研发国家实用新型专利“糖尿病足坏疽期简易鞋”以及“多功能针灸支具”2项。主编著作1部，为2006年人民卫生出版社的《中医外科护理学》；副主编参编著作1部，为2008年湖南科学技术出版社的《实用社区护士手册》；参编专业著作7部。发表核心期刊论文6篇。

2005年荣获天津市五一劳动奖章，2006年被评为中华中医药学会全国百名优秀中医护理标兵，2008年被评为天津市卫生行业第六届双十佳医务工作者。

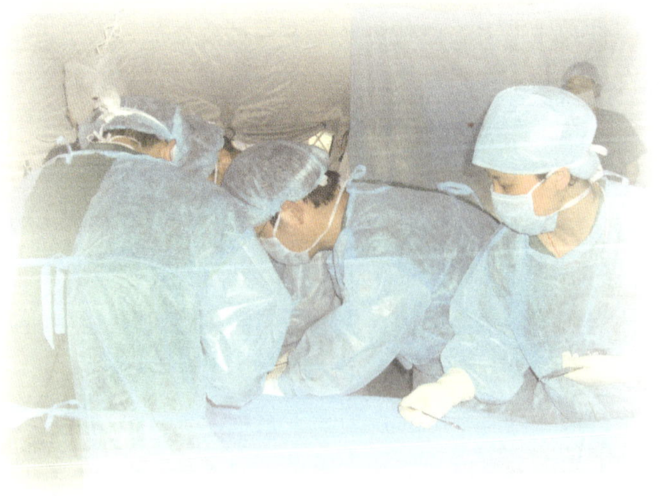

甘燕玲

甘燕玲，女，1961年5月出生于天津市，中共党员，主任护师，硕士生导师。1981年中专毕业于天津医学院，2008年大专毕业于天津医科大学，2010年本科毕业于天津中医药大学。1981-1988年工作于天津市结核病防治院。1988年至今工作于天津市环湖医院，1995年至今任神经外科七病区护士长。2001年至今任天津市护理学会肿瘤护理专业委员会委员，2017年至今任中国中西医结合学会急救医学专业委员会护理委员会常务委员。

她从事临床护理和管理工作40年，始终坚持在临床一线。1996年在医院筹划重建神经外科重症监护病房及推进优质护理工作中，在设计装备、人员配备、工作流程、质量管理等方面做了大量工作。她先后赴中国台湾地区、中国香港地区多所医院参访学习，传递护理新理念、工作模式及方法。2003年她在医院率先开展CVC技术，每年完成锁骨下静脉穿刺术300余例，无并发症发生，并承担全院CVC穿刺技术的会诊工作。她选派护理骨干参加专科护士培训，并就《高血压脑出血的临床护理》《家庭医生入户服务规范》等内容深入基层医院授课，开展帮扶指导。

她从事临床带教工作26年，作为天津中医药大学硕士生导师，培养研究生6名。

她主持天津市科委科研项目1项“高血压脑出血术后应用振动排痰机预防肺部感染的效果研究”；参与科研课题8项。以第一作者发表论文18篇，通讯作者发表论文8篇，代表作《替莫唑胺治疗胶质母细胞瘤的近期不良反应观察》《康复治疗对老年脑梗死急性期睡眠障碍患者动态血压的影响》《脑脊液鼻漏并发颅内感染行腰大池引流治疗的护理》分别在《中华神经外科杂志》《中华老年心脑血管病杂志》《天津护理》发表。

张洪凤

张洪凤，女，1961年出生于天津市，农工党员，主任护师，硕士生导师。1981年中专毕业于天津市护士学校，2001年大专毕业于天津医科大学，2007年本科毕业于天津医科大学。1981-2000年工作于天津市第三中心医院。2000-2010年工作于天津市天津医院，任急诊科护士长、关节中心护士长、创伤病区护士长。2010年至今工作于天津市中医药研究院附属医院，2010-2017年任护理部主任，2017-2021年任医保办主任。2010-2016年任天津市中西医结合学会护理专业委员会副主任委员，2011-2017年任中华中医药学会继续教育分会委员，2012-2018年任天津市护理质量控制中心委员，2012年至今任中华中医药学会护理专业委员会常务委员，2015至今任天津市中医药学会中医护理专业委员会主委，2018至今任天津市中医药学会理事会理事。

她从事临床护理工作30年，1993年赴中国香港地区玛丽医院进修3个月。担任关节中心护士长期间，筹建了CCU病房，完善了各项管理制度，实现了百例患者髋关节置换术术后零并发症，协助天津市护理质控中心完成了全市“髋关节置换术后护理”的教学示范查房。担任护理部主任期间，创建“一证一品”中医临床护理模式，针对证候诊断中主要症状进行辩证施护。按岗位风险程度设立绩效考核系数，提高了护理人员的积极性。制定落实了《推动中医护理技术实施方案》，使中医护理技术覆盖率达100%。2012年实现优质护理服务病房全覆盖。2013年被评为国家中医药管理局中医优质护理服务先进集体。2014赴匈牙利塞梅韦斯医科大学健康系完成了护理管理专业培训，借鉴了老年康复护理相关理论与实践经验应用于临床。

她从事临床教学工作10年，作为硕士生导师培养研究生5名。她主编专著2部，《中医护理常规及技术操作》《中医护理技术操作规程》均由天津市科学技术出版社出版；参编著作1部。主持天津市科学技术委员会课题2项，“中医护理方案辩证实施效果评价体系的临床研究”和“大黄不同煎服方法通便作用的临床护理观察”；参与科委课题1项。她以第一作者发表论文10篇，代表作《人工关节置换术后切口感染的危险因素及预防》《255例髋部骨折患者下肢静脉血栓的预防及护理》《突发群体交通伤的急救与护理》分别在《天津护理》《中华医学感染杂志》发表。她主持完成“针灸消毒器械盒”“折叠式医用平车”课题获国家实用新型专利。

她于2011年被评为中华中医药学会中医护理科研先进个人，2012年被评为天津市卫生行业第二届人民满意好护士。

蔡宝英

蔡宝英，女，1961年7月出生于天津市，中共党员，副主任护师。1984年中专毕业于中国人民解放军总后军医学校，1994年大专毕业于解放军白求恩军医学院，1999年本科毕业于第二军医大学。1984年工作于解放军第五四六医院。1991-1996年任解放军第二五四医院呼吸神经内科护士长，1996-2011年任护理部助理员、护理部副主任、护理部主任。2012-2016年任中国人民解放军第九、十届护理学专业委员会内科学组委员，2012年任北京军区护理专业委员会副主任委员。

她从事护理工作27年，在担任护理部主任期间，开展思想政治工作，严格实施行政管理，树立大局意识、责任意识，做到令行禁止、步调一致，增强护理团队的凝聚力、执行力和战斗力。抓人才强实力，建设过硬团队，在强化引进和院内培训的基础上，分期分批选送护士到全军护理培训基地进行专项培训。抓中心求特色，通过建立和发挥护理专项小组的作用，为专科护士搭建平台，使患者享受到优质的护理服务。在SARS肆虐时，她与分管领导第一时间进入隔离病房，检查和指导隔离分区、消毒隔离、工作人员防护、患者处置和护理。积极参与甲流防控，在要求标准高、人员流动性大的情况下，采取有效、可操作性强的措施，在院党委的领导及分管领导的具体指导下，圆满完成各项护理工作。

她负责完成的“护士长在成本核算管理中的作用研究”荣获军队科技进步三等奖，“不同负压值吸痰对气管黏膜损伤的实验研究”“改革护理教学形式与方法的研究”“食疗与保健教育在临床护理中的研究及应用”三项内容荣获军队医疗成果三等奖，“网络模式下护理绩效综合评价子系统的研制与应用”荣获天津市科技成果三等奖。

2006年被评为北京军区优秀护士。

高晔

高晔，女，1961年9月出生于天津市，中共党员，主管护师。1981年中专毕业于天津医学院，1988年大专毕业于天津市职工医学院。1981-2003年工作于天津市红十字会医院，1995-1999年任护理部副主任，1999-2000年任护理部主任，2000-2004年先后任信息科科长、行政后勤主管、医保科科长。2003年医院与天津市人民医院合并，2004-2016年先后任人民医院北院综合办负责人、门急诊总护士长、伦理委员会职员。

她从事护理管理工作10年，制定了护理部《文明用语手册》，提升了护理人员的文明服务意识；制定了科室各岗工作的培训计划并开展了流动红旗评选工作。

她在非典期间，被委以重任负责医院前线的后勤保障工作，因时间紧迫，用两天时间完成医疗及生活用品的准备，保障前线供应，她参加了天津市卫生局组织的支援农村防治非典的督导工作，赴宝坻区发热门诊调查研究，组织多次消毒隔离知识培训，圆满完成任务。2003年被评为天津市抗击非典先进个人。

她以第一作者发表论文4篇，《护士“三定”院内感染监控方法的效果分析》发表在《天津护理》杂志发表，两篇参加了中华护理学会组织的学术交流。

张春荣

张春荣，女，1961年11月出生于天津市，中共党员，主任护师。1981年中专毕业于天津医学院。2007年本科毕业于天津医科大学成人教育学院。1981年至今工作于天津市第二人民医院，1989-1992年担任妇科护士长，1992-2009年担任护理部主任。1996-2006年任天津市护理学会院内感染专业委员会委员，2001年任天津市护理学会第六届理事会理事，2006年任天津市护理学会第七届理事会常务理事。

她从事临床护理工作11年。从事临床带教工作5年，培养带教主管护师36人。

她从事护理管理工作17年，2005年按照《医院管理评价指南》组织和领导全院护理工作，健全了医院护理管理组织体系。补充增订护理常规11项，制订传染病一般护理操作规程81项，其中常用抢救技术程序9项，传染病专科护理技术操作规程15项，通过每月的培训、考核使全院护士熟练掌握并在临床护理工作中得以落实。她加强全院护理质量考核标准，每月带领质控组对全院16个科室的护理质量进行全面考核、评价，坚持每两个月一次护理部主任质量查房，解决重点环节质量问题19项。同时她重视抓全院护理差错事故防范，达成了连续17年严重护理差错为零的成绩。2005年带领全院护士顺利通过了三甲复评审。为应对传染病突发疫情，2008年5月组建应急门诊和手足口病病区，制订不明原因肺炎、人感染高致病禽流感和鼠疫应急预案，深入病区、急诊参与危重症抢救。

2006年组建医院护理研究室并担任护理研究室主任。她参与完成“肝胆穿刺针”等4项国家专利。参与完成课题5项，均荣获天津科学技术成果，2009年她主持完成了2009年07月“King理论在肝脏穿刺活检术护理中的应用研究”。

2005年荣获全国三八红旗手称号，2006年荣获津门健康女卫士、天津市劳动模范称号，2007年荣获天津市卫生系统十大女杰称号。

马新娟

马新娟，女，1961年11月出生于天津市，中共党员，主任护师。1982年中专毕业于中国医学科学院分院卫生技术学校，1987年大专毕业于天津市卫生职工医学院，2007年本科毕业于天津医科大学。1982-2021年工作于中国医学科学院血液病医院，1989年任血液二科副护士长，1998-2021年任护理部主任。2006年至今连续担任天津市护理学会第七、八、九届理事会常务理事。2006-2019年任天津市护理学会静脉输液专业委员会主任委员，现任名誉主委。2012-2017年任中华护理学会静脉治疗护理专业委员会委员，2018年至今任副主任委员。2021年初任天津市护理学会血液科护理专业委员会主任委员。2019年至今任《中国护理管理》杂志编委。

她从事临床护理及护理管理工作39年，担任护理部主任后，制订完善血液病护理管理制度，包括《血液病专科护理常规》《层流病房管理制度》《静脉治疗管理手册》等共19项。建立20余个血液病单病种临床护理路径及健康教育路径。自2002年引进PICC技术应用于临床并不断发展，至今已置管2万余例，成为血液病患者治疗“生命线”。2010年启动优质护理服务示范工程，到2011年全院优质护理病房达到100%，荣获天津市卫生系统优质护理服务示范工程先进单位和天津市卫生系统首批挂牌的优质护理服务医院。她带领团队不断引领血液病专科护理发展，在白血病化疗及CAR-T细胞护理、淋巴瘤全程化管理、血友病综合关怀、造血干细胞移植护理、儿童血液病护理等方面都取得成效，自2016年度连续4年血液病医院进入中国医院科技量值（STEM）-护理学排名百强榜，分别为第58、33、39、40名。2020年发起成立中国血液病专科联盟血液病护理联盟，与国内14个省市20家医院联合搭建血液病专科护理学术交流和人才培养的平台，2021年组织举办首届中国血液学科发展大会-护理分会，探讨血液科护理发展的新方向、新模式，开启了国内各血液科在护理方面的合作、交流与融合，促进中国血液科护理领域的发展。举办第一届全国血友病专科护士培训班，培养了来自全国17个省市27家医院的血友病护士34名，为促进全国血友病护理同质化发展奠定了基础。2020年开展对口帮扶甘肃省平凉市第二人民医院护理工作。

她作为天津市静脉治疗专业带头人，带领团队制订天津市静脉治疗质量管理标准、静脉治疗技术标准操作规程和流程、预防导管相关感染集束化管理措施等，开展静脉治疗相关培训和质量改善，提高了天津市静脉治疗质量与安全，如静脉输液工具选择有明显改善，一次性钢针使用率从2017的51.41%下降到2020年的26.70%，静脉留置针使用率从2017年的46.03%提高到2020年的66.05%。2013-2019年，举办十一期天津市PICC资质/静疗专科护士培训班，培养专科护士438人。2020年血液病医院获批中华护理学会静脉治疗专科护士京外临床教学基地。

她主持医院管理课题“血液病专科护士培养模式的构建”，参与科研项目20余项；以第一作者发表论文15篇，通讯作者发表论文3篇，代表作《血液病医院临床研究护士的设立及管理》《血液病病人对优质护理服务需求的调查》《PICC置管规范性管理在血液病患者中的应用》《造血干细胞移植病房护士工作体验的质性研究》分别在《中华现代护理杂志》《护理研究》《中国护理管理》发表；主持的“PICC在急性白血病化疗中的临床观察研究”项目获天津市引进应用新技术填补天津市空白证书；主编天津科学技术出版社出版的《血液病健康知识问答》第一版和第二版、主编人民卫生出版社出版《护理技术标准操作规程和流程》，副主编4部专著。

2017年她荣获中华护理学会杰出护理工作者称号，被《中国护理管理》杂志社评为全国优秀护理部主任。2019年被人民网评为全国改善医疗服务“群众满意的医务工作者”。

杨志敏

杨志敏，女，1961年11月出生于天津市，中共党员，主任护师。1980年12月中专毕业于宝坻卫生学校。2006年大专毕业于天津医科大学夜大。1980年工作于宝坻县人民医院，1989-1997年任医院骨科护士长，1998-1999年任护理部主任，1999-2019年任副院长，主管护理工作。2006、2012年任天津市护理学会第七、八届常务理事，2018年任天津市护理学会第九届理事会副秘书长，2013-2019年任护理管理专业委员会副主任委员，2019年任护理管理专业委员会主任委员。

她从事护理工作40年。1997年，她带领骨科病区开展整体护理，宝坻县人民医院成为全市首批开展系统化整体护理工作的医院。

她从事护理管理工作22年，1998年担任宝坻县医院护理部主任后，在全院推行责、权、利统一的护理垂直管理，实行以岗定薪、评聘分开、护士分级管理的人事制度改革，全院护理人员择优录用、竞聘上岗。她每天深入临床进行护理质量督导和业务查房，形成自上而下、环环控制的管理模式。1999年被任命为护理副院长后，组织成立护理质量管理委员会，提出“能者上、平者让、庸者下”的管理方针，实行末位淘汰制。采取“请进来，走出去”的方式培养护理人才，选派护士长、护理骨干去国内外知名医院进修学习。2004年她带领7名护士长去美国密西根大学护理学院研修学习3个月。2010年她带领团队结合医院实际完善各项操作规程、构建护士培训体系、健全绩效考核激励机制、实施护士岗位管理、建立支持保障系统。2005年护理部被评为全国卫生系统巾帼文明岗，2011年外三科病房被评为卫生部优质护理服务先进病房，2012年医院被授予天津市优质护理服务医院称号，2014-2019年连续六年在天津市护理质控中心优质护理服务督导检查中均获优秀。2016-2019年连续四年护理部牵头所做的护理质量改善项目获得市级优秀奖励证书，其中

2018年的“降低尿管相关性尿路感染发生率”改善项目被推荐参加第四届中国护理质量大会并获护理质量提灯奖推荐奖。

她从事临床科研工作27年，2012年主持完成“持续泵入冲洗预防负压封闭引流导管堵塞的临床研究”项目获天津市科学技术成果，参与完成3项天津市科学技术成果“术前手术部位确认图标的临床应用研究”“洁净手术室棉质无菌包保存期限的研究”“微信联合出院访视对其关节置换术后空巢老人康复效果的影响”。她主持完成3项天津市卫生系统引进应用新技术填补空白项目，2005年的“ARDS病人的卧位改进”、2007年的“弹性宽边止血带的临床应用”和2011年的“萧氏双C护理模式在截肢患者幻肢痛中的应用”。参与完成天津市卫生系统引进应用新技术填补空白项目“持续泵入冲洗预防VSD导管阻塞的临床应用”。发表核心期刊论文9篇，专业期刊1篇，其中2015年《不同延续护理服务方式对出院慢性阻塞性肺疾病患者的影响》发表在《中国实用护理》杂志。2011年《创建优质护理服务示范医院的体会》、2012年《萧氏双C护理模式在截肢患者幻肢痛中的应用》、2015年《负压封闭引流技术治疗人工全髋关节置换术后感染的护理》、2017年《加速康复外科理念在膝关节置换患者围手术期中的应用》、2018年《住院患者静脉血标本采集质量改善研究》等论文在《天津护理》发表。2016年《助产士绩效考核的效果评价》在《内蒙古中医药》发表。

1995、1998年获得天津市优秀护士称号，2006年获天津市卫生系统十佳护士称号，2007年获得天津市总工会五一劳动奖章，2013年获天津市三八红旗手称号，2013年被评为中国医院协会第一届优秀护理管理先进个人。

陈彬

陈彬，女，1961年12月出生于天津市，中共党员，副主任护师，天津中医药大学硕士生导师。1981年中专毕业于天津医学院，1987年大专毕业于天津职工医学院护理系。1981年至今工作于天津中医药大学第一附属医院。1989-2001年任内科护士长，2001-2010年任科护士长。2010年任医院功能检查科副主任，2016年任党支部书记。

她从事临床护理工作40年，致力于内科护理，先后在内科、急症、ICU、血液净化中心、气管镜室、心脏外科重症监护室等科室工作。1989年任病区护士长期间，承担历届天津中医药大学中专班护理专业内科护理教学及临床带教工作，并参与筹建医院血液净化中心、支气管镜室的工作，2000年受医院委派往解放军总医院学习心外重症监护技术，后回院筹建心外重症监护室并参与初期工作。

她从事护理管理20年，所管辖二级分科8个病区，床位550余张。2008年作为医院护理技术指导与培训领队，参加天津市首届青年护士基本功大赛取得2枚“五一”劳动奖章，为医院培养了大批专业骨干和技术能手。

2009年聘为天津中医药大学硕士生导师，培养学生2名。

她2005年参与局级科研项目“生脉注射液对心衰大鼠地高辛药物动力学影响的实验研究”，1994年研发国家实用新型专利“新型输液瓶”1项。以第一作者发表论文7篇。参编著作1部，为1998年中国医药科技出版社《中医内科护理丛书》。

黄淑敏

黄淑敏，女，1961年12月出生于天津市，中共党员，主任护师。1981年中专毕业于天津市护士学校，1989年大专毕业于天津职工医学院，2008年本科毕业于天津医科大学。1981-2003年工作于天津市肺科医院，1996-2002年任结核科、呼吸科、手术室护士长，2003年任护理部主任。2004年至今工作于天津市海河医院，2004-2017年任护理部主任。2006-2018年任天津市护理学会第七、八届理事会理事，2006-2019年任结核专业委员会主任委员、护理管理专业委员会委员，2014-2017年任中华护理学会内科专业委员会专家库成员，2014-2019年担任天津市防痨协会第六届护理专业委员会主任委员，2017年至今任中华医学会结核病学分会第十七届结核病护理专业委员会副主任委员，2019年至今任天津市护理学会呼吸专业委员会委员。

她从事护理管理工作19年，2003年天津市肺科医院作为收治SARS患者的定点医院，她临危受命承接护理部主任工作，带领团队摸索制订传染病区护理工作模式和流程，连续奋战50余天，开展对SARS患者的护理救治工作。2004年天津市肺科医院与中铁十八局医院正式合并为天津市海河医院，迁至新院后，面对护理人员业务水平参差不齐的现状，她结合医院定位和公共卫生特性，借鉴SARS救治的管理经验，针对护士长、应急队员、普通护士等不同岗位的人员制订培训考核方案，内容涉及医疗、护理及院感防护知识、技能、新技术等。在2009年甲型H1N1流感防疫中，她带领应急护理队伍完成210名（其中重症、危重症55名）患者的护理工作。她通过探索实践形成了突发公共卫生事件定点医院平战结合护理管理模式及工作流程，并在应对H7N9、埃博拉等疫情的处置中得到应用。平时，医院作为天津市收治结核病患者的定点医院，她注重结核病防治知识的普及，通过开展护患健教小讲堂和医、护、患、家属大讲堂，提高患者及家属结核病防治的知信行水平。她改革绩效考核方案，采取多种稽核方法，将质量安全管理与科室及护理人员考核挂钩，设立护理人员与科室双向竞聘模式。

她任结核专业委员会主任委员12年，每年组织专委会人员深入学校、社区、养老院、医院开展结核病、呼吸系统疾病、传染病防治宣传及知识讲座，2014年通过对天津市12家医院和658名参与结核病及呼吸系统疾病诊治工作的护理人员进行结核病认知现状的调查，分析结核、呼吸专科及非专科护理人员对结核相关知识掌握的现状与培训需求，编写了《结核病防治百题解答》。

她以第一作者发表论文7篇，代表作《简易配药箱的制作与应用》和《1例巨大疣状皮肤结核患者的护理》分别在《天津护理》《中华护理杂志》发表。参编著作2部，《胸部疾病电视胸腔镜诊断治疗学》和《内科常见疾病护理常规》，分别在天津科技翻译出版公司、人民卫生出版社出版。主持完成天津市医院协会医院管理研究项目1项——“突发公共卫生应急队护理人员工作压力源-疲溃感与组织承诺的相关性研究”。

2003年被天津市卫生局评为抗击非典先进共产党员，2014年被评为天津市第四届人民满意的好护士，2016年被评为天津市第十届十佳医务工作者，2017年被评为全国优秀护理部主任、天津市三八红旗手，2019年被评为中华人民共和国成立70周年结核病防治时代人物。

轧春妹

轧春妹，女，1962年2月出生于天津市，中共党员，主任护师，硕士生导师。1981年中专毕业于天津市护士学校。1987年大专毕业于天津市卫生职工医学院。2004年本科毕业于中国协和医科大学。1981年至今工作于天津市第二人民医院，1993年起先后在重症肝炎病房、感染科、门急诊、特需病房担任护士长，2003-2009年任甲楼病区科护士长，2009年-2016年任护理部主任，2016年至今任预防科科长。2012年任天津市护理学会第八届理事会常务理事，同年任中华护理学会第二十六届理事会传染科护理专业委员会委员，2013年任天津市护理学会第八届理事会护理管理委员会委员，2015年任天津市护理质量控制中心委员，同年任中国医院协会传染病管理分会临床循证管理专业学组委员，2007年至今担任《天津护理》杂志编委。2004年她当选为第十一次天津市妇女代表大会的代表，2007年当选为第九次天津市党代会党代表。

她从事传染病人的护理工作28年，参加流脑、乙脑、百日咳、手足口、白喉、霍乱、伤寒、婴儿瘫等传染病救治工作。参加院里十一五、十二五国家课题研究，在重症肝炎的救治工作中，首次为重症肝炎患者进行人工肝治疗操作。2003年作为护士长带领科室人员第一个收治非典患者，参加首例非典超级传播者的救治工作，包括血液净化治疗、气管插管、调试呼吸机等。2020年2月她作为市感控专家被市卫健委派往支援海河医院、武清人民医院、三潭医院进行新冠肺炎防控工作。作为感染控制专家参加对天津市所属医疗机构发热门诊、急诊、门诊及病房的感染防控督导检查工作。

她从事临床带教工作20余年，1998年担任天津医科大学本科生的临床带教工作，2010年在天津中医药大学教授护理本科生“传染病学及护理”课程，2011年被聘为天津中医药大学护理学专业硕士研究生指导教师，指导研究生7人，其中5人已毕业。

她从事护理管理工作20余年，担任护理部主任期间，修订完善护理部各项制度、工作流程。开展对护理人员的绩效考核工作。

她主持参与课题、专利10余项，主持局级课题“八段锦在慢性乙肝患者运动干预中的应用研究”；完成“体温计消毒盒的设计与应用”专利；发表论文20余篇，2018年在《国际护理学杂志》发表《同伴教育在慢性丙型肝炎合并糖尿病患者中的应用》。参编书籍3部。

2003年荣获天津市三八红旗手称号、全国五一劳动奖章、全国优秀科技工作者称号，2003年荣获全国抗击非典先进个人称号，2004年荣获全国三八红旗手称号，2006年荣获天津市十佳护士称号、津门女将称号、天津市劳动模范称号。2008年被推选为北京奥运会的火炬手参加火炬传递。

赵静芸

赵静芸，女，1962年3月出生于天津市，副主任护师。1977年应征入伍，在北京军区装甲兵坦克六师后勤医院担任卫生员。1981年中专毕业于北京军区军医学校护理专业。1992年大专毕业于天津市职工医学院。1981-1986年工作于北京军区八分部二五四医院，1986-1989 年工作于天津市第三医院，1992-2003年工作于天津石化医院，2003-2016年工作于天津市滨海新区大港医院。1981-1985年任北京军区八分部二五四医院排级干部，1985-1987年任连级干部。1987-1989年任天津市第三医院急诊科护士长。1993-1997年任天津石化医院急诊科护士长，1997-2003年任护理部主任。2003-2016年任天津市大港医院护理部主任。

她从事护理工作35年。2003年抗击非典期间，她带领医生、护士、检验人员、放射技师等医护人员迅速组建起发热门诊投入防疫工作中。在物资紧缺的情况下，不断完善工作流程，为抗击非典提供了坚强有力的工作保障。2003年原大港医院与原石化医院合并，她担任护理部主任，辗转两个院区开展护理工作。

她从事护理管理工作26年，管理过程中不断完善科室、医院的护理管理制度、护理操作流程和应急预案，多次组织医院护士情景模拟操作考核，提高了医院的整体护理技术水平。

2000年在《现代医药卫生》发表《股静脉穿刺置换术与锁骨下静脉穿刺置换术临床应用的选择》，《健康心理学》发表《谈护理工作中的首因效应》，《医学理论与实践》发表《心肌梗塞患者整体护理中的健康教育》多篇文章；2001年在《天津护理》发表“股静脉置管术后感染的预防及护理”等文章。

1994年被评为天津市优秀护士长、天津市卫生局青年岗位能手，1998年被评为天津市优秀护士。

赵桂华

赵桂华，女，1962年出生于天津市，副主任护师，硕士生导师。1983年中专毕业于天津市护士学校，1989年大专毕业于天津市职工医学院。1983-2013年工作于天津市长征医院（现天津市中医药研究院附属医院），1995-2002年任皮肤科病房护士长，2003-2013年任护理部主任。2008-2010年任中华中医药学会护理分会常委。

她从事护理管理工作18年，建立了皮肤专科单病种的辩证施护，主持多名皮肤病危重患者的抢救，护理会诊及护理疑难病例讨论。组织护理人员开展中西医皮肤病种护理查房，摸索皮肤专科中医护理病历的书写模式，引导护士们从中医、西医的不同角度，对疾病的发病机制、临床表现、治疗和护理展开讨论，解决疑难护理问题。2007年护理部荣获中华中医药学会首届中医护理先进集体，并作为天津地区唯一代表进行大会交流。2008年皮肤病护理单元被评为全国中医特色护理优秀科室。

她依据中医理论中人的整体观，逐渐改变和完善护理模式。2004年参与了市卫生局与护理学会组织编写的《天津市中医、中西医结合医院护理工作指南》应用与临床。

2006年被中华中医药学会评为全国首届百名优秀中医护理标兵。

宓丽娟

宓丽娟，女，1962年6月出生于天津市，中共党员，主管护师。1981年中专毕业于天津市护士学校。2002年取得天津医科大学大专学历。1981-2013年工作于天津市滨海新区大港医院。1991-1997年任内科护士长，1997-2001年任急诊科护士长，2001-2017年任护理部副主任，2013-2017年任护理部主任。

她36年坚守在护理岗位上。2003年抗击非典期间，主动请缨到一线工作，在大港党校和官港留观点奋战坚守30余天，圆满完成各项任务。2005年，大港医院搬迁期间，她作为医院迁址重建工作的重要成员之一，负责病房设置、物资准备等工作，配合医院充分做好各种筹备工作。随着医院的不断发展，消毒供应室在布局和功能上不能满足医院的消毒工作，她将供应室改造后更加实用，达到功能最大化，得到天津市护理质控专家的好评，供应室在年检评定中取得优异成绩。

她从事护理管理工作26年，不断完善、修订医院护理操作规程，建立健全护理工作制度，制定了内容充实、可操作性强的护理操作流程范本。她开展护理业务查房制度，使全院护理专业知识和技术水平整体提高。

她在1994年被评为天津市卫生行业优秀护士长，1995和2004年被评为天津市优秀护理工作者。

戴艳梅

戴艳梅，女，1962年6月出生于河北省唐山市，中共党员，教授，主任护师，硕士生导师。1982年中专毕业于北京军区军医学校，1998年大专毕业于天津财经学院（现代经济管理专业），2002年本科毕业于中共中央党校函授学院（行政管理专业）。1977年入伍，1987年转业到天津市口腔医院，2007年任纪委书记，2018年至今任副院长。兼任南开大学医学院口腔系副主任、口腔护理教研室主任，天津市口防办主任，天津市口腔功能重建重点实验室副主任。2014-2018年担任天津市预防医学会口腔卫生分会第三届委员会主任委员，2012年至今担任天津市护理学会第八、九届理事会常务理事，2015年至今担任中华口腔医学会第一、二届口腔护理专委会常务委员。

她从事护理、口防管理工作14年，自2007年起，选派病房、手术室、门诊护理骨干赴北大口腔等国内领先单位进修学习口腔新技术开展的护理配合，选派各科护理骨干参加全国口腔护理技术、手术室及急诊等7个专业的护士专科培训，带动医院专科护士队伍建设和护理新技术开展。2008年组建口腔健康直通车医护小分队，进行科普讲座及义诊863场，2011年被评为天津市精神文明创新奖。2009年主持申报中华口腔医学会口腔专业护士培训基地，培养学员284名，她提出推行青年护士三年规范化培训完成75人。2010年在全院推行优质护理服务工作，落实责任制整体护理模式，门诊系统开展四手操作护理配合模式，并指导病房护士成立病人康复功能、语音功能训练及心理健康小组，改善病人术后的心理状态。2012年建立护理人员机动库，培养口腔全科护士，实现护理人才队伍专科化发展。组织编写护理应知应会、健康宣教等口袋书6本，指导护理人员学习和应用。医院2012年被评为天津市卫生局三八红旗集体，2015年被评为全国疾病预防工作先进集体，2019年挂牌全国健康口腔指导中心。

她从事教育工作14年，2009年协助筹建南开大学医学院口腔系、天津医学高等专科学校口腔护理班，建立了“院校合一、分段实施”人才培养模式，她提出培养“卓越口腔医师”和“口腔护理专科人才”教学目标，在南开大学口腔系开设“口腔护理学”选修课；推出“理论实验一体化”“医护一体化”教学模式、“三化一特色”教师培养模式。2018 年她联系贵州省毕节医高专开展教育帮扶，接受7名教师来医院进修学习。

2012年主持承担天津市防龋惠民公卫项目，至2020年全市有248万余名适龄儿童接受口腔检查，66万余人次接受窝沟封闭。2015年建立院内护理科研基金，立题30项。2019年带领科研骨干获批天津市口腔功能重建重点实验室，立题25项。

她主持课题8项，包括国家卫健委公益性行业科研专项课题(天津地区）1项“第四次全国口腔健康流行病学调查”，教育部行指委课题1项“院校共建口腔专业群实训基地模式及路径研究”，天津市教育科学规划十二五重点规划课题“口腔护理专业人才培养模式的研究与实践”等，其中1项获全国第三届职业教育成果三等奖。

她以第一作者发表论文10篇，通讯作者发表论文8篇，代表作《ACavity Preparation Evaluation System in the Skill Assessmentof Dental Students》《医护一体化教学在口腔护理专业教学中的应用》，分别在《JDentEduc.》《中华护理教育》发表。主编著作2部《口腔专科护理》《口腔护理技术》分别在人民卫生出版社和北京科学技术出版社出版。

2014年被天津市总工会评为天津市五一劳动奖章，2003年被天津市人民政府评为天津市抗击非典先进个人。

苗桂萍

苗桂萍，女，1962年8月出生于天津市，中共党员，主任护师，1983年中专毕业于天津市护士学校，1990年大专毕业于天津职工医学院，2010年本科毕业于承德医学院。1983年工作于天津市第一中心医院，先后担任泌尿外科科护士长、天津市第一中心医院东院（现天津市职业病防治院）护理部主任、护理质控中心秘书等职务。2013年任天津市护理学会第八届理事会院内感染专业委员会委员，2016年任第六届肿瘤护理专业委员会委员，2018年任中国欧洲泌尿护理联合培训中心副主任兼客席讲师，2018年任天津市医学会泌尿外科学分会第八届委员会护理学组副组长。

她从事护理工作38年，2000年因医院学科调整，将泌尿外科和肾内科整体迁移至天津市第一中心医院东院发展肾病专科，她则跟随科室搬迁到东院继续负责科室的护理管理工作。2003年非典疫情过后，她被任命为东院护理部主任，担任护理部主任期间，她落实护士长管理，运用ABC时间管理法，梳理并优化护理工作流程，重新修定护理工作模式，简化护理文件记录，突出重点记录内容，言简意赅，提高了护士工作效率。拍摄护士礼仪文明行为视频，对全院护士进行素质教育，2004年因工作需要调回天津市第一中心医院担任天津市护理质控质控中心秘书工作。

她发表论文10篇，于《天津护理》发表论文《临床常见护理风险及防范对策》《膀胱灌洗器具盒制作及应用》《综述护士心理健康状态及维护对策》等，于《护士进修杂志》发表论文《肝移植成年患者抑郁障碍护理干预》，于《中华医院感染杂志》发表论文《留置尿管患者尿路感染相关因素及预防对策》等。科研成果“膀胱灌洗器”获得天津市科技成果，卫生系统引进应用新技术填补空白1项，参编《护理临床实习指导》一书。

1995年、2004年荣获天津市优秀护理工作者称号。

张衍

张衍，女，1962年9月出生于天津市，中共党员，主任护师。1981年中专毕业于天津医学院，1997年大专毕业于天津医科大学。1981年至今工作于天津市宁河区医院，1993-1998年任护理部副主任，1998-2012年任护理部主任，2013年至今任门诊办主任。2012-2016年当选中国共产党天津市第十次代表大会党代表，2011至今当选天津市宁河区第一、二届人大代表，2002-2012年任天津市护理学会第六、七届理事会理事。

她从事护理管理工作20余年。任护理部主任期间，优质护理病房覆盖率100%，并开展延续护理服务。2009年在全院推行消毒供应中心集中管理。她在业余时间开展三基训练考核，以人人达标为基线严格管理。她争取各方支持在宁河地区开办天津医科大学高自考培训班，鼓励护士参加学历继续教育，通过六年努力，护理人员大专以上学历从零提升到40%。2009-2011年，护理团队在天津市卫生局质量督察及抽查中，在卫生部医院质量万里行及医院管理年检查中均获得“优秀”。2011年她赴匈牙利及中国台湾地区学习并学以致用，2012护理团队通过了JCI认证，进一步提升了护理整体能力及水平。她曾三次放弃调至医疗管理机构任职的机会，坚守护理岗位30年初心不变，曾被推荐为天津市党代会代表、宁河区人大代表，代表护理团队为政府发展和人民健康建言献策。

她以第一作者发表论文10篇，代表作《改良肢体消毒架的制作与应用》《50例肺栓塞患者的护理体会》分别在《天津护理》《中华危重病急救医学》杂志发表。她主持研发的“手术室四肢消毒架”“推移式输液架”“即毁型软带挂锁”等课题获国家实用新型专利，并应用于临床。

她于2001年荣获天津市优秀护理工作者称号，2011年获国家卫生部颁发的优质护理先进个人奖。

刘美华

刘美华，女，1962年9月出生于河北省沧州市，主管护师。1981年中专毕业于湖北省十堰市卫生学校。1981-2007年工作于中建六局职工医院，2004-2007任妇产科护士长。2007-2017年工作于滨海新区塘沽妇产医院，2010-2014任护理部主任。

她从事临床护理工作33年、临床护理教学24年、护理管理工作8年。任护理部主任期间，在各护理单元每月开展一项为病人护理的新举措及特色服务。依据“质量就是生命”的质量理念，建立逐层把控、逐层负责的质量控制体系。前后成立“病历书写、液体管理、基础护理及急救技术学习小组”，培养护理人员发现问题和解决问题的能力。倡导和培养护士长的创新、服务、持续改进意识，并带领全院护士创建优质护理病房。

叶朝

叶朝，女，1962年9月出生于天津市，中共党员，主任护师。1984年中专毕业于天津市护士学校，1996年专科毕业于天津医科大学，2006年本科毕业于天津医科大学。1984年工作于天津市第一中心医院，1996-2010年担任产科护士长，2010年至今担任妇产儿科科护士长。2001-2004年担任天津市护理学会第六届儿科护理专业委员会委员，2013年至今担任天津市护理学会妇产科专业委员会副主任委员，2009年至今担任天津市护理质控中心妇儿学组委员，2018年至今担任中华护理学会产科专业委员会专家库成员，2020年至今担任天津市医疗健康学会妇产科专业委员会委员、中国妇幼保健协会助产士分会围产保健学组委员。2011年至今担任天津医科大学夜大学专升本毕业综述指导教师、天津医科大学护理学专业兼职教师，同时担任《中华护理教育》《天津护理》杂志编委。

她从事临床护理工作12年，管理工作25年，为保证护理服务质量的持续性改进，量化评价临床护理质量，她构建产房专科敏感指标，让管理数据化，针对临床存在的问题，开展质量改善项目——2018年“提高新生儿听力筛查通过率”质量改善项目荣获第四届中国护理质量管理大会护理质量提灯奖推荐奖。她积极参加国内外交流学习，2015年赴匈牙利赛梅维什大学参加护理管理培训，2018年赴新加坡中央医院培训学习，同时学以致用，将新加坡的目视化管理应用于临床，既提高了工作效率，又保障了医疗安全。工作中她开展思维导图、情景模拟、科室公众号等多种形式的健康宣教，2017年指导的“胎膜早破”科普情景剧在天津市护理学会组织的健康教育比赛中获得一等奖，2018年指导的演讲稿“戒骄戒躁，稳度更年期”在中华护理学会首届全国妇科护理青年科普演讲大赛中获最佳表现奖，2020年指导的科普作品“出生缺陷防治知识”在国家卫生健康委组织的全国出生缺陷防治科普大赛中获三等奖。

2000年她将婴儿抚触新技术应用于临床，荣获首届全国婴儿抚触大奖赛三等奖。主持天津市质量管理协会课题1项，获天津市优秀成果奖。主持“婴儿抚触技术在儿科的应用”天津市医院管理学会课题1项，获天津市局级优秀成果奖。参与天津市局级课题1项、天津市科技团体决策咨询项目1项、天津市护理学会科研课题2项、院级课题3项。主持天津市卫生系统引进应用新技术填补空白项目2项“拉玛泽减痛分娩法在产程中的应用”“分娩球联合导乐仪镇痛法在产程中的应用”，参与1项。主持完成实用新型专利3项，参与完成实用新型专利14项。以第一作者于中华期刊发表论文4篇，其中于《中华劳动卫生职业病杂志》发表论文《助产士职业认同感与职业获益感对其职业倦怠的影响》《助产士对职业性下背痛认知的调查》，于《中华急诊医学杂志》发表论文《剖宫产术后大面积肺栓塞患者抢救成功一例》，于《中华护理杂志》发表论文《脐静脉插管在高危新生儿中的应用与护理进展》。发表核心期刊论文17篇、专业期刊论文4篇。担任副主编撰写《妇儿科常见疾病护理常规》，参编《护理管理》。

2001年被评为军人模范妻子，2006年被评为天津市津门健康女卫士，2008年被评为天津市卫生行业第六届双十佳医务工作者，2010年被评为天津市劳动模范，2015年被评为全国医德标兵，2016年被评为天津市最美女护士，2018年被评为《中华护理杂志》优秀编委，2012-2016年三次被评为天津市人民满意好护士。

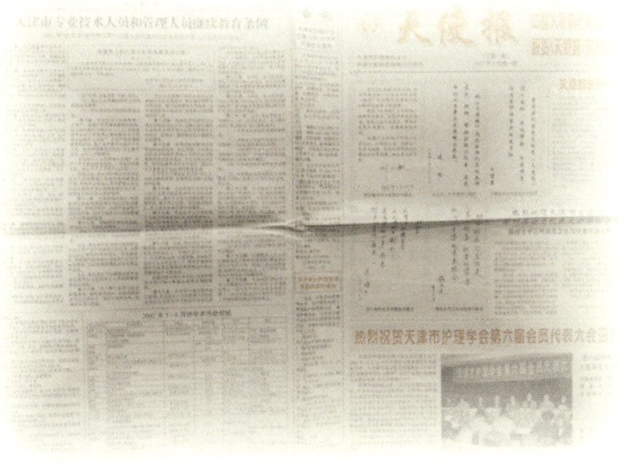
天津市专业技术人员和管理人员继续教育条例
热烈祝贺天津市护理学会第六届会员代表大会

孙宝树

孙宝树，女，1962年9月出生于天津市，中共党员，主任护师。1981年中专毕业于天津市护士学校。1981年至今工作于天津市武清区人民医院，1984-1995年先后任内科护士长、急诊科护士长，1995年任内科科护士长，1997年任护理部副主任，2004-2013年任护理部主任。2006-2012年任天津市护理学会第七、八届理事会理事。

她从事临床护理工作3年，护理管理工作36年。1988年医院迁入新址，她配合医院组建新病房，扩大、加强护理队伍的建设，制订各层级护士执业规划，培养专科护士30余名。她成立区级、院级护理质控小组，带领质控人员对全院各个护理单元监督指导。她担任武清区护理质控组组长，组织编写了适合各分院管理的护理工作手册，统一了管理制度、应急预案、常见疾病并发症的处理、护理操作告知程序等要求及措施，并组织对全区各分院、卫生院护理人员进行培训和实地监督指导，助力区级及基层医疗机构护理专业的管理与发展。她组建爱心义工团为贫困患者和孤儿捐钱捐物，为解决他们的困难提供帮助。她提出护理不良事件无惩罚上报机制，实现零缺陷管理的目标。抗击非典期间，及时完善各项制度及工作医院感染防控等工作流程，保证了护理安全。

于丽霞

于丽霞，女，1962年10月出生于辽宁省锦州市，中共党员，副主任护师。1979年入伍工作于空军天津医院。1984年中专毕业于空军吉林军医学校，1990年大专毕业于空军医学高等专科学校，1998年本科毕业于解放军第二军医大学。2006-2012年任北京军区天津疗养院护理部主任。2012-2016年任中国人民解放军护理专业委员会护理教育与心理学组委员，2011-2016年任中国人民解放军疗养医学专业委员会疗养护理分会委员、北京军区医学科学技术委员会疗养医学专业委员会委员和疗养护理分会委员，2015-2020年任中国康复医学会疗养康复专业委员会委员，2006-2018年任天津市护理学会第七、八届理事会理事。

她从事传染病临床护理工作10年，护理管理工作12年，先后制定了医院《护理部建设标准》《护士规范化培训模式》《护理专业技术干部任期考核方法》《继续护理学教育学分管理方法》《护理质量控制标准》《整体护理质量检查评价细则》。她组建并培养天津疗养院护理队伍，提出的“立足平凡，追求卓越”护理团队精神，创建的“亲情化、精细化、个性化”的服务模式，成为天津疗养院的护理服务品牌。天津疗养院护理队伍建设模式，在全军疗养医学专业委员会学术上进行了经验交流。2012年被总后卫生部确立为“全军优质护理服务示范医院”。

她以第一作者发表论文6篇，代表作《军队研究型疗养院建设模式探讨》在《解放军医院管理杂志》发表。作为副主编编写专著《老年贫血治疗》，在金盾出版社出版。

她于1999-2014年3次荣立个人三等功，于2002年被评为全军模范护士。

张立英

张立英，女，1962年10月出生于天津市，中共党员，副主任护师。1983年中专毕业于天津市汉沽卫生学校，1997年大专毕业于天津医科大学高自考护理专业，2010年本科毕业于天津大学工商管理。1983年至今工作于天津医科大学总医院滨海医院（原天津市汉沽医院），1997-2002年任骨科护士长，2002-2012年任手术室护士长，2012年至今任护理部副主任。

她从事护理工作38年，在全院开展以患者为中心的健康教育宣传工作，规范外伤缝合包、换药包、拆线包，外伤缝合包一直延用至今。建立健全手术室各项护理管理制度，加强护士队伍建设，运用科学管理方法提高护理质量管理，开展手术室专科特色的优质护理。

2009年她作为第二完成人开展“一种微创锁定钢板”项目，获得天津市科技成果。2014年主持开展“装有可移动海绵垫的体位调定带”项目，获得国家实用新型专利证书。发表护理论文5篇，2000年在《实用骨科》发表论文《浅谈骨科病人的健康教育》，2009-2016年在《天津护理》发表论文《高龄人工股骨头置换手术的护理配合》《一例剖宫产术后静脉留置针套管断裂的紧急处理及预防对策》《一例人感染猪链球菌病患者的护理》《老年患者术后认知功能障碍的原因分析及护理》。

2006年荣获天津市五一劳动奖章，2007年被评为天津市三八红旗手称号、天津市劳动模范，2008年被评为北京奥运会火炬手称号，2011年荣获全国五一劳动奖章。

张清梅

张清梅，女，1962年10月出生于天津市，满族，中共党员，副主任护师。1983年中专毕业于天津市护士学校，1989年大专毕业于天津市卫生职工医学院，2005年本科毕业于天津医科大学。1983年工作于天津医科大学总医院，1999-2021年任妇产科科护士长。2001-2012年先后任天津市护理学会妇产科专业委员会委员、副主任委员，2013-2019年任天津市护理学会妇产科专业委员会主任委员，2009年任天津市质控中心妇产儿科专业组成员，2015年至今任天津市质控中心妇产科质量管理专业组组长，2018年至今任中华护理学会第二十七届理事会产科护理专委会委员。

她从事临床护理及护理管理38年，所带团队于2005-2009年度四次被评为天津市优秀质量管理小组。2005年创建孕妇学校，承担其授课和管理工作。2017年主持开设母乳喂养咨询门诊，所管理的妇产科成为天津市助产士规范化培训基地及市级PICC专科护士培训基地，已培训100多名学员。

她从事护理教育31年，1990年起承担妇产科临床带教工作，2007-2020年承担天津医科大学护理系授课工作。

她主持参与院、校课题4项，参与课题获国家级教学成果二等奖，带领的团队QC课题4次获天津市优秀成果奖。主编《妇儿科常见疾病护理常规》，参编《妇产科护理学》《天津市孕妇学校基础课教材》《天津市卫生行业岗位规范化培训大纲（护理分册）》《临床护理管理质量标准执行手册》《临床护理技术操作执行手册》。

2016年获天津市第四届人民满意的好护士称号，2014、2016、2018年荣获天津市护理学会工作先进个人称号。

宋国敏

宋国敏，女，1962年12月出生于天津市，中共党员，主任护师，硕士生导师。1981年中专毕业于天津护士学校，1988年大专毕业于天津职工医学院，2007年本科毕业于天津医科大学。1981年至今工作于天津市天津医院，1995-2003年任院临床护理教学基地班主任，2003-2005年任创伤病房护士长，2005-2013年任护理部副主任，2013年至今任护理部主任。2015年至今任天津市护理质量控制中心委员，2016年至今任天津市护理学会骨科专业委员会主任委员，2018至今年任天津市护理学会第九届理事会常务理事、中华护理学会骨科专业委员会委员，2015-2017年曾任中华护理学会第26届康复护理专家库成员，2020年任中华护理学会骨科京外临床教学基地负责人。

她从事护理管理工作18年，任护理部主任期间，建立目标管理、护理岗位分级管理、绩效考核等机制。2017年引进骨科快速康复理念，带领科研团队查阅国内外相关文献50篇，构建了包含围术期护理、营养支持、液体管理、互联网+护理服务等十七项护理指标在内的《老年髋部骨折快速康复护理方案》。通过临床的推广应用，患者平均住院日10.8天缩短至8.7天，尿管留置率从11.6%下降到6.8%，实现了老年髋部骨折患者术后快速康复的目标。在医院实行的无陪护医院管理模式工作中，她亲临临床一线逐一改进各项工作规程，优化出入院及陪检等流程，防范医疗安全风险。经过10年的努力和积淀，无陪伴服务解决了“一人住院，全家辛苦”带来的弊端，住院患者满意度由91.5%提升至99.2%。以无陪护管理为依托，培训200余名生活护理员，为住院患者提供专业的生活照护。

新冠疫情期间，她带领护理队伍统一部署，迅速应战，全身心投入疫情防控工作，2020年护理部党支部被中共天津市委授予“先进基层党支部”。

她从事护理教育8年，参与的《课堂教学质量控制》研究获1999年度天津市优秀成果奖，2003年被评为天津医学高等专科学校优秀教师。2012年作为天津市中医药大学护理专业硕士生导师，她以骨科护理和循证护理为研究方向，培养硕士研究生12名。

她主持天津市医院协会医院管理课题1项“基于精益六西柯玛理论的医院功能检查流程优化”的研究；参与天津市护理学会课题2项、天津市科技委员会科研课题1项、天津市医院协会医院管理课题2项；主持完成“外周静脉穿刺植入中心静脉导管在临床中的应用”项目，获天津市卫生系统引进新技术填补空白。她以第一作者发表护理论文20余篇，其中SCI9篇；以通讯作者发表论文6篇。代表作《流程再造在手术切口感染控制管理中的作用》《Ⅰlizarov外固定架结合带蒂皮瓣转移治疗小腿感染性骨折不愈合伴皮肤软组织缺损的术后护理》分别在《中华医院感染学杂志》《中国矫形外科杂志》发表。参编著作3部《脆性骨折护理》《骨科专科护士培训教材》《医院内骨科静脉血栓栓塞症护理与管理》分别在北京科技出版社、人民卫生出版社及北京大学医学出版社发行。2017年至今护理团队连续4年进入中国医院科技量值（STEM）护理学1-100所医院排名序列，分别是第48、76、73、68名。2018年被评为天津市卫生计生系统优秀共产党员，2019年被评为天津市卫建委工会先进职工代表并荣获天津市“最美白衣天使”称号。

王玉玲

王玉玲，女，1963年1月出生于天津市，中共党员，主任护师，硕士生导师。1983年中专毕业于天津市护士学校，1990大专毕业于天津市卫生职工医学院，2008年本科毕业于西安交通大学。1983年至今工作于南开医院，1993-2003年任手术室护士长，2004-2006年任手术室科护士长、内镜中心护士长、护理部副主任，2007-2017年任护理部主任，2018年至今任临床学院副院长、护理教研室主任、研究所党总支书记。2001-2006年任天津市护理学会手术室专委会委员，2013-2016年任天津市护理学会护理管理专委会委员，及中医、中西医结合专委会主任委员，2018年至今任天津市护理学会第九届理事会常务理事，护理管理专委会委员，中华护理学会中医、中西医结合专委会专家库成员。2013-2017年任中华护理会第26届手术室专委会委员。2012年至今任中华中医药学会护理分会副主任委员。2009-2018年任天津市中西医结合学会护理专委会主任委员。2014年任《中华中西医结合外科杂志》编委，2017年任《TMR整合护理杂志》编委。自2011年起至今连任天津市中医护理质控中心主任、天津市护理质控中心委员。

她从事临床护理工作10年，护理管理工作24年。担任手术室护士长期间，总结了腹腔镜仪器及器械管理办法，录制成光盘在全市推广。2003年手术室承担1例疑似非典患者手术，她带领手术室团队做好应急预案，术后患者顺利转往定点医院，手术人员零感染。在任护理部主任期间，她提出“西医护理强实力，中医护理增特色，中西医结合为根本”的理念，探讨中西医结合特色护理模式，围绕“质量与安全”“科研与教学”“专科与特色”护理三条主线开展系列工作。

她带领护理团队成功申报国家十二五中医护理重点专科，于2017年完成国家验收。并受天津市卫健委中医处委托牵头制定了天津市23

个专业（呼吸、脾胃病、脑病等）新入职护士培训基地标准和天津市“十三五”中医护理重点专科建设标准，我市中医护理首次被列为天津市十三五重点专科建设项目。

她从事教学工作14年，培养硕士研究生33名，协助培养博士生1名。其中2名硕士研究生获国家奖学金。她与天津医学高等专科学校共建“中西医结合护理订单班”，培养7届学生300余人。2014年她成功申报全国中医药优势特色教育基地（中医护理），为32个省市培养护士1500余人。

她主编著作4部，参编7部，出版光盘1套，《常用临床中医护理技术操作手册》《中医科常见疾病护理常规》《急腹症中西医结合护理手册》《子午流注临床护理应用盘》分别在人民卫生出版社、天津出版传媒集团、天津科技翻译出版社出版。她主持天津市卫健委科研课题4项，“胆道系统疾病患者中西医结合心理干预模式构建的研究”“中西医综合护理干预对胃肠手术患者术后康复的影响”“急性胰腺炎患者中西医结合护理方案的构建及应用”等；主持天津市医院协会管理研究项目1项“中西医结合专科护士培训对专科护理质量的影响研究”；主持研发国家实用新型专利9项，“腹腔镜专用敷料单”“子午流注临床护理应用盘”“一种新型刮痧板”等，其中1项获天津市护理学会创新大赛三等奖。她以第一作者发表论文15篇，通讯作者发表论文40篇，代表作《路径化中西医结合心理干预对胆囊切除病人术前负性情绪的影响》《个性化中医护理模式对胃大部切除患者的护理研究效果》《耳穴贴压对胆囊切除患者术后胃肠功能恢复影响的Meta分析》《基于数据挖掘的术后疼痛行耳穴贴压选穴规律分析》分别在《护理研究》《中国实用护理杂志》《中国护理管理》《护理学报》发表。

2006-2012年被天津市卫生局委员会评为优秀共产党员、天津市劳动模范、人民满意的好护士，2009-2011年被评为中华中医药学会评为全国百名优秀护理标兵、全国中医护理优秀科研工作者，2017年被天津市总工会评为天津市最美女医务工作者。

张雅诗

张雅诗，女，1963年1月出生于天津市，中共党员，主管护师。1983年中专毕业于天津市护士学校，1990年大专毕业于天津卫生职工医学院。1983年工作于天津医科大学总医院普通外科，后在骨科、小儿外科，从事临床护理及教学工作。1995年调入天津医科大学口腔医院，分别在颌面外科、供应室任护士长及党支部书记，1999年医院创建美容科，任美容科主任，2000-2003年任护理部主任。1999-2001年任天津市工商业联合会美容业公会理事。

她从事临床护理工作20年，在担任护理部主任期间，正是医疗改革向纵深发展的质量管理和效益年，对护理工作提出了新挑战。她提出的工作目标是：围绕一个中心，提供双重服务，达到两种满意，即以病人为中心，口腔护士在医生与患者之间架起一座桥梁，既服务于病人又要服务于医生，发挥口腔护理在医疗工作中的作用。

她注重不断完善医院护理管理规章制度，解决了护士奖惩、人员结构系列问题。管理工作中制订针对性的改进方案，完善制度、改进管理，定岗定责、量化细则，建立院内质控检查体系和护理人员评议制度，她还注重护士专业培训和整体素质的提升，多渠道让护士参加继续教育，宣传护士自学取得更高学历的典型事例，形成主动学习的风气。

她发表护理论文21篇，以第一作者在《山西护理杂志》发表论文《以整体护理观分析颌面外科病人的心态》，在《现代口腔医学杂志》发表论文《护士长的一项重要工作-帮助护士完成角色互换》等。

金英淑

金英淑，女，1963年1月出生于天津市，朝鲜族，农工党员，副主任护师，硕士生导师。1983年中专毕业于天津市护士学校，1989年大专毕业于天津职工医学院，2009年本科毕业于西安交通大学。1983年毕业后分配到天津医科大学第三医院儿科，1993年调入天津医科大学口腔医院修复科工作，1996-2006年任修复科护士长，2006-2018年任医院护理部主任，2018年至今任感染管理科科长。2006年至今任天津市护理学会五官科专业委员会委员、副主任委员，2013年至今任天津市护理学会第八、九届理事会理事。2015年至今任中华口腔医学会口腔护理专业委员会常务委员、中华护理学会理事会口腔科护理专业委员会委员。

她从事护理工作38年，自2006年担任护理部主任以来，建立健全医院的各项护理管理制度，完善护理人员岗位管理及护理人员分层培训，运用科学管理方法提高护理质量管理，开展具有口腔专科特色的优质护理服务。带领护理团队在中华口腔医学会口腔护理专业委员会举办的第三、四届全国口腔护理技能展评中取得了优秀奖的好成绩。她注重口腔科普宣传工作，成立医院健康教育团队，并于2017年获得天津市护理学会健康教育情景剧表演二等奖。2010年天津医科大学口腔医院荣获天津市卫生系统优质护理服务示范工程先进单位。

她重视口腔专业护士的人才培养，与中华口腔医学会口腔护理专业委员会联合举办全国口腔专业技能培训班，提高院内外口腔护士专业知识与技能。她还重视对护理人员综合素质的培养，强化护理人员基础技能培训，提升护理人员急救能力，带领护理人员在天津市护理学会急救竞赛中取得优秀奖。

她从事临床教学工作32年，为提高护理人员临床教学能力，与天津医科大学护理学院合作，承担集体注射、手术室见习的教学工作，开展护理本科生的口腔护理临床实习。鼓励护理人员参加天津市护理学会临床教师讲课大赛，选派的护士曾获得过一、二、三等奖的好成绩。为培养口腔护理未来人才，她承接天津医科大学护理学院的《口腔疾病预防》限选课程，作为负责人她带领教师团队为护理本科生传授口腔疾病护理的基本知识，帮助学生掌握口腔护理专业知识及各种口腔护理专业实践技能。参与教学改革，协助规划“口腔护理模块”课程体系的建立。以第一作者在《中国实用护理杂志》分别发表论文《喷吸一体式口腔冲洗器的研制》《口腔科医院感染的护理管理现状》2篇，申请题目为“喷吸一体式口腔冲洗器”实用新型专利1项，该专利在2014年天津市护理学会举办的第一届护理用品创新大赛荣获三等奖。

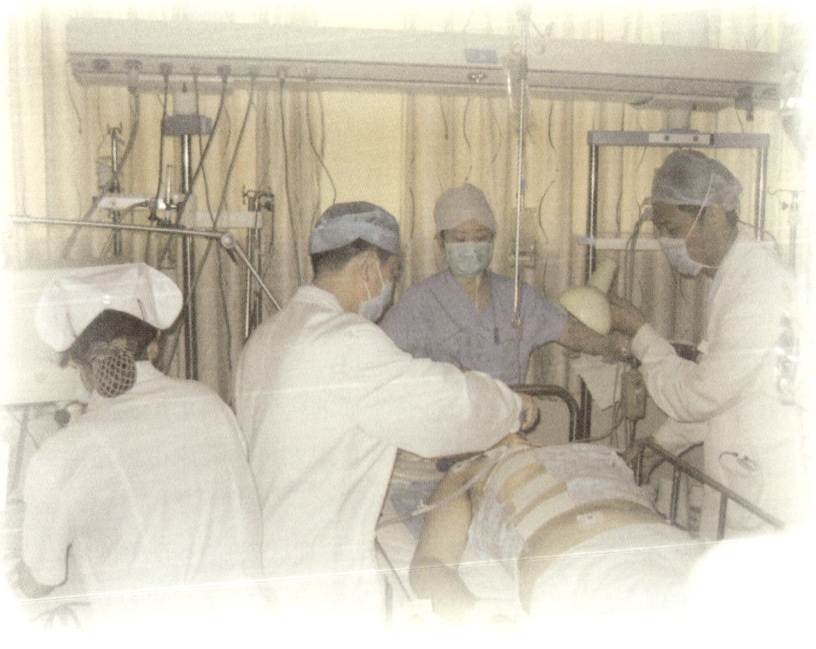

苏爱军

苏爱军，女，1963年2月出生于天津市，中共党员，主任护师。1981年中专毕业于天津市蓟县卫生学校，1995年大专毕业于天津医科大学。1981-1985年工作于蓟县下仓医院，1985年至今工作于蓟州区人民医院，2000-2002年担任内一科护士长，2002年至今担任护理部主任。2018年至今任天津市护理学会第九届理事会常务理事。

她从事护理管理工作20年，2003年开始每年对全院护理人员进行心肺复苏的培训和考核。2004年成立了医院、科室两级护理质控组，每月进行全面的质控督查及业务查房，对存在的问题，按PDCA的管理方法进行持续改进。2008年建立护理安全管理委员会并实行了护理不良事件无惩罚上报制度。2012年开始从护理工作质量、数量及患者满意度对每个病区护士的工作进行综合评价及绩效考核，并依据满意度调查结果评选患者满意的护士进行表彰。2013年成立了伤口、静脉治疗、心理护埋、糖尿病专科小组，共培养专科护士68人，2016年建立了PICC专科门诊。

2003年被评为天津市蓟县卫生系统抗击非典先进个人，2008被评为蓟县卫生系统优秀共产党员，2016年荣获天津市五一劳动奖章。

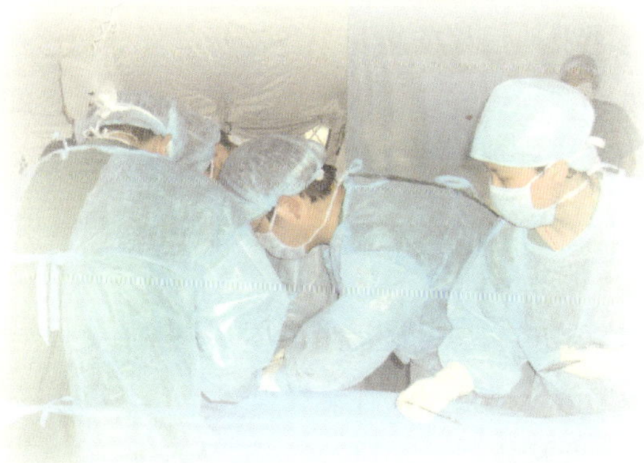

齐连秀

齐连秀，女，1963年8月出生于天津市西青区，无党派人士，副主任护师。1986年中专毕业于天津市蓟县卫生学校护理专业，1995年大专毕业于天津医科大学高自考护理专业，2010年本科毕业于西安交通大学。1986-2019年工作于天津市西青医院，1999-2003年任内科护士长，2003-2013年任护理部主任。2006-2017年担任天津市护理学会第七、八届理事会理事，2011-2021年担任两届天津市西青区人大代表，2016-2019年担任两届天津市护理管理专业委员会委员，自2013年担任天津市人民检察院的人民监督员，2018年担任中华护理学会第二十七届理事会安宁疗护专业委员会委员、天津市护理学会第九届理事会常务理事、西青区护理质控组长，2019年担任西青区科协兼职副主席及医疗保障局社会监督员。

她从事临床护理工作32年。1986-1999年从事内科护理近13年。1997年7月组织开展了整体护理模式化病房创建工作，1999年被西青卫生局评为文明服务窗口，2001年4月，承担医院医嘱系统微机联网试点工作，为全院实行微机联网工作奠定了坚实基础。

2003-2013年，担任护理部主任职务。2003年积极投入到抗击非典的斗争中，参与了发热门诊的组建工作，指导发热门诊护士长建立各项制度、流程等近50余项，达成了医务人员零感染目标。2003年完成了全院护士注册的电子化管理，建立了护士技术档案。制订护理部各项规章制度60余项、各级各类人员职责50项、护理质量考核及评分标准4大项，健全了院-科两级护理质控体系并严格考核，制订各种护理应急程序30项。负责组建重症监护病房、血液透析室等新护理单元12个。2013年协调推动消毒供应中心采取集中处置管理模式，并且承接了周边5家社区卫生服务中心的消毒供应工作。2014-2015年以创建三级医院为契机，健全了三级护理管理组织体系，增设科系护士长5名。2015年5月积极推动移动护理站及护理文书系统的应用，组织开展了多项护理核心指标的监测上报工作。2016年亲自带队加大督导检查力度，促进标准有效落实，顺利通过三级医院等级评审工作。

她从事临床教学工作8年，培养护理部主任3人、护士长12人、急诊、ICU、血液透析及糖尿病等专科护士40人。2014年开始与山东菏泽、沧州医专及天津医学高等专科学校等建立教学关系，承担护理实习生的教学工作。

在护理科研方面，2006-2008年主持参与完成市级科研项目2项，2006年主持完成“胰岛素山良菪碱联合庆大霉素湿敷治疗褥疮的临床研究”被评为天津市科学技术成果，同时该项目于2007年荣获天津市护理学会第一届护理科技进步优秀奖。以第一完成人于2009年发表的“透明易撕胶带固定胃管新方法的应用与观察”被评为天津市科学技术成果。获得区级新技术引进项目2项，为2006年“520S型输液泵在老年冠心病患者输液治疗中的应用”和2007年“一次性真空采血系统的引入”。以第一作者发表论文3篇，为2006、2007年在《天津护理》发表的《胰岛素山良菪碱联合庆大霉素湿敷治疗压疮的观察》《国内护理人员工作压力原因与应对策略》和2008年在《哈尔滨医药》发表的《透明易撕胶带固定胃管新方法的应用与观察》。

1998年被共青团、西青区卫生局委员会评为十佳青年，1999、2004年被西青区卫生局评为区级优秀护理工作者，2003年被西青卫生局评为护理工作先进个人，2004年被天津市人民政府评为优秀护理工作者。

田丽

田丽，女，1963年9月出生于天津，中共党员，主任护师，硕士生导师。

1984年中专毕业于天津市护士学校，2004年本科毕业于天津医科大学，2007年毕业于南开大学，硕士学位。1984年至今工作于天津市第三中心医院，1997-1999年任内科护士长，1999-2001任急诊护士长，2002-2004年任护理部副主任，2004年至今任护理部主任。2019年至今任天津市护理质控中心主任。2001-2006年任天津市护理学会第六届理事会理事，2006-2012年任第七届理事会常务理事，2012-2018年任天津市护理学会急诊专委会主任委员。2012年至今任天津市护理学会第八、九届理事会副理事长、全国职业院校技能大赛高职组护理技能赛项专家组成员，2016-2020年任中国医院协会护理管理专业委员会第二届常务委员，2017年至今任中华护理学会第二十七届理事会常务理事，2018年至今任中华护理学会第二十六届急诊专业委员会委员、国家卫健委医院管理研究所国家级医院评审员。同时担任《中华护理杂志》《中国护理管理》《护理研究》《护理学》《天津护理》《现代临床护理》等杂志编委。

她从事护理工作37年。2005年她在全国医疗行业中提出“住院患者无陪伴”的护理模式，并且推广到全国30多家大中型医疗单位。至今，已有来自全国31个省市1800余家医院来院参观学习。她带领的护理团队于2016年被评为全国三八红旗集体，2020年获国家卫健委改善医疗服务群众满意的医疗机构、改善医疗服务创新科室等荣誉称号，2011年获批成为国家临床重点专科，2018年成为天津市重点学科。作为护理部主任，制订并完善护理制度、护理常规等700余项，建立意外跌倒、深静脉血栓形成风险评估等13项患者安全评估系统，保障了患者安全。构建临床护理和护理管理互联互通的信息化网络平台，涵盖30余个结构化智能模块。借助PDA和移动护理工作站等通讯设备，护士可在患者床旁完成从入院到出院的全程照护。

她承担天津医科大学高级护理实践课程的安排及授课，作为天津医科大学硕士研究生导师，培养硕士研究生共60余名。担任医院内国际造口治疗师及优玛天津伤口学校临床教学基地，中华护理学会护理管理、重症、营养专科护士京外临床实践基地及天津市专科护士临床教学基地负责人。

作为南丁格尔志愿服务队203分队队长，在医院、社区、学校等开展护理志愿服务活动。2019年，三中心医院南丁格尔志愿服务队的队员在第五届全国红十字应急救护大赛取得团体冠军和2项单项冠军的佳绩，在天津市学雷锋志愿服务“六个一批”先进典型评选中被评为天津市“优秀志愿服务团队”。近年来组织护理骨干进行柔性帮扶60余人次。

2003年抗击“非典”，驻武警医院指挥部负责护理工作，严格培训进入“红区”的每一位医护人员，实现了所有参与“非典”救治的医护人员“零感染”。2008年汶川地震后负责接收地震伤员来院救治工作。2015年“8.12”特大火灾爆炸的负责指挥急诊救援工作。2017年第十三届全国运动会期间作为医疗救治副总指挥，承担运动员村、媒体村以及技术官员的医疗保障任务，为大约18000名驻村村民提供医疗保障服务。2020年疫情期间，她作为护理专家组组长留守在海河医院、三中心医院以及仅用76小时参与筹建的第四定点医院（津南医院）。

她主持完成2010年天津市卫计委科技基金项目“无陪护住院患者深静脉血栓形成预防评估系统建立与应用”、2011年国家卫计委及财政部“国家临床重点专科建设项目（临床护理）”、2014年天津市卫生计生委科技基金重点攻关项目“规范化压疮护理体系的建立及临床应用研究”、2014年天津市医院协会项目“无陪伴病房患者安全护理管理体系的研究”、2018年天津市卫健委“十三五”临床重点学科“天津市临床重点学科（护理）建设项目”课题5项。参与课题10项，其中2000年“提高主动服务意识，保证高水平护理质量”“加强病房护理质量考核提高竞争意识”获天津市优秀成果奖，2001年“持续气道正压-比例压力支持-自动管理补偿通气模式与撤机策略的临床研究”、2003年“IA-III

吸附剂血液灌流吸咐脲分子的实验研究”获天津市科学技术进步奖三等奖。2004年以第一完成人取得“降温背心”国家实用新型专利，参与取得7项国家实用新型专利。主编著作2部，为2011年人民军医出版社《急诊护理操作手册》和2018年人民卫生出版社《新入职护士常见疾病护理常规—内科常见疾病护理常规》。参编著作7部。发表学术论文70余篇，其中《改良早期预警评分与校正改良预警评分在外科术后患者中得应用对比研究》获2018年首届中华护理百篇优秀论文。

2001年荣获天津市市级优秀护士，2003年被评为天津市抗击非典先进个人，2005年被评为天津市卫健委津门健康女卫士及天津市首届十佳护士，2007年被评为天津市卫生系统十大女杰，2010年被评为天津市局级先进职工代表、天津市优秀科技工作者、天津市劳动模范，2013年被评为中国医院协会第一届医院护理管理先进个人，2015年被评为首届全国优秀护理部主任，2016年被评为天津市最美女医务工作者，2018年获中国红十字公益事业爱心大使荣誉称号，2019年被评为国家卫健委改善医疗服务突出贡献工作者。

李俊花

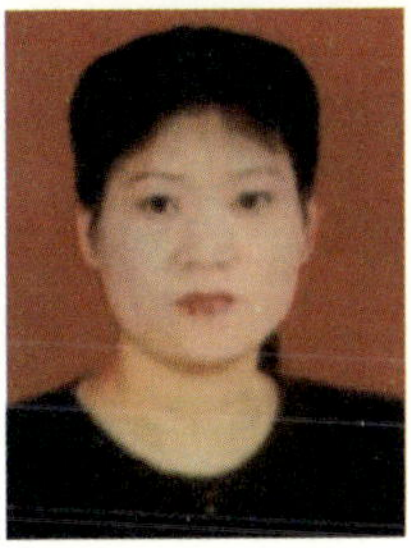

李俊花，女，1963年10月出生于天津市，中共党员，主任护师，1985年中专毕业于天津市塘沽卫校中专学历，1999年取得天津医科大学大专学历，2013年取得天津医科大学本科学历。1985年至今工作于天津医科大学总医院滨海医院（原天津市汉沽医院），1998-2009年任急诊科护士长，2010-2012年任护理部副主任，2012年至今任护理部主任。2012年至今任天津市护理学会理事会第八、九届理事会理事，2019年至今任天津市护理学会内科护理专业委员会委员、护理管理专业委员会委员，2019至今任中国中西医结合学会急诊医学专业委员会委员。

她从事临床护理工作36年，曾带领护理团队配合多学科主任，将急诊室发展为集综合急诊、ICU、血液净化、高压氧舱为一体的现代化急救中心，成为滨海新区重点学科“集合地”。从群体食物中毒到多发成批伤，从非典、HINI流感到突发新冠疫情等各种抢救她都义无反顾勇挑重担，带领护士主动请缨。2009年11月，滨海医院收治一位怀有身孕重症甲流患者，她又亲临指挥，成立特护小组和隔离病房，制订个案护理计划，经过一个多月昼夜奋战，终于使患者转危为安，创造天津市首例甲流重症孕妇治疗存活的病例，受到天津市防控专家组的高度评价。

她从事护理管理工作23年，始终坚持深入临床一线，查找护理缺陷，结合临床实际，完善和修订各项护理制度和流程，将所有护理单元的护理资料进行整合、归纳，达成了统一标准，护理制度得到进一步落实，使全院护理工作有章可循，步调一致。

她从事临床带教工作30年，亲自带教培养急诊、ICU护理骨干100余人，带领急诊、ICU成为全院培养护士的带教基地。筹建本院首届护理后备人才培训班，培养天津市专科护士70余人。开设PICC维护门诊，解决汉沽区域患者换药难的问题。她带领护士参加天津市历届急救护理技术大赛，共计16人分别获得二、三等奖及优秀奖。

她发表论文及综述12篇，其中，2012年在《护士进修杂志》发表《ICU气管插管患者非计划性拔管的原因分析与护理对策》，2015年《中国实用护理杂志》发表《早期主动性护理干预对重症监护室大手术后患者肌力的影响》，2016年在《天津护理》发表《医护一体化工作模式对创伤性骨外露创面修复的效果观察》。2004年“盐酸戊乙奎醚治疗急性有机磷中毒”获得天津市填补新技术引进空白，2017年第一完成人的“医护一体化在创伤性骨外露创面修复的相关性研究”项目获得天津市科研成果。

2004年被评为天津市优秀护理工作者，2014年荣获天津市好护士荣誉称号。

贾洪

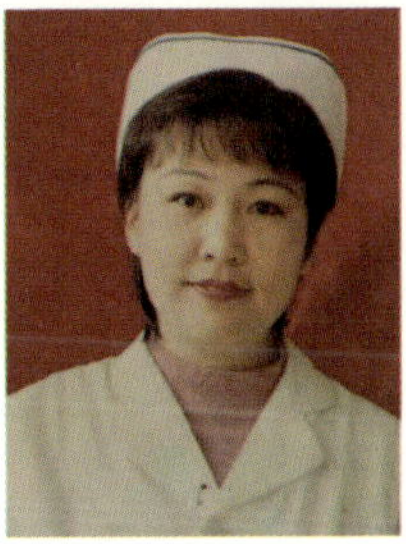

贾洪，女，1963年11月生于天津市，中共党员，副主任护师。1984年中专毕业于天津护士学校，2004年本科毕业于中国协和医科大学。1984年至今工作于天津市第二人民医院（原天津市传染病医院），2003-2005年任医院护理部主任。

2003年SARS期间她带领护士在6天里将6个肝炎病房改造成SARS病房，建立工作流程及规章制度，其内容被收入医院《抗击非典手册》。非典时期在各病区入口处设置消毒隔离监察员，非典过后她带领护理队伍完成非典后重建复诊工作。她参与医院改扩建工程，参与手术室、供应室、门诊的方案设计，多项建议被院领导采纳。她践行制度化与人性化管理，将护理部管理档案规范化管理，参与修改医院五十多项规章制度，将质控标准解读细化表格化。

她建立了护理学术委员会，组织护理人员申报护理课题及专利。她取得了5项科研成果，其中主持“静脉输液药品组间稀释液体安全量测定的研究”于2009年通过天津市科研成果鉴定，评为国内领先。发表论文15篇。2008年参编天津科技翻译出版公司出版的《乙型肝炎病毒携带者自我防治100招》。

2001年被天津市政府评为市级优秀护理工作者，2003年被天津市教卫工委评为天津市教卫系统防治非典型肺炎工作优秀共产党员，2004年被天津市人民政府评为市级优秀护理工作者。

李兰

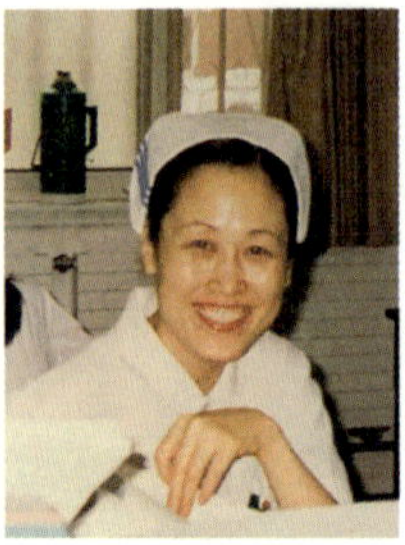

李兰，女，1963年11月出生于北京市，中共党员，主管护师。1983年中专毕业于天津护士学校，1989年大专毕业于天津市医学高等专科学校。1983-2003年工作于天津市红十字会医院，1998-2000年任内科护士长，2000-2003年任护理部主任。2003年天津市红十字会医院、天津市滨江医院与天津市第二中心医院合并为天津市人民医院，2003-2018年先后任内科系总护士长，2001-2005年任天津市护理学会第六届理事会理事。她从事护理管理工作9年。2003年SARS期间参加医院医疗队，是传染病医院前线指挥之一，负责两个病区的管理工作。制定了科学、合理的红区工作流程，每天深入病区了解医疗队员的工作情况，帮助解决一线工作中的困难。结合每个队员的心理状况，及时给予支持和疏导。同时她还肩负全院消毒隔离工作，按照全市统一部署，成立院内发热门诊，建立发热门诊的消毒隔离规范，做到医护人员零感染，2003年被评为天津市抗击非典先进个人。

2005年任内科总护士长期间，正是医院管理年，她与护理部同仁共同制定了护理部规章制度、岗位职责、疾病护理常规、护理质量标准、护理技术操作标准、关键护理流程、护理风险预案等，并应用于临床。

她于2003年荣获天津市局级优秀共产党员称号。

韩慧娟

韩慧娟，女，1963年12月出生于山东省莱州市，中共党员，主任护师，硕士生导师，大校警衔，专业技术4级。1979年入伍，1982年中专毕业于总后勤部军医学校，2003年大专毕业于武警部队医学院，2008年本科毕业于武警部队医学院。2003至今工作于武警部队特色医学中心，2003-2006年任政治部协理员，2006-2010年任护理部主任，2010-2012年任副院长兼护理部主任，2012-2018年任副院长。2011年至今担任解放军护理专业委员会委员、武警部队护理专业委员会副主任委员，2012-2018年担任天津市护理学会第八届理事会常务理事，2015-2018年担任天津市护理学会灾害护理专业委员会主任委员，2018年至今担任中心专家咨询委员会专家、特战创伤急救技术研究所首席专家。

她从事护理管理和护理教育30余年，创新制定了“护理质量管理实施办法”“护理人员绩效考评实施办法”“患者安全管理标准”等多项护理管理规定。护理团队先后被评为全军护理岗位练兵先进集体，全军、武警部队优质护理示范医院，两名护士长荣获天津市卫生行业人民满意的好护士。

她从事救援工作十余年，先后执行演习和实战任务9次。2008年带领医疗队第一时间奔赴汶川地震灾区执行医疗救援任务。2011、2012年她带领医疗队两次进藏，为高原官兵和群众送医送药。2013年暴发腺病毒疫情，她带领方舱医院赶赴疫地执行疫情救治任务，担任疫情防控工作医疗小组组长及腺病毒防控专家组成员，同年5月赴四川雅安为官兵进行灾后心理服务。2014年她带领武警方舱医院首次跨区域执行“卫士-14”演习任务。2015年带领车载医院进入天津港核心爆炸区执行医疗救治和卫勤保障任务。2016年率领医疗队奔赴安徽执行抗洪救灾医疗保障任务。2017年带领武警方舱医院执行冬季野营拉练任务。

她主持“武警部队护理人员评价模型及管理信息系统的研发与应用”等多项研究课题，获得武警部队科技进步二等奖3项、教学成果二等奖3项、医疗成果三等奖2项，承担科研课题3项，发明专利7项，发表学术论文35篇。主编《灾难医学——护理篇》《实用专科护理手册》《营区医疗操作技术》《2014-2016护师资格考试考前押题试卷与解析》，副主编《临床解剖30讲》《突发事件现场应急救护》，主审《现代伤口护理手册》。

2008年被评为全国抗震救灾模范、全国三八红旗手、全国抗震救灾医药卫生系统先进个人，2009年被评为全国卫生系统护理专业巾帼建功标兵，1994-2014年六次荣立个人三等功。

张秀俊

张秀俊，女，1964年1月出生于天津市静海县，中共党员，主任护师。1983年中专毕业于天津市静海卫生学校，1989年大专毕业于天津市卫生职工医学院，2002年毕业于中央党校函授学院法律专业。1983-2011年、2013-2018年工作于天津市西青医院，1997-2002年担任护理部副主任，2002-2004年任护理部主任。2011-2013年工作于天津市西青区西营门街社区卫生服务中心。

她从事临床护理工作14年。1983-1997年从事外科护理临床及急诊科护理管理及临床工作。在管理工作中完善护理管理体系，建立科学有效的评价指标工作质量考核标准，成立院科两级护理质量控制，保障病人安全管理及临床护理质量持续改进，贯彻“以病人为中心”服务理念，组织创建优质护理试点病房。

自1997年担任护理部副主任以来，医院每年接收护校护士实习生，她都承担授课并制订实习人员规章制度。定期组织护理人员分层次培训及考核，亲自承担对中高级护理人员的培养。在临床一线指导疑难技术操作、新技术培训推广，组织护理会诊、疑难病例护理讨论。

在护理科研方面，她主持并参与的科研课题获市级科学技术成果4项，区级科技进步三等奖2项，其中2007年以第一完成人主持的“临床护理路径在脑出血患者护理中的应用研究”获天津市科学技术成果奖。以第一作者发表论文6篇，包括2020年在《当代护士》发表的《门诊开展人文关怀护理的实践》，2007年《哈尔滨医药》发表的《临床护理路径在脑出血患者护理中的应用研究》，2003年在《天津护理》发表的《膀胱及前列腺术后膀胱痉挛的护理对策》等。

1996年荣获天津市总工会“八五”立功奖章，1997年被天津市卫生局评为一九九六年度“青年岗位能手”，1998年被天津市卫生局评为天津市优秀护理工作者。

李佩华

李佩华，女，1964年8月出生于天津市，主管护师。1985年中专毕业于天津市护士学校，1991年大专毕业于天津市卫生职工医学院。1985-1987年工作于天津市胸科医院。1987-2019年调至天津市口腔医院，1993-1997年在护理部做专职院内感染兼心电图室工作，1998-2001年任护理部副主任主持工作。2002-2019年在医院感染管理科及兼职在心电图室工作。

她从事护理管理工作8年，1998年按照天津市护理质控中心颁发的医院护理质量标准，调整了各项护理常规和工作流程，在口腔颌外病房开设整体护理模式病房，制订并完善整体护理模式病房的各项标准。结合医院开展“珊瑚人工骨充填修复颌骨缺损、自动根管治疗仪和减速手机镍钛根管预备、烤塑烤瓷义齿和铸造冠修复”等新技术，她制订、完善各项护理操作流程，组织护理人员学习相关理论及技能考核。2001年天津市口腔医院门诊大楼建成，她带领护士长，建立健全了各项护理管理制度，规范了口腔科各项护理操作流程以及口腔门诊消毒室、诊室的布局，口腔器械由原来的消毒方法完善为高压灭菌；成立了护理质控小组，每月开展质控检查，对问题进行分析、讨论；安排各科少量椅位探讨开展口腔“四手操作技术”。她注重人才培养和继续教育，并在天津市护理学会继续教育授课中介绍“四手操作”新技术，多次选派护士长到北京医科大学口腔医院、北京口腔医院学习，回院后结合本科室情况及时改进工作，跟上全国口腔护理的发展。

她主持完成新技术"口腔科手机消毒新方法"，获得天津市卫生局引进应用新技术填补天津市空白证书。以第一作者发表论文2篇，《口腔科常用护理用具的改进及管理》《牙科四手操作在诊疗牙体牙髓疾病中的应用》，均在《天津护理》发表。

董凤齐

董凤齐，女，1964年9月出生于天津市，中共党员，主任护师，天津中医药大学硕士生导师。1985年中专毕业于天津市护士学校，同年成为天津市肿瘤医院护士。1990年任腹部肿瘤外科护士长，2012起年任科护士长。2018年至今任中华护理学会外科护理专业委员会委员，中国研究型医院学会ERAS专业委员会护理学组委员，全国护理高职、本科院校护理技能大赛评委。2019年至今任天津市护理学会外科护理专业委员会主任委员、天津市护理质控中心外科组组长、中华医学会肠外肠内营养学分会护理学组委员。同时担任《护理研究》《护理学杂志》编委，《中国护理管理》审稿专家。

她从事肿瘤临床护理工作36年，在长期的临床实践中，将“胆汁再利用”在临床工作中循证并实践。同时对专科护理尤其是腹部肿瘤外科及危重患者抢救建立了一整套专业护理流程，完成院内疑难重症护理会诊。她作为医院病房管理质控组组长，对医院各项护理管理制度、护理质量标准和技术操作进行统一规范。其带领的护理团队多次荣获技术操作国家级比赛优秀奖、省市级比赛一等奖。所带领的科室2016年被评为天津医科大学最美护理团队。

她作为天津市护理学会外科护理专业委员会主任委员，积极推动了ERAS在外科领域的临床应用、患者围手术期营养支持、DVT筛查防控及日间病房手术护理记录和化疗记录的统一规范化使用等学术活动。

她从事护理管理工作31年，注重护理人才的培养，所培养的护理团队有10名护士走上护理管理岗位。她按照全国肿瘤专科护士培训要求，制订带教计划和教学大纲，同时作为中华护理学会营养专科护理带教基地专家负责督导京外营养培训基地的工作。

她在1994年研制的“多功能步行辅助器”填补了天津市医药卫生新

技术空白项目，达到国内先进。主持并参与课题7项，2006年主持完成天津医科大学肿瘤医院院级种子基金课题“采用互动式健康教育方法提高肝切除患者护理质量”，2014年主持完成天津市卫健委“住院癌症患者临终照护模式的构建”项目，2020年主持天津市卫健委在研课题“基于生态瞬时评估的肿瘤科新护士应对病人死亡能力的动态变化轨迹研究”。她以第一作者/通讯作者在SCI、《中华护理杂志》发表论文8篇，其他核心期刊论文35篇。作为天津中医药大学硕士生导师，培养了2名硕士研究生。主编著作1部，2018年主编人民卫生出版社《新入职护士培训系列丛书》的《护理技术标准操作规程及流程》分册，参编了《肿瘤护理学》《癌症知多少》等8部书籍。

2019年被评为中国护理管理优秀审稿人。

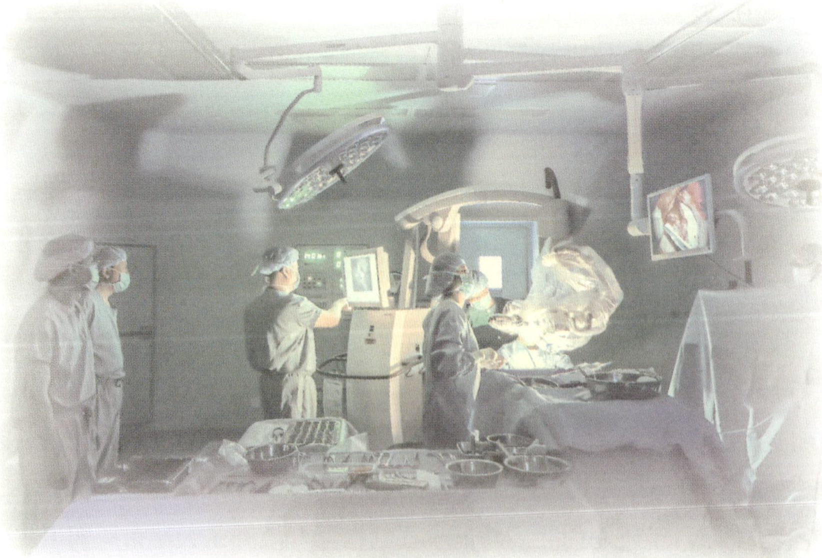

李艳丽

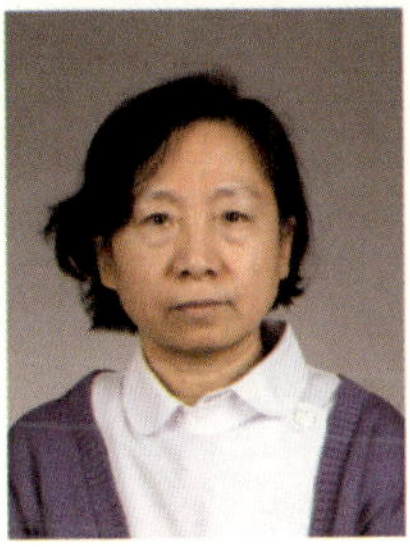

李艳丽，女，1964年11月出生于天津市，副主任护师，研究生导师。1988年毕业于天津医科大学，1992-1993年于加拿大渥太华大学学习，1996年于香港联合医院学习，2003年获天津医科大学公共卫生学院医学硕士学位。1989-1996年历任天津医科大学总医院妇产科教学老师、妇产科副科护士长，1996年任护理部副主任，1998年兼任护理教研室主任。1995-2010年任《天津护理》外文编辑与审稿专家、天津市护理学会第五届继续教育专业组副组长。2017年至今任教育部学位中心硕士博士毕业论文抽检评审专家。

她从事临床护理及护理管理工作31年，建立以病人为中心工作模式，主办“液体治疗学”全国继续教育班。非典期间为天津市医务人员全员培训。

她从事护理教育工作25年，开展护理科研和教学改革，作为教研室主任建立护理本科生论文答辩、定向实习的培养方式和八项考核评价体系。2006年获研究生导师资格，共培养研究生6人。率领总医院团队参加天津市护理教师讲课比赛荣获一等奖。

她从事护理科研25年，发表论文11篇，参编《急诊医学》妇产科学部分。

2003年获天津市抗击非典先进个人称号，2006年荣获天津市教育先进个人称号。

王春梅

王春梅，女，1965年2月出生于天津市，中共党员，教授，硕士研究生导师。1988年毕业于天津医学院，本科学历，2002年毕业于天津医科大学流行病与统计学专业，硕士学位。1988年至今工作于天津医科大学护理学院。2006-2009年任天津医科大学护理学院副书记，2006-2020年任天津医科大学护理学院副院长，2020年至今任护理学院党委副书记、院长。2001-2018年历任天津市护理学会社区护理专业委员会委员、副主任委员和主任委员，2004-2007年任中华护理学会社区护理专业委员会委员，2013-2017年任中华护理学会科研工作委员会女科技工作者专家库成员，2013-2017年任中国妇幼保健协会“助产专业专家委员会”委员，2018年至今任天津市护理学会第九届理事会常务理事。

1993-1994年赴加拿大渥太华大学学习社区护理8个月。回国后编撰社区护理教学大纲、教学资料，及社区护理教学用辅助资料，参与编写第一版全国自考本科生使用的《社区护理学》教材。为进一步提高本科生专业英语能力，制订《社区护理学》双语课程教学大纲和教学方案并组织实施，于2009年获批为校级双语课程。同年，她所负责的《基础护理学》课程获批为天津市级精品课程。2000年以来，多次以访问学者身份赴加拿大渥太华大学、美国密芝根大学、瑞典延雪平大学、日本京都大学和中国台湾地区护理健康大学、香港理工大学进行访问、学习进修和参与护理研究。

2012年，作为学院分管教学副院长组织完成护理本科五年制向四年制转制的培养方案的制订，至2020年，形成思政、英语、科研、专业和实践贯通护理本科教学全程的“五贯通”护理本科培养方案。为解决护理本科人才培养周期长、毕业后不能快速适应临床工作的问题，探索多方向、多模块护理本科培养方案的制订，形成“护理+方向”“护理+模块”培养方案。至2020年，已培养硕士研究生50人。

以第一作者和通讯作者发表论文80余篇。其中2006年，以第一作者在《国际中华护理学杂志》发表论文《护理学基础操作技能教学方法探讨》荣获天津市高等教育教改优秀论文二等奖，以通讯作者在《天津护理》发表论文《本科护生实习参与度评价量表的编制及信效度检验》被评为2019年中华护理百篇优秀论文，以通讯作者在中华护理类杂志发表论文6篇、英文论文6篇。

主编著作3部，为清华大学出版社出版的《护理学基础》、人民军医出版社出版的《现代护理实践技能》和《基础护理学》；副主编著作3部，为人民卫生出版社出版的供护理本科生使用的教材《基础护理学》第4版至第6版；参编教材20部。

主持参与省部级以上教学研究课题10余项。2009年，主持完成高等教育天津市级“质量工程”建设项目《基础护理学》天津市级精品课程，主持完成中共天津市教育工作委员会立项课题“天津市社区护理发展现状调查及社区护理专业人才培养模式研究”荣获天津市教育系统第六届优秀调研成果三等奖。2007年至2014年，参与完成国家级“质量工程”建设项目5项，天津市级“质量工程”建设项目2项。2013年参与完成“本科助产紧缺人才培养模式建立的探索与实践”获天津市教学成果一等奖，2014年，荣获第七届高等教育国家级教学成果二等奖。2018年，参与完成“‘质量工程’引领下的高素质应用型本科护理人才培养模式的改革与实践”获天津市教学成果二等奖。

2011年被评为天津市高等教育自学考试先进工作者。

唐明霞

唐明霞，女，1965年2月出生于辽宁省抚顺市，中共党员，主任护师，硕士研究生导师。1986年中专毕业于北京丰台铁路卫生学校，1995年大专毕业于天津医科大学，2007年本科毕业于天津医科大学。1986年至今工作于天津市第四中心医院，2004-2014年担任手术室护士长，2014年至今担任护理部主任。2018年至今任中华护理学会第二十七届理事会护理管理专业委员会委员、天津市抗衰老学会第一届护理专委会副主任委员。2019年至今任天津市护理质控中心委员，天津市护理学会第九届理事会常务理事，中国卫生信息与健康医疗大会数据学会护理学分会、健康护理标准化委员会第一届专家委员。2020年被推荐为国家医疗标准协调管理机构评审专家库成员，天津市卫生技术系列高级资格评审委员会委员。

她从事临床护理工作18年，护理管理工作17年。任护理部主任期间，以优质护理服务示范工程为契机，着手专业发展和学科建设，2016年护理部获院级重点建设学科。她分别于2016和2019年到美国霍普金斯大学医学院和匈牙利赛梅维什大学卫生科学院进行护理管理培训。在十三五期间完成护理人才梯队建设，制订护士职业规划，开设护理专科门诊。

她从事护理教育工作6年，担任天津中医药大学硕士生导师，培养研究生9人。2020年承担完成健康照护师和医疗护理员培训项目。

她主持天津市医院协会课题2项，“护理质量敏感指标在优质护理服务质量控制及持续改进中的应用”等。她以第一作者发表论文14篇，通讯作者8篇，代表作《在颅骨成形术中应用镉钉的护理配合》在《天津护理》发表。参编中华护理学会《住院患者身体约束护理规范》团体标准。

2006年被评为天津市卫生局系统优秀共产党员，2007-2019年5次被天津市卫生局评为优秀党务工作者。

张法越

张法越，女，1965年2月出生于天津市，中共党员，副主任护师。1985年中专毕业于天津市塘沽卫生学校，毕业后分配至塘沽医院（2004年更名为天津市第五中心医院）工作。2002-2008年先后任消化普内科、门诊输液中心护士长，2008-2010年任护理部副主任，2010-2017年任护理部主任兼护理教研室主任。2008-2011年任塘沽管委会护理质控组副组长，2011 2017年任滨海新区护理质控副组长，2011被聘为黑龙江护理高等专科学校护理专业教学委员会指导专家，2010-2018年任天津市护理质控委员，2012-2018年任天津市护理学会第八届理事会理事。

她从事护理管理工作15年，开展优质护理服务，改革护理模式，实行责任制整体护理。她设立优质护理服务专项津贴，落实了各类物资、药品统一配送及患者外出检查专人陪检工作，最大程度减少护士外出时间。她注重专科护理人才培养，共培养专科护士79名，自2014年开始，先后开设PICC、糖尿病教育、伤口、造口专科护理门诊，2015年医院成为天津市手术室和伤口专科护士培训基地。2012年天津市第五中心医院被评为天津市优质护理服务医院。2015年成为天津市首批护理质量敏感指标监测及上报单位，逐步形成结构-过程-结果质量评价体系。

2015年天津港8.12事件发生后，她带领护士长和护理骨干第一时间赶赴医院，参与伤员救治。

她主持天津市滨海新区课题1项“序列穴位刺激法在自发性气胸围手术期对肺功能影响的研究”，参与天津市科学技术委员会课题1项“半枝连外涂与白介素Ⅱ防治尖锐湿疣复发的研究”。

以第一作者发表论文10篇，代表作《Perioperative Nursing Experience of One Caseof Diffuse Pulmonary Oss ification》《序列穴位刺激法在气胸围手术期对肺功能影响的研究》《动态血糖检测系统在Ⅱ型糖尿病患者中的应用》分别在《Journalof College of Physicians and Surgeons Pakistan》《护士进修杂志》《天津护理》发表。

张艳丽

张艳丽，女，1965年6月出生于天津市，中共党员，副主任护师。1991年中专毕业于天津市护士学校，2012年专科毕业于天津医科大学，2014年本科毕业于天津医科大学。1984年工作于天津化工厂医院，1993年任急诊科护士长。2007-2010年任汉沽中医医院护理部副主任，2010年至今任护理部主任。2015年至今任天津市中医药学会第一、二届护理专业委员会委员，2016年至今任天津市护理学会第五、六届社区护理专业委员会委员，2018年至今任天津市护理学会第九届理事、中华中医药学会中医护理传承与创新发展共同体第一届委员会委员，2019年至今担任天津市中医护理质量控制中心委员。

她从事临床护理23年，从事护理管理14年。2003年非典期间，她临危受命担任发热门诊护士长，参与完成发热门诊布局改造与审核，并在抗击非典期间火线入党，同时被汉沽区委、区政府评为抗击非典先进个人。新冠肺炎疫情防控期间，她规范区域流程，迅速组建发热门诊、预检分诊护理队伍，选派援鄂护理队伍，合理调配人员，安排物资保障及防护隔离等各方面的工作。

她组织中医护理质量检查，拟订全院各级护理人员的中医护理培训计划，开展培训和考核。运用中医基础理论和中医专病专科护理常规，开展辨证施护措施，制订具有中医特色的针对性健康教育。大力推行预防、治疗、康复的“三层一体健康医疗模式”，推行“病区制管理”模式，使医院床位资源得到最大化利用。

她参与研究天津市科技成果“通心络胶囊治疗糖尿病肾病早期的临床研究”1项，发明实用新型专利“医学护理用杀菌消毒装置”1项，发表专业期刊论文1篇，核心期刊论文2篇。获得“天津市卫生局继续医学教育优秀综述证书”1项。参编《常用临床中医护理技术操作手册》。

朱锦芳

朱锦芳，女，1965年8月出生于上海市南汇县，中共党员，副主任护师。1985年中专毕业于天津市塘沽卫生学校，1985年至今工作于滨海新区塘沽妇产医院，1995-2011年任妇产科护士长，2011-2014年任妇产科科护士长，2014年至今任护理部主任。2015年至今任天津市滨海医学会护理专业委员会委员。

她从事临床护理工作10年，护理管理工作26年。任妇科护士长期间，该病房是医院首批整体护理及优质护理病房，开展了“新生儿抚触”及“新生儿二次断脐”护理工作，其中“新生儿二次断脐”获2005年天津市塘沽区卫生局引进应用新技术填补空白项目。担任护理部主任期间，医院优质护理病房覆盖率达到100%，并全面落实医院复用医疗器械的集中管理。她开展了品管圈活动，仅2015年全院七个科室便完成9项管理课题。2017年她引进PICC新生儿深静脉置管及脐静脉置管技术，2020年将PICC技术用于乳腺癌化疗治疗，医院的静脉治疗跨入新里程。她培养新护士长10人，专科护士增加到13人。开设专科护士门诊，2014年医院成为黑龙江农垦学院助产士实习基地，已接受助产士实习生88名。

在新冠肺炎疫情期间，她成立应急队、核酸检测采集队、静脉采血队。2020年11月她参加滨海新区海滨人民医院护理支援队，完成“四天八地”的核酸筛查，承接了7个隔离点二百余人次的核酸抗体血液采集任务。她在2020年底组建成人预防接种门诊，带领团队承担超十万剂新冠疫苗接种任务，居滨海新区卫健委数十个接种单位之首。

她以第一作者发表论文3篇，综述1篇，代表作《耐高温瓶签的制作与应用》《新生儿二次断脐》在《天津护理》《临床误诊误治》发表。

林梅

林梅，女，1965年9月出生于辽宁省大连市，无党派人士，主任护师，硕士生导师。1989年本科毕业于天津医科大学，2000年被天津医科大学总医院派出到美国进修学习。1989年就职于天津医科大学总医院，1994-2009年任心内科护士长，2009-2011年任内科科护士长，2011年至今任天津医科大学总医院护理部主任。2011年至今任中华护理学会心血管专委会委员、天津市心脏协会护理专业委员会主任委员，2015至今任《中国护理管理》杂志第四、五届编委会委员，《中华护理杂志》审稿专家，2016年至今任天津市护理学会内科护理专业委员会主任委员，2017年至今任全国护理学专业临床学术专家指导委员会常委、天津医科大学护理学专业教学指导委员会副主任委员、心血管护理及技术培训中心专家委员会常务委员、《中华现代护理杂志》特约编委，2018年至今任天津市护理学会第九届理事会常务理事、《天津护理》杂志副主编，2019年至今任天津市护理质量控制中心副主任委员、天津医科大学护理学院副院长，2020年至今任天津市医学会心身医学分会第三届委员会委员。

她从事临床护理及管理工作32年，参与组建医院导管室介入工作，协助完成医院首例介入术后患者护理工作。以循证为依据，缩短介入术后患者卧床时间，减少患者术后抗生素的使用。在非典期间，作为首批派驻天津市海河医院的护士长，参与非典定点医院病房和ICU的建设及危重病人的临床救治工作，亲自参与抢救过天津市首例非典病例，2003年被评为天津市抗击非典新长征突击手、天津市抗击非典先进个人。2005年参加印尼海啸后的中国国际医疗援救队工作。

她注重护理专业队伍建设和专科人才培养，开设护理专科门诊，鼓励护士参与MDT诊疗，推动护理专科的发展，目前总医院有专科护士200

余名、市专科护士培训基地11个、国家级专科护士培训基地4个。建立陈路得护理素质教育基地，成为2011年度总医院十件大事之一。开展优质护理服务，神外6A病区荣获卫生部级全国第一批优质护理示范病房。她建立以“工作量、工作强度、护理风险、职业暴露、工作质量”为指标的“五位一体”医院护理绩效考核体系，实现护理绩效的垂直管理，全面推行护理绩效改革。2018年实现住院楼智能住院服务中心的运行，实现一站式办理。以“互联网+护理服务”为契机，大力推动护士主导的互联网院后康复门诊的开展，实现“院前-院中-院后”的全流程护理服务模式。

她重视医院护理质量安全管理，制订完善护理工作各项规章制度和《临床护理技术操作流程》，积极开展以指标为引领的护理质量监管和质量改善，建立护理不良事件无惩罚上报的管理体系，持续开展静脉输液治疗横断面调查和质量改善项目。

她从事护理教育工作31年，1990年担任心血管内科带教老师。2012年配合天津医科大学顺利通过教育部护理专业认证。2013年与天津医科大学合作，设立“陈路得班”，成为护理教学的一面旗帜。2015年，北方地区首家、全国第二家专业培养伤口专科护士的学校——欧洲伤口管理委员会（EWMA）的伤口学校开设，由她担任校长，为培养伤口护理专科人才作出贡献。

她从事护理科研工作30余年，共参与发表论文62篇，其中作为第一作者或通讯作者发表27篇，中华系列文章10篇，核心期刊文章17篇。主持或参与国家级课题1项，省部级课题7项。2015-2016年参与组织的护理质量改善项目获天津市卫生计生委护理质控中心优秀成果奖，2017年参与指导的“静脉治疗护理治疗改善项目”获天津市卫生计生委护理质控中心优秀成果奖。作为主编参与编写了《护理临床综合思维训练》《内科常见疾病护理常规》《内科护理学（中级）习题精选》，作为副主编参与编写了《护理教育理论与实践》《临床应用护理教程》《护理教育学》。

2004年被评为天津市优秀护理工作者，2016年荣获全国优秀护理部主任称号，2020年获天津市和平区优秀政协委员称号。

赵岳

赵岳，男，1965年10月出生于天津市，中共党员，博士生导师，教授。1989年毕业于天津医学院护理系护理学专业，本科学历，1998年毕业于天津医科大学，硕士学位，2004年毕业于香港理工大学，博士学位。1996年10月至1997年6月，赴加拿大渥太华大学学习，2010年12月至2011年12月作为访问学者赴美国杰弗逊大学学习。1999-2005年任天津医科大学护理学院副院长，2005-2020年任天津医科大学护理学院院长，2020年2月至2020年6月任天津医科大学护理学院党委书记。2020年至今，任天津医科大学研究生院常务副院长、研究生工作部部长，兼任全国医学专业学位研究生教育指导委员会护理分委员会召集人、教育部护理学专业教学指导委员会委员、教育部护理专业认证工作委员会副主任委员、全国高等学校护理学类专业教材建设指导委员会副主任委员、全国高等学校护理学专业研究生教材评审委员会副主任委员、天津市人民政府学位委员会学科评议组成员、《天津护理》杂志副主编。

他从事护理学专业教学30余年，2007年任国家级“复合型高级护理人才培养模式创新实验区”负责人，2009年任国家级特色专业“护理学专业”负责人，2010年任天津市品牌专业“护理学专业”负责人，2012年任天津市专业综合改革试点项目负责人、天津市普通高等学校实验教学示范中心负责人，2013年任天津市级教学团队负责人，2014获天津市高等学校教学名师奖。作为主要参与人，参与制定了教育部《护理学专业教学质量国家标准》和《护理硕士专业学位研究生指导性培养方案》。

他作为护理学科带头人，2005年自行设计创建国内唯一的信息化仿真隔离实验室，2006年自主设计建成了全国第一个集老年、残障护理、社区卫生服务站和多媒体教学区于一体的社区综合实验室，建设理念和经验在全国示范和推广。2009年在国内探索本科助产人才培养，创建符合国际助产士岗位能力标准的本科助产专业化实践教学平台，建立本科护理学专业助产人才“123”培养模式。整合学校优质资源，建成集社区志愿者服务实践教学基地、生命意义展室和护士仪表行为训练室于一体的医学人文素质培养实验教学平台。天津医科大学护理学院2011年获批我国首批护理学一级学科博士学位授权点，2017年获批天津市第五期重点学科，2019年获批国家级一流本科专业建设点。

他坚持护理教学模式改革，建设护理精品课程，主持各级各类教育教学改革建设项目10余项，“本科助产专业紧缺人才培养模式建立的探索与实践”2013年获天津市级教学成果奖一等奖，2014年获国家教学成果二等奖。“质量工程”引领下的高素质应用型本科护理人才培养模式的改革与实践，2018年获天津市级教学成果奖二等奖。在国内创建《临床应用护理学》课程，该课程于2013年成为国家级精品资源共享课程，整合各临床专业课程的理论与实践技能，将临床病例与现代护理程序相结合，通过分析模拟真实病例，以实施整体护理为主线，培养学生的评判性思维和综合实践能力，受到了学界的高度认可。课程不断进行优化升级，《临床应用护理教程》课程第二版应用教材于2020年12月由人民卫生出版社出版发行。

他专注护理科研，已培养博士研究生11人，硕士生研究生60余人。2001年将连续护理模式引入中国内地，并以此护理模式为指导，带领研究团队长期致力于老年慢性病连续护理的研究与推广，现已成为我国慢病护理的重要模式之一。曾主持“连续干预模式对中重度COPD病人健康状况影响的研究”项目获2011年中华护理学会科技奖三等奖，“腭裂术后语音障碍患者实施连续护理干预的效果研究”获2013年度内蒙古自治区科技进步三等奖，“应对老龄化社会的连续护理模式探析”获2015年中华护理学会科技奖三等奖。近五年主持国家自然科学基金面上项目、教育部人文社会科学项目、中华医学会医学教育项目、中国学位与研究生教育学会研究课题、中华护理学会科研课题、天津市教委项目8项，主持欧盟林奈帕尔梅基金：中国一瑞典护理教育与科研合作项目1项。以第一作者/通讯作者发表SCI论文40余篇。主编出版人卫社教材6部，其中研究生护理学专用教材《高级病理生理学》获首届全国教材建设奖优秀教材二等奖。

他重视交流，多次赴英国、美国、加拿大、澳大利亚、芬兰、瑞典、新加坡等国家交流访问。其中中国-瑞典的十年合作，为护理学院在职教师6人提供了瑞典延雪平大学攻读博士学位的机会，现一人已毕业。促进了护理学院教学、科研及人才培养。

2007年获天津市优秀教师称号，2014年获天津市高等学校教学奖。

张清

张清，女，1965年10月出生于天津市，致公党员，教授，硕士生导师。1989年毕业于天津医学院护理系，本科学历。2004年毕业于天津医科大学护理学院，获硕士学位。1989年至今就职于天津医学院护理系（现为天津医科大学护理学院），2011年任内外科教研室主任，2012年起任护理学院教学督导组长，2020年任临床护理学教研室主任。2013年至今任天津市护埋学会第八、九届内科护理专委会委员，2016年任天津市心脏学会常务理事、护理专委会副主任委员，2017年任致公党天津医科大学支部主委、天津市和平区第十四届政协委员。

任教以来主讲内外科护理学、护理研究等多层次课程。主编著作4部，为2007、2009年人民军医出版社的《内科护理学》和《造口伤口临床护理实践》，2010年清华大学出版社的《内外科护理学》（第一版）和2020年《内外科护理学》（第2版）创新教材。副主编、参编著作和教材10余部。主持省部级等各级各类科研课题10余项，其中主持教育部人文社会科学课题项目《慢性病家庭-社区-医院三维优化管理路径构建研究-以COPD为例》，中华医学会医学教育分会医学教育研究课题《基于网络化的客观结构化学习系统的设计与实践》。发表论文60余篇，其中SCI7篇，包括2016年于《Neurorehabilitation》发表《Factors in fluencing acceptance of disability among stroke patients in Tianjin，China:Across-sectionalstudy》，于《International Journal of Nursing Sciences》发表《Factors associated with activities of daily living among the disabled elders with stroke》；2014年于《Journal Clinic Nursing》发表《Effectofa Health Belief Model-based nursing intervention on Chinese patients with moderate to severe chronic obstructive pulmonary disease:a randomized controlled trial》；2020年以通讯作者在《重庆医学》发表《生活方式对慢性阻塞性肺疾病患者认知功能的影响》，在《中国老年学杂志》发表《老年前列腺癌患者腹腔镜根治术后并发尿失禁的危险因素》等。2011、2016年以通讯作者在《中华护理杂志》发表《糖尿病患者健康信息获取行为量表的汉化及信效度检验》《首发脑卒中患者残疾接受度及影响因素的研究》《稳定期慢性阻塞性肺疾病患者自我效能的相关因素分析》等。

主持多项教学改革，2003年创建护理研究课程，2010年成功立项为校级精品课，2019年立项为课程思政优秀课程，2020年获批校级一流课程。主持并推动内外科护理学整合课程的教学改革，2009年《内外科护理学新课程教学改革研究》立项为校级教改重点课题，2019年获批校级自主学习示范课程，2020年获批校级一流建设课程。她所带领的内外科护理教研室荣获天津医科大学最美白衣天使团队称号，她在2020年带领学院临床护理学教学团队荣获天津市教委抗击疫情工作中课程思政优秀教学团队称号。

2020年荣获致公党颁发的抗击新冠肺炎疫情先进个人。

吴秋霞

吴秋霞，女，1965年10月出生于河北石家庄市，中共党员，副主任护师，硕士生导师。1981年参军入伍，1984年中专毕业于北京军区军医学校，1990年大专毕业于天津新华职大，1995年大专毕业于天津职工医学院，2001年本科毕业于武警医学院。1984年被分配到北京军区第八分部254医院内一科任护士。2000任武警医学院附属医院骨科护士长，2007年任外科总护士长。2014年任新乡医学院硕士研究生导师，天津市护理学会第七、八届外科专委会委员，武警部队外科专业委员会委员。2019年任武警特色医学中心第二总支总护士长、《武警医学杂志》审稿专家、武警部队后勤部专业技术资格评审委员会执行委员、武警总部群众性战伤救治技术练兵活动指导专家。

她从事临床护理工作37年，2003年主动请缨参加抗击非典。2015年参加“8.12”天津爆炸伤员救治等任务。2007年担任总护士长以来，先后创建健康教育、疼痛护理等示范病区，编制健康教育手册，制订疼痛护理管理制度及疼痛评估表，以每年三月份开展主题服务月活动为契机，深化优质护理服务内涵，推进护理文化建设向纵深发展。近年来深耕于护理质量与安全管理，担任武警后勤学院附属医院护理质量委员会成员，修订完善护理质量评价标准、27个单病种护理质量评价指标，制订高危药品管理规定、危重症患者管理标识，主编《实用专科护理手册》。

她从事护理教育工作21年，作为硕士研究生导师，承担后勤学院护理教学、院内外护士长、新入职护士等各级岗位的教学与培训，从事医院后备人才培养对象的指导工作及研究生毕业论文的指导和答辩，主编《2016年护师资格考试考前押题试卷与解析》，参编《现代伤口护理实用手册》《突发事件现场应急救护》《灾难医学护理篇》等教材，下基层参加武警部队群众性战救技能练兵指导和考核。

她在国家级核心期刊发表论文9篇，2013年于《齐鲁护理杂志》发表论文《班班交接质量互评制度在ICU护理质量管理中的应用》，2014年于《护理研究》发表论文《思维导图在静脉用化疗药物安全管理中的应用》，2015年于《护士进修杂志》发表论文《ICU重症记录单的专科化设计与应用》等。2014年主持完成武警后勤学院军事理论研究课题“住院患者安全用药管理模式研究”一项，2017年主持完成武警后勤学院附属医院种子基金项目“住院危重患者院内转运相关危险因素的队列研究”一项，2012年获武警部队科技进步二等奖一项，2004年获武警部队医疗成果三等奖一项。

2004年荣立个人三等功一次，2016年荣获武警部队后勤部优秀共产党员。

季淑清

季淑清，女，1965年出生于天津市，中共党员，主任护师。1987年中专毕业于天津市塘沽卫校，2005年大专毕业于天津医学高等专科学校，2009年本科毕业于天津医科大学。1987-1988年工作于天津汉沽医院。1988年至今工作于天津市第三中心医院，2002-2018年任骨科护士长，2019年至今任外科科护士长。2016年援助新疆维吾尔自治区和田地区人民医院并担任护理部主任。2013年至今任天津市护理学会骨科专业委员会副主任委员，2014至今任中华护理学会骨科护理专业委员会专家库成员，2018年至今任天津市康复医学会脊柱脊髓专业委员会护理学组副组长。

2016年担任和田地区人民医院挂职护理部主任，她带领和田护理团队成功申报4项国家实用新型专利。她还协助医院首次申报并完成国家级继续教育项目“基层医院患者护理安全与沟通学习班”。

2009年主持完成“输液器在控制持续蛛网膜下腔引流速度中的应用”被评为填补天津市卫生系统引进应用新技术空白项目。2005年参与“强直性脊柱炎后凸畸形外科矫形治疗的临床研究”获天津市卫生局科学技术进步二等奖。参编著作2部。在《天津护理》发表论文3篇，《方便内裤的制作与应用》《重度先天性脊柱侧凸患者手术前后的护理》《视频健康教育预防小腿肌间静脉血栓形成的效果分析》。2018年在《中华劳动卫生职业病杂志》发表论文《多功能护理单对降低护士职业性腰背痛的作用》。第一完成人获国家实用新型专利3项，分别为2006年“女用小便器”，2016年“一种多功能护理单”，2018年“一种防污染尿检瓶”。

2003年被评为天津市抗击非典先进个人、天津市卫生局防治非典工作优秀党员，2016年被评为天津市人民满意好护士、天津市援疆先进个人，2017年被评为国家卫健委优质护理服务表现突出个人，2018年被评为中华护理学会杰出护理工作者。

邹萍

邹萍，女，1965年11月出生于天津市，中共党员，主任护师，硕士研究生导师。1988年本科毕业于天津医学院。1988年至今工作于天津市儿童医院，1999-2009年任护理部主任助理、副主任，2004年至今任医院护校教导主任，2010年至今任护理部主任。2006-2019年曾任天津市护理学会儿科委员会主任委员、管理专委会委员，2012年至今年任天津市护理学会第八、九届理事会常务理事，2009年至今任天津市护理质控中心委员，2012年至今任中华护理学会第二十六、二十七届儿科专委会委员，2017年至今任天津医科大学护理学院教育指导委员会委员，2019年至今任天津市护理学会儿科专委会名誉主委、管理专委会委员，福堂儿童医学发展研究中心护理专委会委员，2020年至今任中国医院协会儿童医院分会护理管理组委员。

她从事护理管理工作22年，建立儿科优质护理服务模式及以PDCA持续质量改进为目标的三级质量管理体系，建立18项儿科护理质量标准，24项儿科护理技术操作流程，271项儿科疾病护理常规。创建了儿科责任制整体护理模式，建立了住院患儿风险评估体系，制定了7项风险评估量表及预防措施。制订天津市新生儿病房质量管理标准及新生儿护理技术操作流程。2006年开展儿童PICC置管技术，应用于血液病患儿的化疗。运用儿科敏感质量指标开展“以护士为主导的多学科团队合作降低外科住院患儿身体约束率”等多项改善方案并获天津市护理质控中心优秀改善项目。2012年荣获天津市优质护理服务医院称号。在2011年启动消毒供应中心集中管理模式。2015年龙岩新院区开诊，她带领护理部建立并实现了两院区运行同质化的护理管理模式和护理管理体系。在爆发SARS、手足口病、新冠疫情期间，科学制订护理防控策略，积累了丰富儿童疫情防控护理经验。

她从事护理教育21年，每年培养儿科护理定向生50人。培养专科护士70余人。手术室、消毒供应中心分别于2009、2016年被授予“天津市手术室专科护理人员培训基地”“消毒供应中心专科护士临床教学基地”，为天津市共培养专科护士196人。承担天津医科大学研究生授课工作。2018年聘为天津中医药大学硕士生导师。

她重视护理科研，主持天津市护理学会课题1项“儿科护理技术分级指标体系的构建”；主持国家级实用新型专利3项“手术缝合针线托盘”、“胃肠减压器固定架”、“吊顶式医用配液传送装置”；以第一作者发表论文11篇，以通讯作者发表论文5篇，代表作《胆道闭锁患儿家长治疗决策困境的质性研究》《儿科护理技术分级指标体系的构建研究》《床边心电监护在儿科临床中的应用》分别在《中华护理杂志》《天津护理》《实用护理杂志》发表。主编著作1部《妇儿科常见疾病护理常规》在人民卫生出版社出版；副主编著作1部《儿科疾病护理常规及护理管理》在天津科学技术出版社出版。参编著作14部。

2010、2016年两次被评为天津市卫生行业人民满意的好护士。

赵术云

赵术云，女，1966年1月出生于天津市，副主任护师。1986年中专毕业于武清卫生学校，1998年大专毕业于天津医科大学。1986-1989年工作于武清区人民医院。1989年至今工作于武清区中医医院，1992-2003年任内科、外科护士长，2003年代理护理部主任工作，2004年至今任护理部主任。2015-2019年任天津市中医药学会第一届护理专委会副主委，2018年至今任天津市抗衰老学会第一届护理专委会副主委，2019年至今任天津市中西医结合学会第四届护理专委会常务委员。

她从事护理工作34年，担任护理部主任后，组织制订中医护理方案25个，成立了5个专科护理小组，开展中医护理项目20项。组织院内中医护理方案交流会、中医护理创新技术交流会及中医护理技术比武。培养市级专科护士32人，经国家中医药管理局认定的全国中医护理骨干3人。为了规范管理，她组织编写《常见病中医护理常规》《常见病中医护理健康教育指导手册》《康复养生指导手册》等。开展中医养生操培训，引领各科室开展中医特色护理。她带领的护理团队顺利通过二甲医院复审和三甲医院评审。2014年护理部被评为天津市女职工建功立业示范岗，2017年被授予全国五一巾帼标兵岗。2019年她赴甘肃泾川中医医院、西藏昌都江达藏医院开展帮扶工作。

她主持天津市武清区科研课题1项，“茯苓膏神阙穴贴敷对PPH术后尿储留的疗效研究”：参与天津市北辰区中医医院课题1项，“天津市社区护理人员中医护理认知现状及对策研究”。她以第一作者发表论文6篇，代表作《新形势下基础护理的重要性》《茯苓膏神阙穴贴敷对预防PPH术后尿储留效果观察》分别在《河北医药》《内蒙古中医药》发表。

2001-2004年2次被天津市人民政府评为市级优秀护理工作者，2013年被国家中医药管理局评为全国中医医院优质护理服务先进个人。

张克森

张克森，女，1966年2月生于天津市，研究员，硕士研究生导师。1989年本科毕业于天津医学院护理系。1989-2000年工作于原天津医科大学第三医院。2000年至今在天津市护理学会工作，2000-2012年任专职秘书，2012年12月至今任天津市护理学会第八、九届理事会秘书长。2018年至今任中华护理学会27届理事会理事，2018年至今任天津市学会学研究会理事，2019年至今任天津市科协第九届委员会委员。担任《天津护理》编委。

1989年在天津医科大学第三医院心外科及心内科监护室从事护理工作4年，同时兼任护理职专内科护理的授课及实习带教。1993--1996年起在医院科教科工作，负责科研管理、学术活动、实习学生管理，1996年参与筹备天津医科大学“211”评审工作。1997-2000年在医院护理部从事干事工作。

2000年11月起在天津市护理学会做专职秘书工作，从事学会特护、护工管理工作3年，组织护工培训，规范特护护工的工作职责、实施计算机管理。实施签署了护工劳动协议和患者家属聘请护工服务的两项协议，使护工管理工作规范化。从事学会管理工作9年，负责会员管理、继教培训、组织建设、学术年会等工作并主管8个专业委员会学术活动。

2012年12月任天津市护理学会秘书长，在理事会的领导下，协助理事长领导学会开展各项工作。倡导开展多形式学术活动，以科研带动学科发展，自2013年负责组织护理科研培训。2014年组织了首届护理用品创新大赛。2016年主持了首届护理科研课题立项工作。每年组织策划护理专业学术年会，年均600篇论文参加交流。2020年启用网上科研课题申报、评审、中期检查及结题系统，论文征集分类评审及汇编收集在平台上完成。

她负责组织继续教育培训，每年26个专业100余个课程在40家培训基地进行授课。2020年疫情期间策划组织全市护理人员在线上完成培训，共计142个视频课件。2013年起，共组织八届临床青年护理教师讲课大赛，增设操作讲课及专科护士讲课比赛项目；担任学会内部刊物《天使风采》执行主编，每年四册，传播护理学术动态信息；每年5.12国际护士节组织报告会及摄影大赛，记录护理人员救死扶伤、无私奉献的精神。为促进青年人才发展，2014年组织成立男护士工作组、青年工作组。

她组织学会建章立制工作，使理事会的工作规范化，负责起草了8项制度并实施。为打造高质量的学术活动，减轻兼职人员负担，负责起草了学术年会工作备忘录、学术活动相关文件的模板。编制专业委员会工作手册，组织新当选的主任委员和秘书进行培训，编制专业委员会职责测评表，对专业委员会活动进行量化测评。

2013年起组织学会开展科普活动，2015年主持了天津市社会组织公益创投项目“天使传递健康”。天津市护理学会在2013-2016年连续四年被天津市科学技术协会评为“学会之星”，2015年被天津市社团局评为市级先进学会，2020年经天津市社团局复审再次评为5A级学术类社团组织。

她围绕养老护理主持完成课题3项、参与完成课题3项。2015年，主持完成中华护理学会科研课题“基于需要理论的老年护理服务需求结构与模式构建”；主持完成市科协决策咨询课题“社区居家养老医疗护理服务体系现状及对策分析”，该课题被评为市科协优秀课题；同时参加了市政协的“推进我市健康、医疗、养老产业融合发展”专项调研，主持撰写了“我市医养结合人才队伍建设的建议”，形成专报件上传天津市主要领导。以第一作者发表论文8篇，其中2003年在《护理研究》发表论文《护理服务中心的建设及管理》，2017年在《天津护理》发表论文《京津冀地区老年人社区医疗护理服务满意度及其影响因素研究》。2016任硕士生导师，3名研究生已经毕业，其中1名研究生2020年获国家奖学金。作为通讯作者发表中英文论文12篇。2017年主编天津科技翻译出版社出版的《天津近代护理发展史研究》。

2006、2014年及2020年3次被评为天津市科协“先进学会工作者”，2017年获得中国人力资源和社会保障部、中国科协授予的“全国科协系统先进工作者”称号。

魏力

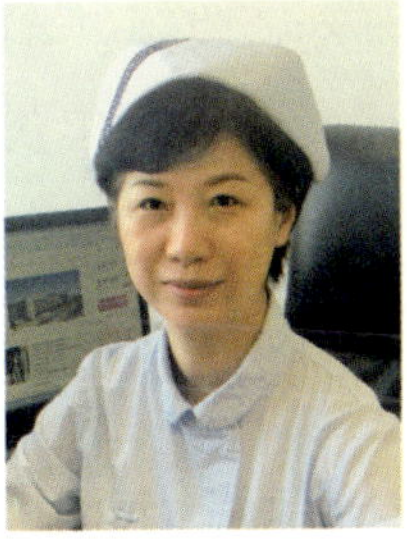

魏力，女，1966年2月出生于天津市，中共党员，主任护师，硕士生导师。1989年本科毕业于天津医科大学。1989年至今工作于天津医科大学总医院，1996-2011年任烧伤科、普外科护士长，2011-2015年任外科科护士长，2015年至今任天津医科大学总医院空港医院护理部主任。2010年至今担任中华医学会创伤学分会创伤护理学组副组长，2016年至今担任中国中西医结合委员会疡科专委会委员，2018年至今担任中华护理学会外科专委会委员，2020年至今担任中国康复医学会护理专委会常务委员、中国康复医学会康复护理专业委员会康复护理科普学组副组长。2006年至今曾担任天津市护理学会静脉输液专委会副主任委员、外科专委会副主任委员，2015年至今天津市康复医学会理事会常务理事、康复护理专委会主任委员，2016年至今担任天津市护理质量控制中心委员，2018年至今担任天津市护理学会理事会理事。

她从事临床护理工作32年，分别于2003年和2005年将PICC技术和湿性愈合理论引进天津，填补天津市卫生技术行业两项空白。她先后取得国际伤口治疗师、天津市静脉治疗专科护士和伤口专科护士资质。

2003年投入到抗击非典的护理工作中，2008年参加陕西略阳医院震后医疗重建护理指导工作。2011年参加天津市滨保高速特大交通事故的救援工作，将PICC技术和湿性愈合理论应用患者抢救中，获得专家组一致好评。2012年参加天津市医疗下乡对口帮扶工作。

2015年负责护理管理工作，以专科促岗位胜任力的理念，积极培养专科护理人才，开设了PICC维护和伤口护理门诊。在2020年抗疫工作中，空港医院作为天津市外防输入筛查和医疗救治定点总医院，她带领的护理团队为患者提供了高质量护理服务。同时注重关心关爱一线护理人员，设计了“空港医院我想对你说”（医护版和患者版）缓解情绪的活动，收到患者感谢留言千余件，保持无一例队员感染。带领空港护理团队在2019年获得天津市三八红旗集体，2020年获得天津市护理学会抗疫护理工作先进集体，2020年获得天津医科大学抗疫最美白衣天使团队。

作为硕士生导师，已培养10名研究生。2015年她参与引进欧洲伤口管理协会优玛伤口治疗师培训教育体系并参与培训工作，连续五年主持两项国家级继续教育项目。她还承担天津医科大学护理学院思政课、天津市护理质控中心四个专科护士的授课。

她主持科研项目4项，参与科研项目7项。其中“社区护士康复护理知识体系与培训模式的构建”获得天津市科学技术协会颁发的优秀成果奖，“医护一体化在创伤性骨外露创面修复的相关性研究”获得天津市科学技术成果登记。作为第一作者和通讯作者发表相关护理学术论文60余篇，4篇SCI，中华期刊17篇，2019年发表的《社区老年康复护理核心知识体系构建》论文获得中华护理杂志举办的全国百篇优秀论文奖。她主编护理著作12部，参编著作4部。主编《中华战创伤学》中的第11卷护理分册《战创伤护理与心理》和《新编围术期护理学》《外科常见疾病护理常规》《伤口护理实践快速成长手册》《外科护理学（中级）习题精选》等。其中《中华战创伤学》获得第五届中国出版政府奖。2017年取得护士服外观设计专利1项。

2003年被评为天津市抗击非典先进个人，2012年被评为天津市滨保高速特大交通事故应急处置先进个人，获得第二届和第五届天津市人民满意的好护士，2016年被评为天津市护理学会工作先进个人，2017年被评为天津市滨海新区三八红旗手，2018年被中国康复医学会评为优秀康复护士，2020年被评为天津市护理学会优秀护理工作者。

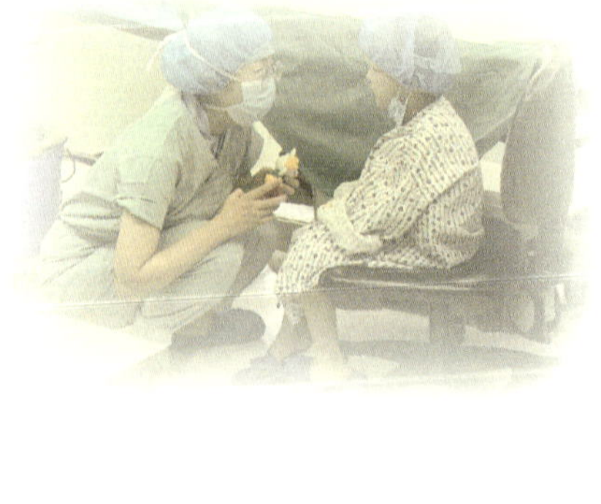

马力

马力，女，966年3月出生于天津市，农工党员，副主任护师。1988年本科毕业于天津医科大学。1988-2003年在天津市第一中心医院工作，1996-1999年任普通外科护士长。2003年至今在泰达国际心血管病医院工作，2003-2012年任护理部护士长，2012-2019年任总护士长，2019年至今任护理部主任。2013年至2019年任天津市护理学会护理教育委员会副主任委员，2019年至今任天津护理学会护理管理委员会副主任委员，2018年至今任天津市护理学会第九届理事会理事，2019年至今任中华医学会心血管病学分会护理学组委员，2019年至今任中国研究型医院学会护理教育专业委员会常委，2017年至今任天津医学会医学人文分会委员。

她从事护理管理工作25年，在泰达国际心血管病医院，协助主管院长组织完成了“制度+标准+模式+品牌”项目。她组织推行优质护理服务，落实责任制整体护理，2010年医院成为国家首批临床护理重点专科建设项目医院，2011年医院成为国家护士岗位管理试点医院。她制定了护士发展路径、护士岗位管理原则和评价体系。她组织实施无陪护管理。连续10年举办“优质护理服务模式理论与高级实践护士研修班”。她建立了全面的护理质量管理与控制体系，推行全员参与的精益日常持续改进。2020年成为中华护理学会护理管理京外培训基地负责人。

她从事临床教学工作25年，组织建立护理教学和护士培训管理体系，将护士分层培训，使护士按照职业发展路径成长为临床专家或护士长。

她参与护理科研项目5项，包括2012-2013年天津市滨海新区科学普及计划项目“滨海新区心血管疾病及糖尿病科普健康教育基地建设”等。参编书籍4部，包括《知道做到》从JCI认证到医院评审、《知道做到》新版JCI标准实战解读、《护理管理新入职护士入职培训系列丛书》等。

2018年荣获中国医学科学院北京协和医学院优秀护理教师称号。

曹淑卿

曹淑卿，女，1966年3月出生于天津市，中共党员，主任护师，硕士生导师。1989年本科毕业于天津医科大学护理学院，同年进入天津市人民医院（原天津市第二中心医院）工作，1999-2007年担任天津市人民医院护理部主任、护理教研室主任。2007年至今在天津市眼科医院工作担任护理部主任。2000年至今任天津市护理学会护理管理专业委员会副主任委员、天津市护理质控中心委员及质控检查组成员，2006-2012年曾任天津市护理学会第六、七届理事会副理事长，2007年至今担任天津市卫生技术高级职称评审专家，2012-2017年曾任中华护理学会消毒供应专业委员会委员，2013-2019年曾任天津市护理学会消毒供应专业委员会主任委员，2013-2017年曾任中华护理学会第二十六届理事会理事，2016年至今担任中国医院协会护理管理专业委员会委员，2018年至今担任中华护理学会护理管理专业委员会委员、天津市护理学会第九届理事会常务理事，同时担任《中华护理教育》《天津护理》杂志编委。

1997年受医院委派参加中国第八届赴新加坡护士技能培训，并取得新加坡注册护士。1999年回国后担任原天津市第二中心医院护理部主任，将新加坡医院管理理念运用于工作中；推行PCN（PatientCenterNursing）模式，以患者满意为评价依据，并纳入护理质量标准。2000年参与组织院内医疗护理信息化建设，包括开展取消纸质“医嘱本”、应用电子医嘱等举措。2003年作为天津市人民医院抗击SARS医疗队负责人，带领10支护理团队深入市传染病医院“红区病房”并负责现场管理2月余，完成任务并实现了“零”感染。2004年完成三家医院护士整合，组建及管理天津市人民医院的护理团队。2007年调入天津市眼科医院担任护理部主任，深化优质护理内涵，2012年带领护理团队获得首批优质护理示范医院的称号。2020年作为中华护理学会眼科护士培训基地负责人，完成首届眼科专科护士培训。

任天津市护理学会副理事长时，协助学会完成《天使风采》审稿及科普宣传等，协助学会组织完成天津市消毒员培训、专科护士培训。作为护理管理专业委员会副主任委员协助专委会审稿及开展学术活动。参加市卫健委各项质量检查督导、三级医院等级评审及大型医院质量巡查等工作。

她主持省市级科研课题8项，2013年主持局级课题“青光眼患者延续护理评价体系构建的研究”，2015年主持天津市科学技术协会课题“护理队伍结构变化对护理科研发展影响的研究”等，参与“玻璃体切割术术后恢复辅助支架”等6项新技术引进项目。1993年作为带教老师参与的“责任制整体护理模式及相关研究”获中华护理学会科技进步奖三等奖。2018年主编著作《五官、皮肤科和精神科常见疾病护理常规》，参编了《医院护理管理规范及质量考核标准》等3部护理专业著作。发表论文20余篇。2016年担任天津中医药大学护理专业硕导，培养研究生4名。

2001年被评为天津市优秀护士，2003年被评为局级优秀共产党员，2017、2018年被评为市护理学会先进工作者，2017年被评为全国优秀护理部主任，2016、2017年被评为中华杂志社《中华护理教育》优秀编委。

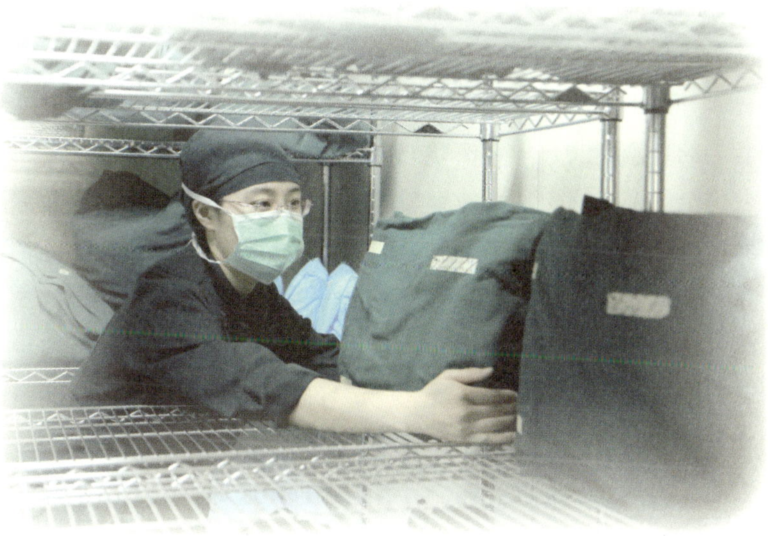

强万敏

强万敏，女，1966年3月出生于天津市，中共党员，主任护师，硕士生导师。1987年中专毕业于天津塘沽卫校，1999年大专毕业于天津市职工医学院，2008年本科毕业于西安交通大学。1987年工作于天津市肿瘤医院，1998-2005年任腹部肿瘤外科护士长、乳腺肿瘤科护士长，2005-2010年任护理部副主任，2010年至今任护理部主任。2013-2019年任天津市护理学会肿瘤护理专业委员会主任委员，2015-2018年任中国抗癌协会肿瘤护理专业委员会主任委员，2016年至今担任天津市护理学会常务理事，2018年至今任中华护理学会第二十七届理事会肿瘤护理专业委员会副主任委员。同时担任《中华护理杂志》《中国护理管理》《护士进修杂志》及《天津护理》杂志编委。

她至今从事临床护理工作30余年，自2010年担任护理部主任以来，于2012年带领护理团队荣获国家临床重点建设学科项目。2015年她作为中国抗癌协会瘤护理专业委员会首届主任委员，为全国肿瘤护理专业发展搭建学术交流平台。她带领的护理团队荣获全国三八红旗集体、全国巾帼文明岗等荣誉称号。

她从事护理质量管理工作23年，倡导“全员参与，人人都是质量管理者”的理念，2011年在医院开展品质圈改进项目，近五年来，带领团队获得全国及天津市质量改善项目成果奖97项。2015年提出了新时期“患者需求至上，以循证为基础”的专业化、人文化、个体化的护理理念。以“5.12”为契机，持续开展每年一主题的“感动服务”活动，向患者献爱心。2017年，成立天津医科大学肿瘤医院南丁格尔志愿护理服务分队，深入社区、福利院及养老院进行康复指导，传播肿瘤防治新理念。2018年荣获中国南丁格尔志愿护理服务总队授予的文化建设奖。坚持以人为本的人才发展理念，制订各层级护士职业规划，搭建多维、立体化人才发展框架，实现院内-国内-国际阶梯培养，在“十三五”期间完成“1.3.6”人才培养规划，打造60名专家型管理团队，建立百名师资教学队伍，培养300名专科护士。近十年来，在夯实服务的基础上，向护理亚专科方向发展，完善医院十大护理专业组，搭建智慧护理信息化平台，建立天津市肿瘤医院护理专科门诊。

她主持并参与局校级科研项目10项，2009年主持完成天津市卫生局科技基金面上项目“系统化运动锻炼对乳腺癌术后辅助化疗患者康复效果的护理研究”，2014年主持完成国家肿瘤临床医学研究中心项目“全程式整体化乳腺癌康复护理模式构建及临床应用研究”、天津市卫生局科技基金面上项目“乳腺癌患肢淋巴水肿的系统化护理干预研究”，2017年主持完成天津医科大学医院管理创新研究项目“乳腺癌病人出院计划模式构建”，2020年主持在研天津市卫健委项目“放松训练联合引导意象音频对化疗患者恶心呕吐的干预效果研究”。其主持的“乳腺癌多维度康复管理模式”项目获2018年中国护理管理卓越奖，“乳腺癌患者全程康复护理”项目获2020年天津医科大学科技成果奖。她作为天津医药大学及天津中医科大学硕士生导师，共培养了14名硕士研究生。2018年成立循证科研护理专业组，开展科研转化项目，在国内外期刊发表论文近百篇，其中作为第一作者/通讯作者发表SCI11篇。主编著作4部，包括2011年人民军医出版社的《乳腺癌患者护理446问》，2015年中国大百科全书出版社的《癌症知多少 肿瘤护理》，2016年天津科技翻译出版有限公司的《肿瘤护理学》，2017年北京大学医学出版社的《护理中的人文关怀》。同时在2017年翻译出版美国ONS《循征实践—癌症症状控制指南手册》，2020年牵头全国34家单位共同制定出版国内首部《中国癌症症状管理实践指南》，完成中华护理学会《成人癌痛护理》团体标准，并作为核心组专家成员完成国家卫健委老龄司《成人安宁疗护舒适照护实践指南》。

1991年被评为共青团天津市委员会新长征突击手，1992年被评为天津市优秀护士，1995年被评为天津市优秀护理工作者，1996年获得天津市八五立功奖，1997年被评为天津市卫生行业青年岗位能手，1998年被评为天津市优秀护理工作者，2012年被评为天津市卫生行业好护士，

2013年获得天津市五一劳动奖章，2015年被《中国护理管理》杂志社评为首届全国优秀护理部主任，2015-2017年连续三年被评为天津市质量管理小组活动优秀推进者，2018年被评为第十一届天津市“十佳”医务工作者，2019年获得天津市五一劳动奖章。

孟昭梅

孟昭梅，女，1966年8月出生于天津市，主任护师。1987年中专毕业于武清区卫生学校。1987年至今工作于天津市武清区人民医院，2004-2012年先后任骨科、妇产科护士长，2012年任护理部副主任，2013年至今任护理部主任。2018年至今任天津市护理学会第九届理事会理事、护理管理专业委员会委员，2015年至今任天津市护理质控中心委员，2014年至今任天津市武清区护理质控组组长。

她从事护理管理工作17年，于2014年组建护理信息化小组，通过移动护理工作站对护理评估、护理记录及护理文件等实施信息化管理。她带领护理骨干到社区、养老院及基层医院开展优质护理延伸服务，进行急救知识普及、健康教育活动10余次，患者家庭访视20余次。

她选派护士外出学习，至今培养ICU、手术室、消毒供应中心、伤口造口、静脉治疗、腹膜透析、急诊、糖尿病、血液净化、肿瘤专科护士70余名。她成立PICC、糖尿病健康教育及伤口-造口护理门诊，并引进静脉输液港维护技术，满足区域内群众健康服务的需求。

她主持完成武清区科委科研课题1项“脆骨症患者截骨矫形髓内钉固定术治疗的术后护理技术研究”；参与武清区科委研课题4项。她主持研发的“一种混合氧吸入/呼气延阻慢阻肺康复装置”获国家级实用新型专利。她以第一作者发表论文10余篇，代表作包括《一例髋关节置换术后并发旋股外侧动脉出血介入治疗的护理》《PDCA循环引导的Ⅰ型成骨不全患者康复随访研究》，分别在《护士进修杂志》《天津护理》发表。其中《一例髋关节置换术后并发旋股外侧动脉出血介入治疗的护理》论文在武清区“第四届优秀学术论文”评比中获得三等奖。

付丽

付丽，女，1966年10月出生于辽宁省营口市，中共党员，主任护师，硕士生导师。1990年本科毕业于天津医学院。1990年至今工作于天津医科大学第二医院，1995年担任护理部干事，2001年至今任护理部主任，2010年至今任护理教研室主任，2019年兼任天津医科大学护理学院副院长。2017年至今任中华护理学会理事会理事，2018年至今任中华护理学会外科专业委员会副主任委员、天津市护理学会第九届理事会副理事长，2013-2019年任天津市护理学会外科护理专委会主任委员、2019年至今任名誉主委。2012年任天津市护理学会理事会科研编评委员会副主任委员。2013-2018年任《中华护理杂志》编委，2018年至今任《中华护理教育杂志》编委，2014年至今《护士进修杂志》编委，1996年至今任《天津护理》编委。

她从事护理管理工作20年，2001年开始针对临床护理工作存在问题，重新修订了《病房管理制度》《护理人员考核制度》《健康宣教制度》等，将165个病种的宣教资料汇编成册应用于临床。她强调护理工作的人性化，推行“住院患者5分钟接诊制”，她带领的团队获首批优质护理服务医院、天津市血液净化专科护士培训基地。她实行护士长聘任制至今已经20余年，积极组建PICC和伤口门诊。2003年非典疫情期间，医院接收了95例疑似患者和5例确诊患者，她参加筹建发热门诊，亲临现场督导落实院感防控，实现了医护人员患者零感染。2020年抗击新冠疫情期间，作为专家组成员3次深入定点海河医院参加重症患者会诊。

她从事护理教育25年，负责本科生、硕士生教学工作，2013年荣获天津医科大学教学管理人员优秀奖。指导的一名硕士研究生荣获“校级优秀研究生”称号。

她在核心期刊以第一作者发表论文5篇，通讯作者发表论文16

篇，其中SCI论文4篇，代表作《Evaluation of patient-reported outcome measures in intermittent self-catheterization user: A systematic review》《基于患者分类配置泌尿外科护理人力资源的研究》“血液透析病人饮食治疗态度量表的汉化及信效度考评”分别在《Arch Phys Med Rehabil》《中华护理杂志》《护理研究》发表。主编、副主编著作书籍各1部，《外科常见疾病护理常规》《实用护理技术》分别在人民卫生出版社和天津科学技术出版社出版。主持完成天津市课题2项，“天津市全域科普体系建设对策研究—基于新型冠状病毒肺炎防治科普宣传实践”，天津市科委课题“CT引导125I粒子治疗非小细胞肺癌的防护护理干预的研究”，该课题被认定为国际先进水平；参与天津市级课题4项。她发明的“新生儿女婴留尿器粘贴片”获国家实用新型专利。

她于2005年被卫生部与中华妇联授予全国巾帼建功标兵称号，2008年被天津市卫生局授予天津市卫生行业第六届双十佳医务工作者，2009年被天津市总工会授予天津市五一劳动奖章。

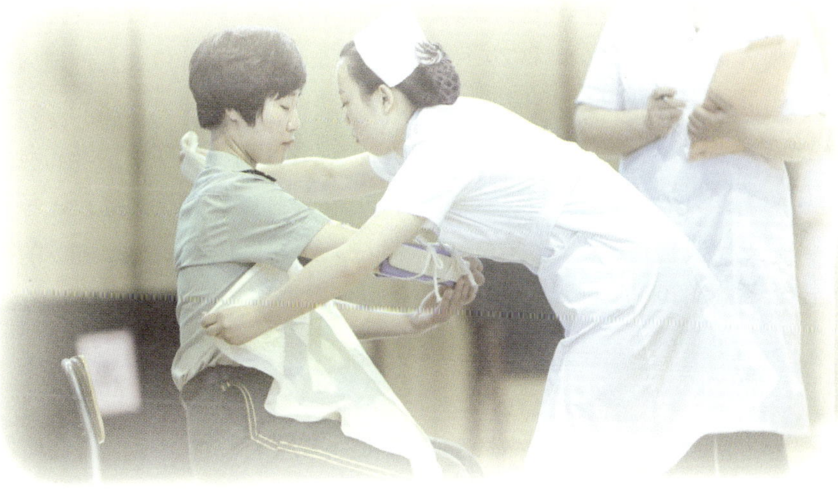

马宏文

马宏文，女，1966年11月出生于天津市，中共党员，主任护师，硕士生导师。1989年中专毕业于天津市护士学校，1995年大专毕业于天津医科大学，2011年本科毕业于西安交通大学。1989-2003年工作于天津市第二中心医院，1999-2003年任消化科护士长。2003年至今工作于天津市人民医院，2003-2019年任内科区域护士长兼消化科护士长，2011年至今任党支部书记，2019年至今任护理部主任。2001-2006年任天津市护理学会内科专业委员会委员，2006年至今连任三届天津市护理学会内科专业委员会副主任委员。2020年至今任天津医学会医学鉴定分会护理学组委员、《天津护理》杂志编委。

她从事临床护理工作32年，从事护理管理工作22年，担任护理部主任后，改革完善护士长聘任管理制度，制订50余项护理管理制度和流程。她注重专科护理人才培养和团队建设，2020年成为全国肠造口护理联盟副盟主单位。

2003年在抗击非典疫情期间，她第一批进入红区参与危重病人的救治，被评为天津市抗击非典先进个人、天津市新长征突击手及防治非典型肺炎优秀共产党员。2020年新冠疫情期间，她组建30余支护理应急队，先后派出5批次24人完成武汉的武钢二院和方舱医院，天津的海河医院、滨海机场检疫的抗疫任务，派出1名护理骨干前往布基纳法索和科特迪瓦支援非洲抗击新冠肺炎。她亲自为抗疫队员提供心理支持和疏导，到队员家中走访，到发热门诊慰问，解决队员实际困难。参加抗疫的护理团队荣获2020年全国卫生健康系统新冠肺炎疫情防控工作先进集体。

她从事临床带教工作30年，作为硕士生导师，先后培养了天津中医药大学5名研究生。

她主持天津市卫健委课题2项“中医时间护理干预在溃疡性结肠

炎中的应用研究”“溃疡性结肠炎再住院患者治疗依从性及护理干预研究”。参与国家自然基金课题1项“基于信任发展理论的医患信任关系形成机制及促进策略研究”，天津市卫健委课题2项，参与天津中医药大学校级课题3项。她以通讯作者发表论文4篇，代表作《Relationships among structural empowerment，innovative behaviour，self-efficacy，and career success in nursing field in China》《Innovative behaviour and career success:Mediating roles of self-efficacy and colleague solidarity of nurses》《溃疡性结肠炎患者自我管理量表的编制及信效度检验》《基于CONSORT声明和STRICTA评价针灸治疗腰椎间盘突出症随机对照试验报告质量》分别在《Int J Nurs Pract》《Int J Nurs Sci》《中国实用护理杂志》《中医药导报》发表。她参与研发国家实用新型专利4项。

2012年被评为天津市卫生行业第二届人民满意的好护士、天津市三八红旗手，2018 年被评为天津市最美女性，2020年被评为天津市巾帼建功标兵。

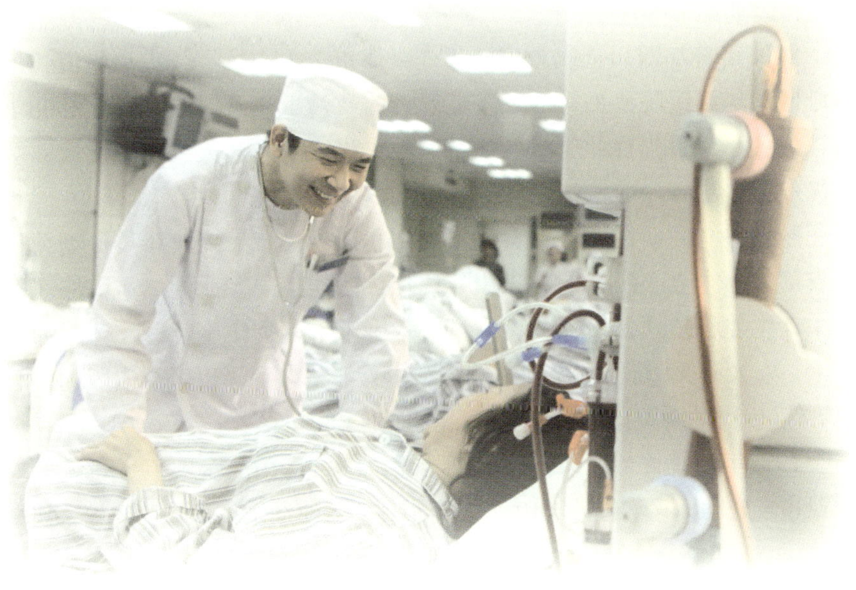

刘香景

刘香景，女，1967年出生于山西省平陆县，中共党员，主管护师。1986年中专毕业于运城地区卫校，1996年本科毕业于上海第二军医大学。1986-2003年工作于武警部队指挥学院，1996-2003年任大外科护士长。2003至今工作于泰达国际心血管病医院，2008-2014年任急诊科护士长、CCU护士长，2018年至今任康复科护士长。2018年至今任第一届中国心肺康复护理联盟委员会委员，2019年至今任天津护理学会康复护理专业委员会委员、天津市康复医学会心血管病康复专业委员会委员，2020年至今任第五届天津市康复医学会康复护理专业委员会委员、第一届天津市滨海新区医学会康复专业委员会委员。

她从事临床护理工作35年，其中从事心血管危重症护理15年。2010年赴日本相泽病院学习护理管理及危重症患者护理技术。2014年开始从事心脏康复工作，深入探索心脏康复及重症康复护理技术，带领康复团队对全院心血管外科患者及急性心梗、心衰患者实施全面、全程的康复治疗和护理。

2008年参加四川抗震救灾。担任天津市第七支抗震救灾小组组长，奔赴四川华西医院参加震后危重症患者的救治工作，持续20天。2008年被评为天津市卫生行业支援四川抗震救灾先进个人及天津市支援抗震救灾优秀共产党员。

积极参与科研创新工作，主要参加科研项目有：天津科技计划项目（省部级）“冠心病三期临床康复诊疗体系的建立”；天津市滨海新区卫生计生委科技项目“冠状动脉搭桥术围手术期临床康复诊疗体系的建立”。发表论文3篇，作为副主编编写由天津科技翻译出版社出版的《心血管外科围术期康复临床操作手册》。

1998年在武警部队荣立三等功一次，2009年荣获全国卫生系统护理专业巾帼建功标兵称号，2010-2011年被评为天津经济技术开发区优秀共产党员。

刘伯芬

刘伯芬，女，1967年12月出生于天津市宝坻县，中共党员，主任护师。1987年中专毕业于宝坻卫生学校，同年在宝坻县人民医院从事护理工作。2007年本科毕业于天津医科大学。1999-2019年任宝坻区人民医院护理部主任。2016-2019年任天津市护理学会医院感染专业委员会副主任委员。

她从事护理工作33年，从事护理管理22年。作为医院护理部主任，她带领全院护士以病人为中心，以安全为重点，以质量为追求，规范全院护理管理工作，适时修订和完善护理管理制度、工作流程，制订护理工作规划，在增加护士数量的同时，注重调整结构，实行对护士进行分层级管理和弹性排班工作模式。她对护理人员进行分层培训和考核，制订各级人员培训计划，并定期进行考核，同时选派护理骨干外出进修、学习，使专科护理能力不断得到提高。2005年，护理部获得全国卫生系统巾帼文明岗荣誉称号。

2010年，卫生部在全国卫生系统开展优质护理服务示范工程活动，她首选五个病房作为试点，合理配置护理人员，并到病房督导检查，保证病人在24小时内得到连续性护理。制定了医院绩效考核实施方案并实施，根据护士的工作数量、工作质量、技术难度和患者满意度对护士进行绩效考核，充分调动护士的工作积极性。病人的满意度大大提高，优质护理在全院全面展开，医院在2012年获得天津市优质护理服务医院称号。2018年护理部由她负责的“降低尿管相关性尿路感染发生率”改善项目荣获第四届中国护理质量大会护理质量提灯奖推荐奖。2014-2019年连续六年在天津市护理质控中心优质护理服务督导检查中荣获优秀。

她参与完成4项天津市科学技术成果，发表论文8篇。

李继红

李继红，女，1967年12月生于天津市，中共党员，主管护师。1989年大专毕业于天津市护士学校，2014年本科毕业于西安交通大学。1989-1994年工作于天津市南开区南丰桥医院。1994年至今工作于天津市南开区三潭医院，2004-2009年担任骨外科护士长，2009-2020年担任护理部主任兼外科党支部书记，2020年至今任院办公室主任。2019年至今担任天津市护理学会护理管理专业委员会委员、天津市心理学会护理心理学专业委员会委员。

她从事护理管理工作16年，2004年作为骨外科的护士长，完成了病房的筹建工作，为了配合科室开展微创手术，制定了规章制度和护理常规，改进了护理工作程序。担任护理部主任期间，她要求各科室护士长选送优秀的护士参加ICU、急症、手术室、糖尿病、PICC等专科护士培训，有22人获得资质。选送护理骨干2人参加专项培训，获得“国际伤口造口治疗师”资质，她成立伤口护理门诊，由专科护士为患者提供专业护理服务。她夯实护理人员的三基训练，2010年在南开区卫生局开展的“岗位练兵、技术比武”活动中，带领队护理团队荣获三等奖。2017-2018年连续两年获得天津市护理质控中心优质护理服务评价优秀成绩。她于2014年赴匈牙利学习交流，并将交流经验用于护理管理工作。

2012年被评为天津市人民满意好护士，2014年荣获天津市南开区卫生局先进工作者称号，2015年荣获天津市南开区三八红旗手称号。

李雯

李雯，女，1968年2月出生于天津市，中共党员，副主任护师。1986年中专毕业于天津市职业中等专业学校，1999年大专毕业于天津市医科大学，2008年本科毕业于西安交通大学。1986年至今工作于天津市天津医院，1996-2013年先后担任外科病房、急创病房、关节置换中心和急诊科护士长，2014年至今任急诊科护士长兼门急诊片护士长。2016-2019年任天津市护理学会门急诊专委会副主委，2019年至今任天津市护理学会门急诊专委会委员，2018年至今任中华护理学会急诊专委会专家库成员及天津市护理学会理事会理事。

她从事护理管理工作25年。2003年任护士长期间，主动请缨与医院的医疗队赴天津市传染病医院参与“非典”救治工作，被评为天津市教卫工委优秀党员、天津市抗击非典先进个人。2011年被医院选送到四川大学华西医院急诊科进修学习，将分层培训及紧急医学救援等管理理念应用于急诊救治工作，建立了医院大型突发事件群体伤救治流程、空中直升机立体救援体系及流程。她结合优质护理要求，优化门急诊服务流程，完善工作制度10余项，并参与老年股骨颈骨折患者ERAS急诊流程的制订。她带领护理团队连续5年开展急救技能公益培训活动，受益者1000余人。她成立科室质控小组，以“点对点，点对面”的方式进行管理。带领科室荣获全国巾帼文明岗、天津市卫健委工作先进集体、天津市模范职工小家及五四红旗团支部等荣誉。指导并带领护理骨干参加各级护理技能竞赛，荣获全国、天津市奖项20余项。

她自2016年起积极参与天津市护理学会举办的急救技能培训及竞赛活动，多次担任“团队救援”项目培训导师并参与竞赛病例编排及评审工作，通过竞赛传递“比学赶超”的技能比拼正能量，大大提升了全市护士对于突发事件的应急反应和急救处置能力。积极参与学会继续教育授课及“5.12”义诊活动，荣获天津市护理学会2018年度学会工作先进个人称号。

她以第一作者发表论文10余篇，《创伤骨科急诊疾病谱分析及护理管理》《一次性无菌固定敷料的制作及应用》分别在《中华医院管理杂志》和《天津护理》发表。她主持的“吊挂式检伤卡”获国家实用新型专利。

2004年评为天津市优秀护理工作者，2005年评为全国卫生系统“巾帼建功标兵”。2014年荣获第三届“天津市人民满意的好护士”称号，2015年评为天津市卫生计划生育委员会优秀共产党员和“先进红娘”。

刘鸿梅

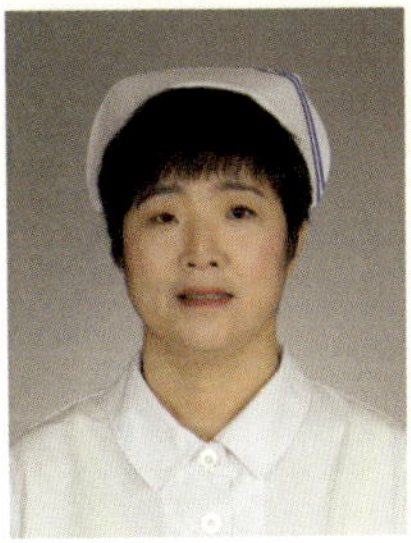

刘鸿梅，女，1968年3月出生于天津市，中共党员，主任护师。1987年中专毕业于天津市护士学校，2009年大专毕业于天津医科大学。1987年至今工作于天津市第三中心医院，2003-2010年任重症医学科护士长，2010年至今任内科科护士长。2017年至今任中华护理学会重症护理专业专家库成员，2012年至今任天津市护理学会第八、九届理事会理事，1996年至今任天津市护理学会ICU专业委员会副主任委员。

在临床从事重症护理工作30余年，配合各种危重症抢救，熟练掌握ICU各种仪器的操作、危重症患者监护及护理评估，取得了天津市ICU专科护士资质。

任中华护理学会ICU专科护士京外临床教学基地负责人，承担天津市急诊、ICU专科护士培训的理论授课、临床实践及考核，承担天津市医科大学高级护理理论授课。连续10年担任院内护理教育工作，担任院内护理技能大赛指导老师，带领团队连续三届荣获天津市卫生行业护士护理技术基本功竞赛特等奖。

她主持完成2014年天津市卫生局课题“间歇声门下负压吸引不同粘稠度分泌物安全有效性研究”，参与课题2项。参编著作1部。发表论文10余篇，2017年在《中国护理管理》发表《ICU护理工作量测量方法的研究进展》，在《中国实用护理》发表《基于共词分析法的近五年危重症护理研究热点分析》，2016年在《中国实用护理》发表《机械通气患者生命质量问卷的汉化及信效度评价》。2006年“亚低温体外循环器”获批国家实用新型专利。

1992-2001年两次被评为天津市优秀护士，2002年获天津市劳动模范荣誉称号，2008年获全国五一劳动奖章荣誉称号，2010年获卫生部优质护理服务考核优秀个人、天津市卫生行业人民满意好护士荣誉称号，2014年获天津市十佳医务工作者荣誉称号，2017年被评为国家卫生计生委宣传司中国好医生、中国好护士月度人物，2020年获天津市五一劳动奖章。

秦孝培

秦孝培，女，1968年3月出生于天津市，中共党员，主管护师。1987年中专毕业于天津市护士学校，1993年大专毕业于天津市卫生职工医学院，2005年本科毕业于天津医科大学。1987年至今工作于天津市公安医院，1997-1999年历任内二科、急诊科、总护理部护士长，1999-2007年任护理部副主任，主持工作。2001-2006年曾担任天津市护理学会护理管理专业委员会委员，2006-2007年任天津市护理学会第七届理事会理事。

她从事临床护理工作10年，护理管理工作10年，护理教学15年。在临床护理和教学工作中她始终坚持“整体护理”的理念，建立基础护理和危重症护理长效管理机制，坚持护理质量查房，落实对患者全程无缝优质护理。在管理方面她完善规章制度、细化工作流程，加强质前控制、注重环节控制、强化终末控制，多次选派骨干到全国一流医院进修学习护理管理和临床护理，针对护士不同阶段、不同层次进行培养，特别加强了医院护理危重症学科建设，强化全院护理人员理论、操作技能培训和考核。

她参与完成公安部课题1项“生物反馈技术在警察职业紧张的应用”；参与完成天津市公安局课题1项“复方五味子醇提物对糖尿病肾脏疾病微炎症反应的抑制作用”；参与完成自选课题1项“张大宁肾病辨治体系及其临床评价的研究”。她以第一作者撰写论文2篇《肝癌介入治疗并发症的观察护理》《中国首例SARS患者的急救与护理读后感》，均在《天津护理》杂志发表。

2004年被天津市人民政府评为天津市优秀护理工作者，2002-2016年3次荣获天津市公安局“个人三等功”。

王申

王申，女，1968年3月出生于河北省晋州市，中共党员，主任护师，硕士生导师。1991年本科毕业于天津医学院，2000年毕业于天津医科大学，获硕士学位。1991年入职天津市第一中心医院，2003年任外科科护士长，2004-2011年任护理部副主任，2011年至今任护理部主任。2013-2016年任天津市护理学会外科护理专业委员会副主任委员，2013-2019年任天津市护理学会护理管理专业委员会委员，2015-2017年任中华护理学会第二十六届理事会外科护理专业委员会专家库成员，2015年至今任天津市护理学会第一、二届老年护理专业委员会主任委员，2018年至今任中华护理学会第二十七届理事会老年护理专业委员会委员、天津市护理学会第九届理事会常务理事，2019年至今任天津市护理质控中心副主任委员。任《中华护理杂志》《中国护理管理杂志》及《护理学杂志》编委。

她从事护理工作30年，其中护理管理工作22年，曾赴泰国清迈大学护理学院进修老年护理，赴匈牙利塞梅维什大学、加拿大多伦多士嘉堡医院进修护理管理，在她的带领下2017年天津市第一中心医院被国家卫健委评为优质护理服务表现突出的医院。

她始终注重患者安全环节把控，在护士工作站平台建立病人安全评估信息平台、护理不良事件上报和预警系统，组织完成常用口服药图鉴并引入护士工作站。她根据国家卫健委三级医院优质护理服务标准制定出量化护理质量指标，并引入护士长绩效考核和评优工作。她引进品管圈进行护理单元质量改进，全院共计开展百余项护理品管圈，其中“降低血培养采集不规范操作的发生率”“降低感染科住院患者失禁相关性皮炎的发生率”项目于2016、2017年连续两年在天津市护理质控中心获得优秀奖。

她带领医院护理部建立完善的护理会诊机制，各学科之间遇到专科性疑难问题都可以通过护理部信息平台提取“护理会诊表”，实现学科间资源的整合和互动。

她注重护理人力资源管理，推行护理人员业余时间有偿服务，建立突发事件应急护理队伍，解决人力不足问题。定期组织培训演练，做到“号召即到，到达能战”的标准，并多次出色完成突发事件的应急救治任务。

她自2015年任老年护理专业委员会主任委员以来，与多家养老机构签订“暖阳计划”合作协议，依托三甲医院的护理资源与养老机构对接开展的帮扶计划。2019年专业委员会获得中华护理学会老年护理学术交流优秀组织二等奖，2020年获得天津市护理学会优秀专业委员会称号。她在医院成立老年专科护理协作组，以MDT视角将临床、预防、康复、心理、社会医学资源整合为一体，开展老年护理新型模式，2020年医院获批为中华护理学会老年专科护士京外临床教学基地。2020年医院老年专科护理协作组被国家卫健委评为全国敬老文明号。

她主持并参与“建立《互联网+MDT》模式对AD患者家庭照护者支持的研究”“天津老年人外周血AMPK浓度变化与代谢综合征的关系”等局级科研项目3项。主持的“危重儿全麻下超声引导结合MST行PICC置管”获批为天津市卫生系统引进应用新技术填补空白项目。完成“便携式换液洁净杯”“血糖测量及胰岛素注射盘”等实用新型专利9项。第一作者发表核心期刊论文14篇，其中《超声引导下儿童经外周中心静脉导管置入法》刊登在《中华危重病急救医学》杂志，《国外居家护理服务的研究进展及启示》刊登在《中华护理杂志》。主编《五官科、皮肤科和精神科常见疾病护理常规》，参编《老年专科护理》，参编中华护理学会老年护理团体标准3项。

2016年被评为全国优秀护理部主任，2020年被评为全国敬老爱老助老模范人物。

程彬

程彬，女，1968年3月出生于内蒙古呼和浩特市，中共党员，副主任护师，硕士生导师。1986年入伍，2002年本科毕业于武警医学院。1989-2012年先后任原武警天津总队医院手术室护士、原武警后勤学院附属医院麻醉手术科护士长，2012-2019年任原武警后勤学院附属医院护理部主任，2019年至今任武警特色医学中心研究部副主任。2013年任武警部队护理专业委员会委员，2015年任天津市医院协会医院感染管理专业委员会副主任委员，2016年任天津市护理学会第七届手术室专业委员会委员。

她从事护理工作30年，在救援任务战场，诠释果敢无畏。2015年天津“8.12”特大爆炸事故，她接到紧急任务通知后，迅速启动应急预案，开通绿色通道，连夜组织护理力量展开院内救援，高标准完成救援护理任务。2017年腺病毒疫情暴发，她受领任务后，第一时间率医疗队赴疫区开展腺病毒疫情防治工作，高寒缺氧、感染风险和身体不适等困难丝毫不能阻挡奉献热情，她发挥专业优势，统揽工作、稳固态势，为确保疫情不扩散、不蔓延，发挥了重要作用。

她作为锦州医科大学在聘硕士研究生导师，自2013年任教以来先后培养3名研究生，现均顺利毕业。

她发表各类学术论文25篇。《手术翻身垫及手术用线盒》获国家专利。荣获全军科技成果二等奖一项、武警部队科技成果二等奖两项、武警部队科技成果三等奖一项。主编《2014-2016护师资格考试考前押题试卷与解析》《现代伤口护理实用手册》，参编《营区常见医疗问题（下）》《临床解剖学30讲》《灾难医学-护理篇》。

1999、2017年分别荣立三等功一次，2003年获天津市“抗击非典新长征突击手”称号。

曹虹

曹虹，女，1968年4月出生于北京市，副主任护师，硕士研究生导师。1989年中专毕业于天津市护士学校，1994年大专毕业于天津新华职工大学，2005年本科毕业于天津医科大学，2014年研究生毕业于天津医科大学获医学硕士学位。1989年至今工作于天津市天津医院，2000年至今任护士长，2014-2017年任科护士长。2018年至今任中华护理学会护理教育专委会专家库成员，2019年至今任天津市护理学会护理教育专委会委员、中国医疗保健国际交流促进会循证分会委员、中国生命关怀协会人文护理专委会委员、中国研究型医院学会护理分会骨科护理学组委员、天津市医学会医学人文分会委员、天津市医学会骨质疏松与骨矿盐疾病分会委员。2020年至今担任《医学新知》《中华老年骨科与康复电子杂志》审稿专家。

她从事护理工作32年，在临床护理管理工作中，积极从事预防骨质疏松症的公益活动，协助科室成立骨质疏松患者俱乐部，举办骨质疏松健康教育讲座、骨质疏松风险筛查及义诊活动，多次下社区举办骨质疏松健康教育讲座。她曾负责护理部继续教育，制订各级护理人员的继续教育质量标准，组织编写各层级护士继续教育手册，组织英语沙龙，培养涉外护理人才。她担任硕士生导师，培养研究生10人，毕业4人。

她以第一作者和通讯作者发表论文11余篇，代表作《加速康复背景下老年髋部骨折患者围手术期医院感染的影响因素分析》《多成分非药物干预用于轻度认知功能障碍效果的meta分析》，分别在《中国实用护理杂志》《中国循证医学杂志》发表。她主持天津市护理学会科研课题“老年髋部骨折患者围手术期谵妄临床护理实践策略的初步构建”，参与天津市科协课题1项，参与横向联合科研课题1项。参编著作2部，《脆性骨折护理》在北京科学技术出版社出版。

闫桂虹

闫桂虹，女，1968年7月出生于天津市，中共党员，主任护师，硕士生导师。1988年中专毕业于天津市护士学校，1995年大专毕业于天津市卫生职工医学院，2004年本科毕业于天津医科大学。1988年至今工作于天津市天津医院，1999-2003年任急诊科护士长，2004年至今任脊柱外科护士长。2018年至今任中华护理学会第二十七届康复专业委员会专家库成员，2016年至今任中国生命关怀协会第一届人文护理专业委员会委员，2019年至今任天津市中西医结合学会第四届护理专业委员会常务委员，2016年至今任《天津护理》杂志编委。

她从事护理管理工作22年。2012年承担“无陪护试点”病房工作，落实医院无陪护管理要求。新冠疫情期间配合“日间手术”的感控管理。

她在担任天津中医药大学硕士研究生导师期间，培养研究生5名。

她主持天津市卫健委课题2项“模拟生理膀胱排尿装置的实验研究”、“鱼腥草在膀胱冲洗中抗菌作用的实验研究”，获得天津市科委科技成果。主持研发的“颈肩垫”、“升降式灌肠架”、“模拟生理膀胱排尿装置”、“自动碾药装置”等获国家实用新型专利。主持完成的“截瘫患者膀胱冲洗液加温技术的应用”，获得天津市卫生系统引进新技术空白项目。她第一作者发表论文17篇，通讯作者发表论文14篇。代表作《自制排尿装置在脊髓损伤神经源性膀胱的应用研究》《脊柱外科感染因素分析与护理对策》《鱼腥草液膀胱冲洗治疗兔尿路感染的研究》，分别在《护士进修杂志》《中华医院感染学杂志》《中国中西医结合急救杂志》发表。

2014年荣获天津市人民满意的好护士称号，2016年荣获天津市五一劳动奖章。

蒙长燕

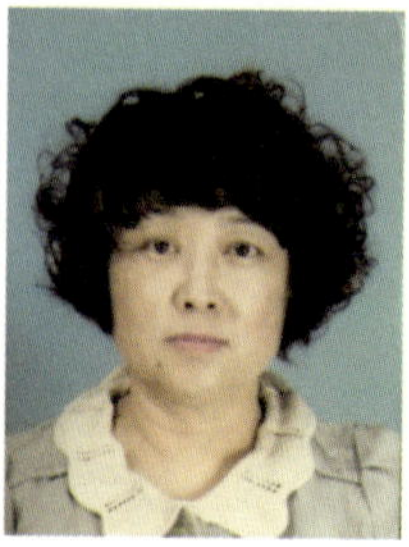

蒙长燕，女，1968年7月出生于天津市，中共党员，主管护师。1988年中专毕业于天津市护士学校，2010年大专毕业于天津医科大学，2015年本科毕业于天津医科大学。1988年工作于天津市第四医院，2002-2017年分别任内科、急诊科护士长，2017年至今任护理部主任。2018至今任天津市护理学会第九届理事会理事，2016-2019年任天津市护理学会第七届门急诊专业委员会委员，2019年至今任天津市护理学会护理管理专业委员会委员。

她从事护理工作30多年，自2017年任医院护理部主任以来，不断完善护理质量管理体系，强化护士长管理职责，深化优质护理，提高护理服务，严格环节质量管理，完善三级质控架构，持续性改进护理工作，注重专科护士培养及使用。新冠疫情期间组建发热门诊、隔离病房，制订流程，严格住院患者管理，快速组建各类医疗队，圆满完成各项疫情防控任务。

她以第一作者发表论文及综述3篇，于《医学信息》发表论文《老年2 型糖尿病患者家庭护理研究》《精细化管理在急诊护理管理中的应用效果》，于《医学理论与实践》发表论文《规范化护理在急诊危重症患者安全转运的临床效果分析》。

她带领急诊科护理团队于2005年荣获天津市卫生系统工会工作先进集体，2013年获得天津市卫生局2013年度三八红旗集体。

邢秋玲

邢秋玲，女，1968年10月出生于天津市，中共党员，主任护师，硕士生导师。1993本科毕业于天津医科大学（原天津医学院），2006年取得天津医科大学内分泌与代谢专业硕士学位。1993年至今就职于天津医科大学朱宪彝纪念医院，1995-1999年任护士长，2000年-2020年任护理部主任。2012年至今任中华护理学会糖尿病专业委员会副主任委员、天津市护理质控中心委员，2018年任天津市护理学会第九届常务理事，2019年至今任中华医学会糖尿病学分会第九届教育与管理学组副组长，2020年任白求恩精神研究会内分泌和糖尿病分会常务理事。曾于2012年任天津医科大学护理学院护理学专业教学指导委员会委员，2013-2018年任天津市糖尿病防治协会理事，2013-2019年任天津护理学会健康教育专业委员会第一、二届主任委员，2014-2017年任天津市医疗纠纷人民调解专家咨询委员会成员，2016-2020年担任中国医疗保健国际交流促进会糖尿病教育与管理分会委员兼任胰岛素注射学组组长。

她有28年临床护理经历，在实践中注重品质管理、提升护理人员专业能力和带动优质服务理念，以护理人员再教育为重心，带领团队不断学习本专业前沿技术，以创新、评判思维变革护理模式。经过近二十年努力实践形成一套系统的、具有专科特色的护理管理方法，医院成为糖尿病护理专业国家级、省市级专科护理培训基地。2019年，带领团队获得天津市三八红旗集体称号。

她作为学科带头人，积极探索本专业护理特点并捕捉优势，创建全国首支患者健康教育管理团队，利用10年时间将之打造成在全国有影响力的专业学术团体，2015年在中华医学会糖尿病学分会全国教育基地遴选中以同行业评比第一的成绩使医院跻身于全国首批本专业教育示范基地。为形成独具特色的教育管理体系，她带领团队扎根临床，将“糖尿病患者私人订制教育门诊”打造成为天津市首家糖尿病专科护理门诊。创建“六种教育模式”服务于患者，为天津市及周边省市糖尿病教育工作提供支持和帮助。承办天津市糖尿病专科护士培训班8期，为天津市三级医疗机构培养400余名糖尿病专科护理人才。承接天津市卫计委社区首席专科护师培训项目、HOPE基金项目。2011年获天津市第四届科技传播之星称号，2014年所在教育团队获得天津医科大学教工先锋号先进集体光荣称号。

她作为天津医科大学护理学专业硕士生导师，注重学生品质及科研能力双重培养，已培养研究生8名。2011年作为高级健康评估课程的负责人，组织教学大纲的撰写工作，与授课教师定期沟通授课内容并及时听取学生反馈，改进调整授课内容及课程设置。2019获天津医科大学巾帼建功标兵和优秀教师称号。

在护理科研方面，主持校局级课题2项，参与校局级2项，参加天津市卫生行业重点攻关项目，教委、科委及国际合作科研项目各1项，2006年曾获天津市科技进步二等奖第六名，2016-2018年带领团队完成“优化胰岛素注射技术教育对皮下脂肪增生糖尿病患者干预效果的相关性研究”，其科研成果被引入2019年美国糖尿病学术年会大会发言。主编专著2部《糖尿病患者规范化教程》《糖尿病药物注射临床护理管理手册》，副主编完成学术著作4部《护理管理》《糖尿病及并发症护理手册》《糖尿病临床护理实用手册》《中国胰岛素泵治疗护理管理规范》。发表学术论文66篇，以第一作者完成中华系列论文4篇，SCI1篇，以通讯作者完成中华系列论文共18篇。参与5个指南、共识及指引的编写工作。作为学术骨干曾到美国、日本、丹麦、马来西亚、新加坡、中国台湾地区糖尿病中心参观学习。

2003年获天津市抗击非典先进个人、天津市新长征突击手称号。

张丽红

张丽红，女，1968年11月出生于内蒙古集宁市，中共党员，副主任护师。1988年中专毕业于天津市护士学校，1999年通过高自考毕业于天津医科大学护理专业，2001年本科毕业于武警医学院。1988年至今工作于武警天津总队医院（现武警特色医学中心），1997—2013年任内三科、心血管内科护士长，2013-2019年任心血管中心总护士长，2019年至今任第一党总支总护士长。2013年至今任天津市护理学会静脉输液专业委员会委员，2015年至今任天津市护理学会伤口造口专业委员会委员。

她从事临床护理工作33年，2007年成立医院压疮护理专业组，担任组长，2015年取得国际造口治疗师（ET）资质证书，作为医院首个伤口护理专家，协助医院开设伤口治疗门诊，带领医院伤口造口护理专业组完成全院伤口造口护理会诊工作，到目前为止处置普通伤口21700余例，疑难伤口15200余例，完成院内疑难病例会诊1530余次，通过提供连续、优质、高效的专业服务，帮助患者得到及时规范的治疗，减轻了病痛，提高了术后生活质量。

她从事护理带教工作30余年，目前为天津国际造口治疗师学校特聘讲师及天津优玛伤口学校实习基地带教老师，已完成一对一带教学员10余人，同时承担武警后勤学院临床医疗、护理专业理论授课及临床带教任务。

她以第一作者及通讯作者发表核心论文30余篇，其中核心期刊15篇，于《武警后勤学院学报》发表论文《过程管理模式在心脏介入治疗围手术期护理中的探索与实践》《不同留置针留置安全性的相关性研究》等。

主编《现代伤口实用护理手册》，参编《灾难医学-护理篇》。主持武警后勤学院种子基金1项“纳米银抗菌医用敷料在压疮及导管相关性感染的对比研究”、武警后勤学院附属医院种子基金1项“直型和Y型静脉留置针内血栓形成的对比研究”，参与天津市自然科学基金重点项目1项“一种促进慢性创面愈合的医疗器械产品的研发”。2012年以第一完成人获得武警部队科技进步二等奖。

1994年获首届武警部队护理技术比武二等奖，荣立武警部队个人二等功，2001年荣立武警部队人三等功，2002年被评为武警部队十大模范护士；2003年被评为武警部队十大爱岗敬业标兵、武警医学院非典型肺炎防治工作先进个人，2011年被评全国优质护理服务先进个人、武警部队优质护理服务先进个人，所在病区被评为全国、全军、武警部队优质护理服务示范病区，2016年获军队三类人才岗位津贴，被评为天津市人民满意好护士，2018年被评为武警后勤学院巾帼建功先进个人。

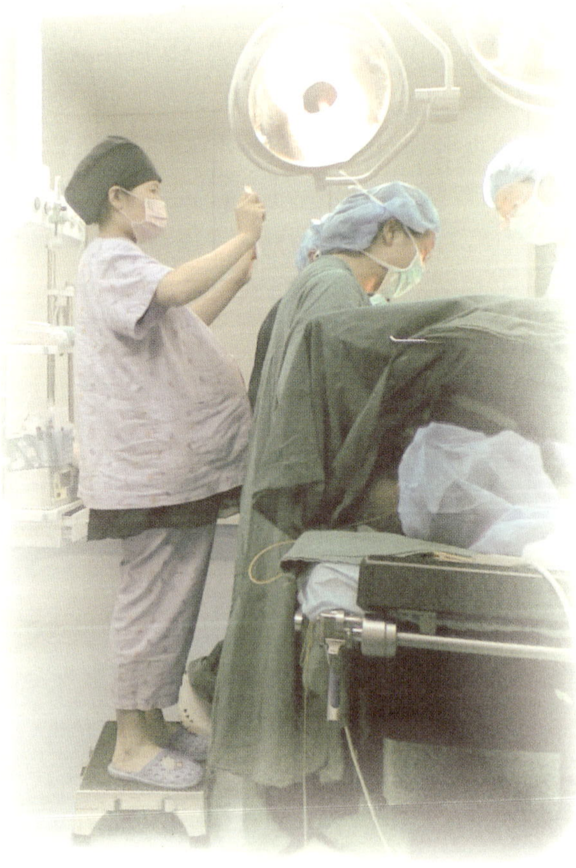

张慧敏

张慧敏，女，1968年12月出生于天津市，中共党员，主任护师。1988年中专毕业于天津市护士学校，1996、2008年毕业于天津医科大学，分别获大专和本科学历。1988年至今工作于中国医学科学院血液病医院，1999年至今任儿科护士长。2016-2018年任天津市护理学会静脉输液专委会秘书，2019年至今任主任委员。2018年至今任中华静疗专家库成员。

她从事临床护理和护理管理工作32年，修定了《儿童血液病护理常规》等30余项制度。她在病区开展勇敢小标兵、模范病房评比等活动，被评为国家卫健委优质护理服务突出表现病房。2003年她引进PICC技术，并开展“儿童超声引导下置管”“无痛置管”“外周静脉可视化穿刺技术”等质量改善项目，提出儿童血液病血管通路整体化解决方案，至今完成PICC置管4000余例次，穿刺成功率由76%升至99%。

任静脉输液专委会主委期间，2020年参与修订天津市静脉治疗管理标准、天津市静疗专科护士“PICC维护评价标准”，均作为天津市护理质量管理标准在全市使用。2020年获批中国血液病联盟中国血液病血管通路培训基地。

她主持天津市护理学会课题1项“住院期间白血病患儿家长对护理服务满意度评价指标的研究”，参与科研课题6项。以第一作者发表论文14篇，以通讯作者发表SCI论文2篇，代表作《A retrospective study of 2974 Chinese children with blood disease for peripherally inserted central catheter-related complications and causes》《Venous thromboembolism after peripherally inserted central catheters Placement in Children with Acute Leukemia: A Single-center Retrospective Cohort Study》分别在《Annals of Palliative

Medicine》《Journal of Pediatric Hematology/Oncology》发表。主持完成“一次性输液器针头防脱落装置”获国家实用新型专利。主编书籍2部，《儿童血液病护理问答》《教你读懂儿童血液病》均在“天津科技翻译出版社”出版。参编2部。

2014年荣获天津市人民满意的好护士、天津市教育系统教工先锋岗荣誉称号。

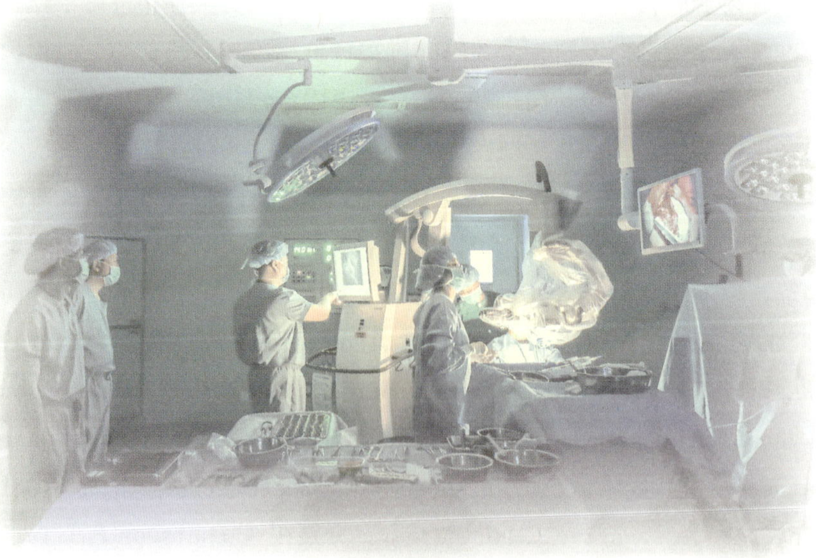

法天锷

法天锷，女，1968年12月出生于天津市，中共党员，主任护师，硕士生导师。1988年中专毕业于天津市护士学校，2009年本科毕业于天津医科大学。1988年到天津市胸科医院工作，1998年任急诊科护士长，2006年任护理部副主任，2011年主持护理部全面工作，2014年至今任护理部主任。2014年至今任天津医学高等专科学校特聘教授及临床教学基地负责人，2015年至今任天津市护理质控中心委员，2016年至今任天津中医药大学护理专业硕士生导师，2017年至今任中国心血管健康联盟“心血管病专科护理及技术培训基地”负责人，2018年至今任中华护理学会急诊专委会委员，2019年至今任天津市护理学会门急诊护理专业委员会主任委员。2012年至今任天津市护理学会第八、九届常务理事，《中国护理管理》杂志审稿专家，《中华急危重症护理杂志》《天津护理》杂志编委。

她从事护理工作32年，连续17年开展人文培训，建立“两声五心”“两一四多”等服务模式，让优质护理走到患者身边。积极开展无陪伴服务并编撰教材，创立“培训-考核-取证-上岗-监管”的护理员管理模式，培养500多名护理员，团队在2017年荣获全国优质服务示范科室光荣称号。她以敏感指标为抓手，建立双向反馈评价体系推动护理质量提升，连续多年承担“心血管疾病的护理管理”国家级继教项目和“急诊患者护理安全管理”天津市继教项目。她致力于医院护士管理方式改革，以岗位管理为切入点，建立健全护理岗位设置、人力配置、绩效考核等方面制度框架，全面实行护士分级管理。开展以“基、专、精”为目标的“两大三小循环”的分层培训体系，着力提升护士综合能力。她在天津首创“胸痛护士”主导模式助力“胸痛中心”建设，获全国改善医疗服务十大亮点。她带领的团队2007年荣获全国巾帼文明岗，2009年荣获全国女职工建功立业标兵岗，2017年荣获国家卫计委优质护理服务表现突出个人、全国五一巾帼标兵岗，1999-2014年5次荣获天津市三八红旗集体。

她积极促进紧密型医联体建设，组织新疆和田地区中心医院护理专业对口帮扶工作，派出护理团队指导天津河西医院组建病区，做好护理质量控制，推进基层医疗机构卫生服务水平的提高。

她作为中华护理学会急诊专委会委员、天津市护理学会门急诊护理专业委员会主任委员，承担学会继教授课及急诊专科护士培训任务，注重高层次护理学科人才培养。她带领门急诊护理骨干先后荣获全国急救技术竞赛二等奖、全国心电图大赛三等奖。

她从事护理教育工作22年，作为双基地负责人，注重教学同质化、标准化、规范化运行，现已培养心血管专科学员17人。医院2018年荣获中国心血管健康联盟心血管病护理及技术培训杰出贡献团队称号，她带教的护生在全国护理技能大赛中获得一、二等奖，自2015年起医院教学基地连续多年被评为天津医学高等专科学校先进集体。

她作为课题负责人完成天津市医院管理协会课题3项，2016年作为项目负责人完成“基于信息化平台与JCI理念的护理敏感质量指标监测研究”，填补医院护理科研空白，作为项目负责人完成“基于微信平台的IKAP模式对心血管门诊老年患者药物素养影响的研究”。获个人专利10项，以第一完成人完成“一种便于组合的护理用导尿装置”“医用多功能靠背支架”等。副主编《外科常见疾病护理常规》，参编《中医护理技术操作规程》，主译《标准急救护理速查手册》，填补空白1项，新技术成果2项，发表论文30篇，其中在《中国实用护理杂志》发表论文《信息化管理在护理质量评价中的应用研究》，在《中国护理管理》杂志发表论文《信息化平台应用于护理敏感质量指标监测的进展》等，2019年被评为中国护理管理杂志社优秀审稿专家，2020年被评为中华急危重症护理杂志社优秀编委。

1999年被评为天津市新长征突击手，2014-2019年四次被评为天津市护理学会年度学会工作先进个人，2019荣获天津市心理学会荣誉专家奖。

高敏

高敏，女，1969年2月出生于天津市，农工民主党，副主任护师。1988年中专毕业于天津市护士学校，2009年大专毕业于河北科技师范学校，2011年本科毕业于西安交通大学。1988年工作于天津市第一中心医院，1998年任重症监护病房护士长，2001至今担任肾科血液净化室护士长。2012年至今任天津市护理质控中心血液净化组专家成员，2018年至今任中华护理学会第二十七届理事会血液净化护理专业委员会委员，2019年至今任天津护理学会第二届血液净化专业委员会主任委员、天津市血液净化质控中心护理组委员。

她从事临床护理工作30余年，积累了丰富的血液净化临床护理管理经验。2012年至今她带领天津市第一中心医院肾科血液净化室成为天津市血液净化专科护士及血液净化护士能力培训班临床培训基地。牵头建立血液净化责任制整体护理模式及管理体系，利用多媒体信息网络实现对门诊透析患者的不间断延续性管理。2020年新冠疫情防控期间，她参与制订新冠疫情天津市血液净化相关防控措施，多次跟随天津市卫健委对疫情防控期间接收外地返津透析患者的定点医院进行实地工作指导。2018-2019年三次受天津市卫计委委派，作为血液净化护理专家参加柔性援疆工作。

她发明实用型专利“一种血液透析内瘘穿刺并发症护理设备”“一种医用血液透析机静脉导管固定装置”2项，参与引进应用新技术填补空白项目“蛋白A免疫吸附在肾移植致敏受者术前的应用”1项。发表核心期刊6篇，其中于《天津护理》发表论文《43例血液透析患者管路及滤器凝血原因分析及护理》《新型冠状病毒肺炎疫情防控中血液净化中心的管理》。参编论著1部《护理管理》（新入职护士培训系列丛书）。2019年获第十七届全国血液净化护理学术交流会临床疑难案例护理能力大赛二等奖。

王莹

王莹，女，1969年3月出生于天津市，中共党员，主任护师，硕士生导师。1988年中专毕业于天津市护士学校，1998年大专毕业于天津医科大学，2008年本科毕业于天津医科大学。1988年至今工作于天津市第一中心医院，1995-2001年任血液净化中心护士长，2001-2011任重症医学科护士长，2011年至今任护理部副主任，2020年至今任预防保健处处长、感染管理处处长。2018年至今担任中华护理学会第二十七届理事会重症护理专业委员会委员，2019年至今任天津市护理学会第五届ICU专业委员会主任委员。

她从事护理事业30余年，始终热情饱满、认真求索。2007年带领重症医学科获批天津市护理质控中心ICU专科护士培训基地。2010年首创注气法盲插鼻肠营养管，在全国推广，重症医学科经中华医学会肠外肠内营养学分会护理学组审批成为全国“肠内营养护理置管培训基地”和“肠内营养护理小组”。2020年抗击新冠肺炎期间，她首批奔赴武汉，面对已被废弃的医院，带领感控和护理团队的96名人员克服各种困难，合理有序地开展和落实各项工作，以优异表现圆满完成工作任务。

她自2012年起担任天津中医药大学护理专业硕士生研究生导师，至今培养研究生17名，毕业答辩合格率及就业率达100%。2012年起担任天津医学高等专科学校急危重症护理的授课教师。自2008年连续12年参与护理学会举办的全市急救技术培训，促进急救护理技术推广普及。

2010-2014年主持完成4项天津市卫生系统引进应用新技术填补市空白项目，2016年主持天津市卫生局科技基金项目“呼吸机相关性肺炎集束化护理实施的多中心研究”被评为国内先进，2019年以第二完成人参加“病原学为基础预防VAP集束化护理策略及应用研究”，获第六届中华护理学会科技奖三等奖。近5年，以第一作者、通讯作者发表文章25

篇，其中于《中华护理杂志》发表论文《间断声门下灌洗结合持续声门下吸引在经口气管插管患者预防呼吸机相关性肺炎中的作用》《全面无反应性量表在有创机械通气患者意识状态评估中的应用》，于《中华急诊医学杂志》发表论文《注气法置胃肠双腔管在腹腔高压机械通气患者中的应用》。主编《新入职护士培训系列丛书-内科常见疾病护理常规》《预防成人经口气管插管非计划性拔管护理实践专家共识》，参编《实用急危重症护理技术规范》《临床营养护理指南》《重症患者肠内营养护理》。

2020年荣获全国抗击新冠肺炎疫情先进个人、全国卫生健康系统新冠肺炎疫情防控工作先进个人、新冠肺炎疫情防控工作天津市三八红旗手、天津最美抗疫人物之最美逆行者、最美白衣天使等称号。

许湧

许湧，女，1969年3月出生于天津市，中共党员，副主任护师。1992年本科毕业于天津医学院，毕业后进入天津市第四医院工作，1997年任内科护士长，2003年任耳鼻喉科护士长，2011-2013年任护理部副主任。2006-2013年任天津市护理学会第七届护理管理专业委员会委员、天津市护理学会第八届理事会理事。

她在主持医院护理工作期间，拟定“第四医院进一步深化优质护理服务方案”，加强医院感染管理，更新专业知识，提高管理能力。建立护理不良事件分析会制度，加强护理风险管理及持续改进，以问题为导向不断改进护理管理工作。

她从事护理科研工作20余年，发表核心论文4篇，专业论文1篇。其中于《天津中医药》发表论文《住院患者需求调查分析与对策》，于《河北医药》发表论文《医用吸氧计时仪在鼾症患者护理中的应用》。

2001年荣获天津市优秀护理工作者，2006年荣获天津市卫生局系统优秀共产党员，2007年荣获天津市卫生局三八旗手、天津市优秀公安民警家属、天津市文明家庭，2010年荣获天津市卫生行业第一届人民满意好护士。

薛梅

薛梅，女，1969年4月出生于天津市，致公党员，教授。1992年本科毕业于天津医学院，2019年毕业于天津医科大学，硕士学位。1992-2007年在天津医科大学总医院工作，2004-2005年任泌尿外科护士长，2006-2007年任肺外科护士长。2007年至今工作于天津医学高等专科学校，2011年至今任护理系副主任。2015年至今任卫生健康行指委护理教育专委会委员，中华护理学会护理教育专委会委员、专家库成员，全国高等教育护理教育专委会理事，天津市护理学会常务理事，护理教育专委会副主任委员。2019年至今任高水平专业群建设项目负责人。同时担任《中华护理杂志》《天津护理》等杂志编委。

她从事临床护理工作16年，1997年公派到新加坡中央医院心胸外科ICU学习进修两年，1999年回国后，正逢医院开展肾移植手术，组建肾移植护理团队，设计移植病房。她带领护理团队成功地护理天津市第一例肾移植病人。组织对等待肾移植手术患者的健康教育和心理支持需求进行调查研究，针对肾移植患者在等候期间的惶恐无助的心理特点总结出相关的健康教育内容，给予肾移植患者最有力的支持。组织肾友会，让患者们互相交流，获取战胜病魔的信心。2003年非典肆虐，她在海河医院作为护士长带领六个医院的护士们奋战在“红区”近一个月。

她从事护理教育工作14年，担任《成人护理》《急救护理》两门课程的授课工作，240学时/年，在教学改革中进行了从课程教学到素质教育再到人本教育的探索，提倡大学教育目标是“训练学习者主动寻找适合自己的学习方法”。2017年引进OBE专业建设与管理国际范式，“引校入院”在医院建立护理学院，做出“教室进医院，课堂在病房”护理职业教育的特色。2011年主持国家级示范校中央财政支持护理专业建设项目，2012年主持天津市“十二五”高水平示范校优势专业建设项目、国际化试点专业建设。2013年主持中央财政支持职业教育实训基地建设项目，2014年主持教育部首批健康服务业示范专业建设项目。2016年主持了国家高职护理专业教学资源库升级改进建设，以资源建设工作为载体，带领全国近百所职业院校教师进行“三教”改革。2019年主持国家“双高计划”高水平专业群建设。

她主持及参与科研项目10项，2011年度主持天津市高等职业技术教育研究会课题“急救护理实景模拟实训项目开发与建设”，2013年主持天津市教育委员会重点调研课题“提高高职教育国际化水平的调查研究”并获得三等奖，2014年主持天津市“高职护理专业系统化设计、一体化管理的实践教学”获天津市教育委员会教学成果二等奖，2016年主持天津市教育科学“十三五”规划课题“国际视野下高职护理专业发展策略研究与实践”，2016年主持中华医学会课题“OSCE在护理专业毕业综合能力考评中的应用”并获得三等奖，2017年主持职业教育研究会课题“以校企合作建设二级学院为样态的混合所有制办学模式的研究”，2018年主持“‘校院直通，课岗互动’的卫生职业教育信息化教学改革与实践”获天津市教育委员会教学成果一等奖，2020年主持教育部课题“基于高水平专业群建设的老年护理师资团队创新能力提升的探索与实践”。2011年主持获批新型实用专利1项“一种静脉穿刺练习模型”。在《中华护理教育》《中国实用护理》《全科医学》等核心期刊发表论文14篇。主编教材3部，为2012年人民卫生出版社的《全国护士执业资格考试-分科备考与综合提高》，2013年高等教育出版社的《急救护理》，2015年中国医药科技出版社的《护理临床思维与技能综合应用》。副主编教材1部，为2013年高等教育出版社的《护理技能综合实训》。参编书籍2部。

2004年被天津市人民政府评为天津市优秀护士，2012年被教育部职业院校技能大赛办公室评为全国职业院校技能大赛优秀工作者，2014年荣获中华职教社第一届黄炎培职业教育杰出教师奖，2014年荣获教育部全国职业院校教师教学能力比赛“心肺复苏实训项目”一等奖。

冯新荣

冯新荣，女，1969年5月出生于天津市，中共党员，主任护师。1989年中专毕业于天津市护士学校，1998年大专毕业于天津市卫生职工医学院，2004年本科毕业于中国协和医科大学。1989年至今工作于天津市儿童医院，2004-2009年任护理部教学护士长，2009-2015年任新生儿内科护士长，2015年至今任护理部副主任。2006-2018年任天津市护理学会护理教育专委会委员，2018年至今任天津市护理学会第九届理事会理事、中华护理学会第27届护理教育专业委员会专家库成员，2019年至今任天津市护理学会儿科专委会主委。

她从事护理工作31年，熟练掌握儿童呼吸窘迫综合征、急性肾衰等护理及相关急救技术，是危重症新生儿救治的护理骨干。任新生儿病房护士长期间，启用双腕带管理，设计新生儿压疮、呕吐物吸入性窒息等风险管理量表，参与制订天津市新生儿病房质量管理标准及新生儿护理技术操作流程。2010年科室获得“天津市优质护理服务优秀病房”。她参与对口帮扶4年，2020年赴甘肃天水市开展精准扶贫、健康扶贫，组织开展质量查房、病例分析等，举办东西部协作儿童疾病诊疗学习班。

她从事护理教学17年，结合儿科专业特点制订护士分级培训大纲，设计研究生规范化培养方案，组织建立静脉治疗等专业组，为临床疑难病例提供指导方案。任护理学会儿科专委会主委后，组织开展新生儿危重症管理等继续教育、个案交流、教学沙龙等活动。

她主持天津市护理学会课题1项，“Lorig理论下《学龄期癫痫患儿家庭主要照护者照护能力量表》”，参与天津市护理学会课题1项，参与国家实用新型专利1项“留置套管针护理”。她以第一作者发表论文4篇，代表作《习惯性思维致护理差错分析及对策》发表在《中国实用护理杂志》。副主编《儿科疾病护理常规及护理管理》在天津科学技术出版社出版。

萨百艳

萨百艳，女，1969年5月出生于天津市，中共党员，主任护师。1989年中专毕业于天津护士学校，1995年大专毕业于天津市卫生职工医学院，2008年本科毕业于天津医科大学。1989-2004年工作于天津市结核病防治院（后更名为天津市肺科医院）。2004年5月至今工作于天津市海河医院，1999-2003年任结核二科护士长，2005-2016年任内科系科护士长。

她从事临床护理工作10年、护理管理21年，任护士长期间，她提出在结核病人中开展心理疏导，并制作宣教材料，帮助结核病患者获取社会支持。针对医院承担的突发公共卫生事件应急救治工作，她修订应急护理制度，组织应急护理人员实训演练。2003年，天津市肺科医院作为天津市非典定点医院，她立即制订转移路径，分管病区的结核患者及时安全转运。在部分医护人员被感染后，她主动请缨，进入隔离病区工作，并根据病区结构，重新调整布局，制作标识，梳理进出病区路径，指导监督医护人员严密防护及时救治患者，督导卫生员落实消毒规范，做好病区环境及物品的消毒，严把感染控制环节。

非典初期，设备简陋防护措施不完善，只有棉布防护服和普通纱布口罩，她每天同时佩戴3只口罩和3副手套，进入病区查看患者病情，督导护理质量。连续18天坚守在隔离病区内护理患者，直至将全部患者转运至天津市海河医院。

1998年被天津市人民政府评为市级优秀护理工作者，2003年被中共天津市委员会评为优秀共产党员，被中华人民共和国卫生部、中华人民共和国人事部、国家中医药管理局评为全国抗击非典优秀个人。2006年评为天津市十佳护士，2010年评为天津市第一届人民满意的好护士。

谢菲

谢菲，女，1969年7月出生于天津市，民革党员，主任护师，硕士生导师。1993年本科毕业于天津医科大学护理学院。1993年至今工作于天津市天津医院，1999-2001年担任国际诊疗病房护士长，2001-2004年任护理部主任助理，兼任科护士长工作，2005-2014年担任护理部副主任主持工作。2001-2013年任天津市护理学会第七届理事会副秘书长、第八届理事会常务理事，2006-2016年任骨科专业委员会主任委员。2013-2018年任中华护理学会骨科专业委员会第一届全国委员，2006-2014年期间曾任天津医科大学护理学院兼职副教授、《中华护理教育》和《天津护理》杂志编委。2012年被聘为天津中医药大学护理专业硕士研究生指导教师。

她从事护理管理工作22年。任护士长期间，参与创建医院国际诊疗中心和关节外科中心。任护理部主任后，统一了骨科临床护理工作质量标准和管理规范，组织编写《天津医院骨科疾病护理常规》工作指导书，规范常见骨科疾病护理操作流程及病房布局。选派30余名护士长及护理骨干到市外知名医院进修深造学以致用。她针对创伤急救中心的特殊性，开展CPR培训与考核，全员100%达标。针对低年资护士骨科专科理论与技能不足的短板，制定了骨科护士轮转手册和低年资护士规范化轮转培训标准，细化了骨科亚专业培训大纲，并对全院护理人员进行有针对性、分层级的三基训练和专科技能培训。她带领团队荣获天津市卫生系统首批“优质护理服务示范医院”。2011年医院启动“无陪护”试点工作，她带领团队学习借鉴其他医院的经验成立辅医陪检中心、患者陪护中心，制订陪检陪护流程、管理制度、考核标准等，2014年医院新大楼启用时顺利开展无陪护工作。

她从事护理教学工作8年，承担五所医学院校的本科教学及临床实习任务，培养研究生1名。

任骨科专委会主委期间，统一了十余项骨科护理的流程和规范。

主持研发的“床旁X光片侧位支架”获国家新型专利。参与完成天津市卫生局科研项目“模拟生理膀胱排尿装置的实验研究”和“II型糖尿病心理因素相关的中医症候学临床研究”并荣获天津市卫生系统科技成果。主编著作2部，参编1部，《实用护理技术》《外科常见疾病护理常规》分别在天津大学出版社、天津科学技术出版社出版。以第一作者发表论文6篇，通讯作者发表论文1篇，代表作《护理学生完成能力量表的汉化及信效度检验》《骨科住院患者深静脉血栓预防服务的经济学评价》分别在《护理研究》《护士进修杂志》发表。

田艳萍

田艳萍，女，1969年8月出生于天津市，中共党员，副主任护师，天津中医药大学硕士生导师。1988年中专毕业于天津中医学院，2005年大专毕业于中央广播电视大学，2008年本科毕业于西安交通大学。1988年至今工作于天津中医药大学第一附属医院，2002年至今任护士长。2018年至今任中华护理学会第二十七届肿瘤护理专业委员会专家库成员、天津市护理学会肿瘤专业委员会委员。

她从事临床护理工作30余年，致力于中医内科护理，擅长肿瘤化学治疗及并发症的护理，注重培养专科护士。2010年医院获原卫生部批为“癌痛规范化治疗示范病房”基地，她参与院内院外的继续教育讲座，负责培训癌痛规范化示范病房建设的讲座。2020年被聘为天津中医药大学硕士生导师。

她2019年参与天津市中医药管理局的中医中西医结合科研课题“中药外用辩证施护减轻肿瘤化疗后静脉反应的临床研究”。参编著作1部，为2009年华中科技大学出版社的《中西医结合肿瘤学》。以第一作者发表论文5篇。

2003年被评为天津市抗击非典先进个人。

张建慧

张建慧，女，1969年8月出生于河北省保定市，中共党员，主任护师，硕士生导师，1991年本科毕业于天津医学院护理系。1991-2003年在天津铁厂职工医院先后担任内科护士长、神经内科护士长、护理部主任。2004年调入天津市北辰区中医医院，任外科护士长，2010-2015年任护理部主任，并从2014年起担任院长助理、主管护理工作。2012年当选天津市护理学会第八届理事会理事、中华中医药学会护理分会第五届委员、天津市中医护理质控中心第一届委员，2015年当选为天津市中医药学会护理专业委员会第一届副主任委员，2014、2019年当选为天津市中西医结合学会第三、四届副主任委员，2016年起任北辰区中医院党委委员、天津市康复医学会第四届康复护理专业委员会副主任委员。2013至2017年先后赴匈牙利、日本学习。

她在2002-2004年担任天津铁厂职工医院护理部主任期间，开展护理查房、新护士岗前培训、护士礼仪服务培训、应急演练、护士人力应急调配制度等工作，建立护士各项考核制度。在2003年抗击非典工作中带头上阵，深入一线指挥，组建隔离门诊和隔离病房，规范布局流程、设施设备及人员配置，制订防控制度等，2003年被评为天津市抗击非典先进个人、天津市优秀护士。

在担任北辰区中医医院护理部主任期间，她带领全院护士按照三甲评审细则，逐条落实护理评审标准，医院通过了三甲医院评审。建立和完善了医院护士分级管理体系、质量考核体系、护士岗位管理体系、护理带教培训体系，健全了全院护士技术档案。2012年大力推进完成消毒供应中心集中管理，大力推进中医护理操作技术的开展，推进在医院各病区实施中医护理方案。她在全院范围推行优质护理病房和星级护理服务，创新实施多项护理新举措，并在早期陆续培养了ICU、血透、手术室、PICC等多名专科护理人才。

在护理科研方面，她于2015年起担任天津中医药大学硕士生导师，培养护理硕士研究生2名。主持和参与护理科研项目十余项，2014年主持完成天津市北辰区科技发展计划项目“神灯照射联合穴位贴敷预防儿童滴注阿奇霉素致胃肠道反应临床观察”，2015年被天津市科委评为国内领先。2019年主持完成天津市卫健委课题“天津市社区护理人员中医护理认知现状及对策研究”。2017年参与完成天津市科协决策咨询项目“社区护士康复护理知识体系与培训模式的构建”，获得天津市科协优秀课题奖。以第一作者和通讯作者发表护理论文10余篇，其中主要有2015年《神灯照射联合穴位贴敷预防儿童滴注阿奇霉素致胃肠道反应300例临床观察》发表于《中医儿科杂志》，2017年《新医改背景下公立医院医务人员绩效激励》发表于《中医药管理杂志》，2020年《2000-2019年国内外达标理论研究的文献计量学分析》发表于《护理研究》。副主编著作3部《护理人员培训系列丛书-中医护理分册》《常用临床中医护理技术操作手册》《临床常见脑病的诊断与治疗》。

2003年被评为天津市抗击非典先进个人，2004年被评为天津市优秀护士。

朱卉

朱卉，女，1969年8月出生于天津市，中共党员，主管护师。1988中专毕业于天津市护士学校。1988-2004年工作于天津市滨江医院，2000-2003年任肛肠外科护士长。2003年至今工作于天津市人民医院。2002年至今任世界造口治疗师协会成员，2013年至今连续担任天津市护理学会“造口、伤口、失禁”专业委员会副主任委员，2018年至今任中华护理学会伤口造口失禁专业委员会专家库成员、中国医师协会结直肠肿瘤专业委员会中国结直肠肿瘤学院造口伤口治疗管理联盟会副主席，2017年至今任中国医师协会结直肠肿瘤专业委员会造口伤口治疗专业委员会委员，2019年至今担任北京癌症防治学会造口伤口专业委员会副主任委员。

2002年她完成广州中山大学造口治疗师学校学习，成为天津市第一位国际造口治疗师。2004年她向医院申请做专职护士，并于当年在天津市人民医院开设我市第一个专职造口门诊。目前年接诊量达15000余人次，居华北地区造口门诊量之首。自1990年以来，她每年主持举办造口人联谊会，为造口人之间搭建平台交流生活心得与护理窍门，提高了患者自我护理能力及生活质量。2006年开始举办每周一次的“阳光之家”活动，向造口患者及家属讲述造口相关知识，并对造口患者进行心理疏导，这些活动至今从未间断。

2015年被评为天津市人民满意好护士、国家卫计委2015-2017年度进一步改善医疗服务优化优质护理示范个人，2019年荣获全国第四届敬佑生命荣耀医者公益活动美丽天使奖。

马红梅

马红梅，女，1969年10月出生于天津市，中共党员，主任护师，硕士生导师。1993年本科毕业于天津医科大学，2007年获医学护理专业硕士学位。1993-2003年工作于天津市第二中心医院，1998-2003年任普通外科、胸骨泌尿外科、血管外科、移植外科护士长。2003年至今工作于天津市人民医院，2003-2007年任普通外科、内镜中心护士长，2007-2019年任护理部主任，2019年至今任科教处处长、护理教研室主任。2015年至今任天津国际造口治疗师学校副校长。2001-2006年任天津市护理学会社区专业委员会委员，2006-2016年任天津市护理学会护理管理专业委员会委员，2006-2019年任天津市护理学会院内感染专业委员会副主任委员，2012年至今任天津市护理学会第八、九届理事会常务理事，2019年至今担任天津市护理学会健康教育专业委员会主任委员。2018年至今任中华护理学会医院感染专业委员会委员，2019年至今任天津市护理质控中心副主任委员、《天津护理》杂志编委。

她从事临床护理工作21年，护理管理12年，带领护理部先后成立了静脉治疗、造口、院感等18个专业质量及整改推进小组，2010年人民医院被卫生局推荐为我市卫生部优秀示范工程重点联系医院之一，MICU病区、骨创病区被评为优质示范工程、天津市先进集体。她推进“让专业人做专业事”的护理专科发展理念，医院静疗、手术室、血液净化、ICU团队成为天津市首批专科护士培训基地，培养专科护士425名。2015年带领造口团队获批国际造口治疗师协会（WCET）“国际造口治疗师学校”资格，至今为全国19个省市培养造口治疗师88名，天津地区造口治疗师专业团队也由20名发展至39名。2017年带领创伤骨科护理团队完成“规范化管理对全膝关节置换术后患者膝关节功能康复的影响”护理质量改善项目，大幅度提高了关节置换患者肢体康复效果，得到国家卫计委表彰，并获得“2015-2017年度全国改善医疗服务优化护理专题示范科室称号”。2012-2019年，她带领的团队在历届天津市护士岗位练兵比武中的取得了一等奖5名，二等奖4名，三等奖10名的成绩。

作为硕士生导师，培养了7名研究生，每年承担中医药大学护理专业研究生专业课程。

她主持天津市卫健委课题1项，“护理干预对提高大肠癌高危人群筛查依从性的效果研究”获得天津市科委科技成果奖。参与天津市卫健委课题2项，“天津市部分三级综合医院医务人员手卫生状况调查及对策研究”和“规范化压疮护理体系的建立及临床应用研究”均获得天津市科委科技成果奖。她主持完成的“非手术脊柱减压系统在腰椎间盘突出症患者中康复效果研究”项目，获得天津市“卫生系统引进新技术填补空白”。她以第一作者发表论文11篇、通讯作者发表论文16篇，代表作《天津市ICU护士预前指示认知和态度的调查研究》《护理干预对提高大肠癌高危人群肠镜筛查依从性的效果研究》《癌症病人及其配偶二元应对可视化分析》分别在《中华护理杂志》《中国实用护理》《护理研究》发表。主编专业著作1部，由人民卫生出版社出版《新入职护士培训系列丛书-外科常见疾病护理常规》。参编专业著作2部。

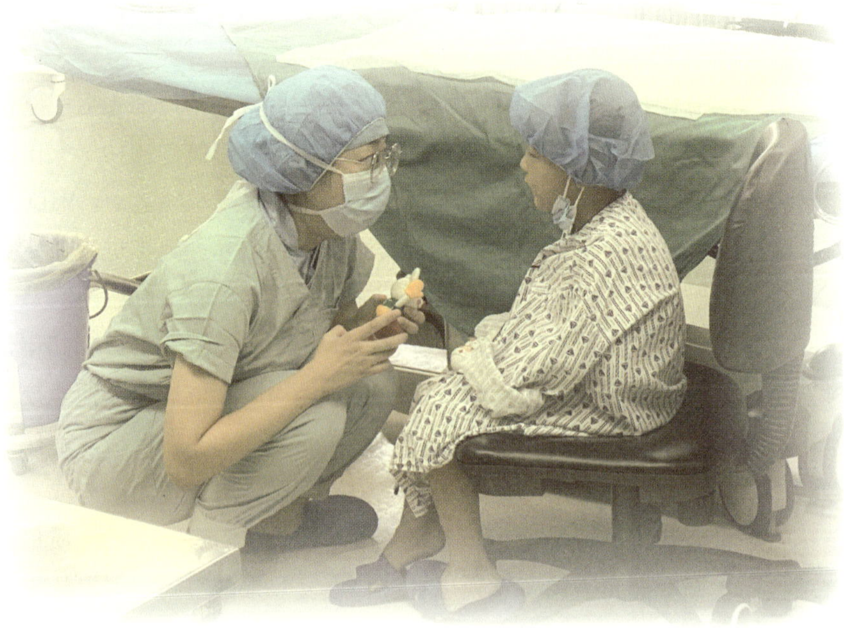

孙志萍

孙志萍，女，1969年出生于天津市，回族，农工党员，主任护师。1989年中专毕业于天津市护士学校，2005年大专毕业于天津医科大学，2011年本科毕业于西安交通大学。1989-2010年工作于天津市第二医院，2007-2010年先后任骨科护士长、外科护士长，护理部主任。2010年工作于天津市中医药研究院附属医院，2010-2017年任ICU护士长、特殊单元科护士长，2017年至今担任护理部主任。2017年至今担任天津市中医药学会中医药文化专业委员会委员，2018年至今担任天津市护理学会理事会理事、中华中医药学会中医护理传承与创新发展共同体第一届委员会委员、中华护理学会重症护理专业委员会专家库成员，2019年至今担任天津市中西医结合学会护理专业委员会副主任委员、天津市中医药学会护理专业委员会副主任委员、天津市护理质量控制中心委员、天津市护理学会护理管理专业委员会委员、天津市中医护理质量控制中心副主任委员。2020年担任《天津护理》杂志编委。

她从事重症护理工作28年，护理管理工作14年。从2015年至今，她带领护理团队开设了中医护理专家门诊，成功申报天津市“十三五”中医护理重点专科，并顺利完成验收，有6个专科（皮肤、脾胃、针灸、推拿、肾病、脾病）获天津市首批中医医院新入职护士培训基地。2019年在香港医院管理局进修学院学习的社康护理、质素及风险管理策略应用于临床。2020年1月26日她随天津市第一批驰援武汉医疗队赴武钢二院参与新冠患者救治工作，参编《COVID-19隔离病房实用管理手册》。她荣登中国农工党中央组织部发布的《一线抗疫农工党援鄂医务工作者英雄榜》，被天津市人民政府评为天津市抗击新冠肺炎疫情劳动模范，荣获农工党中央抗击新冠肺炎疫情先进个人，被中国农工民主党天津市委员会评为天津市农工党援鄂先进个人。

她以第一作者发表论文10篇，代表作《Effect of acupuncture combined with spiral nasojejunal in tubation on enteral nutrition in critically ill patients》在《International journal of clinical and experimental medicine》上发表。她主持天津市卫健委中医处课题1项“针刺辅助螺旋形鼻空肠管置入的护理临床研究”。她主持研发的“拔火罐用点火器”“医用重症监护弹力绷带”“女性患者医用计量便盆”获国家实用新型专利。她主编的《银屑病患者健康管理实用手册》在天津科学技术出版社出版。

2017年被天津市妇女联合会、精神文明建设委员会办公室、工会评为天津最美白衣天使，2018年被天津市妇女联合会评为天津市三八红旗手，2018年被市卫生计生委、市文明办、市总工会评为天津市第五届人民满意的好护士，2020年被天津市文明办评为天津好人，被中国共产党天津市委员会、市卫健委、市文明办、市总工会评为第十二届人民满意的十佳医务工作者。

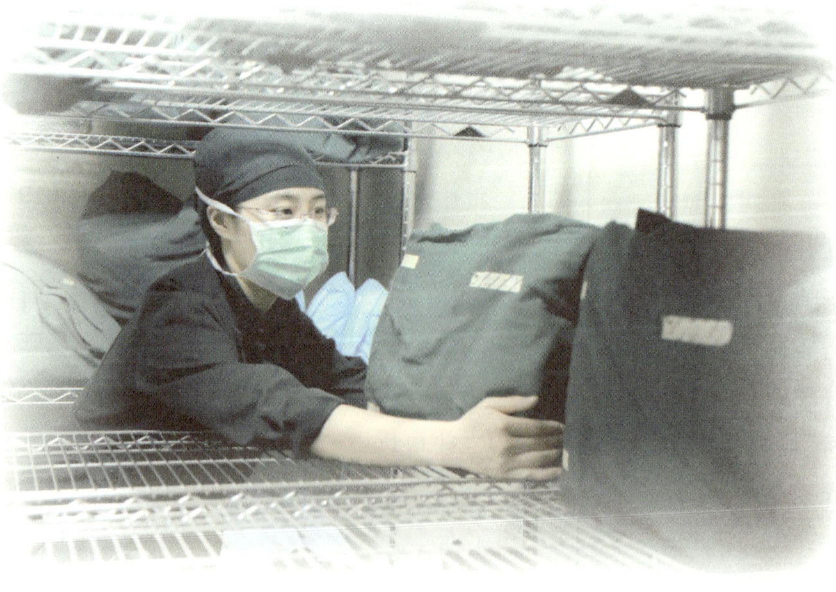

刘斌

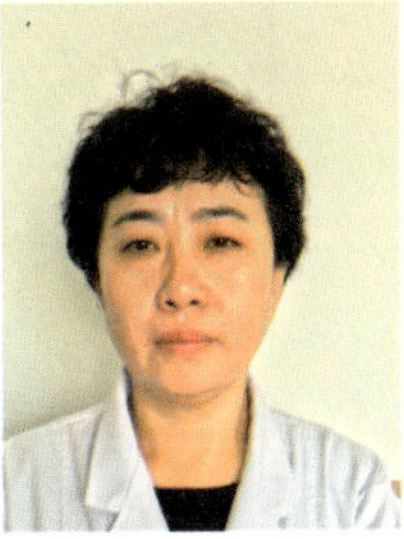

刘斌，女，1970年1月出生于天津市，中共党员，副主任护师。1988年中专毕业于天津市南郊卫生学校，2005年大专毕业于天津医科大学，2010年本科毕业于天津医科大学。1988年至今工作于天津市津南医院，1998 2003年任外科护士长，2003-2005年任急诊科护士长，2005年至今任护理部主任。2016-2019年任天津市护理学会护理管理专业委员会委员，2012年至今担任天津市护理学会第八、九届理事会理事。

她从事临床护理管理工作23年，2003年“非典疫情期间”，她带队进入隔离病房指导工作，顺利通过了世界卫生组织的考察，医务人员零感染。2010年医院各病区全面开展优质护理工作，对全院300余名护理人员实施岗位分层管理，优化护理服务流程20项，住院患者满意度达到99.9%，连续五年天津市二级医院护理检查获得优秀。2020年2月，接到天津市新型冠状病毒防控指挥部指令，确定津南医院为天津市抗击新冠肺炎救治定点医院，她第一时间集结护理人员到新院开展工作，从环境整理到物资准备，都是亲临一线解决困难和问题，最终提前40小时完成任务。

她注重护理人才的培养，选派护理管理及骨干力量外出进修学习。近几年，培养护理管理者及护理骨干近150人，培养专科护士近80人。在她的带领下开展了糖尿病健康教育小讲堂，成立了静脉输液治疗小组，开展了PICC门诊、助产士门诊。她带领护士长参加市内外举办的护理管理学习班20次，并将学到的知识融入到实际临床工作当中。

2012年，她带领医院荣获天津市优质护理服务医院称号。2019年护理部被评为全国五一巾帼标兵岗，2020年被评为天津市三八红旗集体。2004年她被天津市人民政府评为天津市优秀护理工作者，2010年评为天津市卫生行业第一届人民满意的好护士，2011年评为天津市劳动模范。

金奕

金奕，女，1970年3月出生于天津市，中共党员，主任护师，硕士生导师。1993年本科毕业于天津医学院，2003年取得天津医科大学流行病与卫生统计学专业硕士学位。1993-2010年工作于天津市第一中心医院，2003-2004年任干部科护士长，2004-2009年任护理部副主任。2010年至今工作于天津市环湖医院，2010-2014年任护理部副主任，2014年至今任护理部主任。2006-2013年任天津市护理学会内科专委会副主任委员，2012-2017年任中华护理学会康复护理专委会委员，2013-2019年任天津护理学会神经护理专委会主任委员，2014-2017年任中华护理学会内科护理专委会专家库成员，2015-2019年任中国康复医学会康复护理专委会常务委员，2015-2020年任天津市康复医学会康复护理专业委员会主任委员。2011年至今任国家卫生计生委脑卒中防治工程中青年专委会委员、中华医学会创伤学分会护理委员会专家、天津市护理质控中心委员，2012年至今任天津市护理学会第八、九届理事会常务理事，2018年至今任中华护理学会内科专委会委员，2019年至今任天津市护理学会康复护理专业委员会主任委员。同时担任《中华护理杂志》审稿专家，《天津护理》《护士进修杂志》《中国护理管理》编委，2010-2012年曾任《山东医药》编委。

她从事护理管理工作18年，2008年荣获Eleanor R和Robert A.Device奖学金赴美国密西根大学医院参观学习，曾去新加坡、匈牙利、中国台湾地区等地培训交流。她在管理工作中依托各个护理专业小组，以授课、工作坊等学术形式加强护士内涵建设。在她的带领下，医院护理学科进入“2019年中国医院科技量值（STEM）全国百强排行榜”，并成为中华护理学会全国护理科普教育基地，2020年成为中华护理学会京外康复专业临床教学建设基地，2021年成为天津市老年护理专科护士临床培训基地。2012年她获得天津市卫生局颁发的在天津市2011年“10.7”滨保高速特大交通事故应急医疗处置中表现突出荣誉证书。

她作为天津医科大学、天津中医药大学硕士生导师，共培养研究生16人。

她设立“院内护理科研基金”，鼓励、引导护理人员参与护理科研。她主持科研课题4项，参与科研课题5项。主持中华护理学会课题“基于加速康复外科理念术前模拟训练对经鼻内镜垂体瘤手术患者影响研究”、天津市卫生局科技基金项目2项“出院计划模式在青年卒中患者连续护理中的应用研究”“急诊科护士死亡态度与敬业度及组织公民行为相关性研究”、天津市科技团体决策咨询项目“阿尔兹海默病患者医院-社区-家庭延续护理模式的构建研究”。她以第一作者发表论文17 篇，通讯作者发表论文32篇，其中SCI5篇，代表作《Cognitive behavioral therapy for depression and anxiety of Parkinson's disease: A systematic review and meta-analysis》《青年脑卒中患者自我管理行为量表的编制及信效度检验》《脑卒中患者康复护理现状与展望》《早期饮水对经鼻蝶入路垂体瘤切除术后患者安全性及口腔舒适的影响》《阿尔茨海默病患者照顾者生活质量及其影响因素》，分别在《Complementary Thorapies in Clinical Practice》《中华护理杂志》《中国护理管理》《中国实用护理杂志》发表。作为副主编编写著作2部，《护理临床实习指导》《新入职护士培训系列丛书-护理管理》分别在天津科学技术出版社、人民卫生出版社出版，参编著作10部。参与编写中华护理学会团体标准《缺血性脑卒中静脉溶栓护理》。

她于2004年入选天津市卫生局131第三层次人才，2019年入选天津市卫生计生行业高层次人才选拔培养工程（津门医学英才）成员。

秦立娥

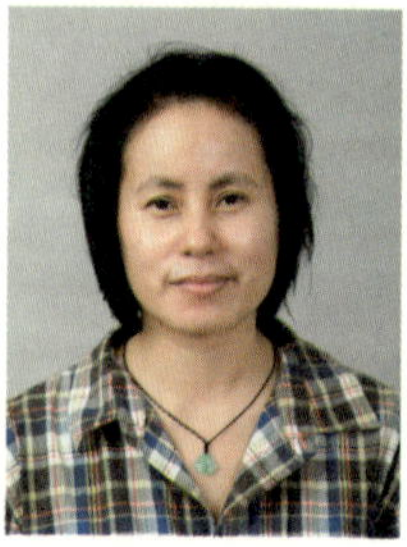

秦立娥，女，1970年3月出生于天津市，主管护师。1988年中专毕业于天津市武清卫生学校，同年就职于天津市北辰医院内科，2000年大专毕业于天津医科大学。2000-2016年任脑系科护士长，2017年至今任护理部主任。2017年至今任中国医学装备协会护理装备与材料分会区域器材灭菌管理专业委员会委员，2018年至今任天津市护理学会第九届理事会理事、中国老年保健协会老年护理与智能化分会常委，2019年至今任天津市护理学会护理管理专业委员会委员。

她从事临床护理工作33年，建立健全科室护理人才培养和各项规章制度及操作流程，指导科室延伸护理服务，开展“全病程管理”，将出院患者的护理服务延伸至社区，建立与基层医疗卫生机构社区护士帮扶工作。

她在护理管理中始终以抓好临床护理质量和安全为重点。建立完善护理质量管理体系。2019年成立药品与抢救车管理、静脉输液查对与治疗标准、不良事件及危重症护理等9个质量控制小组。2020年增加VTE、康复、护理信息资讯及护理实操专科小组。工作中修订和完善本院护理管理制86项、护理应急预案33项、护理工作流程16项，对临床护理工作起到了指导作用。2018年带领团队通过三级甲等医院的评审工作。

2015年接受护理实习生时，建立临床科室护生管理手册，实行“一对一带教”模式，执行双向评价机制。

她发表论文4篇，2010年在《中国煤炭工业医学》发表《颅内感染持续腰大池引流的护理》，2015年在《中国城乡企业卫生》发表《慢性硬膜下血肿引流术的围手术期护理体会》，2019及2020年在《中国中西医结合外科杂志》分别发表《高流量氧疗对干燥综合征激发肺纤维化患者的护理研究》《早期目标导向型镇静的研究现状》。参与完成区引进新技术2项。

张岚

张岚，女，1970年3月出生于天津市，主任护师，硕士生导师。1993年本科毕业于天津医科大学，2003年毕业于天津医科大学，医学硕士学位。1993年至今工作于天津医科大学总医院，1999-2020年历任普外科护士长、重症医学科科护士长，2020年至今任护理部副主任。2013年至今任天津市护理学会ICU专业委员会副主任委员，2018年至今任中华护理学会ICU专家库成员。现任《天津护理》杂志编委。

她从事临床护理及管理工作26年，注重重症护理质量评价管理指标，护理管理改善项目“新型冠状病毒肺炎疫情下整建制接管护理管理模式的实践与探索”获2020年护理管理创新奖推荐奖。她建立ICU专科小组，负责ICU专科护士取证后续继续教育培训考核工作。2020年任天津援湖北第8批医疗队副领队，整建制接管武汉第一医院重症病区。

她从事临床带教工作24年，负责天津医科大学本科生临床教学工作，2015年至今承担天津医科大学护理系“危重症护理”授课工作。为ICU专科护士培训班授课，讲解ICU谵妄风险评估与预防管理。

她作为副主编参与编写《预防成人气管插管非计划性拔管护理实践专家共识》UEE（患者）风险评估章节。主持天津市护理学会课题2项，2018年“约翰霍普金斯跌倒风险评估量表应用于住院患者的适用性研究”已结题，2019年“基于结构化评估对重症患者压力性损伤风险预测模型构建”已结题。发表论文2篇，于《天津护理》发表《援湖北医疗队整建制接管重症病区的实践与思考》，于《中国使用护理杂志》发表《重症患者压力性损伤风险预测模型及预测效果检验》。

2020年获天津最美抗疫人物之最美逆行者、天津市劳动模范称号。

张文娟

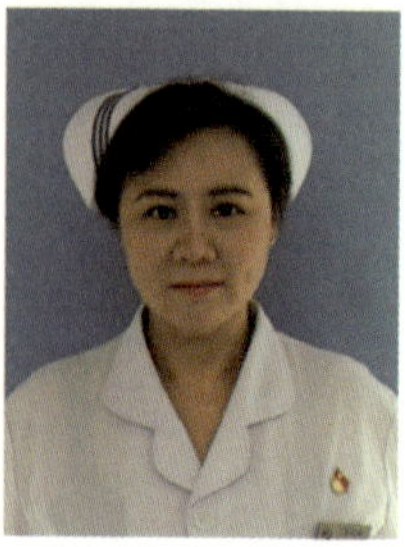

张文娟，女，1970年4月出生于天津市，中共党员，主任护师。1989年中专毕业于天津市护士学校，2012年本科毕业于天津医科大学。1989-2009年工作于天津市第二医院，2007-2009年先后任外科、供应室护士长。2009-2015年工作于天津市河北区妇产科医院，2010-2012年先后任病区护士长、院感科科长。2015年调回天津市第二医院，2015-2020年担任护理部负责人，2020年至今任护理部主任。2018年至今任天津市护理学会第九届理事会理事、护理管理专委会委员。

她从事临床护理工作18年，2003年非典疫情期间，参加天津市第二医院医疗队赴武警医院重症病房工作，哮喘发作依然坚持在重症病房岗位。被评为天津市抗击非典先进个人、天津市抗击非典新长征突击手标兵。

她从事护理管理工作14年，2015年医院搬迁新址，她带领团队完成护理单元布局、规范各项流程以及对各项制度痕迹管理的工作。2018年协助天津市河北区卫健委城市医联体工作，牵头组建消毒供应中心、科教培训中心。2020年参加天津市第五批援鄂医疗队驰援武汉，承担医疗队的医院感染防控工作，同年11月带领98人支援滨海新区的“滨城大筛”任务，并承接河北区医学观察隔离点儿童血标本、鼻咽拭子采样工作，参与并完成河北区疫苗接种工作。

她以第一作者发表论文2篇，代表作《预见性护理在产科感染控制中的应用》在《医疗装备》发表。她主持完成天津市卫生局科研项目“罗哌卡因复合舒芬太尼等比重脊麻用于剖宫产术的研究”，被天津市科委认定科研成果，获河北区科技进步三等奖。主持完成的天津市卫生局科研项目“排钉式大跨度‘8’字缝合术”获河北区科技进步优秀奖。

2004年荣获全国总工会全国先进女职工称号，2020年被评为天津市文明办天津好人、全国卫生健康系统新冠肺炎疫情防控工作先进个人、天津市优秀共产党员、天津市抗疫劳动模范。

周惠

周惠，女，1970年6月出生于天津市，中共党员，主管护师。1989年中专毕业于天津市护士学校，2006年大专毕业于天津医科大学，2010年本科毕业于天津中医药大学。1989年工作于天津市第一中心医院，1996年任中西医结合科护士长，2000年任重症医学科教学护士长。

2003年在非典病区，她完成第一批非典病人的妥善安置和及时的治疗护理。为保证护理工作安全，她制订一系列的消毒隔离规章制度和防护工作程序并在病房的各个区域作出明显的标识，完善各岗位职责，从驻地到病区都按照隔离要求，逐一制订措施并落实。2003年被评为全国三八红旗手。

在护理管理、教学工作中，她注重质量控制、规范操作和优质护理的落实，带领科室护理人员开展住院、出院患者的健康教育，完善住院、出院患者健康教育内容并制订成册，撰写的“提高护士对健康教育认识的对策”获天津市优秀综述。对于科室的教学科研项目，做到理实教研一体化。

黄丽君

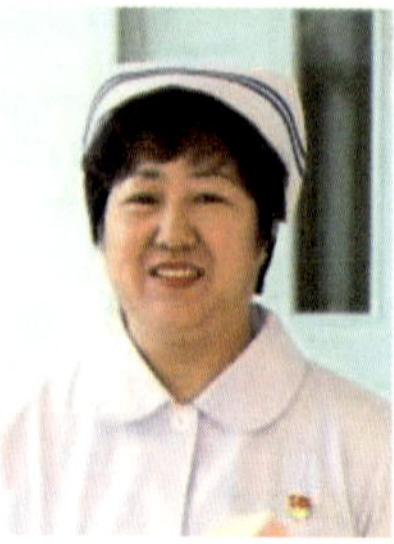

黄丽君，女，1970年8月出生于天津市，中共党员，主任护师。1990年中专毕业于天津市护士学校，1995年取得高等教育自学考试大专学历，2009年本科毕业于天津市医科大学。1990-2003年工作于天津市肺科医院，2004年至今工作于天津市海河医院。2004至今先后任结核科护士长、综合内科科护士长。2014年至今先后任天津防痨协会护理专委会副主任委员，中华医学会结核病分会护理专委会、中国防痨协会临床专业分会护理专委会委员，中华护理学会传染病护理专委会专家库成员，天津市护理学会呼吸专委会秘书、护理管理专委会委员。

她从事临床护理工作31年，先后参加非典、甲流、新冠肺炎等呼吸系统传染疾病的应急护理工作。编制了结核病健康教育手册，组建结核病健康宣讲团，提出结核门诊改造计划，优化就诊流程及人力资源配置。2018年对耐多药患者实施个案管理，应用打卡程序提高患者服药的依从性，并监测不良反应，通过线上同伴支持活动，鼓励耐多药结核病患者完成新药的治疗。将耳穴压豆技术应用于肺结核患者，减少不良反应，采用HFMEA模式降低了住院结核病患者跌倒发生率。

她以第一作者发表论文12篇，代表作《肺结核患者自我效能感及应对方式的相关性研究》《水胶体敷料在结核菌素试验水疱患者局部应用的效果评价》，分别在《中国实用护理杂志》《中华护理杂志》发表。参编著作《新编结核病护理学》由中国协和医科大学出版社出版。参与天津市医院协会医院管理研究项目、天津市卫健委科研项目各1项。

2003年被共青团天津市委员会评为天津市抗击非典新长征突击手，2010年被中共天津市卫生局党委、天津市卫生局评为天津市第一届人民满意的好护士，2018年被中国防痨协会评为全国首届最美防痨人，2020年被天津市妇女联合会、天津市卫生健康委员会评为天津市三八红旗手。

郭宏欣

郭宏欣，女，1970年8月生于天津市，中共党员，主管护师。1990年中专毕业于天津市护士学校，1990年至今工作于天津市河西医院，2003-2019年先后任血液内科、神经内科、体检中心护士长，2019年至今任护理部主任。

她从事护理管理工作17年，运用科学的管理方法，建立病人随访制、出院病人满意度调查问卷。她统一了全院抢救车管理规范，采取非惩罚方式鼓励科室上报护理不良事件，分析问题，制订整改措施持续改进护理质量。新冠肺炎疫情期间她制定了考核表，对全员规范穿脱防护服进行督导和考核。

她以第一作者发表论文4篇，代表作《8S护理管理模式对心血管内科患者住院舒适度及睡眠质量的影响》在《医学信息》发表。

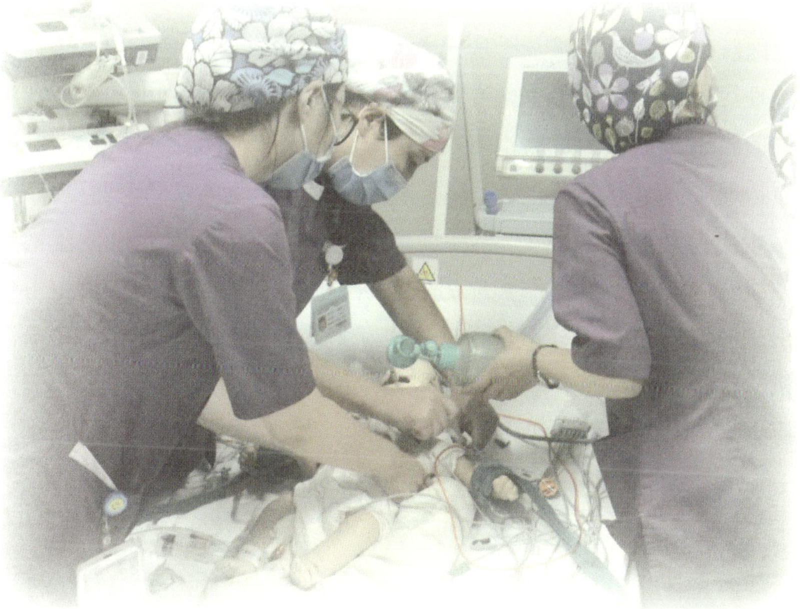

刘亚枝

刘亚枝，女，1970年9月出生于河北省遵化县，中共党员，副主任护师。1990年中专毕业于天津市蓟县卫生学校，1996年大专毕业于天津科大学护理专业。1990年至今工作于天津华兴医院，2001-2005年任天津华兴医院儿科护士长，2005-2007年任血液透析中心护士长，2007年至今担任护理部主任，2018年至今担任护理副院长兼护理部主任。

她从事护理工作31年来，先后在内科、儿科、血液透析、护理部等多个部门工作，时刻围绕“以病人为中”的服务理念，服务于每一位患者，业务上能把国内外先进护理技术及护理理念应用于临床实践，在为患者解除病痛的同时，不断引领医院的护理质量持续改进。

自2007年担任护理部主任以来，强化全体护理人员的理论及技能培训，规范质量管理，深入开展业务查房，建立并完善护理核心制度、职责，完善各项护理管理流程。在2009年国家卫生部质量万里行的活动中，医院作为天津市唯一一所民营医院迎接检查，医院在护理培训、护理管理等方面得到了卫生部专家的好评。2010年在天津市52家消毒供应室的验收中，被评为优秀消毒供应室。2011年她带领护理部启动医院的优质护理服务示范工程，使医院护理服务理念和服务内涵全面提升。

她主持参与各级科研课题3项，2009年参与课题“自动清洗消毒器新型换药碗固定架的研制和应用效果研究”，2007年参与天津市卫生系统引进应用新技术填补市空白项目“新型换药碗固定架在全自动喷淋清洗机清洗中的应用”，“基础护理质量的PDCA管理”获得天津市质量管理协会组织2008年度天津市优秀成果。以第一作者发表论文2篇。

靳峥

靳峥，女，1970年10月出生于天津市，中共党员，副主任护师。1990中专年毕业于天津市护士学校，大专及本科分别于2001、2009年毕业于天津医科大学。1990年至今工作于天津市环湖医院，2001年至今担任颅脑损伤抢救中心一病区护士长。2011-2016年先后任天津市康复医学会康复护理专委会委员兼秘书、副主任委员，2016年至今担任《中华灾害救援医学》编委，2013-2019年任天津市护理学会神经科专委会委员兼秘书，2019年至今任主任委员。

2003年非典期间她赴天津市海河医院参加救治任务。2008年汶川地震随天津市第一批医疗队赴四川省广元市人民医院施救，她要求到最危险、最艰苦地震区域工作的请战信，被《广元市工人日报》转载。为了让危重患者得到更好治疗，国家要求将部分患者转诊大城市，她主动请缨并担任队长，历经48小时将24名患者转往广州。她获天津市卫生行业支援四川抗震救灾优秀共产党员、抗震救灾先进个人称号。2011年参加“10.7”滨保高速特大交通事故应急医疗处置工作，获得天津市卫生局表现突出荣誉证书。

她从事护理管理工作20年，带领团队开展优质护理，病区被评为天津市优质护理服务示范病房。她兼任医院护理操作质控组组长完成规范化护理技术操作视频录制50余项。利用网络媒体及科普报告会开展科普宣传，组织“健康大讲堂”活动20余次。

她以第一作者发表论文5篇，代表作《脑肿瘤患者焦虑状况调查》《临床路径在颅骨修补术患者护理中应用的效果观察》分别在《中国公共卫生》《天津护理》发表。参与天津市卫健委课题2项“纤维支气管镜应用于重型颅脑损伤救治的临床效果评价”“基因沉默ARC增强胶质瘤U251细胞对化疗药的敏感性”。

她于2009年荣获全国卫生系统护理巾帼建功标兵称号。

谷晓玲

谷晓玲，女，970年11月出生于天津市，中共党员，主任护师，天津中医药大学硕士生导师。1990年中专毕业于天津市护士学校，1999年大专毕业于天津医科大学，2007年本科毕业于天津医科大学。1990-2004年工作于天津市儿童医院。2004年至今工作于天津中医药大学第一附属医院，担任护士长，2010年至今任科护士长。2014年至今任天津市中西医结合学会护理专业委员会委员，2016至今任天津市护理学会儿科专业委员会副主任委员，2018年至今任中华护理学会儿科专业委员会专家库成员、天津市护理学会第九届理事会理事，2019年至今天津市中医药学会护理专业委员会副主任委员。

她从事临床护理工作30年，致力于儿科护理，重视各科室护理人员培养和教育，协助科室制订骨干护士、专科护士、年轻护士等培养计划，搭建人才梯队。培养护士长8名，临床带教老师数十名。2015年被聘为硕士生导师，于2019、2020年培养硕士研究生各1名。

她主持及参与各级科研课题22项，其中主持局级课题3项，分别是：2020年“基于建构主义及全面发展理论的五位一体二线教学模式在护理本科实习生核心能力培养中的应用研究”、2018年“布鲁姆的教学评价模式在本科护生临床教学管理中的应用研究”、2017年“基于肺脾同治理论综合护理技术在小儿肺炎中的应用研究”。作为副主编参编教材2部，2019年中国协和医科大学出版社的《儿科护理》、2019年中国医药科技出版社的《儿科护理学》。参编著作1部。以第一作者/通讯作者在核心期刊发表学术论文28篇。2016年申请国家发明专利“婴幼儿多功能喂药器”并转化为应用技术成果，2011年申请国家实用新型专利“手推式专用采血车”“手推式痰培养采集车”2项。2012年发表的“健脾和中综合护理方案缓解阿奇霉素致胃肠道反应的研究”获天津市科技成果。

马雪铃

马雪玲，女，1970年11月出生于天津市，副主任护师。1991年中专毕业于天津市护士学校，2011年本科毕业于西安交通大学。1991年至今工作于天津市肿瘤医院，2005年至今担任结直肠科护士长。2016-2019年担任天津市护理学会第六届肿瘤护理专业委员会秘书，2019年至今担任天津市护理学会肿瘤护理专业委员会主任委员，2018年成为中华护理学会肿瘤护理专业委员会专家库成员。

她从事临床护理工作30年，带领科室护士持续开展质量改进项目、以循证为基础的个案管理、结直肠肿瘤患者围手术期ERAS护理。2012年她参与建立造口门诊，形成病房-居家-门诊闭环管理。2014年担任医院造口伤口专业组组长，培养造口治疗师2名，带领专科护士开展全院造口伤口管理及会诊。2015年医院申报成为天津市国际造口治疗师学校的临床教学基地，她承担医院肿瘤护理进修班及中华护理学会京外临床教学任务。

作为天津市护理学会肿瘤护理专业委员会主任委员，她组织开展各项学术活动，内容涵盖了肿瘤化疗、免疫治疗、癌痛管理等方面。

在护理科研方面，她参与各类课题5项，2015年成功申报新技术1项“ARC造口换药流程在造口周围皮肤管理中的应用”。参编著作3部，包括《肿瘤护理学》《癌症知多少-肿瘤护理》和《护理管理》。

2008年获得天津市第九届高校青年教师教学基本功大赛三等奖。

邸红军

邸红军，女，1970年11月出生于天津市，中共党员，副主任护师，硕士生导师。1989年入伍，1992年8月中专毕业于武警医学专科学校，2001年取得武警医学院护理大专学历，2006年取得武警医学院护理本科学历。2001年被分配到武警天津总队医院，历任急诊科护士、妇产科护师、护理部助理员、后勤学院附属医院分院护理部主任、武警特色医学中心消毒供应科负责人。

她从事护理工作29年，2002年获得武警部队京津冀地区护理操作大赛一等奖，2003年参加抗击“非典”进入红区工作52天，2006年获得武警部队护理技能大赛三等奖，2008年她带领护理团队获得全军优质护理服务示范医院。

她2010年主持完成武警医学院面上项目1项，2012年荣获武警部队科技进步二等奖1项，2018年参与国家自然科学基金1项，先后在《中华护理杂志》发表《医务人员针刺伤预防策略的最佳证据总结》、《中国感染控制杂志》发表《护生进入临床实习前针刺伤相关知识和态度的现状调查》等10余篇论文。主编《实用专科护理手册》《2015年护师资格考试考前押题试卷与解析》，参编《现代伤口护理实用手册》《突发事件现场应急救护》《灾难医学护理篇》。

1994-2015年六次荣立个人三等功，2002、2008年分别被武警部队医学院评为优秀共产党员2次。

尹雪梅

尹雪梅，女，1970年12月出生于天津市，中共党员，副主任护师，硕士生导师。1994年本科毕业于天津医科大学。1994年至今就职于天津市中心妇产科医院，1996-2008年先后任妇科、产科病区护士长及科护士长，2008-2011年任护理部副主任兼感染管理科副科长，2011年至今任护理部主任。2019年赴英国奥克兰大学短期学习助产专业教育和临床助产服务。2013-2019年担任天津市护理学会妇产科护理专业委员会副主任委员，2016年至今担任中国妇幼保健协会助产士规范化培训天津基地负责人，2018年至今担任中华护理学会产科专业委员会委员，2019年至今担任天津市护理学会妇产科护理专业委员会主任委员并兼任天津医科大学护理学院副院长，2020年至今担任中华护理学会助产专科京外临床教学基地负责人、中国妇幼保健协会助产士分会常务委员、《天津护理》杂志编委。

她从事临床护理近30年，在产科、助产、妇科肿瘤护理领域积累了丰富的工作经验。走上管理岗位的25年，带领团队持续改善服务，深化优质护理服务内涵。在妇科开展围术期高危因素评估，引进多种中心静脉治疗技术，规范妇科放化疗、血管介入护理，引入快速康复理念，配合优化流程实施日间手术和化疗，使化疗患者平均住院日由5.5天降低到3.5天。在产科推进自然分娩实践，引进适宜助产技术，为产妇提供各种非药物镇痛措施，鼓励自由体位分娩，近5年医院首次剖宫产率保持在30%以下，会阴侧切率在20%左右。在产科病区推动母婴一体化管理，主导开设孕妇学校、助产士及母乳喂养咨询门诊等，形成自产前至产后的全流程的健康教育机制。促进产儿科护理团队的合作，提升新生儿科患儿的母乳喂养率至80%，NICU护士前移到产房救治危重儿，对超早产儿推行袋鼠式护理，规范NICU护理管理，严控医院感染的发生，至2020年超低体重儿的救治成功率达91%。她注重护士的岗位管理，不断探索有效的绩效管理方法，建立以护理难度、质量和业绩为基础的评价机制，注重护士的分层次培养及专科队伍建设，结合护理工作实际，调整护士培训考核方式。与信息部门合作提升信息化水平，助力妇产科临床和管理的规范化。

她从事护理教育工作25年。作为硕士生导师自2020年起开始培养妇产科护理研究生，作为天津医科大学护理学院等院校教学基地负责人，2011-2020年培养助产士500余名。2015-2020年教学基地获批“中国妇幼保健协会国家级助产士规范化培训基地”“天津市助产士规范化培训基地”“中华护理学会助产专科京外临床实践建设基地”，承担全国及天津市的助产士规范化培训5期，累计培训各省市助产人才120余人。

她主持天津市卫健委课题1项“天津市城区孕妇孕期运动状况与妊娠结局的相关性研究”，主持天津市医院协会课题1项“二孩政策下产科医护人员职业应激分析与对策研究”。以第一作者发表论文7篇，代表作《初产妇会阴切开与分娩结局的关系》《护理管理在妇产科医院感染控制中的事件体会》《日本的访视护理与康复》，分别在《天津护理》《国外医学护理分册》等杂志发表。主编著作1部，新入职护理系列教材《妇儿科常见疾病护理常规》在人民卫生出版社出版。参编著作1部。

2016年荣获天津市卫生行业第四届人民满意的好护士称号。

黄平秀

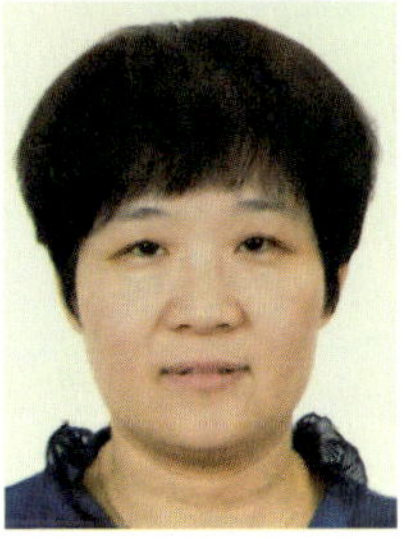

黄平秀，女，1970年12月出生于天津市，中共党员，主任护师。1989年中专毕业于天津市武清卫生学校，2007年大专毕业于河北北方学院，2010年本科毕业于西安交通大学。1989年至今工作于静海区医院，1999-2004年任外科护士长，2006-2010年任护理部副主任，2010年至今任护理部主任。2012年至今任天津市护理学会第八、九届理事会理事，2013年至今任天津市护理学会护理管理专业委员会委员，2015年至今任天津市护理质量控制中心委员，2017年至今任中国中西医结合学会第七届急救医学专业护理委员会委员，2018年至今任天津市抗衰老学会第一届护理专业委员会副主任委员。

她从事临床护理工作32年，主要承担危重症患者的护理，获得AHA颁发的《BLS Provider》和《ACLS Provider》证书，1990年荣获静海区卫健委护理技术比武第一名。

她从事临床带教工作25年，以岗位需求、岗位胜任为核心，采取多元化教学方法提升护士内涵。3名护士长、4名护士在天津市卫健委组织的第三届护士护理技术基本功竞赛获二等奖。她指导的质量改善项目“降低胃管拔管发生率”获得天津市护理质控中心优秀奖。护理团队在天津市护理学会组织的第12届急救技术竞赛中获团体三等奖。

她从事护理管理工作23年，解决护理难题125件，承担院内护理会诊56次、危急重症护理和抢救286例，组织护理人员参与大型车祸、中毒等公共突发事件的救治20余起。

她参与质量改善QC课题“降低全麻术后患者下呼吸道感染率”，获2006年度全国优秀成果及优秀质量管理小组成员证书。2013年设计制作“麻醉药安全管理抽屉”获得国家实用新型专利。她以第一作者发表论文3篇，代表作《浅析护士长管理中的误区及对策》在《天津护理》发表。

2010年评为天津市卫生行业第一届人民满意好护士。

李民

李民，女，1971年2月出生于黑龙江省勃利县，汉族，中共党员，副主任护师。1991年中专毕业于牡丹江卫生学校，大专和本科均毕业于哈尔滨医科大学成教学院。1991-2003年工作于牡丹江心血管病医院，2000年3月担任ICU护士长。2003年3月至今工作于泰达国际心血管病医院，2005-2019年担任ICU护士长，2019年至今担任外科总护士长。2017年至今任第七届中国中西医结合急救医学护理专业委员会委员，2018年至今任第27届中华护理学会危重症专业委员会专家库成员，2020年至今任第6届中国康复医学会护理专业委员会委员，2014至今任天津市护理学会ICU专业委员会2届副主任委员1届委员。

她从事临床心血管危重症护理工作30年，精通ECMO、CRRT、IABP等仪器的临床应用。参与自主研发磁液悬浮左心室辅助装置的动物实验与临床实践、复杂先心病外科术后管理及成人心外科术后I期临床康复管理。2010年赴日本相泽病院进修心脏早期康复，回院后创立“清醒早拔管、拔管早离床”的康复管理理念与模式。2017-2019年先后4次赴多伦多病童医院研修儿童心脏病围术期护理管理并首次提出多团队、跨专业诊疗护理一体化管理模式。

她在护理管理工作中落实日常精益管理，将SPE的概念引入医院人文管理。组织设计外科系统质量安全管理体系，建立系统敏感指标、科系统沟通会、系统安全日志及总护士长安全巡查安全管理模式。

她主持和参与省市级护理科研项目“有创与无创血压测量方式在左心室辅助装置植入术后应用的效果研究”等5项，发表学术论文10余篇。2017年开展的“高流量吸氧在心外科术后病人的临床应用”项被评为天津市滨海新区引进应用新技术填补空白。2020年参编中国中译出版社出版的《精益日常持续改进》。

2015年荣获天津市五一劳动奖章，2017年荣获天津总工会授予天津好人称号，2019年荣获中华护理学会杰出护理工作者称号。

王维宁

王维宁，女，1971年2月出生于天津市，中共党员，主任护师，天津中医药大学硕士生导师。1994年本科毕业于天津医科大学护理学院。1994年至今工作于天津中医药大学第一附属医院，2001-2018年任护理部党总支书记、护理部副主任，2011-2014年任护理部主任。2001-2006年任天津护理学会第六届理事会中医中西医结合专业委员会委员，2006-2012年任天津护理学会第七届理事会教育专业委员会委员，2009-2017年任天津市中西医结合学会护理专业委员会副主任委员，2011-2014年任中华中医药学会继续教育分会青年委员，2012-2018年任天津护理学会第八届理事会副理事长，学术工作委员会副主任委员，中华护理学会第二十六届理事会中医、中西医结合护理专业委员会委员，2013-2017年任世界中医药联合会护理专业委员会第一届理事会副会长、世界中医药联合会护理专业技术标准审定委员会委员，2013-2018年任天津护理学会护理管理专业委员会及中医专业委员会副主任委员，2015-2017年任天津中医药学会第一届护理专业委员会副主任委员，2016-2018年任天津护理学会中医专业委员会主任委员，2012年至今任中华中医药学会护理分会常务委员，2018年至今任中华护理学会第二十七届理事会理事、天津市护理学会第九届理事会副理事长，同时担任《天津护理》《中华护理教育》杂志编委。

她从事临床护理工作将近30年，2003年SARS疫情，她随队奔赴大港区，每天深入发热门诊、留观病房、SARS病房，检查规范防治工作。2008年汶川大地震，她作为天津市第二批赴川抗震救灾医疗队第九分队的一员，随队奔赴受灾严重的青川地区。她所在的第九分队除就地诊治病人外，还要到几十公里之外的青川县大院回族乡医疗巡诊。她参加到全队的后勤保障工作中，完成了救援任务。

她从事临床带教工作20年，负责选拔教学老师、审定教学计划、安排轮转实践和教学实践内容，在教学实践中突出中医理论和特色技术。2009年被聘为天津中医药大学硕士生导师，培养研究生17人。

她从事护理管理20余年，肩负着护理工作的计划、组织、协调、控制，以及护理服务系统的检查、优化、质量保证工作。她坚持利用午休时间接待护士来访，倾听她们的心声，倡导和谐的团队氛围。她开展护理团队形式多样的文化建设，既展示了护理人员的风采又缓解了一线的职业压力，增加了团队的凝聚力。

她主持科研课题4项，2011年主持局级科研项目“中药外用辨证施护减轻肿瘤化疗后静脉反应的临床研究”“护理学专业新实践教学体系的创建”，2014、2017年主持局级科研项目“中医院护理人力资源配置研究”“基于霍尔三维模式的护理管理育才项目在护理人才培养中的应用研究”。2013年以第一完成人研发国家级实用新型专利“折叠式多用途支被架”1项、参与研发专利5项。以第一作者在发表论文18篇。主编著作1部，为2018年人民卫生出版社的《新入职护士培训系列丛书》中的《中医科常见疾病护理常规》分册。参编著作3部。

2008年被评为天津市卫生行业支援四川抗震救灾工作先进个人、中国科协抗震救灾先进个人，荣获天津市五一劳动奖章荣誉称号，2010年被评为天津市卫生行业第一届人民满意的好护士。

曹宏

曹宏，女，1971年3月出生于天津市，中共党员，主任护师。1994年本科毕业于天津医科大学，2003年获得医学硕士学位。1994年至今工作于天津市滨海新区塘沽妇产医院，2004-2010年任护理部主任。2001-2010年任天津市护理学会妇产科护理专业委员会委员。

她从事护理工作20余年，从事护理管理工作6年。她牵头成立护理质控小组和病案质控小组，完善护理质量二级管理体系，落实护理质控小组督查工作，实现持续改进，同时不断完善病历管理质量，按照护理质控中心的要求落实病历书写规范，提高护理病历的书写质量。

她创建医院内刊《护苑采风》，每月刊出一期，至今累计出版120期，该刊主要反应护理工作动态，方便全院护理人员学习与交流，让全体护理人员共享知识。她组织业务学习与培训工作，重点突出新入职护士的岗前培训、主班岗培训、护理理念培训及护理新知识新理论培训。

她组织全院的护理同仁们爱心助困活动，为塘沽一中1名生活困难的高中同学捐助高中三年的学费，直至该同学顺利考上理想大学为止。

她带领各科室不断开展新业务，如新生儿泳疗、新生儿抚触等项目不断推广并逐渐在全院各病区推广，受到广大新生儿家属的认可。

她以第一作者发表论文10篇，代表作《新生儿抚触体位的临床观察》《学习〈护士条例〉中有关人员配置的思考与建议》，均在《天津护理》发表。她参与完成的“围生期护理咨询门诊”获得填补塘沽区卫生局空白项目。

李俊新

李俊新，女，1971年3月出生于天津，副主任护师。1990年中专毕业于天津市护士学校，2005年大专毕业于天津市卫生职工医学院，2008年本科毕业于西安交通大学。1990年至今工作于天津市口腔医院，2007年担任急诊科、综合便民门诊护士长，2008-2012年担任手术室护士长，2012年至今担任天津市口腔医院护理部副主任，主持工作。2015年至今担任第一届、第二届中华口腔医学会护理专业委员会委员，2016年至今担任天津市护理学会护理管理专业委员会委员，2017年至今担任第一届中华护理学会口腔护理专业委员会专家库成员，2018年至今担任天津市护理学会第九届理事会理事。

她从事临床护理工作30年，任手术室护士长期间，根据层流手术室管理要求，完善手术室规章制度19项，规范手术室工作流程28项，制订口腔颌面外科围手术期护理常规18项，制作成手术室护理专业手册口袋书方便护士学习、应用，结合医院开展的带血管蒂皮瓣修复口腔癌术后组织缺损手术技术，制定了不同皮瓣手术护理常规4项，并将口腔疾病预防常识、治疗护理知识改为图文并茂的健康宣教卡片，提高了患者的阅读兴趣及遵医行为的依从性，住院及门诊患者健康教育覆盖率达到100%。根据医院护理专业发展需求，她制定了专科护士培养计划，2012年至今有29名护理人员获得手术室、急诊、消毒供应中心等专科护士资质，有44名新入职护士完成了3年的规范化培训。医院作为中华口腔医学会口腔专业护士培训基地，她培养学员187名，合格率100%。她根据优质护理服务工作的要求，至今已培养18名口腔全科护士作为全院护理人员机动库，用于医院各科室人力资源的调配，满足患者需求。近年来随着口腔专业的快速发展，医院规模不断扩大，拥有牙椅200台、床位80张，最高年门诊量达70万余人次。为配合全麻舒适诊疗、纤维根尖手术、种植修复、显微外科体表器官再造术、正颌外科手术、阻塞性睡眠呼吸暂停低通气综合征手术等新技术，她在护理部先后派出182人次参加全国口腔护理技术培训，提升了护理服务能力及水平。在护理质量管理中，通过监控各项护理敏感指标，以问题为导向，落实三级护理质量管理。护理团队在质量万里行、三甲医院评审和历年的天津市护理质控中心的督查中获得好评。

她参与2项省市级课题研究，其中“腭裂术后黏膜瘢痕生物力学性质研究”获得天津市科学技术委员会的市级科技成果。以第一作者发表论文2篇，《67例带血管蒂前臂皮瓣修复口腔癌术后组织缺损的手术配合体会》《手术室全麻诱导后留置尿管的舒适护理》，分别在《天津护理》《继续医学教育》发表。

朱郁芳

朱郁芳，女，1971年3月出生于天津市，中共党员，副主任护师。1989年中考毕业于天津医学院，2004年本科毕业于天津医科大学。1989年工作于天津医科大学总医院，1997-2015年任骨外科护士长，2011年至今任伤口专科组组长，2015-2017年任伤口治疗门诊护士长，2015年至今任伤口造口护理门诊出诊专家，2017年至今任门诊科护士长。2009年取得国际造口治疗师（ET）及伤口造口失禁专科护士资质，2018年任中华护理学会第二十七届理事会伤口造口失禁护理专委会专家库成员，2018年至今任天津市卫健委护理质控中心门诊专业组组长、《中国护理管理》杂志审稿人，2019年任天津市护理学会伤口造口失禁专业委员会第三届主任委员。她从事护理管理工作25年，带领伤口专科护理团队，每年完成伤口处理近3万例次、院内院外会诊300余次。

她从事护理教育工作25年，2015年至今任天津优玛(EWMA)国际伤口治疗师学校教学主任及临床带教教师，担任天津国际造口治疗师学校特聘教师，至今带教300余人。

她于2007年完成的“静脉输液漏出报警器”和2008年完成的“下肢外展支具”均获中国国家知识产权局国家级专利及天津和平区科技进步三等奖，2011年主持“湿性疗法在负压封闭引流治疗复杂创面修复期的应用”项目评为天津市卫生局填补空白。发表论文5篇，其中于《中华护理杂志》发表论文《银屑病患者大面积撕脱伤不愈创面的处理》，于《天津护理》发表论文《地震致腰椎压缩性骨折患者在余震中的围手术期护理》等。

2003年荣获天津市抗击非典优秀护士称号，2008年荣获天津市卫生行业支援四川抗震救灾先进个人称号，2014年荣获天津市人民满意的好护士称号，2015年荣获天津市护理学会优秀工作者称号。

刘辉

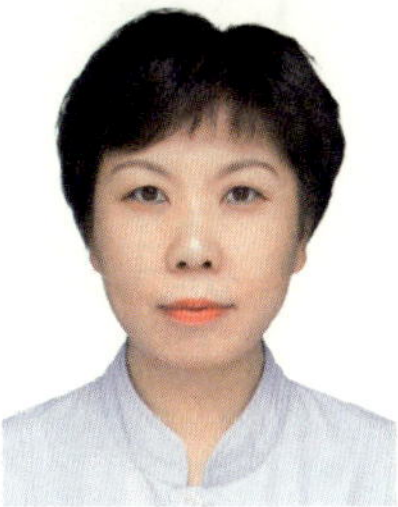

刘辉，女，1971年3月出生于天津市，中共党员，副主任护师。1990年中专毕业于天津市护士学校，1996年大专毕业于天津医科大学，2016年本科毕业于西安交通大学。1990年于天津市工人医院妇产科、内科病房等科室工作。2000年担任内科护士长，2009年担任妇产科护士长，2020年任天津市职业病防治院护理部副主任主持护理工作。曾任天津市护理学会第八届理事会妇产科专业委员会委员，天津市护理学会第六、七届神经科专业委员会委员。

她从事护理工作30年，重视护理人员分层级培训，注重护理质量的提高。在2020年新型冠状病毒疫情初期，配合医院部署完成科室整合并负责急诊预检分诊的工作，在接到医院组建援鄂医疗队的指令时报名参加天津市第一批医疗队进入武钢二医院工作，克服南北地区气候差异，作为3人临时党支部书记与卫健委老师协调，顺利完成援鄂任务。完成医疗队任务回到工作岗位，继续配合医院开展针对疫情的各项防控工作。担任护理部副主任后，做好护理行政、护理质量及安全、护理教学等管理工作，完善追踪管理机制，确保护理质量持续改进，落实疫情防控常态化的管理工作。

2006年荣获市卫生局系统优秀共产党员，2013年荣获天津市妇幼卫生工作先进个人，2020年荣获天津市护理学会优秀护理工作者、天津市劳动模范、最美白衣天使、天津市人民满意的好护士。

费玉玲

费玉玲，女，1971年4月出生于天津市，中国农工民主党党员，副主任护师。1989年中专毕业于天津市塘沽卫生学校，2001年大专毕业于天津医科大学，2007年本科毕业于天津医科大学。1989-1993年工作于天津市北塘医院，1993-2007年工作于天津市塘沽杭州道医院，2001-2007年担任综合病房护士长。2007年至今工作于天津市滨海新区中医医院，2010-2015年担任特需病房护士长，2015-2018年担任总务科科长，2018年至今担任护理部主任。2018年至今担任中华中医药学会中医护理传承与创新发展共同体第一届委员会委员，2019年至今担任天津市中西医结合学会第四届护理专业委员会常务委员、天津市中医护理质量控制中心委员、天津市滨海医学会护理专业委员会委员。

她从事临床护理工作12年，护理管理工作20年，共培养助理护士长30人、专科护士29人。于2019年9月赴甘肃省张家川中医医院及医联体医院进行帮扶。2020年7月1日成立了中医特色护理门诊，开展了虎符铜砭刮痧、砭石温灸罐、太极周天灸、泥灸等19项中医护理技术。

她以第一作者发表论文12篇，代表作《系统化护理干预在2型糖尿病周围神经病变患者中的应用》《中医护理干预在糖尿病足患者足部护理的临床应用效果》《追踪法在护理管理工作检查中的应用》，分别在《护理实践与研究》《内蒙古中医药》《当代医学》发表。

她参编著作1部《中西医结合护理健康教育，促进免疫力提高》。

2007、2012年2次被评为农工党塘沽区先进党员，2019年护理团队荣获天津市滨海新区巾帼建功示范岗称号。

张彤

张彤，女，1971年4月出生于天津市，回族，中共党员，副主任护师。1991年中专毕业于天津市护士学校，1998年大专毕业于天津市卫生职工医学院，2008年本科毕业于西安交通大学，2011年赴匈牙利进修学习。1991年至今工作于天津市公安医院，1996-2007年先后任急诊科、外科监护室、泌尿外科、心内普内科、骨科护士长，2008年至今任护理部主任。2012年至今任天津市护理学会第八、九届理事会理事，2013年至今任天津市护理学会护理管理专委会委员，2015年至今任天津市中医药学会护理专委会委员，2018年至今任中华中医药学会中医护理传承与创新发展共同体西学中委员会委员。

她从事护理工作29年，任护理主任期间，她以护理质控为抓手，以护理查房、护理会诊、护理安全管控、培训考核为管理依托，实施目标管理，完成了护理病例系统、护理评估系统信息化。她参与策划重建消毒供应中心，建立“灭菌物品二级库”，实现了“集中供应”管理。她注重队伍建设及人才培养，做到了护士同工同酬，培养专科护士50余人。组织制订专科教学大纲，建立示教室，接收10余所医学院校几百名学生在院实习。她创刊《天使之窗》《护理质量简报》。在新冠肺炎疫情防控中，带领戒毒及监所分院护理团队荣获天津市政法系统先进抗疫团队。

她参与完成天津市公安局课题4项，其中“咳喘膏对支气管哮喘气道炎症作用机制的实验研究”获天津市公安局科技成果三等奖。主持“安全用药盒”等护理新技术3项，主持完成天津市优秀QC课题“提高护士洗手率”等4项。她以第一作者发表论文4篇，通讯作者3篇，代表作《ICU护士工作压力与应对》在《天津护理》发表。

1993年被评为天津市公安局青年干警业务比武技术能手，1994-2020年9次获天津市公安局个人嘉奖，2003-2013年3次荣立天津市公安局个人三等功。

肖莉

肖莉，女，1971年4月出生于天津市，中共党员，副主任护师。1991年中专毕业于天津市护士学校，1998年大专毕业于天津职工医学院，2008年本科毕业于天津医科大学。1991年工作于天津第一中心医院，2001-2004年任急诊科护士长、中西医结合科护士长、发热门诊护士长，2005年至今任感染科、发热门诊护士长。2014-2019年任天津市防痨协会第六届理事会护理专业委员会委员、天津市护理学会第七届理事会结核专业委员会委员，2019年至今任天津市防痨协会第七届理事会护理专业委员会副主任委员、天津市护理学会第八届理事会医院感染专业委员会委员。

她从事临床护理工作30年，2003年参加抗击非典医疗队支援天津传染病院。2014-2018年带领完成的两个品管圈项目、一个护理质量改善项目获得天津市护理质控中心优秀质量改善项目奖。2017年取得“优玛”伤口治疗师资格证。2020年抗击新冠肺炎疫情以来，她参与完成本院发热门诊建设，参与编写天津市发热门诊的各项管理制度、工作流程、应急预案等，自主设计研发“核酸采样间”。

她从事临床带教工作20年，以简单易懂、口诀式的形式传授院感防控经验，例如手卫生、预防针刺伤等。以临床实际案例带动临床生产实习学生、见习学生、新入职护士、感染医师培训基地轮转医师及临床药师学习的积极性。

她2001年撰写的《提高胃管插入的一次成功率》获得天津市卫生局优秀QC项目奖。以第一作者于《天津护理》发表论文《壳聚糖治疗化学性静脉炎的效果观察》，以第一完成人发明“多功能转运睡袋”“新型污医袋车”两项专利。

2010-2020年三次被评为天津市人民满意的好护士，2012年被评为天津市十佳医务工作者，2017年被评为中华护理学会杰出护理工作者，2020年被评为抗击新冠肺炎疫情全国三八红旗手。

金霞

金霞，女，1971年4月出生于天津市，中共党员，副主任护师，大校军衔。1994年毕业于中国人民解放军总后医学高等专科学校，2001年本科毕业于中国人民解放军第二军医大学函授。1994年毕业后于原解放军第254医院急诊科、ICU从事护理工作，2003年任神经外科护士长，2007年到护理部工作，历任护理部助理员、副主任职务，2012年任护理部主任。2016年任天津护理学会第八届内科护理专业委员会副主任委员，2018年任天津护理学会第九届理事会常务理事、全军血液净化专业委员会委员，2018年至今任天津护理学会第二届灾害委员会主任委员。

她从事护理工作27年，在医院护理管理、灾害救援的组织筹划、应急处置、现场救治、护理人员技能与理论培训方面积累了较丰富的工作经验，形成一整套具有军队特色的抢险救援理论体系。在天津“8.12”特大火灾事故后，她带领护理团队出色完成救援工作。2018年积极组织带领团队参加联勤保障部队实战化比武竞赛，获得个人组第二名和百名联勤能手称号。

她结合多年临床工作，申报“医用无菌输液辅料封装卡”“智能型一体化野战输液装置与方法”“具有稳流泡装置的智能型输液器”申报3项国家发明及实用专利，发表临床护理学术论文国家级和省级共16篇。主编《老年人照料护理手册》《实用老年家庭护理操作指南》《临床内科常见病诊护与用药》，副主编《护士长管理一本通》，参编《常见外科疾病危重症救治与诊疗技术》。

1996、2009年分别荣立三等功，2007年护理部荣立集体三等功，2012年被评为军区优秀护士。

权月

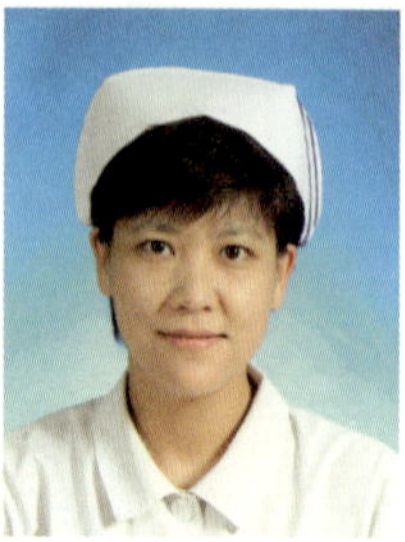

权月，女，971年6月出生于天津市，中共党员，主任护师。1991年大专毕业于天津市中医药职业中等专业学校，2011年本科毕业于西安交通大学。1991年至今工作于天津市第三中心医院，2003-2013年任肝胆外科护士长，2013年至今任外科科护士长。2013-2019年任天津市护理学会静脉治疗专业委员会副主任委员，2017年至今任中华护理学会静脉输液治疗专业委员会专家库成员，2018年至今任天津市护理学会第九届理事会理事及外科专业委员会副主任委员。

2005年管理病区成为“无陪伴”示范病区。担任科护士长以来，负责临床护教研、管理及全院专科小组工作，特别是静脉治疗专科管理，建立制度、组建团队、起草标准等。2018年她前往甘肃省甘南藏族自治州迭部县人民医院、合作市人民医院进行对口帮扶，指导临床护理工作。

2018年她主持完成天津市护理学会科研课题“老年患者腹部手术前衰弱状况调查及集束化干预策略研究”及2020年天津市卫生健康科技项目“老年手术衰弱患者全程智慧化管理模型建立及应用研究”，于2019年完成“用于老年术后患者早期下床活动的多功能助行器”和“一种肢体伤口冲洗换药用支架装置”国家实用新型专利2项，参编著作1部，以第一作者发表论文2篇，分别为《中华护理杂志》的《天津市4所三级甲等医院护理人员综合服务效率的调查研究》和《中国实用护理杂志》的《PAD集束干预策略对预防机械通气患者谵妄的效果研究》。

1995年被评为天津市优秀护理工作者，1996年获天津市总工会“八五”立功奖章，1998年获天津市总工会“九五”立功奖章，2004年被评为天津市卫生局青年岗位能手、天津市“十五”立功先进个人，2007年获天津市五一劳动奖章，2010年度被评为天津市人民满意的好护士、天津市卫生系统优秀护理服务示范工程先进个人，2012年度被评为全国医药卫生系统创先争优活动先进个人。

狄红月

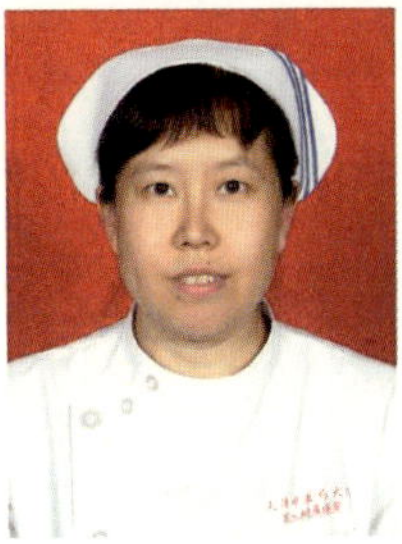

狄红月，女，1971年7月出生于天津市，中共党员，主任护师，硕士生导师。1995年本科毕业于天津医科大学，毕业后进入天津中医药大学第二附属医院工作。2000-2007年先后任脑病科、呼吸科护士长，2008-2019年任护理部主任。2018年任天津市护理学会第九届理事会常务理事，2006年至今任天津市护理学会中医、中西医结合专业委员会副主任委员。

她从事临床护理工作20余年，成立全院陪送陪检队伍，完成患者检查统一管理，带领全院积极开展“检查前后、手术前后、入院、出院温馨提示”的“四卡”和护士送患者出院的“一送”服务，提高患者满意度。推进护理信息化建设，2019年引进护理管理系统、移动护理系统、PDA、护理白板，助力提升优质护理内涵。

她从事护理教育工作26年，作为天津中医药大学硕士生导师，共培养3名研究生。任护理部主任期间，2015年外科被评为优玛天津伤口学校专科护士培训基地，至今已培养出来自全国各地24名国际伤口治疗师，2019年评为天津国际造口治疗师学校临床实习基地，培养国际造口治疗师6名。2018年7个科室获批为天津市中医医院新入职护士培训基地，承担天津市各中医医院新入职护士培训工作。

她在中文核心期刊发表论文5篇，其中在《天津中医药》发表论文《基于生存分析的中医护理干预对留置针并发症的疗效观察》，在《天津护理》发表论文《中医院护士职业发展的影响因素及管理对策》。2013年承担“应用奥马哈系统构建COPD中医康复护理方案”局级课题一项，2014年“一次性膝关节固定器”获实用新型专利一项。

2010、2012年连续荣获天津市卫生行业第一、二届人民满意的好护士称号，2013年获天津市五一劳动奖章。

吴晓云

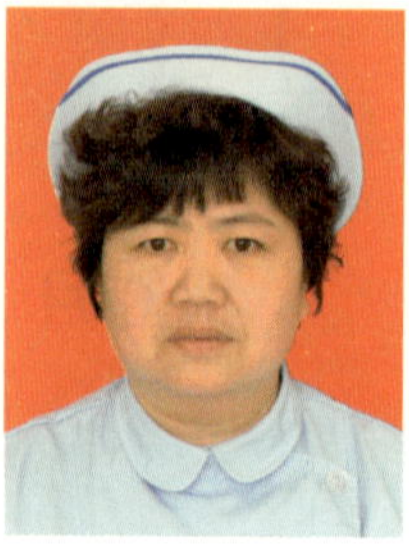

吴晓云，女，1971年8月出生于天津市西青区，中共党员，副主任护师，1996年本科毕业于天津医科大学护理系，1996年至今工作于天津市西青医院，2000-2014年任内科护士长，2015-2019年任急诊科护士长，2019年至今担任护理部主任。2015年担任天津市护理学会灾害专业委员会委员，2016年担任中国中西医结合骨科专业委员会委员，2018年担任天津市护理学会急诊专业委员会委员，2019年担任天津市抗衰老协会第一届痛风与核酸代谢专业委员会委员，2020年担任中国公众心肺复苏培训中心导师。

她从事临床护理工作13年。1996-2019年从事内科、急诊临床护理及管理工作。2011年组织创建西青医院优质护理试点病房，并在急诊参与胸痛中心、卒中中心、急创中心建设，曾主持数十次多发伤、重大事件的应急处置，并组建了医院的动物咬伤门诊。

2019年至今担任护理部主任，2020年新冠疫情爆发，筹建发热门诊及感染性疾病科住院病房，收治新冠肺炎疑似患者，组织全院护理人员培训新冠防控知识及防护技能。疫情防控期间督导发热门诊及感控各项工作，2020年西青医院发热门诊被评为天津市模范集体。2020年她完善护理管理体系，成立院科两级护理质量控制组织。

她从事临床教学工作18年，制订实习人员规章制度，制定医院《老年护理专业护士培训工作方案》 推动医院老年护理专业队伍建设。

她主持完成西青卫生技术引进填补空白5项。以第一作者发表论文4篇，2020年在《护理实践与研究》发表论文《脑卒中患者的照顾者社会支持与心理弹性、应对方式相关性分析》，2011年在《护理研究》发表论文“91例糖尿病病人使用胰岛素笔式注射器相关情况调查”。

王晶

王晶，女，1971年8月出生于天津市，中共党员，副主任护师，天津中医药大学硕士生导师。1990年中专毕业于天津中医学院，1999年大专毕业于天津职工医学院，2009年本科毕业于天津中医药大学。1990-1992年工作于天津中医学院第二附属医院。1992年至今工作于天津中医药大学第一附属医院，2000-2007年任护士长，2008-2018年任科护士长，2018年至今任护理部副主任。2018年至今任中华护理学会第二十七届理事会外科护理专业委员会专家库成员、天津市中西医结合学会护理专业委员会副主任委员、天津护理学会外科专业委员会委员。

她从事临床护理工作30年，致力于中医、中西医结合外科护理工作，承担天津中医药大学护理专业授课12年，长期负责医院护理教学管理及护理人才培养和梯队建设工作。自2008年至今，承担天津中医药大学本科生外科护理学、内科护理学、护理临床思维训练教学任务，2015年被聘为天津中医药大学硕士生导师，培养研究生2名。

她2013年参与局级科研项目“地榆油护理法对预防ICU患者腹泻所致肛周皮肤损伤的研究”，并获得天津市科学技术成果奖，2019年参与天津市中医药管理局中医中西医结合科研课题“中药外用辨证施护减轻肿瘤化疗后静脉反应的临床研究”。发表核心期刊论文3篇。

2018年被评为天津市卫生行业第五届人民满意的好护士。

宋丽萍

宋丽萍，女，1971年10月出生于黑龙江省双城市，中共党员，副主任护师。1990年大专毕业于空军吉林医学高等专科学校。1990年至今工作于空军天津医院（1994年更名为解放军第四六四医院，2005年更名为北京军区天津疗养院医疗区，2019年更名为联勤保障部队天津康复疗养中心健康管理部），2003-2006年任麻醉科护士长，2006-2011年任疗养一科护士长，2011-2012年任医务处副主任，2012-2019年任护理部主任，2019-2021年任医护处副处长，2021年至今任健康管理部副主任。2008年任天津市南开区第五届青联委员、常委、副主任委员，2012年至今任南开区第十四、十五届政协委员，2016年至今任全军第十届护理学专业委员会手术室护理学组委员，2017年至今任全军第十届疗养医学专业委会护理分会副主任委员，2018年任天津市护理学会理事会第九届理事会常务理事，2015-2020年任天津市护理学会灾害护理专业委员会副主任委员，2018年任中华护理学会灾害护理专业委员会委员。

她从事护理管理工作近20年，选派骨干参加“战伤战术救治训练培训”“DTLS技术培训”“灾害与创伤生命支持课程”，将各科室编入应急保障力量，按纲施训，以提高护理人员整体应急保障能力水平。她带领天津康复疗养中心与天津市护理学会、护理质控中心、地方三甲医院形成互学联盟，共培养军地专科护士100余名，参加各类学术活动及交流学习150余人次。她曾受命担任“9.3”阅兵老兵方队生活护理大队副大队长，参与制订阅兵保障方案，利用三天时间将来自10家单位的160名医护人员进行集中保障培训，人人达到“四个一口清”，完成了国家和人民赋予的抗战老兵保障任务，实现了“服务零失误、救治零延误、参阅零减员”的要求。2015年她被阅兵指挥部授予阅兵优秀指挥员称号，2017年她带领护理部荣立集体三等功。

2020年新冠疫情期间她带领护理团队组建发热门诊，经南开区政协推荐，她的抗疫日记收录到《天津文史资料选辑》中，她撰写的《护理部运用桌面推演促进疫情期间有序转运病人的作用》获得全军护理学术年会优秀论文三等奖。

她主研全军十三五科研课题“综合疗养护理干预改善潜艇官兵睡眠质量的应用效果研究”，取得联勤保障部队成果鉴定。参编著作3部，《图说老年健康指南》《军人绘画心理分析与治疗手册》《临床常用护理技术与操作规范》分别在金盾出版社、人民卫生出版社、科学技术文献出版社出版。以第一作者发表论文11篇，通讯作者发表论文3篇，代表作《标准化疗养护理管理模式对持续提升护理质量的实践与效果分析》《利用战救训练模式培训灾害护理救援技术的效果分析》分别在《护理管理杂志》《实用护理杂志》发表。

她于2004和2008年2次荣立个人二等功，2015、2016和2020年3次获得嘉奖，2017年被国家卫生和计划生育委员会办公厅、国家中医药管理局办公室、中央军委后勤保障部卫生局评为全国优质护理服务表现突出护士，2018年和2019年被评为郑州联勤保障中心优秀护士。

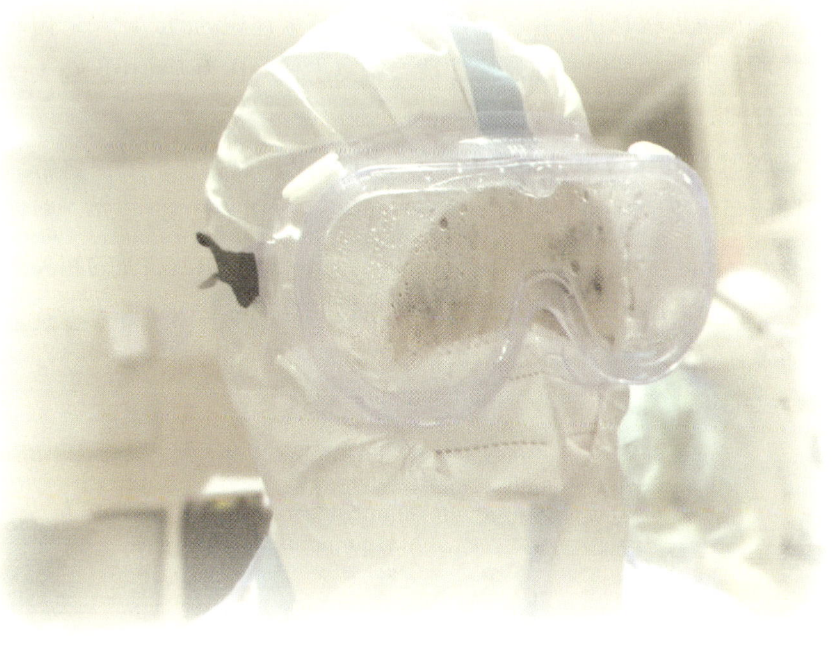

孙鸿雁

孙鸿雁，女，1971年12月出生于天津市，副主任护师，硕士生导师。1995年本科毕业于天津医科大学，毕业后在天津中医药大学第二附属医院工作，1996年任脑系科护士长，2002年任护理部副主任，2004-2008年任护理部主任。2006年任天津市护理学会第七届理事会理事，2008年任《天津护理》杂志编委，2009年受聘为天津医学高等专科学校特聘教师，2012年受聘为天津中医药大学硕士生导师。

她从事临床护理工作10余年，2003年SARS期间带护理队伍整建制接管天津市海河医院第五病区。2004-2008年担任护理部主任期间，建立健全医院护理质量控制体系和临床护理技术会诊体系。成立医院护理质控组设立专职质控组长，组建医院静脉治疗组和伤口换药组，组织培训、交流和院内会诊。

她从事护理教育工作25年，2004年创建天津中医药大学第二附属医院护理实训教学基地，并兼任护理教研室主任。作为天津中医药大学硕士生导师，共培养2名研究生。

2007年她作为第二完成人参与天津市卫生局课题“‘护肩带’用于预防卒中患者肩关节脱位的临床观察”。发表论文3篇，在《护理学杂志》发表论文《首发脑卒中患者跌倒恐惧状况与生活质量的相关性研究》，在《天津护理》发表论文《艾条灸联合穴位贴敷对脾胃虚寒型胃脘痛患者的效果分析》《浅淡中医院在护理管理中的问题与对策》。

2003年获天津市抗击非典先进个人称号。

胡芳

胡芳，女，1971年12月出生于天津市，主任护师，中共党员、中国民主建国会会员，硕士生导师。1995年本科毕业于天津医科大学，2003年毕业于天津医科大学获得硕士研究生、医学学位。1995年至今工作于天津医科大学总医院，2015年至今任天津医科大学总医院护理部副主任，2018年至今任医院住院服务中心主任，2020年至今任医院互联网医院护理部部长。2018年至今任中华护理学会第27届理事会伤口造口失禁护理专业委员会委员、天津市医学会肠外肠内营养学分会第三届委员会委员，2019年至今任天津市护理学会第三届伤口造口失禁专业委员会名誉主任委员，2013-2019年任天津市护理学会第八届理事会伤口造口失禁专业委员会主任委员，2016-2019年任中华医学会肠内肠外营养学会第四届护理学组委员，2018年任天津市护理学会第九届理事会理事。担任《中华现代护理杂志》第二届编辑委员会特约编委、《中华护理杂志》第十届编委会编委、《中国中西医结合外科杂志》编委。

她从事临床护理及护理管理工作20余年，主要研究伤口、造口、失禁护理，肠内肠外营养护理以及静脉治疗护理。作为国际造口治疗（ET），开设医院第一个护理造口门诊，带领医院营养小组获得中华医学会肠外肠内营养学分会下发的全国首批优秀营养小组，建立医护团队，为PICC、输液港严重并发症患者提供治疗及护理。通过住院服务中心为就诊人员提供一站式智能办理服务，负责互联网医院网约护士居家服务。

她在担任天津市护理学会伤口、造口、失禁专业委员会名誉主任委员期间，开展专委会临床实践交流、基础理论培训以及护理新技术、新理论培训国家继续教育培训班，同时担任中国爱心公益天津市护理学会分站站长，长期深入基层进行社会实践及公益服务。

她在普通外科从事临床本科生教学工作近10年，2007年任天津医科大学硕士生导师，指导28名研究生完成硕士毕业论文，同时任天津国际造口治疗师学校特聘教师。

她参与国家自然科学青年科学基金项目2018年“胰岛素基因突变的新位点影响β细胞功能的机制研究”和天津市社会组织公益创投项目1项，主持“天津市机构养老护理服务现况调查”天津市科技团体决策咨询项目1项，参与1项社区居家养老护理服务体系与服务质量评估标准研究，获国家发明专利6项。作为第一作者发表文章9篇，其中2014年和2015年在《中华现代护理杂志》分别发表《肠造口患者初期不同阶段生活质量调查及影响因素分析》及《不同阶段永久性肠造口患者照顾者生活质量及影响因素分析》。作为通讯作者发表文章39篇，参编《器官移植护理学》《全国县级医院系列实用手册》系列书之《外科护理手册》《临床营养护理指南——肠内营养部分（第2版）》。

2014年荣获天津市五一劳动奖章、天津市人民满意的好护士称号，2015、2019年荣获民建天津市委会直属工委年度优秀会员，2016年荣获民建天津市委会直属工委十佳会员。

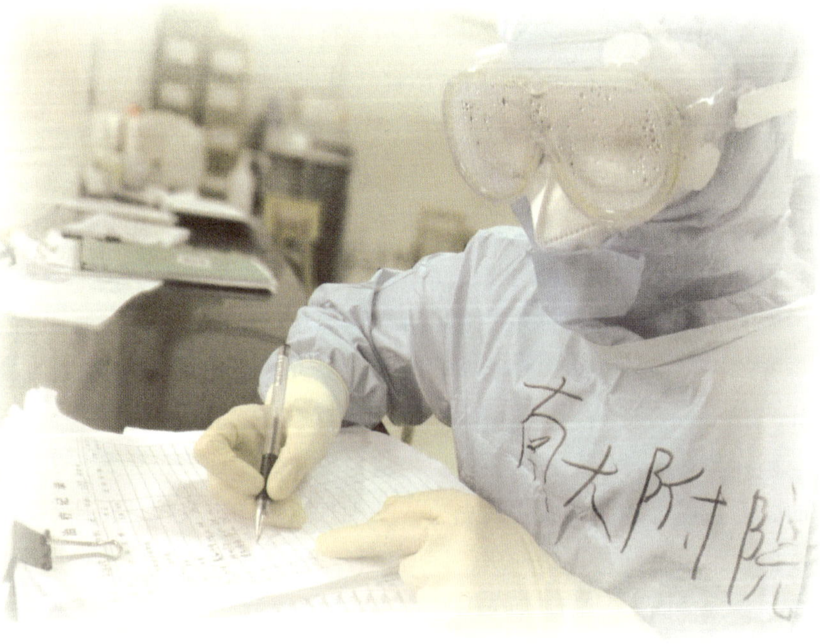

侯四方

侯四方，女，1972年1月出生于天津市，中共党员，副主任护师。1991年中专毕业于天津市武清卫生学校，1998年取得高等自学考试专科学历，2010年本科毕业于天津医科大学。1991年至今工作于天津市宁河区中医医院，2009年至今担任护理部主任。2014至今担任天津市中西医结合学会护理专业委员会两届委员，2015年至今担任天津市中医药学会护理专业委员会两届委员，2018年至今担任天津市护理学会第九届理事，2019年至今担任天津市中医护理质控量控制中心委员。

她从事临床护理14年，从事护理管理工作16年。她重视护理质量管理，坚持“以病人为中心”的理念，注重护理人才培养，积极鼓励护理人员自修学历教育，根据专科护理发展需要培养专科护士。

她推进中医护理工作扎实开展，组织制订并完善中医护理常规及技术操作规范等，组织中医护理质量查房，组织全院各级护理人员的中医护理培训，运用中医基础理论和中医专病专科护理常规，开展辨证施护措施，开展中医特色针对性健康教育。

2009至2010年在《现代临床护理》杂志发表论文《穴位按摩对腹部手术患者肠蠕动恢复效果观察》，在《中国中医急症》发表论文《55例高龄胆囊切除患者围手术期护理》，2015年参编《常用临床中医护理技术操作手册》。

阎玲

阎玲，女，972年1月出生于天津市，中共党员，副主任护师，天津医科大学及天津中医药大学硕士生导师。1995年本科毕业于天津医科大学护理学院，2008年获天津医科大学硕士学位。1995年就职于天津市肿瘤医院，2001年任教学护士长，2005年任护理部主任助理，2014年任护理部副主任。2017年至今担任天津医科大学护理学专业教学指导委员会委员，2018年至今任中国抗癌协会肿瘤护理专业委员会委员、《循证护理》杂志编委会委员、天津市护理学会第九届理事会理事，2019年至今任天津市护理学会教育委员委员、中华护理学会教育委员会委员。

她自2001年担任教学护士长以来，从事肿瘤临床护理教育工作20余年，致力于护生肿瘤临床护理人文关怀素质教育体系的构建，肿瘤护理专业各层级护士的系统化培训，教学护士带教管理能力培养等。探索新型护理教学管理模式，培养临床护理教学人才。承担天津医科大学研究生院《循证护理》、天津中医药大学研究生《临床护理新进展》课程和天津市护理学会继续教育授课等任务，传播肿瘤护理信息及护理教学经验。

在护理科研方面，2012年作为硕士生导师，至今培养研究生10届共16人。主持并参与完成局级课题3项，2015年主持完成天津市卫健委“基于免疫机制下肺癌放疗患者病感症状群分析及护理干预”项目。以第一作者及通讯作者发表论文近40篇，其中以通讯作者于2019年在《The Journal of Nursing Research》、2020年在《Oncology Nurse Society》发表SCI论文2篇。参编著作3部，包括《医院护理管理规范及质量考核标准》《肿瘤护理学》和《循证实践-癌症症状控制指南手册》。

程秀玲

程秀玲，女，1972年1月出生于天津市，中共党员，主任护师。

1996年本科毕业于天津医科大学，2007年硕士毕业于天津医科大学。1996年至今工作于天津市第五中心医院，2009-2013年担任重症医学科护士长，2013-2017年担任护理部副主任，2017年至今任护理部主任。2018年至今任中华护理学会护理管理专委会专家库成员、天津市护理学会第九届理事会常务理事。

她从事护理管理工作12年，2017年确立以目标为导向的管理思维，注重完善计划、落实及过程督导，培养护士长多元化角色。2018年在全院37个病种开展“一病一品”项目，并逐步拓展。她倡导应用科学的方法对护理核心指标进行数据分析，抓薄弱环节管理，2019-2020年完成“跌倒”和“留置尿管期间泌尿系感染发生率”两项指标的持续改进，并开展“无陪伴病房”试点，成立“护理质量管理委员会”。2018-2020年，完成护理管理及护理移动系统信息化，规范护士层级管理和教学师资培养，遴选30余名护理人才，完善专业组建设。

新冠疫情期间，她带队完成天津港、中心渔港冷链物流区等重点行业人群核酸采样5000余人，随着疫情的变化，组织完成滨海新区大筛7万余人，隔离点、瞰海轩小区、汉沽街人员筛查4000余人，组织护理人员配合滨海新区完成疫苗接种工作。

她以第一作者发表论文3篇，通讯作者1篇。代表作《应用最小漏气法确定人工气道气囊压的临床研究》《中心静脉导管与压力传感器之间加入三通接头对中心静脉压数值的影响》，均在《中华危重病急救医学杂志》发表。她主持天津市滨海新区卫生健康委科技项目1项“气管插管套囊压力与呼吸机最小漏气量之间关系的研究”。参与天津市卫健委课题6项，包括“经桡动脉与经股动脉脉搏轮廓连续心排量监测参数对照研究”和“分侧肺机械通气治疗严重非对称性肺疾病的临床研究”等。

李广霞

李广霞，女，1972年1月出生于天津市，主管护师，中国民主同盟委员。1990年中专毕业于天津市武清卫生学校。2002年大专毕业于天津医科大学。1990年至今工作于天津市北辰医院，2007-2011年任供应室护士长，2011-2013年任妇产科护士长，2014-2016年任护理部主任。2016年7月至12月赴西藏昌都市丁青县人民医院执行援藏工作，2016-2018年任天津市护理学会第八届妇产科护理专业委员会委员。

她从事临床护理工作26年，自担任护理部主任以来，以优质护理为契机，延伸优质护理服务内涵，注重护理人员专业技能提高。她注重深化优质护理服务，优质示范病房开展率达100%；实行护理岗位管理，完善以岗位责任制为中心的护理工作制度，开展责任制整体护理；切实加强护理管理，规范护理服务，落实护理工作，夯实基础护理。她注重专科护士培养，组织开设PICC换药门诊、糖尿病专科特色门诊。促进护理管理逐步向信息化转型，实现PDA手持机助力临床护理工作。深入科室指导检查护理工作，完善各项护理规章制度，变被动管理为目标管理。

2007年于《山西医学教育》杂志发表论文《腹腔镜下子宫切除术的围手术期护理》；2015年完成“关节镜下前交叉韧带重建术患者的标准化护理”项目填补北辰区卫生系统引进新技术填补区空白。

2016年荣获丁青县人民医院优秀工作者。

孙培芳

孙培芳，女，1972年出生于山东省东平县，中共党员，副主任护师。1991年中专毕业于大港油田职工卫生学校，2002年取得天津医科大学专科学历。2010年取得西安交通大学本科学历。1991年毕业后分配到大港油田职工卫生学校任教，于1994年调入大港油田职工总医院内科，1999年任内科病房护士长，2002年任护理部科护士长，2004年至今任天津海滨人民医院（原大港油田总医院）护理部主任。2012年至今兼任天津海滨人民医院院长助理。2006-2017年任天津市护理学会第七届、第八届理事会理事，2018年任天津市护理学会第九届理事会常务理事，2018年任中华护理学会第二十七届理事会社区护理专业委员会专家库成员，2019年任天津市护理学会护理管理专业委员会委员，2019年任首届中国研究型医院学会护理教育专业委员会委员。

她自2004年担任护理部主任以来，建立健全"护理工作管理办法"等60余项制度，规范了护理管理。加强护理信息化建设，2010年组织学习研发RFID信息化系统，依托信息化管理系统，实现患者身份识别、器械包追踪、血袋输用管理，落实了患者安全的目标。系统上线后吸引了全国各地医院来院参观，全年接待了来自卫生部医疗服务专业委员会、外省市、天津市卫生局、医院协会等领导参观13次，人数达150余人次，进行情景模拟演示4次。她推动新学科发展，2012年筹建ICU病区。2014年筹建肿瘤病区，规范肿瘤病人护理。2015年筹建家庭化产房，为创建母婴友好示范医院奠定了基础。2019年筹建康养病区，为创建医养结合示范医院奠定了基础。2018年7月申请加入国家质量平台，2019年1月正式开始上报数据。

她注重护理人才培养和继续教育，2014年被渤海石油职业学院授予"优秀实习指导教师"称号。她注重加强护士队伍建设，培养护理专科护士人数153名，开展护理骨干培训班3期，培养90余名护理骨干。她推动海滨人民院伤口造口、静疗专业的发展，开设相应护理门诊。2015年带领海滨人民医院申请获批天津市造口学校专科护士实习临床教学基地，培养全国各地学员36名。2018年获批为天津市优玛伤口学校专科护士实习临床教学基地，培养学员8名。

她重视护理科研工作，发表护理相关学术论文9篇，2009年在《护理管理》发表论文《综合干预对急诊科护士心理健康状况的影响》，2012年在《护理实践与研究》发表论文《压疮预防路径表在神经内科应用的态势分析》。2010-2013年“提高医护人员培训质量”等6项质量改善项目被评为天津市优秀成果，2010年“基于射频识别RFID的血袋输用系统”等三项专利获得国家专利局授予的省部级三等奖。

她作为学科带头人响应和支持国家健康扶贫任务，与青海省黄南州河南县人民医院建立护理帮扶合作，开展调研和培训，选派优秀科护士长到青海省黄南州河南县人民医院精准帮扶，使该院护理管理和新技术开展取得一定成效。2004年被天津市人民政府评为天津市优秀护理工作者。

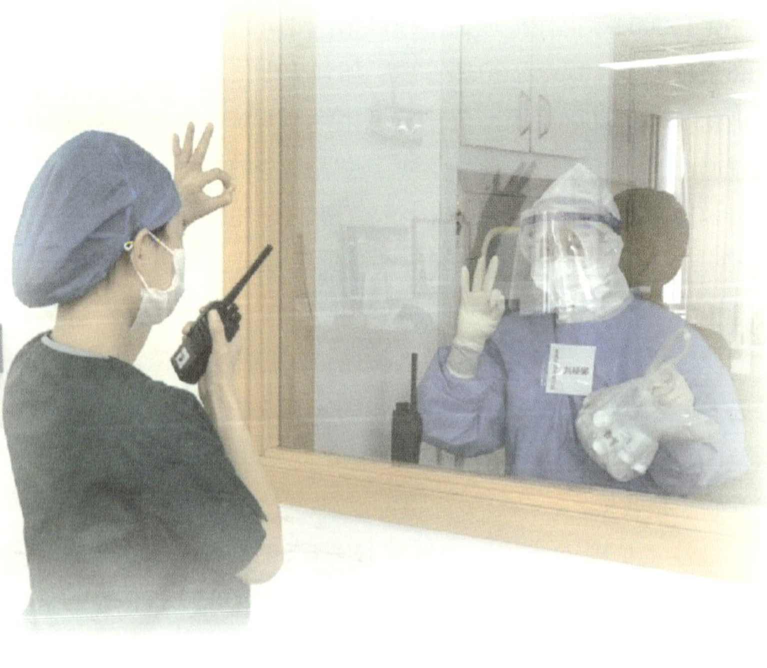

窦佩娥

窦佩娥，女，1972年7月出生于天津市，中共党员，副主任护师。1991年中专毕业于天津市武清卫生学校，1999年取得天津医科大学专科学历，2009年取得天津医科大学本科学历。1991年至今工作于天津市滨海新区大港医院。2002-2009年任内三科护士长、外三科护士长，2009-2017年任护理部主任助理，2017年至今先后任护理部负责人、副主任。2018年至今担任天津市护理学会理事会常务理事，2019年担任天津市护理学会护理管理专业委员会委员，2013、2016年担任天津市护理学会外科专业委员会委员，2014-2020年担任天津市医学会心身医学分会护理学组成员。

她从事护理工作30年，多次参加应急救援工作。2008年汶川地震，她参加抗震医疗队，随天津市抗震医疗救护队第七小队第一时间赶赴灾区，她和医疗队员们坚守30余天，圆满完成各项任务。2020年11月，在滨海新区抗击新冠肺炎疫情阻击战中，她投身250万人的“滨城大筛”全员核酸检测任务，带领团队在风雪严寒中承担起天津外国语大学、南开大学滨海学院、大港世纪广场等大型点位的筛查任务。

她从事护理管理工作19年。2017年首次推行院内护士长轮岗制度。2019年在全院实施护士长后备人才竞争选拔，建立起护士长后备人才库，选送护士长、护理骨干参加国家级、市级专科护士培训及各种学术会议，培养了国际伤口治疗师、国际造口治疗师、PICC资质护士、静脉治疗专科护士等，使医院护理专业实力不断提升。

2010年在《中华临床医学实践杂志》发表综述《重型颅脑损伤患者观察与护理进展》，2013年在《吉林医学》发表论文《PDCA循环法在标本治疗管理中的应用》。

2008年，在天津市卫生行业支援四川抗震救灾工作中被评为先进个人、天津市抗震救灾优秀共产党员，荣获天津市五一劳动奖章。2009年荣获天津市三八红旗手、全国卫生系统护理专业巾帼建功标兵称号。

王晓萍

王晓萍，女，1972年10月出生于天津市，中共党员，主任护师，天津医科大学硕士生导师。1992年中专毕业于天津市护士学校，1997年大专毕业于天津医科大学，2004年本科毕业于天津医科大学，2012年毕业于天津医科大学，硕士学位。1992年至今工作于天津市第三中心医院，2003-2010年任ICU护士长，2011年至今任护理部副主任。2012年至今任天津市护理学会理事会理事，2013年至今任天津市护理学会内科护理专委会副主任委员，2017年至今任中华护理学会第二十七届内科护理专委会委员，2020年至今任中国医院协会第三届护理专业委员会委员、天津市医学会医疗损害（事故）鉴定专家库成员。同时担任《天津护理》杂志编委。

从事临床护理17年，以危重症患者护理为主要研究方向，善于机械通气患者呼吸道管理、血流动力学监测、危重患者急救配合等。从事护理管理12年，配合护理部主任建立健全各项规章制度、护理常规和操作常规，加强护士规范化培训，使护理工作达到了制度化、规范化、科学化。不断创新管理方法，精准施策，拓宽以临床护理服务水平为导向的护士职业发展路径。在29年的临床护理及护理管理工作中，参与医院国家临床重点专科及天津市重点学科建设，助力护理团队获得了全国优质护理服务、表现突出医院等多项殊荣。

2003年“非典”疫情期间深入红区。2018年亲自带队前往新疆进行柔性帮扶，梳理护理质量管理架构体系，协助开设首个专科护士门诊等，并接收护理管理人员进修学习形成长效帮扶机制。2020年的新冠疫情，参与组织制订防控方案，建立健全制度流程，强化人员培训等工作，圆满完成了护理部在医院整体护理与感染防控中的工作任务。

在护理科研方面，主持参与科研课题7项，2014年主持完成天津市卫生局课题“PAD集束干预策略对预防机械通气患者谵妄的应用研究”。参编著作3部，为2018年人民卫生出版社的《新入职护士常见疾病护理常规—内科常见疾病护理常规》、2019年中国医药科技出版社的《无陪伴优质护理服务》、2020年天津科技翻译出版有限公司的《新冠肺炎疫情下综合医院防控及救治体系建设》。在核心期刊发表学术论文8篇，《传统吸痰法与密闭式吸痰方式的临床比较》《自锁式气管插管固定器的临床应用》《无陪护住院患者深静脉血栓形成预防评估系统的建立》分别于2004、2007、2014年发表于《中国实用护理杂志》，《预防呼吸机相关性肺炎性集束化干预策略的研究现状》《无陪护病房患者安全护理评价指标体系的建立》分别于2015、2016年发表于《中华护理杂志》。参与发明国家专利4项。

孙艳玲

孙艳玲，女，1972年12月出生于天津，中共党员，主任护师。1996年本科毕业于天津医科大学，1996-2006年工作于天津天和医院，2003-2006年任内科系科护士长，2006年至今工作于天津市泰达医院，2006-2011年任总护士长，2011-2020年6月兼任门办主任，2020年至今任护理部主任。2018年至今任中华护理学会门诊专业委员会委员、天津市护理学会第九届理事会理事，2013年至今任天津市护理学会精神卫生专业委员会副主任委员、主任委员。

她从事临床护理及护理管理工作24年，2003年非典疫情期间，赴海河医院工作一个月，被评为共青团中央全国防治非典型肺炎工作优秀团干部，中共天津市委员会、天津市人民政府抗击非典先进个人。2008年作为泰达医院抗震救灾医疗队队长，赴四川大学华西医院ICU参加救治，荣获天津市五一劳动奖章，被评为天津市卫生局卫生行业支援四川抗震救灾工作先进个人。

她从事护理教学工作18年，2003-2020年4次被评为天津中医药大学优秀教师，6次被评为天津医学高等专科学校优秀教师。

她以第一作者发表论文7篇，代表作《ICU患者非计划性拔管的原因分析与防范措施》《浅谈护理管理中的关键点控制》，分别在《天津护理》《当代护士》发表。参编著作2部，《护理技术标准操作规程及流程》《急救护理》分别在人民卫生出版社、高等教育出版社出版。参与天津市护理学会课题3项，“构建预防呼吸机相关性肺炎的人工气道管理及干预效果研究”等，参与天津市教育科学“十一五”规划重点课题1项“护理专业涉外人才培养模式的研究与实践”，参与天津市滨海新区卫生计生委科技项目（重点支持项目）1项“基于微误吸-预防呼吸机相关性肺炎人工气道管理方案的构建及应用研究”。

米颖

米颖，女，1977年3月出生于天津市，中共预备党员，主任护师。1997年中专毕业于天津市护士学校，2004年本科毕业于中国协和医科大学。1997年至今工作于天津市第一中心医院，2007年至今任重症监护室护士长、血管外科护士长。2008-2016年任天津市护理学会ICU专业委员会委员，2017年至今任天津市心理学会护理心理学专委会委员，2019年至今任中国成人教育协会医学继续教育专业委员会外科护理学术委员会委员、国际血管联盟中国分部护理专业委员会委员。

她从事临床护理工作9年、护理管理工作14年。设立ICU专职宣教护士的医护患沟通模式。完善ICU多项护理评估工具、VAP集束化管理，以及警示标示等安全管理。成立院内VTE护理小组，提高全院VTE防控意识。

2020年2月9日她随天津市第五批援鄂医疗队驰援武汉，临时任命为江岸方舱医院护理部主任，主编《江岸方舱医院护理管理手册》，主动承担首次核酸采集工作，制订江岸方舱医院核酸采集管理制度及操作流程，江岸方舱医院26天成功关舱。3月7日继续支援武汉协和西院重症病房，历经52天圆满完成抗疫任务。

她从事临床教学工作多年，举办5次天津市危重症护理继续教育培训，培训ICU专科护士100余人。

她发表论文2篇，护理综述1篇，于《天津护理》发表《ICU专职宣教护士对降低患者家属焦虑水平的影响》及《两种不同湿化方式氧疗对有创机械通气患者脱机的效果观察》，于《中国城乡企业卫生》发表《整体护理在脑栓塞护理中的应用》。参与课题研究成果1项，参与引进新技术填补空白4项，完成“折叠式紫外线遮挡架”“显露足背和脚趾的适足鞋”等专利6项。主编《ICU护士手册》。

2020年被评为抗击新冠病毒疫情天津市三八红旗手、中华护理学会杰出护理工作者、天津市劳动模范和第六届天津市人民满意的好护士。

白爱萍

白爱萍，女，1973年4月出生于天津市，中共党员，主管护师。1992年中专毕业于蓟县卫生学校助产士专业，2001年大专毕业于天津市职工医学院临床医学专业，2006年大专毕业于天津医科大学护理学专业，2011年本科毕业于西安交通大学护理学专业。2014年至今担任宝坻区妇产医院护理部主任，2019年担任天津市护理学会妇科专业委员会委员。

自1992年毕业以来，她一直工作在临床护理工作的第一线。2011年在产科病房主持开展床旁护理，以示范教学的形式进行母乳喂养、产后康复体操、术后肢体功能锻炼等指导。2012年11月创建了宝坻区第一家规范化培训的孕妇学校。2013年在各级领导的支持下在宝坻区率先开设了妊娠期糖尿病患者的一日门诊，对妊娠期糖尿病的孕妇实施系统规范管理，有效减少了妊娠期糖尿病给母婴带来的危害。2014年从欧洲学习回来，以人文关怀为主导，优化妇产科门诊的就诊流程，不断提升患者的就医感受。

2014年10月至今她共带教培养年轻护士长6名，外派9名护士参加专科培训，组织护理人员参加市区各级护理急救技术竞赛，共取得各种奖项14个。

2013年被评为天津市妇幼卫生先进个人，2016年被评为第四届天津市人民满意的好护士，2020年11月被评为宝坻区抗击新冠疫情优秀共产党员。

韩红梅

韩红梅，女，1973年6月出生于天津市，中共党员，副主任护师，天津中医药大学护理学院专业学位硕士生导师。1997年本科毕业于天津医科大学护理学院。1997年至今工作于天津中医药大学第一附属医院，2003年至今任科护士长。2001-2006年任天津市护理学会第六届理事会社区专业委员会秘书，2006-2013年任天津市护理学会第七届理事会静脉输液专业委员会委员，2013-2019年任天津市护理学会肿瘤护理专业委员会副主任委员，2018年至今任中华护理学会第二十七届理事会门诊护理专业委员会专家库成员，2019年至今任天津市护理学会门急诊专业委员会副主任委员、天津市护理学会第九届理事会理事。同时任《中西医结合肿瘤学》编委。

她从事临床护理工作20余年，致力于危重症、门急诊护理，2012-2020年承担天津中医药大学内科护理学及急救护理学授课任务。2019年出访匈牙利塞梅尔维斯卫生科学院进行临床护理管理研修，2015年聘为天津中医药大学硕士生导师，培养硕士研究生4名。

2013年参与完成院级课题“地榆油护理法对预防ICU患者腹泻所致肛周皮肤损伤的研究”取得天津市科技成果。以第一作者发表论文1篇，以通讯作者发表期刊论文4篇，2016年在《全科护理》发表论文《重症监护室管路滑脱相关因素及护理干预的研究现状》。

2003年被评为天津市抗击非典先进个人，2012年被评为天津市卫生行业第二届人民满意的好护士，2020年被评为新冠肺炎疫情防控工作天津市三八红旗手。

卞翔

卞翔，女，1973年8月出生于天津市，回族，中共党员，副主任护师。1993年中专毕业于天津市护士学校，1997年大专毕业于天津医科大学，2009年本科毕业于天津中医药大学。1993工作于天津市黄河医院，2007-2010年任外科护士长。2010年调入天津市水阁医院，2011年至今任护理部主任。2013年至今任天津市护理学会妇产科专委会委员，2018年至今任天津市护理学会第九届理事会理事。

2011年水阁医院迁至新址，当时南开区卫生局对医院发展定位是精品专科医院。她带领护理骨干查阅国外分娩相关研究，考察我国南方沿海发达城市分娩模式，调研20-40岁育龄人群对分娩的需求，引进国际先进的“待产-分娩-产后康复”为一体的陪伴式分娩（LDRP）项目，打造家庭化产科监护中心，成为天津市第一家开展此分娩模式的公立医院。她建立国际泌乳指导的理论知识体系，开展正位接生、导乐减痛分娩、芳香疗法等助产技术，形成具有妇产专科特色的优质护理服务体系。她和护理骨干筹建开设助产士门诊，指导孕妇孕期营养和科学控制胎儿体重，顺产率由10%提高到50%左右。在孕妇学校采取线下互动和线上直播授课方式，增加孕妇瑜伽、产后康复运动等护理服务。在护理管理工作中运用OSM和QC小组质量控制等科学管理方法，改进护理质量，提高健康教育效果和专业服务能力，侧切率由99%下降到50%，最低达到35%，母乳喂养率由1%到产后30天全母乳喂养率50%。

她从事临床教学工作9年，2021年兼任天津医学高等专科学校护理系副教授。2016年被天津市中医药大学评为优秀带教老师，2019-2020年2次被评为教学优秀管理工作者。

她以第一作者发表论文3篇，代表作《新生儿游泳对缩短生理性黄疸持续时间的探讨》在《吉林医学杂志》发表。她主持完成的“LDR+FCMC产科护理技术模式的引进与应用”获得南开区卫生系统引进新技术填补空白证书。

谭晓娟

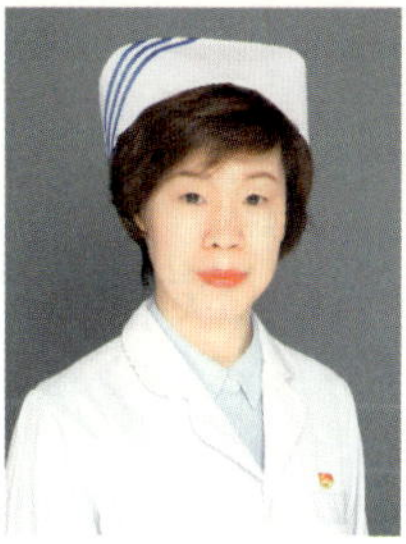

谭晓娟，女，1973年8月出生于天津市，中共党员，副主任护师。1993年中专毕业于天津市护士学校，2006年专科毕业于天津医科大学护理继续教育学院，2009年本科毕业于天津医科大学护理继续教育学院。1993年工作于天津医科大学第三医院，2004年调至天津医科大学口腔医院，2011-2018年任综合科护士长，2018年至今护理部副主任。2013年至今任天津市护理学会医院感染专业委员会委员，2015年至今任中华口腔医学会护理专业委员会委员，2018年至今任中华护理学会口腔护理专业委员会专家库成员。

她从事临床护理工作28年，以提升服务质量为工作重点，以提高口腔护理人员素质为己任。在新冠肺炎救治工作中，她主动请缨驰援武汉，第一时间进入红区接收重症患者，划分治疗区域，固定物品、药品位置，制作患者信息卡，在提高救治效率、促进急救“急而不乱”、保证无差错等方面均发挥突出作用。

她从事临床带教工作10年，2018年完成天津医科大学护理学院口腔模块课程的审批。2019年与天津医学高等专科学校签订护理专业人才培养基地，2020年获天津医学高等专科学校优秀教师称号。2019年通过北大网校口腔专业护士临床培养基地，培养口腔专科护士53人。

她主持天津医科大学医院管理创新项目“口腔专科护士岗位核心能力及影响因素研究”1项，参与局级护理课题申报1项，发表中文专业期刊护理论文11篇，以第一作者在《天津护理》发表论文《头颈部肿瘤放疗患者疾病感知与生活质量的相关性分析》，在《实用临床护理学杂志》发表论文《采用B&L热牙胶充填法对根管治疗患者的临床护理研究》等。

2018年获天津医科大学巾帼文明岗荣誉称号，2020年被评为新冠肺炎疫情防控工作天津市三八红旗手、天津市优秀共产党员、天津市劳动模范、天津市优秀护理工作者。

侯桂玲

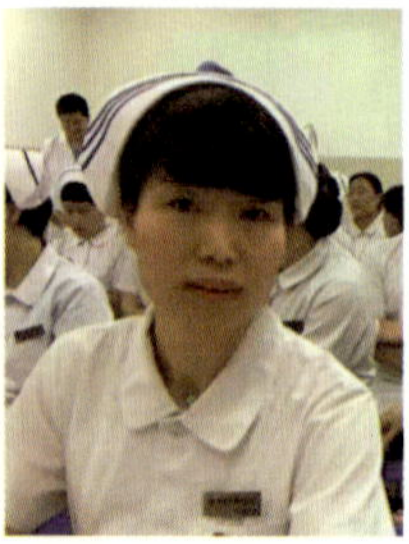

侯桂玲，女，1973年8月出生于甘肃省张掖市，中共党员，副主任护师。1992年中专毕业于甘肃省酒泉市卫生学校，1999年大专毕业于兰州大学，2010年本科毕业于陕西中医学院。1992年工作于酒泉市人民医院，2001年选调至护理部从事护理管理工作，2013年调动至天津市第四医院护理部，2013-2017年任护理部副主任，主持全院护理工作。2013-2019年任天津市护理学会护理管理专业委员会委员。

她从事护理工作29年，在主持护理部工作后，2014年她以等级医院复审为契机，修订、增补各项制度、规范、流程等325项，完善护理三级质控体系。

她重视加强护理服务和健康教育工作。2015年开始，开展院外延伸护理服务。在医院整建制划归南开大学过程中，护理队伍面临老龄化严重、人员紧缺的状况，她解决各种人力危机，保证了医院护理工作的有序运转。

她注重专科护士培训，每年培养专科护士3-5人，促进PICC置管术在重症烧伤病人的临床应用。

她发表期刊6篇，其中于《天津护理》发表论文《落实生活护理的影响因素及管理对策》《加强护理安全文化建设对改善护理不良事件上报率的实践探索》。2014年与甘肃省酒泉市医院护理部以第一完成人合作完成的科研“护生分组式三阶段系统临床实践教学模式效果研究”，获甘肃省酒泉市政府科技进步三等奖。

张靖

张靖，女，1973年出生于天津市，中共党员，主任护师。1994年中专毕业于天津市护士学校，2008年本科毕业于天津医科大学护理专业。1994年至今工作于天津市安定医院，2000-2007年任护士长，2007-2010年任护理部副主任，2010年至今任护理部主任。2018年至今任中华护理学会精神卫生专业委员会专家库成员。2012年至今任天津市护理学会第八、九届理事会常务理事。2001年至今分别任天津市护理学会精神专业委员会委员及两届副主任委员，2006至今任天津市护理学会护理管理专委会委员。

她从事护理管理21年来，在优质护理示范工程中，以患者为中心，夯实基础护理，注重细节管理，修订完善各项常规制度流程。她深入临床科室纠正潜在隐患，保证了护理安全。在2020年新冠疫情期间，她制订感染防控等多项举措，确保千余名住院患者安全。她带领的团队在2018年荣获天津市三八红旗集体荣誉称号。

她从事精神科专业培训，注重临床护理人员分层专业培训，选拔组建特色护理队伍，为医院康复基地的开设做好保障。

2016年完成天津市医学会科研项目一项“精神科保护性约束评估量表信效度的研究”，2018年申请国家实用新型专利一项“一种医用约束衣”，2018年副主编人民卫生出版社出版的《五官科、皮肤科和精神科常见疾病护理常规》，参编1部。

2011年荣获天津市卫生局优秀共产党员荣誉称号，2014年荣获天津市第三届人民满意的好护士称号。

董丽

董丽，女，1973年11月出生于天津市，中共党员，主任护师，硕士生导师。1998年毕业于天津医科大学护理系，本科学历，2012年取得天津医科大学护理学院护理专业硕士学位。1998年至今工作于天津中医药大学第一附属医院，2002-2008年任门急诊科护士长，2008-2018年任护理部副主任，2018年至今任护理部主任。2012-2019年担任全国高等职业院校护理技术大赛裁判组组长、全国职业院校教师技能大赛裁判组组长、全国中医护理技能大赛裁判、天津市岗位练兵技术比武护理专业技能大赛评委。2001-2016年任天津市护理学会门急诊专业委员会委员及秘书，2016-2019年任副主任委员。2019年至今任天津市护理学会中医、中西医结合专业委员会主任委员，2018年至今任中华护理学会中医、中西医结合专业委员会委员。担任《中西医结合护理》《天津护理》杂志编委和《中华现代护理杂志》审稿专家。

她从事临床护理工作20余年，先后在ICU、急诊从事临床护理及护理管理工作。2003年SARS疫情期间作为天津市卫生局第一批医疗队员驰援天津市传染病医院。2020年，在抗击新冠疫情的工作中，组织外派护理医疗队员67名，所在护理团队被天津市护理学会评为“抗疫先进集体”。多年来，她致力于中医护理、危重患者护理及护理管理等工作的研究与探索，曾先后于2005年赴日本国立四日市病院研修危急重症护理及护理管理，2015年赴匈牙利赛梅维什大学研修护理教育及护理管理等。她作为项目负责人，所在中医护理专科成功获批天津市卫健委“十三五”重点专科及中华护理学会中医护理治疗专科护士京外教学基地。

她从事临床护理教学工作20余年，承担天津中医药大学护理学院本科生《急危重症护理学》与研究生《高级护理实践能力培养》的课堂授课及实训教学任务。2013年聘为天津中医药大学硕士生导师，培养护理硕士研究生10名。

她主持及参与的科研课题14项，2013年主持院级课题“地榆油护理法对预防ICU患者腹泻所致肛周皮肤损伤的研究”取得天津市科学技术成果，2013年主持天津中医药大学教改课题“情境体验式教学模式在《急危重症护理学》实训教学中的构建与应用”，2017年主持天津市教委教改重点项目子课题“本科护理实训教育文化内涵建设研究”。2009年主持研发国家实用新型专利“医用手臂约束带”，参与护理专利研发6项，以第一作者或通讯作者发表论文20余篇。

2003年被评为天津市抗击非典先进个人、天津市中医药防治SARS工作先进个人、天津市教卫系统防治非典工作优秀共产党员，2004年被评为天津市“十五”立功先进个人，2014年被评为天津市卫生行业第三届人民满意的好护士。

张莉

张莉，女，1973年12月出生于天津市，农工党员，主任护师。1997年本科毕业于天津医科大学，2007年取得护理学硕士学位。1997-2003年工作于天津市红十字会医院，2000-2003年任骨二科护士长。2003-2007年分别任天津市人民医院脊椎病二科病区、肿瘤病东区护士长。2008年至今工作于天津市红桥医院，2008-2014年任护理部副主任，2014年至今任护理部主任。2012-2016年分别赴匈牙利、中国台湾地区学习护理管理模式。2012至今任天津市护理学会第八、九届理事会理事，2019年至今任天津市护理学会护理教育专委会委员、天津市医疗鉴定专家库成员等社会职务。

她从事护理管理工作21年，任护理部主任期间，创新爱婴医院，组建母乳喂养技术指导小组及质量督导小组。建立“红桥爱婴”微信网络平台提供咨询服务，并在新生儿病区设立母乳喂养室，鼓励患儿妈妈到病房喂哺患儿，提高了住院患儿母乳喂养率，减轻了患儿妈妈的焦虑。在2015年全国爱婴医院评审中获得“国家优秀爱婴医院”称号。2013年至今她承担了红桥区十个社区卫生服务中心护理人员的三基培训，提升基层医院护理人员的专业能力。2015年她推荐4名护士参加红桥区“岗位练兵、技术比武”年度大赛，荣获区级五一劳动奖章。2019年选派护理骨干到甘肃省合水县人民医院开展调研和培训，并接纳该院8名护士来院学习进修，实现了对口精准帮扶。2020年在新冠疫情防控中，选派护士援鄂抗疫，获“全国抗击新冠肺炎疫情先进个人”荣誉称号。

2017年主持完成质量改善项目“提高危重症患者床头交接班完整率”获得天津市护理质控中心优秀奖。她注重人才培养，培养护理骨干10余名，5人走上护士长管理岗位。

她以通讯作者发表论文7篇，综述5篇。代表作《天津市6所二级医院护士执业环境现状及对离职意愿的影响》在《天津护理》发表。

陈迎

陈迎，女，1974年2月生于天津市，中共党员，主任护师，天津中医药大学硕士生导师。1992年中专毕业于天津中医学院，2001年大专毕业于天津医科大学，2008年本科毕业于天津医科大学。1992年至今工作于天津中医药大学第一附属医院，1999-2011年任护士长，2011年全今任科护士长。2008年至今任天津市护理学会《大使风采》编辑部编辑，2018年至今担任中华护理学会精神卫生专业委员会专家库成员、天津市护理学会精神卫生专业委员会副主任委员。

她从事临床护理工作29年，致力于中医、中西医结合内科护理和精神科护理，擅长中医适宜技术的应用与标准化推广，培养护理人才及技术能手30余人。2020年作为第二批天津医疗队队员逆行驰援武汉，进驻武钢二院承担感控工作，圆满完成“进红区、打胜仗、零感染”的工作任务。

她参与科研项目4项，2015年参与省部级科研项目“针刺对中风病伴失眠患者清晨高血压的影响”、局级科研项目“针刺治疗失眠对调控高血压增效作用的临床观察”，2013年参与局级科研课题“中风护理单元的建立与效果评价”“五情制约配合耳穴埋豆对中风后抑郁的护理效果研究”。以第一完成人研发国家实用新型专利5项，为2011年预防耳部压疮的理疗枕”、2012年“室外保暖坐毯”、“医用导管标识环”、“健步辅助器”，2019年“一种护理用患者患处保护装置”。以第一作者发表核心期刊论文10篇。副主编著作1部，为2019年延边大学出版社的普通高等教育十三五规划教材《护理学》，参编著作1部，为2020年天津科学技术出版社的《实用护理学基础》。

2020年被评为天津市劳动模范、天津市卫生行业第六届人民满意的好护士。

张香娟

张香娟，女，1974年3月出生于天津市，中共党员，主任护师。1993年中专毕业于天津市蓟县卫生学校，2000年大专毕业于天津医科大学，2004年本科毕业于中国协和医科大学。1993年至今工作于天津市宁河区医院，2000-2011年任外科护士长，2012年至今任护理部主任、党委委员。2016年至今任天津市护理学会管理委员会委员，2018年至今任天津市护理学会理事会常务理事。

她从事临床护理工作7年，护理管理工作11年，任护士长期间，在外科创建优质护理病房，为病人提供连续性护理服务。2011年前往匈牙利、欧洲等医院学习。担任护理部主任后，她带领护理团队在2012和2015年JCI的复审中，推动JCI标准的贯彻实施。2017年牵头落实三级医院评审任务。在“新冠”疫情期间，她带领护理团队协助发热门诊的筹建工作，组织护理人员培训，落实预检分诊及病区陪伴管理，完成核酸标本采集147181人次及疫苗注射124145剂次。

她主持研发的“即毁型软带挂锁”装置获国家实用新型专利。她以第一作者（通讯作者）发表论文3篇，代表作《JCI评审体系下落实患者安全护理的实践体会》在《天津护理》发表。

2000-2003年3次获得宁河县卫生局优秀护士荣誉称号。

王彦

王彦，女，1974年5月出生于天津市，满族，中共党员，主任护师，硕士生导师，澳大利亚阿德莱德睡眠健康研究所访问学者。1998年本科毕业于天津医科大学。2004年毕业于天津医科大学内科学呼吸专业，内科学硕士学位。1998年至今在天津医科大学总医院呼吸科工作，2015年至今负责睡眠中心管理工作。2014年至今任中华医学会呼吸病分会第九、十、十一届睡眠学组委员，2016年至今任中国睡眠研究会睡眠医学教育专业委员会委员和中国医疗保健国际交流促进会睡眠医学分会委员，2017年至今任中国医师协会呼吸医师分会睡眠呼吸障碍工作委员会委员，2018年至今任中国老年医学学会呼吸病学分会呼吸睡眠学术工作委员会委员，2019年至今任中国睡眠研究会理事、中国老年医学学会睡眠医学分会常务委员，2020年至今任中国医师协会心脏重症专业委员会睡眠与心理专家委员会委员、教育部学位中心评审专家、教育部科技管理信息系统专家库专家和PCCM睡眠呼吸障碍单修评审专家、《International Journal of Nursing Science》杂志编委。

她从事临床护理、护理教育23年。2012年任硕士研究生导师，独立指导硕士研究生4名，已毕业1名，在学3名，协助指导研究生及本科生20余名。

她参与国家自然科学基金6项、国家十二五科技支撑计划课题1项、天津市自然科学基金1项、天津医科大学课题2项、天津市卫生局课题1项；参编《睡眠呼吸病学》《睡眠呼吸障碍性疾病》《睡眠医学-理论与实践》《呼吸与危重症医学》《老年睡眠障碍的预防与调理》《急诊护理操作手册》等共10部；发表论文26篇，其中SCI收录12篇，包括以第一作者在《Respiratory Care》发表的论文《Adherence to Continuous Positive Airway Pressure in Patients With OSA in a Chinese Population》，在《Journal of Clinical Sleep Medicine》发表的论文《The Level of Carbon Dioxide is the Determinant of Successful Non-invasive Ventilation Pressure Titration in Patients With Non-hypercapnic Primary Central Sleep Apnea》；参与睡眠专家共识制订2篇。

孙明艳

孙明艳，女，1974年6月出生于天津市，中共党员，主任护师。1998年本科毕业于天津医科大学，2005年于天津医科大学取得医学硕士学位，2020年取得天津大学公共管理学硕士研究生学历和硕士学位。1998年毕业后留校于天津医科大学第三医院工作，2004年调至天津医科大学代谢病医院，2006年任护理部副主任，2013年任人事科科长，2020年任护理部主任。2005年任《现代护理学》杂志编委，2010年任天津市医院协会医院感染管理专业委员会委员，2015年任中国医疗人力资源管理者联盟会员。

她从事护理工作13年，2006年参与组建医院糖尿病教育小组，创建网络宣传阵地，创建糖尿病患者精品班等多种教育形式。2011-2020年初，她在医院的职称评审、人才管理和评价程序方面建立规范化制度和流程，平稳推进事业单位绩效工资改革、数字化人事档案管理改革，实现了人员管理信息化。

2020年她调任护理部主任。面对专科医院向综合医院的转型，她以护理质量管理为抓手，建立三级管理网络。成立重症护理、血糖监测等专业管理小组，制订专业护理质量控制标准，形成查检表，与护理质量管理控制形成经纬线相结合的护理质量控制网络。

她参与“抵挡汤干预对2型糖尿病大血管病变泡沫细胞焦亡的作用机制研究”国自然课题1项，主持天津市卫健委课题“基于社会网络理论研究医院扩建转型期护士的多文化管理”等局级课题5项。以第一作者发表论文14篇，在《现代医院管理》发表论文《三级医院探索医养结合养老服务SWOT分析》，参与发表论文2篇；主编《糖尿病患者规范化教程》《基层医疗机构医院感染管理》《医院人才管理》专著，参编《高等院校护理专业课程精析教材》《全国卫生专业技术资格考试习题集（护理专业中级）》。

郭颖

郭颖，女，1974年7月出生于天津市，中共党员，副主任护师，1998年7月本科毕业于天津医科大学。2010年毕业于天津大学管理学院，获得工商管理硕士学位。1998年工作于天津市眼科医院，1999 年任护士长，2000年任护理部副主任、主持工作兼医疗管理科副科长，行政第二党支部书记。2007年调到天津市泰达医院任医院感染控制科科长，2011年至2016年兼任医院预防保健科科长。2002年至2003年到新加坡国家眼科中心进修眼科护理并通过眼科技师培训考试。2001-2006年曾任天津市护理学会五官科专业委员会秘书，2006至今任天津市护理学会院内感染专业委员会委员及两届副主任委员、天津市医院协会第二届医院感染管理专业委员会秘书，2019年11月至今任天津市预防医学会医院感染分会委员，2009年5月至今任天津市医院感染质控中心委员。

她从事眼科临床护理、护理管理及医院感染防控管理工作，熟练掌握眼科护理技术、医院感染控制知识及法律法规。2020年1月新冠疫情时加入天津市天津市援鄂医疗二队驰援武汉，带队进驻红区保障医疗安全。

参与编写2007年天津科学技术出版社的《实用护理技术》、2008年人民卫生出版社卫生部的“十一五”规划教材《器官移植护理学》。2009年在《天津护理》发表论文《准分子激光原位角膜磨镶术治疗近视的护理现状》。

2020年度获得天津市“三八红旗手”称号及滨海新区“五一”劳动奖章、优秀共产党员称号。

王树苓

王树苓，女，1975年4月出生于天津市，中共党员，主任护师，硕士生导师。1994年中专毕业于北京铁路局首都铁路卫生学校，2007年本科毕业于天津医科大学。1994年在天津市第四中心医院工作，2005年调入天津中医药大学第二附属医院工作，2009年任急诊科护士长，2019年至今任护理部主任。2006年至今先后任天津市护理学会门急诊专业委员会委员、灾害护理专业委员会委员，2020年任《天津护理》杂志审稿专家。

她从事临床护理工作20余年，参与修订医院护理管理委员会章程，新增护理质量评价考核标准，推进护理信息化建设，组建PICC门诊。大力推行“无陪护”模式。引进“智能住院通行管理系统”，提升住院人群通行和管理效率。不断促进基层护理服务优化，2020年，她带领护理团队荣获全国和天津市巾帼文明岗。

2020年她作为国家中医药管理局援助湖北中医医疗队天津队副队长进驻武汉江夏区大花山方舱医院，担任护理部主任，指挥协调5个省、市医疗队的护理与院感工作。

她从事护理教学工作24年，作为护理教研室主任，承担中医药大学护理学院的教学任务。2020年被评为抗击疫情工作中课程思政优秀教师，并带领医院护理教学团队荣获抗击疫情工作中课程思政优秀教学团队称号。

她发表论文6篇，在《天津护理》发表论文《抗击新冠肺炎疫情一线护士睡眠质量与心理负性情绪的相关性研究》《急诊危重症患者转运单的设计与应用》等。主持天津中医药大学教育教学改革研究一般课题“医学生课程思政教育获得感研究”。

2020年被评为抗击新冠肺炎疫情全国三八红旗手、新冠肺炎疫情防控工作天津三八红旗手、天津市第二批最美逆行者、天津市优秀共产党员、天津市劳动模范。

李洪灵

李洪灵，女，1975年9月出生于山东省德州市，中共党员，副主任护师。1995年中专毕业于天津市护士学校，2004年大专毕业于天津医科大学，2007年本科毕业于天津医科大学。1995年至今工作于天津市东丽区东丽医院，2007-2010年任内科护士长，2010年至今任护理部主任。2017年当选中国共产党天津市第十一次代表大会代表，2012年至今担任天津市护理学会第八、九届理事会理事，护理管理专业委员会委员。

她从事临床护理工作12年、护理管理工作14年。在她的带领下，护理部多次评为院级优秀科室，2012年荣获东丽区三八红旗集体称号，2014年荣获天津市三八红旗集体称号，2015年被评为全国五一巾帼标兵岗。

她重试护理人员的继续教育工作，每年对百余名低年资护士进行规范化培训和考核，每年接收医学院校学生80-120人，她认真组织带教老师进行规范化教学、查房、考核等工作。每季度听取教学护士讲课一次，持续改进教学质量。每年选派护士参加天津市护理学会组织的急救竞赛，2次获得急救组优秀奖。

她以第一作者发表论文5篇，代表作《某医院合同制护士离职原因调查现状及分析》《启发式教学法对内科护理教学质量的影响探究》分别在《天津护理》《中国城乡企业卫生》发表。

2013年获得天津市五一劳动奖章先进称号。

东梅

东梅，女，1976年4月出生于天津市，中共党员，副主任护师，天津中医药大学硕士生导师。1999年本科毕业于天津医科大学护理学院。1999年至今工作于天津中医药大学第一附属医院，2002-2011年任针灸科科护士长，2011-2016年任护理部副主任。2001-2011年任天津市护理学会中医中西医结合护理专业委员会委员，2013-2016年任天津市护理学会神经专业委员会委员，2014-2016年任天津市护理学会青年工作组副组长，2016-2019年任天津市护理学会神经科专业委员会副主任委员。

她从事临床护理工作20余年，承担多项继续医学教育和天津中医药大学护理学院授课任务，培养百余名护生、十余名新职工及数名院外进修生，同时承担研究生、本科、专科等不同层次的带教工作。她是2013年天津市级精品资源共享课团队成员，多次担任全国及天津市高职院校技能大赛评委。2015年被聘为天津中医药大学硕士生导师，培养研究生4人。

她主持并参与各类课题10项，2013年主持局级课题“中风护理单元的建立与效果评价”“五情制约配合耳穴埋豆对中风后抑郁的护理效果研究”，2016年主持局级课题“基于HIS系统用药安全风险防范体系的构建研究”，2014年主持校级课题“目标教学路径在实习护生带教中的应用研究”。2011、2016年取得国家实用新型专利“医用药液置放盒”“新型医疗护理用干燥装置”2项，发表论文16篇、综述6篇。主编著作1部，为2017年天津科学技术出版社的《现代常见疾病护理学》，参编著作3部。

2016年被评为天津市卫生行业第四届人民满意的好护士。

蔺新梅

蔺新梅，女，1977年2月出生于天津市，中共党员，主任护师。1996年中专毕业于天津中医学校，2005年大专毕业于天津医科大学，2009年大学毕业于天津中医药大学。1996-2000年工作于天津市静海县独流分医院，2000-2002年工作于天津市静海区城关卫生院，2002年至今工作于静海区医院，2010年至今任肾脏内分泌科护士长。2013年至今担任天津市护理学会健康教育分会委员。

她从事临床护理工作25年，2008年汶川地震，随天津市医疗队赴广元市青川县参加医疗救治工作，圆满完成抗震救灾任务。

她从事临床教学工作18年，培养专科护士8名，指导大连医科大学中山学院等实习学生150余人、天津市静海区大邱庄和唐官屯等19家乡镇卫生院全科护士150人。

她从事护理管理工作10年，2011年科室经市卫生健康委确认为市级优质护理示范病区。2020年新冠疫情初期，参加天津市第十一批援鄂医疗队并任副领队，带领120名护理人员赴武汉大学中南医院完成救治任务，医疗队被天津市市委市政府评为天津市先进基层党组织。

她参与“结肠透析中药保留灌肠对慢肾脏病治疗的研究”项目2013年获得静海县科委“科技进步二等奖”。她以第一作者在《医学新知》杂志发表论文2篇，《优质护理干预对慢性肾病五期腹膜透析患者的影响研究》《健康教育护理干预应用于老年糖尿病患者护理的效果研究》。

2008年被评为天津市卫计委支援四川抗震救灾先进个人，2016-2018年2次被天津市卫健委、天津市总工会评为天津市第四届、五届人民满意好护士，2017年被评为国家卫计委优质护理服务突出个人，2020年被评为天津市三八红旗手，并荣获“湖北省省委省政府最美逆行者”称号。

张宝娥

张宝娥，女，1978年2月出生于天津市，中共党员，副主任护师。1997年中专毕业于天津市津南卫生学校。2009年取得天津医科大学专科学历，2013年取得天津医科大学本科学历。1997年至今工作于天津市滨海新区大港医院。2012-2016年任呼吸内科护士长，2016-2017年任眼、耳鼻喉、心内科护士长，2017-2021年任消化、肾内科护士长，2021年至今任感染性疾病科护士长。2018年至今担任天津护理学会老年专业委员会委员。

她从事护理管理工作近10年，2016年医院成立心脏介入科，她在短时间内完成了物资准备、人员组建和专科培训等工作。2017年医院成立消化、肾内科，她做好科室筹建及建章立制工作。2016-2020年发表论文4篇。

2020年初，湖北新冠肺炎疫情，她作为天津市第五批医疗队队员驰援武汉，3月9号，方舱医院工作结束，她又投身到武汉协和医院西院重症病区，对糖尿病、高血压、冠心病、尿毒症等合并新冠肺炎患者制订个性化护理方案，进行针对性健康指导。同时，她还担任天津支援武汉第五医疗队、滨海新区临时护理党支部书记、支援协和党员先锋队的支部委员，发挥了党员先锋模范作用。

2012年她带领呼吸内科医护队伍荣获天津市青年文明号称号，2012-2020年两次被评为天津市卫生行业人民满意的好护士，2020年被评为新冠肺炎疫情防控工作天津市三八红旗手、抗击新冠肺炎疫情全国三八红旗手。

赵静

赵静，女，1978年6月出生于天津市，中共党员，副主任护师，天津医科大学硕士生导师。1998年中专毕业于天津市护士学校，2018年取得天津医科大学硕士学位。1998年至今工作于天津市肿瘤医院，2007年任重症监护科护士长，2014年至今任护理部副主任。2018年至今任天津市护理学会第九届理事会理事，2018年至今任中国抗癌协会青年理事会理事、中国抗癌协会肿瘤护理专业委员会常务委员、中国抗癌协会第一届肿瘤科普防治专业委员会委员、中华护理学会ICU专业委员会专家库成员，2019年至今任天津市护理学会ICU专业委员会副主任委员。

从事临床护理工作22年，2003年参于抗击非典，2020年带领百名护士支援新冠肺炎滨城大筛。2013、2017年曾前往美国MD安德森癌症中心和美国墨菲特癌症中心进修学习。承担天津医科大学研究生院循证护理、全国及市肿瘤专科护士培训、护理学会继续教育等授课任务。

她主持并参与各类课题6项，2011年主持完成天津医科大学肿瘤医院院级种子基金项目“知信行理论在护士执行预防院内获得性肺炎集束化策略依从性中的临床应用”，2013年主持完成天津市引进应用新技术填补空白项目“充气橡胶手套联合康惠尔敷料在预防经口气管插管患者唇面部压疮中的应用”，2019年她主持的“肿瘤患者跌倒不良事件改进”项目获亚洲医疗改进与创新优秀案例三等奖、中华护理学会最佳推荐奖。参与申报国家实用新型专利2项。以第一作者在核心期刊发表论文11篇，2020年《ICU肿瘤患者转出方案对家属迁移应激的影响研究》荣获中华护理百篇优秀论文奖。参编著作5部。

2003年被评为天津市抗击非典先进个人，2010年获天津市青年护士基本功竞赛二等奖，2014年获天津市QC成果优秀奖，2014、2016年被评为天津市QC活动优秀工作者。

任怡

任怡，女，1978年9月出生于天津市，满族，中共党员，主任护师。1998年中专毕业于天津市护士学校，2002年大专毕业于天津医科大学，2005年本科毕业于天津医科大学。1998-2003年工作于天津市肺科医院，2003年至今工作于天津市海河医院，2010-2012年任胸外科护士长，2015-2018年任护理部副主任，2018年至今任护理部主任。2016-2019年任天津市护理学会结核专业委员会秘书，2018年至今任中华护理学会呼吸专业委员会委员，天津市护理学会第九届理事会常务理事、副秘书长，2019年至今任天津市护理学会呼吸专业委员会主任委员。

她从事临床护理工作11年、护理管理工作11年。2010年担任胸外科护士长期间，将患者入院首迎模式作为优质护理亮点应用于临床，对脊柱结核患者实施治疗全程的康复护理，降低脊柱结核患者失能率。任护理部主任后，实施“人才库”培养机制，护理管理梯队建设。在应对承担天津市突发公共卫生传染病疫情任务中，逐步完善“平战结合”护理管理模式，非战时，借鉴“自上而下—自下而上”的双螺旋管理方式，进行护理应急队员焦虑-疲溃感-组织承诺性相关性研究。她多次参与突发公共卫生事件的救治护理工作，在抗击新冠疫情中，打破原有科室建制，对护理队伍进行整建制应急队编制，在重症病区实施多对一护理，为便于专家对患者病情的掌握，以图标梳理呈现关键指标变化趋势，落实重症五级质控管理，针对气管切开术后的患者，研发适应呼吸道传染病患者使用的高流量湿化管路装置并申请专利。探索为家庭聚集性发病患者实施一家一策护理模式，在隔离病区玻璃窗上贴满了写着患者日常生活需求、医护与患者互相鼓励话语的温馨小纸条曾被央视报道，成为天津抗疫护理文化的典范，先后被天津市博物馆、天津市档案馆收藏。面对输入疫情，她组织编撰了《COVID-19输入型患者护理手册》并带领护理团队开展新冠肺炎康复期患者复合型教育护理模式的研究，利用叙事护理为隔离病区患者增强战胜疾病的信心。截至目前在她们坚守的抗疫一线已顺利完成本土147例，境外162例患者的护理救治工作。

作为呼吸专委会主任委员，她依附学科优势，着力开展呼吸慢病管理、呼吸康复护理的交流，在新冠疫情中在护理学会的领导下以呼吸专委会为核心，号召呼吸专科护士及呼吸治疗师发挥专业特长，发力重型患者的护理。在结核护理方面衔接NDIP项目，推广耐多药患者的个案追踪护理，缩短阴转时间，提升治愈率从而降低结核的传播，开展多学科协作，将ERAS理念护理应用于结核外科手术患者。

海河医院是中华护理学会的科普教育基地之一，她作为基地管理者，依托专委会及医院学科特长，选取结核病、艾滋病等具有社会认知意义的疾病集中实施科普讲座，为民众普及健康知识。

她带领的护理团队于2020年获得国家及天津市抗击新冠疫情三八红旗集体、天津市护理学会抗击新冠疫情先进单位、全国改善医疗服务行动先进科室等集体荣誉称号。

她以第一作者发表论文8篇，代表作《肺结核患者家庭亲密度和适应性与健康促进行为相关性研究》《慢性结核性脓胸胸壁开窗术的手术配合》分别在《中国慢性病预防与控制》《护士进修杂志》发表。她主持厅局级科研课题三项，其中天津市卫生健康新冠肺炎防治科技项目“复合式教育在新冠肺炎患者随访中的应用”已结题。

2018年被评为第五届天津市人民满意好护士，2020年被评为中华护理学会杰出护理工作者、新冠肺炎疫情防控工作天津市三八红旗手、天津市优秀共产党员。

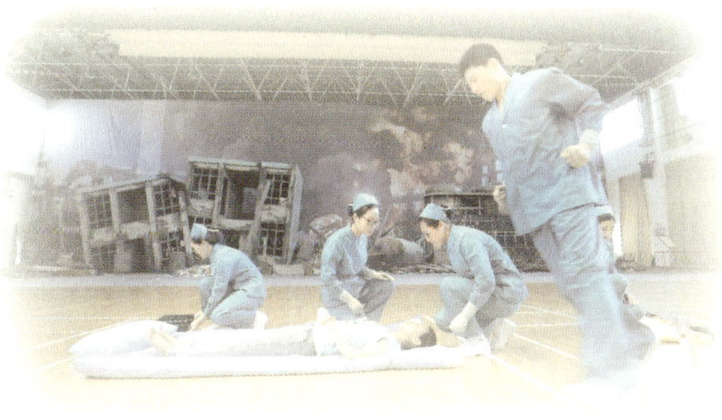

边颖

边颖，女，1982年11月出生于天津市，中共党员，副主任护师。2005年大专毕业于天津医学高等专科学校，2009年本科毕业于天津医科大学。2005年至今工作于天津市第一中心医院。

她从事临床护理工作16年。2020年新冠肺炎侵袭之时，她主动请缨参加天津市医疗队奔赴武汉支援抗击疫情。2月12日，受命担任塔子湖江岸方舱医院护理第一组护士长带队进舱收治首批患者。18日方舱医院临时扩充床位收治患者，她再次主动请缨，带领护理小组收治80余名患者。在江岸方舱医院工作26天，带队收治200余名患者，日常管理465名患者。3月8日在圆满完成江岸方舱医院工作后，积极接受上级领导分派支援协和西院重症区工作任务，成为“党员先锋队”一员，并担任重症区护理小组组长，继续在防控疫情一线战斗。2020年被评为全国卫生健康系统新冠肺炎疫情防控工作先进个人。

她从事临床带教工作5年，2012年荣获天津市青年护士护理技术基本功竞赛一等奖。她以第一作者发表核心期刊论文5篇，专业期刊论文1篇，于《天津护理》发表论文《肠梗阻导管联合腹腔镜手术治疗结直肠恶性梗阻的护理》《一例胰十二指肠切除术后胰瘘并迟发型出血患者的护理》等，参编天津科技翻译出版社出版的《凝血紊乱》。

燕朋波

燕朋波，（男）1984年8月出生于陕西省，主管护师。2008年大专毕业于河套学院 ，2009年本科毕业于内蒙古医学院。2008-2018年在武警后勤学院附属医院工作，2018年12月至今就职于天津市北辰医院，任护理部副主任、急危重症系统科护士长。2015年至今先后任中华护理学会重症护理专委会青委副组长、中国研究型医院学会卫生应急学专委会委员、中华医学会灾难医学分会护理学组委员、天津市卫健委应急能力提升质控中心委员、天津市护理学会ICU专委会委员、男护士工作委员会副主任委员，担任《中华急危重症护理杂志》编委/审稿专家。

从事临床危重症护理、卫生应急、教学及科研工作13年，多次执行卫勤保障、援藏、应急救援工作。主持设计的“连续性血浆吸附滤过治疗”技术，实现了“弥散、对流、吸附”三大原理的整合，成功抢救药物中毒患者3000余例。2020年初COVID-19疫情爆发，他组建了医院三级疫情防控护理管理体系；参与第一批驰援武汉，进入红区连续奋战52天；其间任天津市第一批援鄂医疗队团支部书记，北辰医院援鄂医疗队党支部书记、队长；在疫情防控常态化工作中完成滨海大筛、复工复课、核酸采集、疫苗注射、疫情督查等工作。

发表论文22篇，其中“枸橼酸钠抗凝在连续性血浆吸附治疗中的临床应用研究”发表在《中华急诊医学杂志》；科研课题3项，其中“机械通气患者撤机后气道序贯性护理的临床效果研究”获北辰区科技项目；科研成果5项，其中“基于Diapact CRRT实现CPFA功能治疗急性中毒的临床护理及干预策略研究”2017年获中华护理学会科技奖二等奖；参编专著/共识6项，包括中华护理学会“有创机械通气成人吸痰的操作规范”。

2019年被评为中华护理学会杰出护理工作者，2020年被评为天津市第六届人民满意的“好护士”。

发展期

（2000—2020）

臧红新

臧红新，女，1976年11月出生于河北省保定市，中共党员，副主任护师。1994年入伍，1999年中专毕业于武警医学院，2002年取得武警医学院函授护理大专学历，2006年取得武警医学院函授护理本科学历。1999年分配到原天津总队医院烧伤科护士，2013年任武警后勤学院附属医院心外科护士长，2015年任武警后勤学院附属医院护理部助理员。

她从事护理工作22年来，能坚决执行上级命令，多次参加重大医疗救援任务。2003年执行抗击“非典”任务。2008年随队执行汶川大地震救援任务。2013年执行抗击“腺病毒”任务。2015年执行天津港大爆炸救治任务。2017年赴藏执行腺病毒防治任务。2019年参加卫勤跨区基地化考核任务。

2020年1月，随队赴武汉执行抗击新冠病毒疫情任务，任武汉泰康同济医院感染十三科副护士长，兼任所在医疗队团支部书记，承担完成科室物资、耗材、设备、药品管理工作并制订危重症患者护理计划，严格落实院感防控相关制度要求，严控医疗护理文书质量，在病区开展急救设备、器材及个人防护培训考核，评估住院患者用药安全、护理安全、营养安全，定期召开护理质量分析会，确保护理质量持续改进。病区共收治患者108名，其中70岁以上高龄患者40余名、危重症患者20余名，无一人病亡。

她先后发表核心论文4篇，2016年于《武警后勤学院院报》发表论文《个性化延续护理对老年高血压患者血压、血糖、血脂和生命质量的影响》，2014年于《武警后勤学院院报》发表论文《食管癌患者术后的营养支持》。

参编《实用专科护理手册》《2015年护师资格考试考前押题试卷与解析》《2016年护师资格考试考前押题试卷与解析》《现代伤口护理实用手册》。

2017年荣立个人三等功一次，2020年获全国表彰优秀共青团干部。

殷桂春

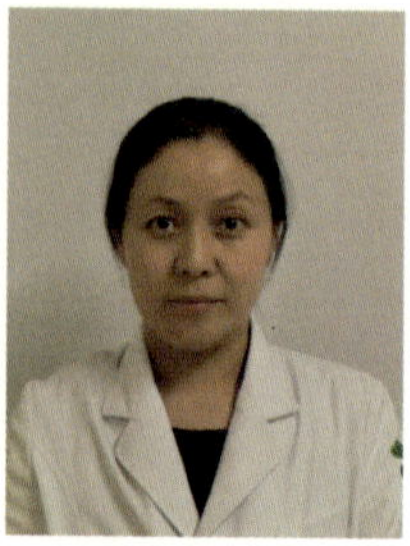

殷桂春，女，1977年2月出生于河北省承德市，满族，中共党员，副主任护师。2002年7月毕业于河北承德医学院，本科学历。2002年至今工作于天津市第二人民医院，2008年担任重症肝炎病房护士长，2016年至今任护理部主任。2018年任中华护理学会传染病分会委员，2019年至今任天津市护理学会护理管理委员会委员，2013-2019年连任两届天津市护理学会ICU专业委员会委员，2018年任天津市护理学会第九届常务理事，2019年任天津市护理质量控制中心委员。

她从事临床护理工作15年，工作期间始终以病人为中心。2007年她取得ICU专科护士资格，将临床护理工作期间积累的经验运用到危重症患者护理、HIV患者的心理干预、传染病透析患者的健康宣教及慢性患者的随访等工作中，提高了对危重患者的抢救能力及患者的依从性。

她从事护理管理工作5年，对护理人员进行了合理性优化。医院低年资护理人员较多，她根据《新入职护士培训大纲》，制定了适合本院的《新入职护士轮转手册》，制定了《关于新入职护士规范化培训轮转的管理规定》。医院感染科、ICU病房、门急诊是风险系数较高、工作量较大、技术难度高的科室，新入职护士必须轮转，打破了以往肝病科室为主的轮转计划，培养和锻炼新护士在临床工作中对传染病的临床观察及护理能力。

2018年主持院（所）级课题“基于循证的HIV职业防护的证据总结及临床实践研究”1项。2019-2020年参与完成“一种腹腔穿刺留针结构”“一种安全性高的腹腔穿刺留置针”和“一种新型腹腔穿刺留置针”3项实用新型专利，在核心期刊及相关专业期刊发表论文20余篇。

2003年被评为天津市抗击非典先进个人。

侯亚红

侯亚红，女，1978年1月出生于河北省保定市，中共党员，副主任护师。2002年本科毕业于天津医科大学，2008年取得天津医科大学护理学硕士学位，2017年取得天津中医药大学中医外科学博士学位。2002年入伍到武警医学院附属医院，并在护理部任助理员，2003-2006年任心内科护士，2007-2015年任神经内科护士长、神经危重症医学科护士长、脑科中心总护士长，2016-2019年任武警特色医学中心护理部助理员，2020至今任护理部负责人。2013-2017年任天津市护理学会神经专业委员会委员、武警部队护理风险管理学组委员及秘书，2020年任《天津护理》杂志审稿专家。

她从事临床护理工作19年、护理管理工作14年，工作以来多次执行武警部队卫勤保障任务——2003年非典患者救治任务、2012年赴西藏参加医疗巡诊任务、2015年赴滨海新区爆炸现场参加卫勤保障任务，在2020年作为支援湖北医疗队队员赴武汉参加疫情防控工作。2015年作为天津市参赛选手的领队参加全国红十字会第三届应急救护大赛，荣获全国第二名。

她以第一完成人承担院级科研课题4项、参与国基金1项。主编《2016护师资格考试考前冲刺试卷与解析》著作1部，参编《神经创伤学新进展4》《神经创伤学新进展（2014）》《医学救援技术》《实用专科护理手册》《现代伤口护理实用手册》《医学救援技术》《灾难医学护理篇》等著作11部，发明“一种预防足下垂脚垫”专利1项，发表核心期刊论文17篇。

2004、2015年分别荣立个人三等功1次，2012年被后勤部评为优秀共青团干部，2015、2017年分别被后勤学院评为优秀团干部、优秀共产党员，2020年中华护理学会授予杰出护理工作者荣誉称号，2020年在抗击新冠肺炎疫情战斗中表现突出，被武警部队授予中国武警忠诚卫士特别奖。

刘华

刘华，女，1978年11月出生于河北省保定市，中共党员，副主任护师。2000年专科毕业于天津医科大学，2004年本科毕业于天津医科大学夜大学，2010年取得天津医科大学硕士学位。2000年工作于天津医科大学眼科医院，2010年任医院病房护士长，2013年至今任医院护理部主任。2016年至今任天津市护理学会第八、九届五官科护理专业委员会主任委员，2018年任中华护理学会第二十七届理事会眼科护理专业委员会委员，2020年至今任《天津护理》杂志第六届编辑委员会委员。

她从事护理工作21年，始终致力于优化眼科患者就医流程。任护理部主任后，她改进工作模式，创新科室设置。分别于2017和2020年创建患者服务中心、日间手术病房、玻璃体腔注药中心，切实向患者提供高效、便捷、优质的医疗服务，将眼科日间手术平均在院时间控制在2.5小时内，强化院前管理与术后随访工作，提升了患者就医感受。她还积极推进患者健康教育工作，下沉社区开展义诊筛查，为社区居民建立眼部健康档案，提供眼部健康咨询。为提升护理人员健康教育能力，她认真梳理患者健康教育中的难点，带领全院护士自主录制眼科常见疾病健康教育微电影，推广标准化沟通模式，提高护理服务品质，保障了眼科患者健康教育效果。

她从事临床带教工作15年，坚持从临床实际出发，提升护士专业素养。2016年至今，作为天津市护理学会五官科护理专业委员会主任委员，她每年组织全体委员举办五官科护理培训班、护理操作工作坊、学术沙龙等活动，实现了培养实用型五官科护理人才的目标。2019年在新疆和田开展柔性援疆期间，她因地制宜制订眼部热敷、睑板腺按摩等干眼治疗护理方案，开展干眼治疗培训班，解决当地干眼发病率高的问题，为当地干眼患者解除病痛实现精准帮扶。2020年她带领院内护理团队成功申报中华护理学会眼科专科护士京外培训基地，接受了第一批来自山西、辽宁、江西、江苏的学员，结合医院特色设置理论、实践及管理课程，严把教学质量关，达到了推动眼科护理专科建设向纵深发展的目标。

她主持完成院级护理科研项目1项“不同温度20%甘露醇降眼压效果的研究”，参与市科委、市教委及市卫健委护理科研项目3项。以第一作者发表SCI论文1篇《The effect of health education video on ocular massage after trabeculectomy》，收录于《Computers Informatics Nursing》，累计发表国内核心期刊论文11篇。她参编的护理专著《眼科护理与操作指南》，作为中华护理学会眼耳鼻喉头颈外科专科护士培训指导用书，规范了临床一线护士操作，成为临床护理工作的金标准。

庄淑梅

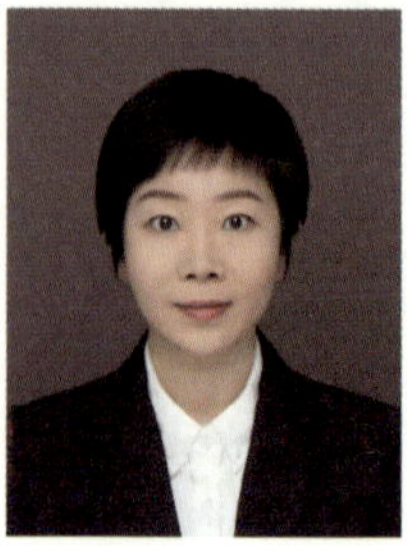

庄淑梅，女，1978年12月出生于天津市，中共党员，副教授，硕士生导师。2002年毕业于天津医科大学，本科学历，2007年毕业于天津医科大学，获护理学专业硕士学位，2013年毕业于天津医科大学，获护理学专业博士学位。2002年至今工作于天津医科大学，2002-2007年任天津医科大学护理学院助教，2007-2012年任天津医科大学护理学院讲师，2012年至今任天津医科大学护理学院基础护理学教研室副主任，同时担任教学指导委员会委员、教学督导组专家。2019年至今担任中华护理学会第27届护理教育专业委员会青年委员。2019年至今担任天津市护理学会护理教育专业委员会主任委员。同时担任《Nursing Research》《亚太心理学》《中国实用护理》等杂志编委和审稿专家。

她从事护理教育工作19年，主讲国家级资源共享课临床应用护理学、天津市精品课基础护理学、护理学专业骨干课程护理学导论、健康评估、护理教育学、人际沟通与礼仪等课程，并面向全校医学生开设人际沟通公共选修课。2019年主持建设的人际沟通课程获天津市首批课程思政改革精品课，2020年再获天津市首批一流课程建设项目，该课程于2019年获天津医科大学首届课程思政示范创新大赛授课一等奖、最受学生喜爱教师奖和最佳教案奖。自2015年开始招收护理学专业学术学位硕士研究生，每年招收5人。

2019年担任天津市护理学会护理教育专业委员会主任委员，她协助学会创新教学竞赛、增加临床操作，综合教学和微课教学比赛，主讲护理教学和科研培训课程，受众达2000余人。2020年因疫情通过网络平台向全市临床护士进行培训，促进了临床护理教学和科研的发展。

她从事护理科研工作19年，主持局级及以上教学改革和科研课题36项，2013主持市级课题“社会转型期吸毒青少年的心理健康状况评述及应对策略构建”，2016年主持市级课题“基于层次分析法医学生就业质量评价体系构建及实证研究”，2017年主持市级课题“大规模在线课程发展背景下高校教师教学能力发展现状与对策研究”和“新型毒品成瘾病理心理机制与心理康复模型构建”，2019年主持国家级课题“青少年新型毒品成瘾风险预测模型及评估工具的构建研究”。发表论文34篇，2019年发表论文《微课在护理本科实验教学中的应用》获得中华护理学会中华护理百篇优秀论文奖。她主编《护理美学与礼仪》教材，副主编《新编护理学基础》，参编“十二五”和“十三五”规划教材5部、人民卫生出版社创新教材2部和专著16部。

2008年获天津市高校青年教师教学基本功竞赛一等奖，2014年被评为天津市教育系统教工先锋岗先进个人，2015年获天津医科大学最受学生喜爱教师称号，2016年获天津医科大学首届最美白衣天使荣誉称号，2017-2019年三次被评为人民卫生出版社全国护理专业讲师团优秀讲师，2018年被评为天津医科大学首届卓越教师。

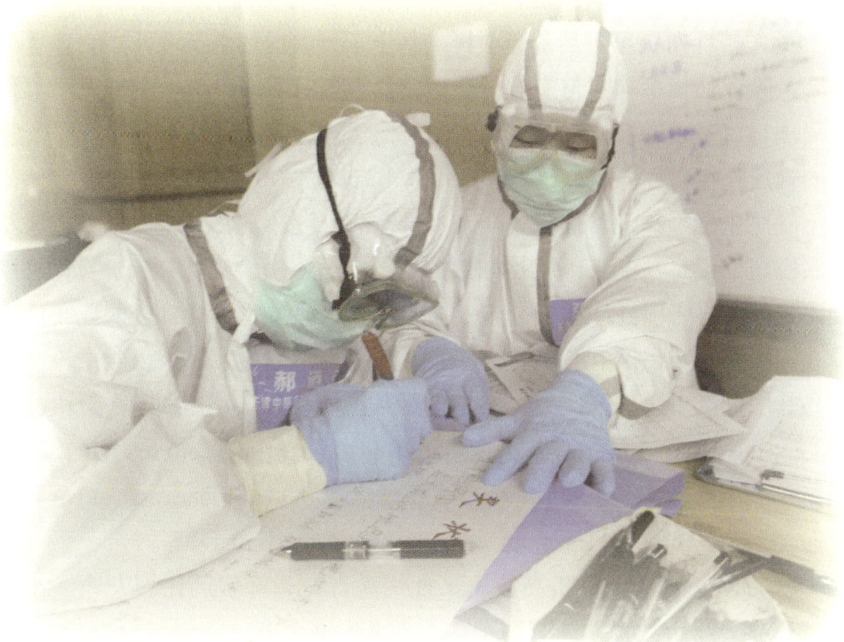

臧小英

臧小英，（女）1980年12月出生于山东省莱阳市，中共党员，副教授，硕士生导师。2003年本科及2006年硕士研究生毕业于山东大学。2011年毕业于天津医科大学，获博士学位。2006年就职于天津医科大学护理学院，2009年担任学院科研管理秘书，2020年担任临床护理学教研室（内外组）副主任，2020年9月担任学院副院长。2012年至今担任天津市心脏学会护理专业委员会常委及秘书长，2016年至今任天津市护理学会ICU专业委员会委员，2020年至今任中华护理学会学生工作委员会委员。

她从事教学工作15年，主讲研究生课程2门，本科课程5门。指导硕士研究生5届，共32人。2013年作为主讲教师申报国家级精品资源共享课临床应用护理学，参编国家卫计委十三五、十二五规划教材4部，副主编专著3部。2016年公派留学赴美国北卡罗来纳大学教堂山分校护理学院访学一年，在心血管疾病护理科研及教学方面进行交流。

她主持在研国家自然基金项目“基于干预映射的老年慢性心衰患者再入院风险评估模型构建与多学科全程康复管理策略研究”，主持天津市科技局项目“基于Zuluaga-Raysmith模型构建社区老年慢性心衰患者居家照护的管理路径研究”和市教委项目“基于Wilson-Cleary模型构建医联体背景下高血压延续护理管理模式”，主持完成天津市自然基金项目“游泳及低脂协同干预对发育期高血压大鼠学习记忆影响”。参与国家级科研项目2项，省部级科研项目7项。作为第二完成人的“应对老龄化社会的连续护理模式探析”获2015年中华护理学会科技奖三等奖。公开发表SCI收录论文19篇（其中11篇为通讯作者/第一作者），如《Effect on blood pressure of a continued nursing intervention using chronotherapeutics for adult Chinese hypertensive patients》《Analysis of influencing factors of time treatment compliance of hypertension patients》等。

2013年被评为天津市高校第二批优秀青年教师资助计划人选，2016年被评为天津市教育系统劳动竞赛示范岗先进个人。

王山艳

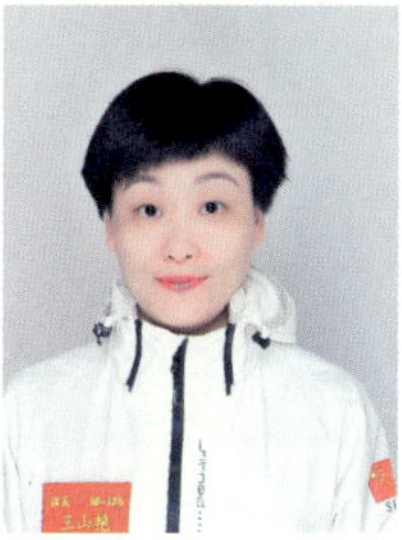

王山艳，女，1981年12月出生于天津市，中国农工民主党党员，副主任护师。2001年中专毕业于天津市塘沽卫生学校，2006年大专毕业于天津医学高等专科学校，2009年本科毕业于天津医科大学。2001-2004年工作于中建六局职工医院。2004年至今工作于天津市滨海新区中医医院，2010年至今任肛肠科护士长。2016-2019年任天津市伤口造口失禁专委会委员，2015年至今担任天津国际造口治疗师学校特聘教师，2018年至今任中华中医药学会中医护理传承与创新发展共同体第一届委员会委员，2019年至今任天津市伤口造口失禁专委会副主委、北京癌症防治学会造口伤口专委会常务委员。

她从事护理管理工作11年，先后带教12名助理护士长。2020年2月9日随天津市第五批援鄂医疗队前往武汉江岸方舱医院参加新冠肺炎救治工作。荣获中国农工民主党中央委员会抗击新冠肺炎疫情先进个人及天津市委员会援鄂先进个人称号。被天津市卫生健康委员会和天津市妇女联合会授予“天津市新冠肺炎疫情防控工作三八红旗手”称号。

她主持院级课题1项“宣肺利水温灸法治疗痔手术后排尿困难的疗效观察”，参与滨海新区卫生局科技项目3项，“瘀热同治法防治混合痔术后水肿的RCT研究”和“痔上黏膜C环切除手术治疗混合痔的临床应用评价”等。她参与的天津市中医药管理局科研课题“调肺益肠针法改善老年大肠癌根治术后肠功能RCT研究”被评为天津市科技成果。她以第一作者发表论文2篇，代表作《温灸结合耳穴压豆疗法治疗痔瘘术后尿潴留128例临床观察》在《医学理论与实践》发表。

2017年被评为天津市护理学会先进个人，2020年被评为中国农工民主党中央委员会优秀党员，荣获天津市滨海新区总工会五一劳动奖章。

宫平

宫平，女，1981年12月出生于天津市，中共党员，主管护师。2005年大专毕业于天津医学高等专科学校。2005年至今工作于武警特色医学中心。2013-2019年任神经内二科护士长，2019年至今任疼痛科护理负责人。

她从事护理工作16年，主要为神经内外科及疼痛科临床护理工作，包括脑卒中的超早期护理、卒中单元管理、介入治疗护理、并发症管理、康复护理、卒中三级预防与慢性病管理、神经内科疑难个案护理、危重症抢救、并发症预防、康复护理、疼痛学科相关护理管理等。在2020年新冠疫情暴发初期，她主动请战，成为援鄂医疗队队员。

她从事护理教育工作10年，截止目前，临床实习带教人次共计11200余人次，授课次数400余学时，见习带教时数72学时。

她发表国家级及省部级核心期刊护理相关论文12篇。她参编2部神经内科专科书籍《痴呆与朊病毒病》《痴呆与可逆性认知障碍》。任期内申报院级科研课题2次，2013年申报“脑卒中患者睡眠障碍的神经心理因素分析及护理效果观察”青年项目，并于2014年参加天津市护理学会学术交流，相关学术论文发表在《天津护理》杂志。2015年申报“脑血管疾病伴发认知功能障碍的护理研究”青年项目。

2020年荣获全国抗击新冠肺炎疫情先进个人称号。

路美

路美，女，1982年4月出生于内蒙古巴彦淖尔市杭锦后旗，中共党员，文职人员，主管护师。2005年大专毕业于山西医科大学，2009年本科毕业于天津医科大学。2005年入职于原武警医学院附属医院，2012年任武警特色医学中心神经内科护理负责人。2020年任第十三届全国青年联合委员会委员。

她从事护理工作15年，始终将救死扶伤、为兵服务作为人生价值坐标，冲锋在卫勤保障一线。2015年参与天津港“8.12”大爆炸救治任务，2017年赴西藏参加救治工作。2020年新冠疫情发生后，她连续递交3份请战书及1份抗疫决心书，力决请缨支援湖北，抗疫期间担任武汉泰康同济医院第6护理小组组长，参与完成首批66名患者的接收工作，并利用休息时间写的战疫手记发表于《人民武警报》二版头条。她作为一名心理咨询师，利用所学知识，做好安全防护及本职工作的同时，走近患者的内心，尽力疏导他们的焦虑及其他负面情绪，帮助其重新树立战胜病魔的信息和勇气，患者称其为病房中的“贴心人”，2020年3月入选“一线医务人员抗疫巾帼英雄谱”。她作为创面治疗师，承担压疮会诊，累积完成70多例疑难伤口处理，获得京津冀地区伤口病例大赛三等奖。她临床护理实习带教11年，多次被评为优秀带教老师。

她发表论文14篇，核心期刊5篇，任《神经重症医学研究进展》副主编。于《中华现代护理杂志》发表论文《弹性带教在神经内科临床实习带教中的应用》，于《全科护理》发表论文《留置胃管导致医院肺部感染预防现状》；于《中国急救复苏与灾害医学杂志》发表论文《天津港爆炸所致紧张型头痛1例》等。

2020年荣获全国先进工作者荣誉称号、武警部队首届优秀文职人员。

王盈

王盈，女，1982年11月出生于天津市，中共党员，副主任护师。2006年毕业于天津医科大学，本科学历，2014年获得天津医科大学硕士学位。2006年至今工作于天津市肿瘤医院，2014年任乳腺肿瘤一科副护士长，2019年至今任护理部教学护士长，2020年兼任核酸检测处护士长。2014年至今担任天津医科大学留学生英语及护理学院外聘教师，2018年至今担任中国抗癌协会肿瘤护理专业委员会青年委员会副主任委员、中华护理学会肿瘤护理专业青年委员会秘书，2019年至今担任中国抗癌协会青年理事会理事、天津市护理学会青年工作委员会主任委员。

她从事护理教学工作2年，健全护理教学管理制度，规范护理教学查房，建立护士核心能力培训考核体系，制订各层级护士培训课程，开发在线培训及考核平台。开展护理Journal Club、拙芽护理科研论坛、青年护理学者演讲竞赛、辩论赛等促进活动，印刷出版年报、Newsletter等。

她主持并参与教委、学会、院级课题7项，2009、2012、2016年主持完成天津医科大学肿瘤医院院级种子基金课题“不同类型CVC导管在肿瘤患者中的应用效果研究”“联合治疗方法对乳腺癌根治术后患肢淋巴水肿干预效果的护理研究”“基于中医理论的系统康复运动在乳腺癌化疗患者中的应用”，2020年主持在研教委课题“时辰放疗在宫颈癌患者中的应用效果：一项多中心随机对照研究”。近五年以第一作者发表核心期刊论文9篇，其中SCI2篇。参编著作3部，同时于2020年参与完成国家卫健委老龄司的《成人安宁疗护舒适照护指南》和中华护理学会的《成人癌痛护理团体标准》编写工作。

2020年她临危受命组建医院发热门诊、核酸检测处，带领团队获天津医科大学抗疫最美白衣战士团队哨点先锋奖项。

2019、2020年被评为《国际护理科学（英文）》杂志优秀审稿专家。

韩晶

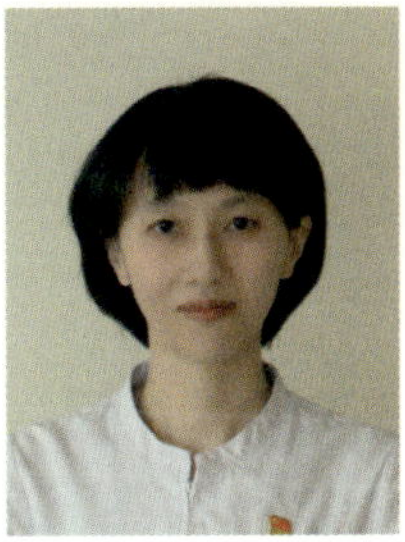

韩晶，女，1983年1月出生于天津市，中共党员，主管护师。2002年中专毕业于天津市护士学校，2006年毕业于天津医科大学专科，2009年毕业于天津医科大学本科。2002年至今工作于天津市第一中心医院，2016年至今任门诊输液取血室护士长，同时负责内外科门诊及预检分诊工作。2018年至今任天津市护理学会第九届理事会青年工作委员会委员。

她从事临床护理工作19年，在优质护理、不良事件、安全等方面上加强管理，并拓展多种形式的护理服务模式，通过宣教展板、健康手册、公众号宣教等途径扩大健康教育的效果，进行个性化康复指导，定期追踪随访，为提升患者居家护理能力提供了优质平台。以天津市卫健委“百日行动”“老年人服务月”“微笑行动”等多项工作为契机，推进智慧门诊建设，成立门诊服务中心、助老服务中心，优化门诊布局，改善服务流程，多举措实施便民服务，提升患者的就医感受。

由于疫情原因，预检分诊已成为护理工作的独立单元，面对人、才、物等方面的紧急短缺情况，在负责原有工作项目的基础上，她被紧急安排为预检分诊的负责人，重新组建预检分诊队伍。按照卫健委的各项要求，将各项流程从无到有，一步步地制订并落实到实处，逐步优化。做好院内防控的第一防线，并多次完成国家级、市、局级的各项检查。

2005年被评为天津市“十五”立功先进个人、天津市建功立业先进女职工，2009年被评为天津市青年岗位能手，2013年被评为全国青年岗位能手。

王岚

王岚，女，1983年4月出生于天津市，中共党员，硕士生导师，副教授。2006年本科毕业于天津医科大学。2010年毕业于天津医科大学，获硕士学位。2018年毕业于瑞典Jonkoping University，获博士学位。2019年至今任天津市护理学会健康教育委员会委员。同时担任《中华护理杂志》编委和《中国实用护理杂志》审稿专家。

在教学方面，她作为主讲教师参与国家级资源共享课“临床应用护理学”、天津市一流课程“健康管理学”、天津医科大学一流课程及在线课程“RLT模式与护理实践”“社会医学”等多门课程的建设工作。在授课中，开展教学改革，录制“健康管理学”“社会医学”“助产学”等课程录像，作为在线课程资源在中国大学MOOC进行在线授课。参编《临床应用护理教程》和《社区护理学》专业教材以及全国卫生专业技术资格考试习题集丛书《外科护理学》。

2019年主持在研国家自然科学基金项目1项“基于ICF的慢阻肺功能障碍风险评估模型的构建与多学科协作式康复干预策略研究”、省部级项目3项。主持其他各级各类项目5项，包括2020年主持在研“医学院校课程思政督导评价体系构建与教师内在动力机制研究”，2019年主持完成“基于SWOT模型的医联体创新模式的现状和发展对策研究—以天津市为例”等。发表科研论文30余篇，其中SCI论文收录9篇，最高影响因子5.835，为2017年发表的《Evaluating a Web-Based Coaching Program Using Electronic Health Records for Patients With Chronic Obstructive Pulmonary Disease in China: Randomized Controlled Trial》。同时指导学生参加市级、校级等多项挑战杯、创新创业和社会实践项目，2015年被评为第十三届“挑战杯”天津市大学生课外学术科技作品竞赛优秀指导教师。

2012年荣获天津市高校青年教师教学基本功大赛二等奖，2018年荣获天津市教育系统劳动示范岗和天津市教学成果二等奖，2020年荣获霍英东教育基金会第十七届高等院校青年教师奖三等奖。

沈悦好

沈悦好，女，1983年4月出生于湖南省长沙市，中共党员，副主任护师。2009年毕业于天津医科大学，硕士研究生。2009年工作于天津医科大学总医院，2020年至今担任重症医学科科护士长。2016年至今任天津市护理学会第八、九届内科护理专业委员会秘书，2018年至今任第一届中华护理学会呼吸专委会青年委员，2019年至今任天津市医疗健康学会第一届心肺慢病康复专业委员会委员，2020年至今任第十三届中华全国青年联合会委员、天津市医学会第三届液体治疗专业委员会委员。

她从事呼吸及危重症患者的临床护理和护理管理工作12年，带领团队夯实基础，不断学习，顺利在科室开展床旁血滤治疗、经皮二氧化碳监测、经鼻高流量湿化氧疗等多项医疗护理技术，推动科室高难度护理技术的开展。

在2020年新冠战疫中，她作为天津市第一批赴鄂医疗队队员，在武钢二院担任红区护士长。经过开荒式的整理、清扫和消毒杀菌，为病人的安全入住、顺利开展治疗、康复出院作出贡献，支援武汉52天，2020年荣获天津市抗疫思政优秀教师称号。

她担任天津医科大学护理学院临床教师五年有余，2016年至今她每年带学生约130人，每年授课时长约40学时。

她发表论文15篇，其中发表SCI论文1篇《The Reliability and Validity of the Brief ICF Core Set in Patients with Chronic Obstructive Pulmonary Disease》，在《中华现代护理杂志》发表论文《高流量湿化氧疗在肺间质纤维化患者中的应用效果评价》等。作为主要完成人参与国自然项目1项，省部级项目5项，参编《内科护理学》《内外科护理学》教材2部。

2016年荣获天津市第十三届高校青年管理干部基本功竞赛三等奖，2018年荣获第十八届天津青年五四奖章提名奖，2020年荣获第24届中国青年五四奖章以及天津向上向善好青年、中华护理学会杰出护理工作者称号。

王蕊

王蕊，女，1984年6月出生于河北省秦皇岛市，满族，中共党员，护师。2006年大专毕业于唐山职业技术学院，2016年本科毕业于承德医学院。2006年就职于武警特色医学中心妇产科，2009年聘为中国人民武装警察部队武警特色医学中心文职人员，2016年任武警特色医学中心生殖中心护士长，2019年任心脏重症医学科副护士长，2020年至今任发热门诊护士长。

她从事护理工作16年，视岗位如战位。2016年调入生殖中心，她科学设置护理内容，完善各岗位工作流程，细化工作制度，2017年顺利通过全军生殖中心校验工作。2020年初疫情爆发后，她第一时间请缨上一线，并临危受命担任发热门诊护士长。同年6月，她又担负起应检尽检人员的核酸检测工作，核酸门诊从无到有，所有的人员岗位、职责、排班、工作流程、挂号流程她一一制订，并亲自上阵进行核酸采集工作。

她共完成论文撰写6篇，其中3篇发表在核心期刊。于《中国保健营养》发表论文《宫腹腔镜联合治疗452例输卵管性不孕症患者的护理》，于《健康世界》发表论文《慢性宫颈炎临床护理分析》，于《武警后勤学院学报》发表论文《二甲双胍联合克罗米芬在多囊卵巢综合征患者诱导排卵中的疗效Meta分析》等。

2020年荣获抗击新冠肺炎疫情全国三八红旗手称号、全国抗击新冠肺炎疫情先进集体及先进基层党组织称号、天津市最美家庭荣誉称号。

刘传萍

刘传萍，女，1986年12月出生于山东省潍坊市，中共党员，非现役文职人员，护师。2005年中专毕业于山东省益都卫生学校，2010年大专毕业于山东省滨州医学院，2018年本科毕业于河北医科大学。2005年至今工作于武警特色医学中心，2005年-2013年从事急诊科护理工作，2013年至今从事泌尿外科护理工作，2018年至今担任泌尿外科护士长。

她从事临床护理工作16年。8年的急诊科护理工作中，她参与并掌握急危重症及各类复合伤的抢救和护理，熟练掌握各类抢救仪器的使用及管理。8年的泌尿外科工作中不断探索与积累经验，包括泌尿外科疑难杂症术前、术后个性化护理，腔镜手术后患者的快速康复，输尿管软镜、硬镜、膀胱镜、尿动力等仪器设备的细化管理、使用维护、定期保养等管理工作。

2020年新冠疫情暴发后她主动请缨，随军队支援武汉执行疫情救治任务，援鄂期间任泰康同济医院感染12科护理组长。

她从事临床带教工作10年，临床带教1200人次，临床授课500余次，见习带教50余课时。她发表国家级核心期刊护理相关论文3篇，2015年于《武警后勤学院学报》发表论文《彩色防水标识签在导管护理中的应用》，2020年于《武警医学》发表论文《新型冠状病毒肺炎疫情防控期间脱卸防护服技巧》，2020年于《现代消化及介入诊疗》发表论文“亚甲蓝在泌尿外科中的应用及文献回顾”。参与《外科实操课操作流程》的编写工作。

2020年被评为抗击新冠病毒疫情全国三八红旗手称号。

张猛

张猛，男，1987年6月出生于天津市，中共党员，主管护师。2009年毕业于天津医学高等专科学校，2015年取得西安交通大学护理本科学历。2009年至今就职于天津市宝坻区人民医院，2020年起担任急诊科副护士长。2018年至今担任天津市护理学会第九届理事会男护士工作委员会副主任委员、护理管理专业委员会秘书。

自2010年起在急诊科从事临床护理工作，带教规培、进修及实习护士百余名，担任临床护理技能培训教学工作。2018年赴新疆和田地区民丰县人民医院执行扶贫任务，挂职急诊科护士长。新冠疫情防控期间先后担任隔离病区副护士长，发热门诊、预检分诊护士长，带队援助天津海关进行核酸检测采样工作。

2016年在《天津护理》发表论文《体外无创心脏起搏在急症抢救中的应用与护理》。2016年“一种患者四肢创伤止血装置”和“一种新型洗胃系统”获国家实用新型专利。

2016年荣获天津市卫生计生行业第四届岗位练兵技术比武竞赛第一名，荣获岗位练兵技术比武活动优胜者称号。2017年荣获天津市卫生应急技能竞赛突发事件紧急医学救援一等奖，荣获天津市卫生应急技能标兵称号、全国卫生应急技能竞赛“突发事件紧急医学救援”竞赛一等奖，被评为全国卫生应急技能标兵。2018年被评为天津市人民满意的好护士。

李孟函

李孟函，女，1993年10月出生于河北省廊坊市，非现役文职人员，护士。2015年大专毕业于沧州医学高等专科学校。2015年至今工作于武警特色医学中心（原武警医学院附属医院），2015-2018年工作于儿科呼吸哮喘中心，2018-2019年工作于肛肠外科，2019年至今工作于在特勤急救外科（原肿瘤外科）。

她从事临床护理工作5年，不断总结儿科和外科护理工作经验，包括儿童及癌症晚期患者不同部位静脉穿刺，外科常见疾病的术前、术后个性化护理，配置化疗药物的注意事项和化疗药物外渗的处理、癌症患者的心理护理等。新冠肺炎疫情发生后，她第一时间递交请战书并于2020年2月13日作为支援湖北医疗队一员前往武汉，担任泰康同济医院感染七科护士，在武汉奋战55个日夜后圆满完成任务。

2020年被评为全国优秀共青团员称号。

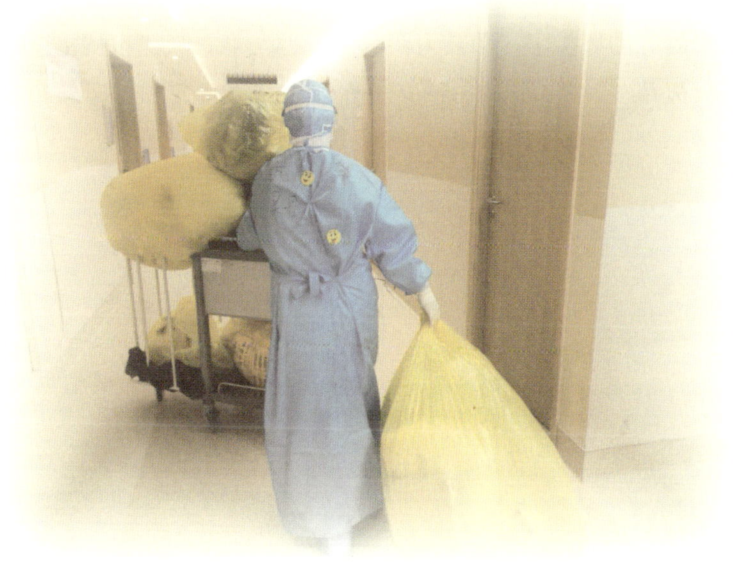

肖婷

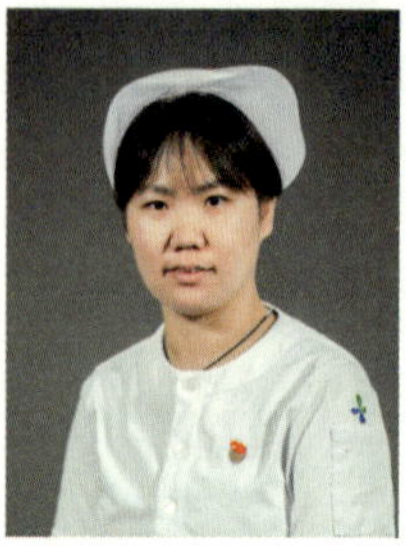

肖婷，女，1994年10月出生于天津市，中共党员，初级护师。2017年毕业于天津中医药大学，2017年至今工作于天津医科大学朱宪彝纪念医院。

2020年2月13日，她随天津市第八批援鄂医疗队前往武汉，驰援武汉市第一医院重症病房，2月16日随医疗队正式接管武汉市第一医院新冠肺炎感染病区。她作为医疗队中年龄最小的一名成员，迅速进入工作状态，认真对待各项临床工作，在厚重的防护服下，她依然耐心地为病人进行静脉输液、取血等各种护理操作，并成为队中第一个为患者进行有创操作的护理人员。就在她驰援武汉的第17天，父亲突发疾病去世，她忍受悲痛仍坚持在抗疫第一线，眼含热泪写下留在武汉继续战斗的请战书，坚决表态要留在前线，不负组织的培养和母亲的期望，用实际行动告慰父亲的在天之灵。

2020年荣获中国好医生、中国好护士抗疫特别人物称号、天津市第六届人民满意的好护士，荣获天津青年五四奖章、天津市抗击新冠疫情劳动模范称号、天津市优秀共产党员称号。

胡海霞

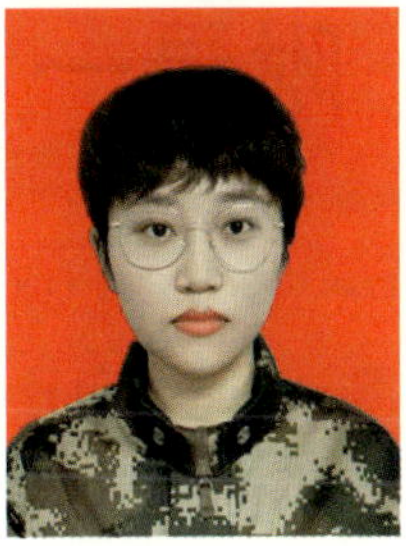

胡海霞，女，1996年1月出生于山东省聊城市，护师。2017年大专毕业于山东协和学院，2017年至今工作于武警特色医学中心烧伤冻伤及组织功能重建研究所。

2020年2月13日，她随医疗队进驻武汉泰康同济医院，协同医疗队24小时内完成科室搭建，4小时收满1个病区的病人。她在工作中，考虑最多的是如何为患者提供生活帮助、优化工作流程、鼓励患者重新建立对生活的信心，牵挂最多的是高龄不能自理的患者，把他们的身体状况、皮肤、饮食、心理等问题逐一摸排调查、登记在册，给予针对性的护理。为避免压疮，她用隔离衣自制体位垫，便于翻身，并带领老人们练习手指操，保持肢体的功能。

2020年被授予抗击新冠肺炎疫情全国三八红旗手称号。

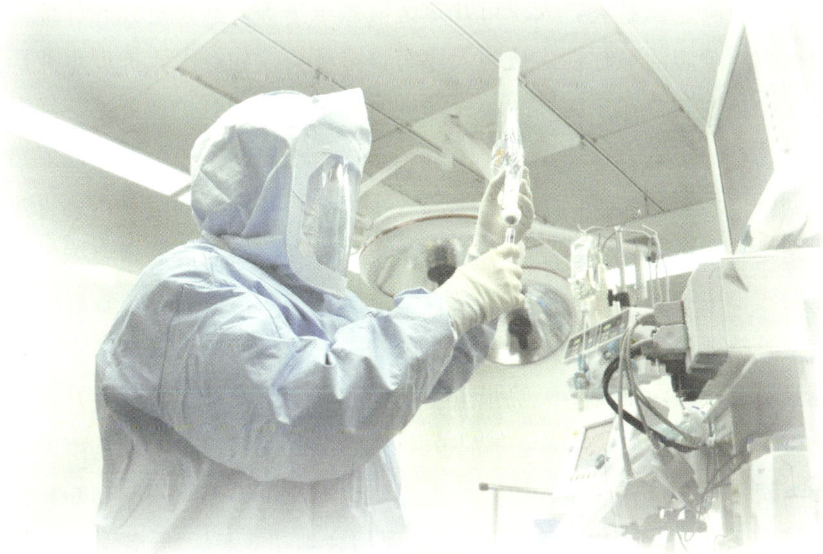

附录一 《天津护理》杂志发展史

《天津护理》1993年创刊时获得天津市新闻出版管理局批准的准印号——津准印号1170。经过2年的努力，于1995年获得国家科委和国家新闻出版总署批准的国内连续出版物号CN12—1260／R和国际连续出版物号ISSN1006—9143，至今《天津护理》已走过了29年。

1.《天津护理》创刊

20世纪90年代，全国护理专业学术期刊为数不多。据1991年的统计，全国只有7本护理学术期刊，包括《中华护理杂志》《解放军护理杂志》《实用护理杂志》（现《中国实用护理杂志》）《护理学杂志》《护士进修杂志》《山西护理》（现《护理研究》）《国外医学·护理学分册》（现《国际护理学杂志》），远远不能满足国内近百万护士的学习需求。天津市护理管理者们看到这种现状，希望创办一份属于自己的杂志。1991年下半年，时任天津市中心妇产科医院副院长的姜月平以书面形式向天津市护理学会倡议创办杂志，学会经认真讨论，考虑困难因素比较多，不具备条件，暂不办刊。王桂英会长电话答复姜月平，同时给予她特别积极的鼓励。1992年上半年，姜月平副院长联合当时的几位护理院长，有天津市肿瘤医院杜如清、天津市第二中心医院（现天津市人民医院）张君英、天津市儿童医院张玉华等，共同研究并仔细论证创办护理杂志的可行性，认为天津有许多优势，如：天津护理事业历史悠久，护理教育在全国领先，天津拥有多位全国知名护理专家。经过反复讨论，决定以“官助民办”的办刊形式，不向国家伸手，自己筹措资金创办护理期刊。她们请示卫生局人事处、科技处等部门并得到肯定。特别是主管医疗的张愈副局长，给予了大力支持，并协调杂志编辑部设在天津市中心妇产科医院。后又有多家医院加入，最终参与筹建的单位及主管护理的副院长包括：天津市肿瘤医院杜如清，天津市第二中心医院张君英，天津市儿童医院张玉华，天津市中心妇产科医院姜月平，天津市第一中心医院孟宝珍，天津医科大学总医院焦建中，天津市第三中心医院梅玉文，天津市天津医院李德达，天津市第一医院谢真知，天津市护理学会关小瑛（时任天津市护理学会理事长）。张愈副局长任主编，姜月平任常务副主编，聘请天津医学院护理系主任甘兰君教授任终审副主编，关小瑛、孟宝珍任副主编。编辑部主任天津市中心妇产科医院刘桂英，编辑有刘守身、李红、隋爱慈。

1993年3月《天津护理》杂志第一期首发。于1993年3月30日在天津市第一中心医院举行了创刊首发仪式，出席开幕式的有天津市副市长钱其璈、市人大副主任黄其兴、石坚等领导，市卫生局局长乔懋彬、副局长张愈、局人事处处长及各大医院主管院长。出席大会的护理专家有佘韫珠、陈路得、朱美棋、袁艺菊、关小瑛等，《中华护理杂志》编辑部主任刘苏君特意从北京赶来祝贺。钱其璈、黄其兴、石坚等领导及王琇瑛、吕式媛等护理专家亲自撰写贺词，对《天津护理》的创刊表示祝贺。

2.《天津护理》杂志编辑部的发展

《天津护理》的健康成长，离不开关心支持她的读者与作者，更得益于热爱、执着于期刊编辑工作的团队以及关注护理事业发展的各级领导。《天津护理》编辑部成立于1992年杂志创刊的筹备阶段，编辑由各医院抽调人员组成，编辑部主任由天津市中心妇产科医院刘桂英担任，编辑由天津市天津医院刘守身、天津市护理学会李红、天津市第二中心医院隋爱慈（后调入天津市中心妇产科医院）担任。由于工作性质特殊，部分人员处在流动状态，先后有天津医科大学总医院李艳丽，天津市肿瘤医院贾辛婕，天津市儿童医院张颖，天津市中心妇产科医院何丽、张晓燕、林常静等人参与编辑部工作，至2012年编辑部专职人员为姜月平、隋爱慈、何冬丽、胡祥芹。4名专职人员具有较高的学历和职称，其中研究生1人，本科2人，大专1人；副高级职称3人，中级职称1

人。以上人员都是护士出身，临床业务扎实，有丰富的临床护理经验，对编辑工作认真负责，人少工作量大，担负着稿件收发、审稿、编辑加工、校对、征订发行、广告、对外联络等繁杂而具体的工作。按照行业规范，逐字逐句修改每一篇文章，严格执行审校制度，保证编辑出版质量。每一篇文章的成功发表都饱含编辑人员幕后默默地付出，急护士之所急，帮护士之所需，尽心尽力，辛勤耕耘，兢兢业业，和作者分享成就与喜悦，成为护士们离不开的良师益友。

随着时间的推移，《天津护理》培养了一批又一批护理专业审稿专家。杂志创办之初，由相关专家推荐，形成了最初的编委会，主编张愈，副主编甘兰君、关小瑛、孟宝珍，常务副主编姜月平，编委24人。为了保证杂志的持续发展，编委队伍不断调整，更迭出新，充分发挥学科引领作用，吸收临床和教学一线的护理专家充实到编委队伍。1997年副主编增加2位护理专家，分别为天津医学院护理系马荫楠、天津市胸科医院汪传润。2005年经专家推荐，天津医科大学护理系赵岳、天津市第一中心医院曹文媚担任杂志终审副主编。2014年天津市中心妇产科医院陈叙担任杂志主编。2017年增加天津医科大学总医院林梅为终审副主编。2020年编委共59人，审稿人16人。同时就审稿中的问题对编委及审稿人进行专业培训。提高审稿能力，逐渐形成年轻化、高学历、高能力的审稿专家队伍。

3.《天津护理》杂志的发展

《天津护理》杂志自1993年创刊至2020年底，共出版正刊160期，增刊6期，共166期，发行130余万册，发行覆盖全国20多个省市自治区。刊登论文1万余篇。

1993年创刊时《天津护理》为季刊，48页，小16开（185mm×260mm）；1997年第1期变更为双月刊；2000年页码由48增加为56页，开本为大16开（210mm×285mm）；2004年页码增至64页；2012年第3-6期，页码为80页；2013年第1期始，页码为96页；2018年1期开始页码增加至128页。

《天津护理》创刊伊始，本着以交流护理学科的新理论、新技术、新方法，提高护理质量和护理水平的办刊宗旨，结合创刊初期稿件的内容而设置期刊栏目，如基础护理、研究与讨论、专科护理、护理管理、心理护理、教学园地、临终关怀、个案护理、经验谈、综述等。为使后人学习和了解在护理学科开拓、发展中做出贡献的学科领头人，开设护理名人传略栏目，先后介绍了佛罗伦斯·南丁格尔、弗吉尼亚·韩德森、Dorothea Orem、Dorothy Johnson等护理先驱。为鼓励和支持我国西部地区的进步与发展，于2001年分别开设2期祖国西部青海版和祖国西部四川版。2005年开设赵岳博士专栏，针对出院计划等延续护理内容进行连续登载。随着医学科技的不断进步以及护理教育水平的逐步提升，护理人员的整体素质在提高。为满足临床和读者多样化需求，在栏目的设置上不断完善和创新，以适应医学科学迅速发展和读者的现实需要，更好地发挥期刊传播医学科技信息的作用。在保留传统栏目基础上，先后增设论著、护理史专栏、调查与分析、健康教育、社区护理、中医护理、护理教育、康复护理、助产士专栏、革新与发明、国际交往、医院感染等栏目。

随着护理学科的发展与进步，护理科研越来越多的受到临床护理工作者的重视。作为护理专业学术期刊，依托学科优势，强化科研成果的时效性，对于科研课题立项和科研成果内容予以及时报道。2016年至2020年5年间刊登科研课题文章共297篇，且呈逐年递增的趋势。充分体现了护理专业的学术价值。

为后人能够更好地记住历史，传播护理文化，2007年开始“天津护士百年历史的研究”，先后发表论文数篇。并由姜月平任主编出版《梅之韵》《天津近代护理发展史研究》等书，记录了大量宝贵的历史资料。

作为学术期刊，除具有科技传播的特性之外，还具有科技新闻的属性，要求我们要具有新闻的敏感性，善于捕捉与专业相关的重要事件。2003年全国多地爆发SARS疫情，特约广东佛山市第一人民医院的护理人员撰写“中国首例SARS患者的急救与护理”一文刊登于2003年第3期。同期加印中心彩页，以图片和文字形式介绍抗击非典一线工作情况。2008年5月12日，我国汶川发生强烈地震，各医院均派医疗队赴四川抗震救灾，我刊及时与各单位联系，征集资料照片，于2008年第3期开设“抗震救灾专栏”，加印中心彩页报道医疗队的救灾工作。2015年天津8.12滨海新区爆炸事故发生后，第一时间和天津市泰达医院夏欣华主任联系征稿，并于2015年10月第5期出版刊登“特约稿件—泰达医院抢救护理的组织指挥与管理—天津8.12爆炸事故工作纪实”，及时报道事故伤员的抢救与护理。2019年底新型冠状病毒肺炎暴发，《天津护理》编辑部在2020年第1期稿件已定稿排印的情况下，临时调整版面，开设“抗击新冠肺炎专栏”。在天津市第一批次援鄂医疗队出发之时，便与参与援助的护理专家及本市定点医院护理专家沟通约稿，开通快速审稿通道，以最快的速度完成审、编流程，及时刊出。从学术角度向临床一线护理工作者分享成功的管理经验与救护方法。利用微信公众号平台，于2020年1月26日起陆续转发“医疗机构内新型冠状病毒感染预防与控制技术指南”“新型冠状病毒感染的肺炎防控中常见医用防护用品使用范围指引（试行）”“新型冠状病毒感染的肺炎护理要点”等相关政策、指南信息。同时向抗疫一线人员征集资料照片，并在期刊封页刊出，以鼓励并致敬抗击一线医护人员。

《天津护理》被中国知网、万方、维普数据库收录。2015年被“超星期刊域出版平台”全文收录。2020年与EBSCO签订收录协议。2013年被天津市科学技术协会评为天津市精品科技期刊。2018年天津市科技期刊评优活动中，《天津护理》编辑部被评为优秀团队。

4.《天津护理》杂志学术活动

以坚持办刊宗旨、保证办刊质量为工作核心，开展各种学术交流活动，全方位服务于护理人员。

主办、协办护理学术会议18次。举办各种形式的国际、国内护理学术会议，印制会议论文集。通过学术会议增进交流，参会代表覆盖面广，包括国际、国内护理专家万余名，交流论文万余篇。通过学术报告、会议交流，开拓视野，了解护理领域及交叉学科的前沿动态、分享研究成果，达到促进科研学术理论水平的提高和展示最新科技成果的目的。学术交流的同时，增进同仁之间的相互了解与合作：天津卫生职工医学院（现医学高等专科学校）与芬兰图尔库科技应用大学护理系签署了交流合作协议，天津市中心妇产科医院与日本德洲会千叶西综合病院达成了互派互访的合作意向。对发展护理事业和对外交流起到了桥梁和推动作用。

针对护理人员存在对护理论文写作重要性的认识及能力不足的普遍现象，邀请各领域的相关专家，开展多种形式的讲座、培训活动数十次。培训内容包括：论文撰写的目的和意义、科研设计、选题技巧、写作能力的培养、科研课题申报、科研论文写作、综述的写作，及各类论文的写作要领和存在的问题等。增强护理人员科研意识、提高护理人员科研兴趣和能力以及写作水平。使更多的护理人员认识到撰写并发表论文是自身临床经验的不断总结和积累，更是提升自身 职业素养和综合素质的重要体现。同时，编辑部的人员每年深入到各医院讲课，根据临床情况和审稿中发现的问题，结合实例深入浅出地讲解护理论文撰写，与护士们面对面交流，激发大家的学习和写作兴趣，提高护理人员的整体素质。受到临床护理人员的广泛重视和信赖。

《天津护理》杂志编辑部供稿

《天津护理》第1期

《天津护理》第100期

附录二　获得市级以上表彰护理人员名单

序号	姓名	性别	获表彰时间	获表彰名称	单位
1	王梅郁	女	1953年	国际三等功臣	天津中医药大学第二附属医院
2	韩俊玉	女	1954年	中国人民志愿军三等功	天津医科大学总医院
3	陈路得	女	1956年	天津市一等优秀护理工作者	天津医科大学总医院
4	韩俊玉	女	1956年	天津市先进工作者	天津医科大学总医院
5	马荫楠	女	1957年	天津市优秀护理工作者	天津市儿童医院
6	王学智	女	1957年	天津市一等优秀护理人员	天津市中心妇产科医院
7	温田媛	女	1958年	天津市劳动模范	天津市中心妇产科医院
8	丁淑芳	女	1959年	北京市青年积极分子	天津市河西医院
9	丁淑芳	女	1959年	北京市三八红旗手	天津市河西医院
10	丁淑芳	女	1959年	北京市文教卫生先进工作者	天津市河西医院
11	王幼文	女	1959年	天津市劳动模范	天津医科大学总医院
12	温田媛	女	1959年	河北省女红旗手	天津市中心妇产科医院
13	温田媛	女	1959年	天津市女红旗手	天津市中心妇产科医院
14	丁淑芳	女	1960年	北京市劳动模范	天津市河西医院
15	王幼文	女	1960年	河北省岳城水库建库英雄	天津医科大学总医院
16	韩爱荣	女	1962年	天津市劳动模范	天津市第五中心医院
17	王幼文	女	1962年	天津市先进幼儿教师	天津医科大学总医院
18	范春翠	女	1963年	天津市三八红旗手	天津市环湖医院
19	王幼文	女	1964年	天津市优秀妇女工作者	天津医科大学总医院
20	范春翠	女	1965年	天津市抗震先进工作者	天津市环湖医院
21	王幼文	女	1972年	宁夏回族自治区先进工作者、十大标兵	天津医科大学总医院
22	孟宝珍	女	1974年	内蒙古自治区模范工作者	天津市第一中心医院
23	李玉芝	女	1976年	天津市抗震救灾先进个人	天津市第一中心医院
24	郑秀芝	女	1977年	天津市先进工作者	天津市第一中心医院
25	韩爱荣	女	1978年	天津市劳动模范	天津市第五中心医院
26	韩爱荣	女	1979年	全国三八红旗手	天津市第五中心医院
27	韩爱荣	女	1979年	天津市劳动模范	天津市第五中心医院

续表

序号	姓名	性别	获表彰时间	获表彰名称	单位
28	姜永亲	女	1979 年	天津市劳动模范	天津市肿瘤医院
29	佘韫珠	女	1979 年	天津市特等劳动模范	天津市第一中心医院
30	佘韫珠	女	1980 年	全国三八红旗手	天津市第一中心医院
31	包淑芳	女	1980 年	天津市科学技术协会科普工作积极分子	天津市第二人民医院
32	姜永亲	女	1980 年	天津市特等劳动模范	天津市肿瘤医院
33	姜永亲	女	1981 年	天津市学雷锋女子青年标兵	天津市肿瘤医院
34	石玉凤	女	1981 年	天津市学雷锋女子青年标兵	天津市肿瘤医院
35	赵平	女	1981 年	天津市新长征突击手	天津市中心妇产科医院
36	王丽华	女	1982 年	邯郸市优秀护理人员	南开大学附属医院（天津市第四医院）
37	马荫楠	女	1982 年	全国护理科普先进个人	天津市儿童医院
38	朱美琪	女	1982 年	全军科学技术大会评为先进个人	联勤保障部队第九八三医院
39	刘金焕	女	1982 年	三等功	天津康复疗养中心
40	聂蕴庠	女	1982 年	天津市妇幼保健先进个人	天津市儿童医院
41	甘兰君	女	1982 年	天津市科技工作积极分子	天津医学院
42	王学媛	女	1982 年	天津市科协工作积极分子	天津市天津医院
43	韩俊玉	女	1982 年	天津市劳动模范	天津医科大学总医院
44	佘韫珠	女	1982 年	天津市三八红旗手	天津市第一中心医院
45	关小瑛	女	1982 年	天津市三八红旗手	天津市第一中心医院
46	马荫楠	女	1982 年	天津市三八红旗手	天津市儿童医院
47	汪传润	女	1982 年	天津市三八红旗手	天津市胸科医院
48	韩俊玉	女	1982 年	天津市先进工作者	天津医科大学总医院
49	高娥	女	1982 年	天津市优秀护理工作者	天津市滨海新区海滨人民医院
50	张红芬	女	1982 年	天津市优秀护理工作者	天津市第二人民医院
51	芮素珍	女	1982 年	天津市优秀护理工作者	天津市第二人民医院
52	包淑芳	女	1982 年	天津市优秀护理工作者	天津市第二人民医院
53	降爱华	女	1982 年	天津市优秀护理工作者	天津市第二医院
54	韩爱荣	女	1982 年	天津市优秀护理工作者	天津市第五中心医院
55	刘增英	女	1982 年	天津市优秀护理工作者	天津市第五中心医院
56	赵玉生	女	1982 年	天津市优秀护理工作者	天津市第五中心医院

续表

序号	姓名	性别	获表彰时间	获表彰名称	单位
57	屈新民	男	1982年	天津市优秀护理工作者	天津市第一中心医院
58	马荫楠	女	1982年	天津市优秀护理工作者	天津市儿童医院
59	赵娟	女	1982年	天津市优秀护理工作者	天津市儿童医院
60	王素慧	女	1982年	天津市优秀护理工作者	天津市儿童医院
61	杨二凤	女	1982年	天津市优秀护理工作者	天津市肺科医院
62	陈玉琴	女	1982年	天津市优秀护理工作者	天津市河西医院
63	陶荣芳	女	1982年	天津市优秀护理工作者	天津市眼科医院
64	姜永亲	女	1982年	天津市优秀护理工作者	天津市肿瘤医院
65	王幼文	女	1982年	天津市优秀护理工作者	天津医科大学总医院
66	孙玫	女	1982年	天津市优秀护理工作者	天津医科大学总医院
67	芮素珍	女	1982年	天津市优秀护士	天津市第二人民医院
68	包淑芳	女	1982年	天津市优秀护士	天津市第二人民医院
69	关小瑛	女	1982年	天津市优秀护士	天津市第一中心医院
70	李淑丞	女	1982年	天津市优秀护士	天津市口腔医院
71	陈家凤	女	1982年	天津市优秀护士	天津医科大学第二医院
72	丁淑芳	女	1982年	中华人民共和国卫生部从事护理工作三十年荣誉证书	天津市河西医院
73	孙江秋	女	1982年	天津市优秀护理工作者	天津市肿瘤医院
74	汪鉌	女	1982年	天津市妇幼卫生、计划生育技术指导工作先进工作者	天津市中心妇产科医院
75	温田媛	女	1982年	天津市优秀共产党员	天津市中心妇产科医院
76	关小瑛	女	1983年	全国三八红旗手	天津市第一中心医院
77	甘兰君	女	1983年	天津市科技工作积极分子	天津医学院
78	陶荣芳	女	1983年	天津市科协工作积极分子	天津市眼科医院
79	马荫楠	女	1983年	天津市科协工作积极分子	天津医学院
80	包淑芳	女	1983年	天津市科学技术协会科普工作积极分子	天津市第二人民医院
81	姚玉荣	女	1983年	天津市劳动模范	天津市南开区王顶堤医院
82	关小瑛	女	1983年	天津市女优秀知识分子	天津市第一中心医院
83	孙炳秀	女	1983年	天津市先进工作者	天津市第二人民医院
84	丁淑芳	女	1983年	天津市优秀护理工作者	天津市河西医院
85	汪传润	女	1983年	天津市优秀护理工作者	天津市胸科医院
86	温田媛	女	1983年	天津市三八红旗手	天津市中心妇产科医院

续表

序号	姓名	性别	获表彰时间	获表彰名称	单位
87	裘月娟	女	1983 年	天津市优秀护理工作者	天津市南开医院
88	朱美琪	女	1984 年	三等功	联勤保障部队第九八三医院
89	刘金焕	女	1984 年	三等功	天津康复疗养中心
90	甘兰君	女	1984 年	天津市科技工作积极分子	天津医学院
91	丁淑芳	女	1984 年	天津市科协工作积极分子	天津市河西医院
92	王学媛	女	1984 年	天津市科协工作积极分子	天津市天津医院
93	包淑芳	女	1984 年	天津市三八红旗手	天津市第二人民医院
94	孙江秋	女	1984 年	天津市三八红旗手	天津市肿瘤医院
95	李玲娜	女	1984 年	天津市优秀护理工作者	天津市胸科医院
96	许燕霞	女	1985 年	三等功	联勤保障部队第九八三医院
97	甘兰君	女	1985 年	天津市科技工作积极分子	天津医学院
98	朱美琪	女	1985 年	天津市科学技术协会工作积极分子	联勤保障部队第九八三医院
99	温田媛	女	1985 年	天津市三八红旗手	天津市中心妇产科医院
100	包淑芳	女	1986 年	天津市“七五”立功奖章	天津市第二人民医院
101	魏秀云	女	1986 年	天津市“七五”立功奖章	天津市儿童医院
102	关小瑛	女	1986 年	天津市科协工作积极分子	天津市第一中心医院
103	王学媛	女	1986 年	天津市科协工作积极分子	天津市天津医院
104	韩俊玉	女	1986 年	天津市劳动模范	天津医科大学总医院
105	郑秀芝	女	1986 年	天津市先进工作者	天津市第一中心医院
106	张玉玲	女	1986 年	天津市优秀护理工作者	天津市第五中心医院
107	王以玲	女	1986 年	天津市优秀护理工作者	天津市河西医院
108	汪传润	女	1986 年	天津市优秀护理工作者	天津市胸科医院
109	杨淑兰	女	1986 年	天津市优秀护士	天津市儿童医院
110	刘学梅	女	1986 年	天津市优秀护理工作者	天津医科大学总医院
111	裘月娟	女	1986 年	天津市优秀护士	天津市南开医院
112	牛荣斌	女	1986 年	天津市优秀护理工作者	天津市肿瘤医院
113	孙江秋	女	1986 年	天津市优秀护理工作者	天津市肿瘤医院
114	包淑芳	女	1987 年	全国模范护士	天津市第二人民医院
115	张俊文	女	1987 年	三等功	联勤保障部队第九八三医院

续表

序号	姓名	性别	获表彰时间	获表彰名称	单位
116	曲建蓉	女	1987年	天津市“七五”立功奖章	天津市第一中心医院
117	李兰娣	女	1987年	天津市“七五”立功奖章	天津市第一中心医院
118	杨淑兰	女	1987年	天津市优秀护士	天津市儿童医院
119	刘学梅	女	1988年	全国模范护士	天津医科大学总医院
120	李采	女	1988年	全国文明先进个人奖	天津市肺科医院
121	张玉玲	女	1988年	天津市“七五”立功奖章	天津市第五中心医院
122	丁淑芳	女	1988年	天津市“七五”立功奖章	天津市河西医院
123	王学媛	女	1988年	天津市科协工作积极分子	天津市天津医院
124	丁惠玲	女	1988年	天津市卫生系统思想政治工作先进个人	天津市儿童医院
125	姚玉荣	女	1988年	天津市先进卫生工作者	天津市南开区王顶堤医院
126	韩广芬	女	1988年	天津市优秀教师	天津市第二人民医院
127	汪传润	女	1988年	卫生部模范护士	天津市胸科医院
128	朱美琪	女	1988年	中华护理学会天津分会工作积极分子	联勤保障部队第九八三医院
129	王学媛	女	1988年	中华护理学会天津分会工作积极分子	天津市天津医院
130	陈玉琴	女	1988年	中华人民共和国卫生部从事护理工作三十年荣誉证书	天津市河西医院
131	李淑丞	女	1988年	中华人民共和国卫生部从事护理工作三十年荣誉证书	天津市口腔医院
132	丁惠玲	女	1988年	中华人民共和国卫生部优秀护士	天津市儿童医院
133	王以玲	女	1988年	全国模范护士	天津市河西医院
134	陈玉琴	女	1988年	中华人民共和国卫生部从事护理工作三十年荣誉证书	天津市河西医院
135	孙江秋	女	1988年	天津市劳动模范	天津市肿瘤医院
136	裘月娟	女	1988年	中华护理学会天津分会工作积极分子	天津市南开医院
137	马荫楠	女	1989年	陈路得护理教育奖金一等奖	天津医学院
138	陈荣秀	女	1989年	天津市“七五”立功奖章	天津市肿瘤医院
139	王以玲	女	1989年	中华人民共和国卫生部从事护理工作三十年荣誉证书	天津市河西医院
140	张益信	女	1989年	天津市三八红旗手	天津市第一中心医院

续表

序号	姓名	性别	获表彰时间	获表彰名称	单位
141	刘克利	男	1989 年	天津市十佳青年	天津市第一中心医院
142	刘克利	男	1989 年	天津市卫生行业先进工作者	天津市第一中心医院
143	魏玉华	女	1989 年	天津市卫生行业先进工作者	天津市第一中心医院
144	陈荣秀	女	1989 年	天津市卫生行业优秀工作者	天津市肿瘤医院
145	王丽华	女	1989 年	天津市卫生行业优秀卫生工作者	南开大学附属医院(天津市第四医院)
146	芮素珍	女	1989 年	天津市卫生行业优秀卫生工作者	天津市第二人民医院
147	张益信	女	1989 年	天津市卫生行业优秀卫生工作者	天津市第一中心医院
148	杨淑兰	女	1989 年	天津市卫生行业优秀卫生工作者	天津市儿童医院
149	工瑞娥	女	1989 年	天津市卫生行业优秀卫生工作者	天津市儿童医院
150	王以玲	女	1989 年	天津市卫生行业优秀卫生工作者	天津市河西医院
151	撒素琴	女	1989 年	天津市卫生行业优秀卫生工作者	天津市口腔医院
152	刘子筠	女	1989 年	天津市优秀党员	天津市滨海新区大港医院
153	张秀玲	女	1989 年	天津市优秀工会积极分子	天津市儿童医院
154	戴虹	女	1989 年	天津市优秀护理工作者	天津市第二医院
155	李宝英	女	1989 年	天津市优秀护理工作者	天津市第五中心医院
156	宋秀玲	女	1989 年	天津市优秀护理工作者	天津市第一中心医院
157	张益信	女	1989 年	天津市优秀护理工作者	天津市第一中心医院
158	王瑾秀	女	1989 年	天津市优秀护理工作者	天津市肺科医院
159	丁淑芳	女	1989 年	天津市优秀护理工作者	天津市河西医院
160	刘云玲	女	1989 年	天津市优秀护理工作者	天津市护理学会
161	姚玉荣	女	1989 年	天津市优秀护理工作者	天津市南开区王顶堤医院
162	刘熙春	女	1989 年	天津市优秀护理工作者	天津市胸科医院
163	陈荣秀	女	1989 年	天津市优秀护理工作者	天津市肿瘤医院
164	王瑞娥	女	1989 年	天津市优秀护士	天津市儿童医院
165	陈荣秀	女	1989 年	天津市优秀护士	天津市肿瘤医院
166	罗士兰	女	1989 年	天津市优秀卫生工作者	天津市第二医院
167	宋秀玲	女	1989 年	天津市优秀卫生工作者	天津市第一中心医院

续表

序号	姓名	性别	获表彰时间	获表彰名称	单位
168	贾尔芬	女	1989 年	天津市优秀卫生工作者	天津医科大学总医院
169	高娥	女	1989 年	天津市优秀卫生工作者	天津市滨海新区海滨人民医院
170	马荫楠	女	1989 年	天津医学院优秀教学成果奖	天津医学院
171	邓光馨	女	1989 年	中华人民共和国卫生部从事护理工作三十年荣誉证书	天津市滨海新区海滨人民医院
172	孙江秋	女	1989 年	天津市劳动模范	天津市肿瘤医院
173	刘迺荣	女	1989 年	天津市卫生行业优秀卫生工作者	天津中医学院第一附属医院
174	孙江秋	女	1989 年	天津市优秀护理工作者	天津市肿瘤医院
175	刘迺荣	女	1989 年	天津市优秀护理工作者	天津中医学院第一附属医院
176	高金娣	女	1990 年	天津市先进工作者	天津市第二医院
177	刘克利	男	1990 年	天津市新长征突击手	天津市第一中心医院
178	罗士兰	女	1990 年	天津市优秀护理标兵	天津市第二医院
179	何明	女	1990 年	天津市优秀护理标兵	天津市眼科医院
180	楚瑞娟	女	1991 年	陈路德护理教育奖学金获	天津市儿童医院
181	修平	女	1991 年	全国卫生系统模范个人	天津市儿童医院
182	刘建新	女	1991 年	三等功	天津康复疗养中心
183	杨淑兰	女	1991 年	天津市教卫系统优秀共产党员	天津市儿童医院
184	刘克利	男	1991 年	天津市劳动模范	天津市第一中心医院
185	孙元娟	女	1991 年	天津市卫生系统援皖救灾防病医疗队先进个人	天津市第一中心医院
186	杨淑兰	女	1991 年	天津市卫生行业优秀卫生工作者	天津市儿童医院
187	张艳	女	1991 年	天津市新长征突击手	天津市肿瘤医院
188	刘子筠	女	1991 年	天津市优秀党员	天津市滨海新区大港医院
189	刘克利	男	1991 年	天津市优秀共产党员	天津市第一中心医院
190	裘月娟	女	1991 年	全国优秀护理工作者	天津市南开医院
191	刘迺荣	女	1991 年	全国优秀护理工作者	天津中医学院第一附属医院
192	李平	女	1991 年	天津市卫生系统优秀党员	天津中医药大学第二附属医院

续表

序号	姓名	性别	获表彰时间	获表彰名称	单位
193	修平	女	1992年	天津市劳动模范	天津市儿童医院
194	孙江秋	女	1992年	天津市劳动模范	天津市肿瘤医院
195	李宝英	女	1992年	天津市优秀护理工作者	天津市第五中心医院
196	张桂华	女	1992年	天津市优秀护理工作者	天津市儿童医院
197	张华兰	女	1992年	天津市优秀护理工作者	天津市儿童医院
198	王以玲	女	1992年	天津市优秀护理工作者	天津市河西医院
199	杜桂琴	女	1992年	天津市优秀护理工作者	天津市河西医院
200	芮素珍	女	1992年	天津市优秀护士	天津市第二人民医院
201	李宝英	女	1992年	天津市优秀护士	天津市第五中心医院
202	奚朝晖	女	1992年	天津市优秀护士	天津市第一中心医院
203	郝淑琴	女	1992年	天津市优秀护士	天津市第一中心医院
204	李耀芬	女	1992年	天津市优秀护士	天津市人民医院
205	强万敏	女	1992年	天津市优秀护士	天津市肿瘤医院
206	孙江秋	女	1992年	天津市优秀护士	天津市肿瘤医院
207	王以玲	女	1992年	中华人民共和国卫生部从事护理工作三十年荣誉证书	天津市河西医院
208	裘月娟	女	1992年	天津市优秀护士	天津市南开医院
209	刘莉	女	1992年	天津市优秀护理工作者	天津市胸科医院
210	张玉梅	女	1992年	天津市优秀护士	天津市第五中心医院
211	刘云玲	女	1993年	全国护理科技进步奖三等奖	天津市护理学会
212	陈荣秀	女	1993年	天津市"八五"立功奖章	天津市肿瘤医院
213	张益信	女	1993年	天津市三八红旗手	天津市第一中心医院
214	马莎莉	女	1993年	天津市优秀护士长	天津市儿童医院
215	王梅	女	1993年	天津市优秀护士长	天津市儿童医院
216	孟宝珍	女	1994年	天津市"八五"立功奖章	天津市第一中心医院
217	刘纯艳	女	1994年	天津市教学楷模	天津医科大学
218	龚立影	女	1994年	天津市十佳青年护理技术操作新星	南开大学附属医院(天津市第四医院)
219	宓丽娟	女	1994年	天津市卫生行业优秀护士长	天津市滨海新区大港医院
220	李宝英	女	1994年	天津市卫生行业优秀护士长	天津市第五中心医院
221	汪莉	女	1994年	天津市卫生行业优秀护士长	天津市第一中心医院
222	杨又力	女	1994年	天津市卫生行业优秀护士长	天津医科大学总医院

续表

序号	姓名	性别	获表彰时间	获表彰名称	单位
223	龚立影	女	1994 年	天津市新长征突击手	南开大学附属医院（天津市第四医院）
224	崔贵璞	女	1994 年	天津市新长征突击手	天津市第一中心医院
225	徐丽娜	女	1994 年	天津市新长征突击手	天津市胸科医院
226	唐磊	女	1994 年	天津市新长征突击手	天津市肿瘤医院
227	张富玲	女	1994 年	天津市优秀护士长	天津市津南医院
228	金霞	女	1995 年	北京联合国际第四次世界妇女大会嘉奖	联勤保障部队第九八三医院
229	龚立影	女	1995 年	首批跨世纪青年人才库人员	南开大学附属医院（天津市第四医院）
230	李平	女	1995 年	天津市“八五”立功奖章	天津中医药大学第二附属医院
231	张树丽	女	1995 年	天津市优秀共产党员	天津市眼科医院
232	宓丽娟	女	1995 年	天津市优秀护理工作者	天津市滨海新区大港医院
233	刘军	女	1995 年	天津市优秀护理工作者	天津市滨海新区海滨人民医院
234	李宝英	女	1995 年	天津市优秀护理工作者	天津市第五中心医院
235	李宝英	女	1995 年	天津市优秀护理工作者	天津市第五中心医院
236	苗桂萍	女	1995 年	天津市优秀护理工作者	天津市第一中心医院
237	王以玲	女	1995 年	天津市优秀护理工作者	天津市河西医院
238	撒素琴	女	1995 年	天津市优秀护理工作者	天津市口腔医院
239	强万敏	女	1995 年	天津市优秀护理工作者	天津市肿瘤医院
240	陈荣秀	女	1995 年	天津市优秀护理工作者	天津市肿瘤医院
241	杨志敏	女	1995 年	天津市优秀护士	天津市宝坻区人民医院
242	张淑芬	女	1995 年	天津市优秀护士	天津市津南医院
243	刘振玲	女	1995 年	天津市优秀护士	天津市津南医院
244	孙江秋	女	1995 年	天津市优秀护士	天津市肿瘤医院
245	陈荣秀	女	1995 年	天津市优秀护士	天津市肿瘤医院
246	夏佩秋	女	1995 年	“八五”立功奖章	天津市公安医院
247	赵平	女	1995 年	天津市优秀共产党员	天津市中心妇产科医院
248	高璠	女	1995 年	天津市优秀护理工作者	天津市天津医院
249	陈桂兰	女	1995 年	天津市优秀护理工作者	天津市胸科医院
250	杨翠芳	女	1995 年	天津市优秀护理工作者	天津医科大学总医院

续表

序号	姓名	性别	获表彰时间	获表彰名称	单位
251	张俊文	女	1996年	三等功	联勤保障部队第九八三医院
252	靳建卉	女	1996年	天津市“八五”立功奖章	天津市天津医院
253	张秀俊	女	1996年	天津市“八五”立功奖章	天津市西青医院
254	强万敏	女	1996年	天津市“八五”立功奖章	天津市肿瘤医院
255	曹文媚	女	1996年	天津市“九五”立功先进个人	天津市第一中心医院
256	杨新月	女	1996年	天津市教学标兵	天津医学高等专科学校
257	王淑琴	女	1996年	天津市劳动模范	天津医科大学总医院
258	李育欣	女	1996年	铁道部全路优秀青年技术选手	天津市第四中心医院
259	唐俐	女	1997年	北京军区优秀护士	天津康复疗养中心
260	强万敏	女	1997年	全国卫生系统青年岗位能手	天津市肿瘤医院
261	金霞	女	1997年	三等功	联勤保障部队第九八三医院
262	徐晓梅	女	1997年	天津市“九五”立功奖章	天津市第一中心医院
263	楚瑞娟	女	1997年	天津市“九五”立功先进个人	天津市儿童医院
264	龚立影	女	1997年	天津市青年岗位能手	南开大学附属医院（天津市第四医院）
265	张秀俊	女	1997年	天津市青年岗位能手	天津市西青医院
266	徐晓梅	女	1997年	天津市三八红旗手	天津市第一中心医院
267	强万敏	女	1997年	天津市卫生行业“青年岗位能手”	天津市肿瘤医院
268	王靖	女	1997年	天津市优秀青年志愿者	天津市第一中心医院
269	徐晓梅	女	1997年	天津市职工技术明星	天津市第一中心医院
270	董式辉	女	1997年	天津市“九五”立功先进个人	天津中医学院第一附属医院
271	徐慧蒂	女	1998年	中华人民共和国卫生部从事护理工作三十年荣誉证书	天津市肺科医院
272	楚瑞娟	女	1998年	天津市“九五”立功先进个人	天津市儿童医院
273	陈荣秀	女	1998年	天津市“九五”立功先进个人	天津市肿瘤医院
274	张富玲	女	1998年	天津市劳动模范	天津市津南医院
275	王文荣	女	1998年	中华人民共和国卫生部从事护理工作三十年荣誉证书	天津医科大学口腔医院
276	宋子惠	女	1998年	天津市市级优秀工作者	天津市人民医院

续表

序号	姓名	性别	获表彰时间	获表彰名称	单位
277	孙江秋	女	1998年	天津市特等劳动模范	天津市肿瘤医院
278	吴玲	女	1998年	天津市新长征突击手	天津市第一中心医院
279	张树丽	女	1998年	天津市优秀共产党员	天津市眼科医院
280	薛文琪	女	1998年	天津市优秀护理工作者	天津市第二人民医院
281	杨玉娟	女	1998年	天津市优秀护理工作者	天津市第五中心医院
282	萨百艳	女	1998年	天津市优秀护理工作者	天津市肺科医院
283	张富玲	女	1998年	天津市优秀护理工作者	天津市津南医院
284	张秀俊	女	1998年	天津市优秀护理工作者	天津市西青医院
285	强万敏	女	1998年	天津市优秀护理工作者	天津市肿瘤医院
286	陈荣秀	女	1998年	天津市优秀护理工作者	天津市肿瘤医院
287	杨又力	女	1998年	天津市优秀护理工作者	天津医科大学总医院
288	杨志敏	女	1998年	天津市优秀护士	天津市宝坻区人民医院
289	曹文媚	女	1998年	天津市优秀护士	天津市第一中心医院
290	孟宝珍	女	1998年	天津市优秀护士	天津市第一中心医院
291	孟庆芳	女	1998年	天津市优秀护士	天津市儿童医院
292	齐之洪	女	1998年	天津市优秀护士	天津市儿童医院
293	蔡萍	女	1998年	天津市优秀护士	天津市儿童医院
294	孙秀萍	女	1998年	天津市优秀护士	天津市长征医院
295	孙江秋	女	1998年	天津市优秀护士	天津市肿瘤医院
296	陈荣秀	女	1998年	天津市优秀护士	天津市肿瘤医院
297	王晓萍	女	1998年	天津市优秀护士长	天津市儿童医院
298	李平	女	1998年	天津市教育工会优秀工会工作者	天津中医药大学第二附属医院
299	靳建卉	女	1998年	天津市优秀护理工作者	天津市天津医院
300	岳纯	女	1998年	天津市优秀护理工作者	天津市胸科医院
301	刘学琪	女	1998年	天津市优秀护理工作者	天津市胸科医院
302	杨文瑾	女	1998年	天津市优秀护理工作者	天津医科大学口腔医院
303	董式辉	女	1998年	天津市优秀护理工作者	天津中医学院第一附属医院
304	于丽霞	女	1999年	三等功	天津康复疗养中心
305	王靖	女	1999年	天津市“九五”立功奖章	天津市第一中心医院
306	王晓萍	女	1999年	天津市“九五”立功先进个人	天津市儿童医院
307	马秀坤	女	1999年	天津市劳动模范	天津市儿童医院

续表

序号	姓名	性别	获表彰时间	获表彰名称	单位
308	法天锷	女	1999 年	天津市新长征突击手	天津市胸科医院
309	孟宝珍	女	1999 年	中华护理学会第四届护理科技进步奖二等奖	天津市第一中心医院
310	唐俐	女	2000 年	北京军区优秀护士	天津康复疗养中心
311	杨荣兰	女	2000 年	天津市“九五”立功奖章	天津市第一中心医院
312	王翠英	女	2000 年	天津市“九五”立功先进个人	天津市北辰医院
313	刘军	女	2000 年	天津市“九五”立功先进个人	天津市滨海新区海滨人民医院
314	韩玉荣	女	2000 年	天津市劳动模范	天津市儿童医院
315	曹文媚	女	2000 年	天津市三八红旗手	天津市第一中心医院
316	张秀玲	女	2000 年	天津市优秀护理工作者	天津市儿童医院
317	常丽丽	女	2000 年	天津市优秀护理工作者	天津市儿童医院
318	周建新	女	2000 年	天津市优秀护士	天津医科大学朱宪彝纪念医院
319	李桂香	女	2001 年	北京军区优秀护士	天津康复疗养中心
320	叶朝	女	2001 年	天津警备区“军人模范妻子”	天津市第一中心医院
321	李毅	女	2001 年	天津市三八红旗手	天津市儿童医院
322	宋子惠	女	2001 年	天津市市级优秀工作者	天津市人民医院
323	张春荣	女	2001 年	天津市优秀共产党员	天津市第二人民医院
324	杨荣兰	女	2001 年	天津市优秀共产党员	天津市第一中心医院
325	许湧	女	2001 年	天津市优秀护理工作者	南开大学附属医院(天津市第四医院)
326	张红革	女	2001 年	天津市优秀护理工作者	天津市第一中心医院
327	杨玉娟	女	2001 年	天津市优秀护理工作者	天津市第五中心医院
328	赵洪运	女	2001 年	天津市优秀护理工作者	天津市第五中心医院
329	王靖	女	2001 年	天津市优秀护理工作者	天津市第一中心医院
330	杨荣兰	女	2001 年	天津市优秀护理工作者	天津市第一中心医院
331	张宝珍	女	2001 年	天津市优秀护理工作者	天津市肺科医院
332	李耀分	女	2001 年	天津市优秀护理工作者	天津市人民医院
333	张衍	女	2001 年	天津市优秀护理人员	天津市宁河区医院
334	田文军	女	2001 年	天津市优秀护士	天津市第四中心医院
335	撒素琴	女	2001 年	天津市优秀护士	天津市口腔医院
336	黄金娟	女	2001 年	天津市优秀护士	天津市水阁医院

续表

序号	姓名	性别	获表彰时间	获表彰名称	单位
337	曹淑卿	女	2001 年	天津市优秀护士	天津市眼科医院
338	高莉敬	女	2001 年	天津市优秀护士	天津市眼科医院
339	孙江秋	女	2001 年	天津市优秀护士	天津市肿瘤医院
340	李平	女	2001 年	天津市优秀护士	天津中医药大学第二附属医院
341	邹道慧	女	2001 年	中华护理学会第五届科技进步奖三等奖	天津医科大学
342	刘纯艳	女	2001 年	中华护理学会第五届科技进步奖三等奖	天津医科大学
343	宋颖	女	2001 年	天津市技术创新先进个人	天津医科大学总医院
344	李彦亭	女	2001 年	天津市优秀护理工作者	天津市胸科医院
345	谷跃茹	女	2001 年	天津市优秀护理工作者	天津市胸科医院
346	崔彩霞	女	2001 年	天津市优秀护理工作者	天津医科大学总医院
347	赵术云	女	2001 年	天津市优秀护理工作者	武清区中医医院
348	王惠连	女	2001 年	天津市优秀护士	天津市南开医院
349	郑虹	女	2001 年	天津市优秀护士	天津市肿瘤医院
350	董式辉	女	2001 年	天天津市优秀护理工作者”	天津中医学院第一附属医院
351	于丽霞	女	2002 年	全军模范护士	天津康复疗养中心
352	刘春英	女	2002 年	天津市“十五”立功先进个人	天津市第一中心医院
353	王晓萍	女	2002 年	天津市三八红旗手	天津市儿童医院
354	郭莹	女	2002 年	天津市优秀团员	天津市儿童医院
355	张春荣	女	2003 年	抗击非典型肺炎突出贡献奖	天津市第二人民医院
356	孙艳玲	女	2003 年	全国防治非典型肺炎工作优秀团干部	天津市泰达医院
357	龚立影	女	2003 年	全国防治非典型肺炎优秀科技工作者	南开大学附属医院（天津市第四医院）
358	孙玫	女	2003 年	全国防治非典优秀科技工作者	天津医科大学总医院
359	轧春妹	女	2003 年	全国抗击非典先进个人	天津市第二人民医院
360	周惠	女	2003 年	全国三八红旗手	天津市第一中心医院
361	轧春妹	女	2003 年	全国五一劳动奖章	天津市第二人民医院
362	杨又力	女	2003 年	全国医院感染管理系统抗击非典先进个人	天津医科大学总医院

续表

序号	姓名	性别	获表彰时间	获表彰名称	单位
363	陈卉	女	2003 年	全国优秀共青团员	天津市环湖医院
364	轧春妹	女	2003 年	全国优秀科技工作者	天津市第二人民医院
365	陈芳	女	2003 年	天津市“十五”立功先进个人	南开大学附属医院（天津市第四医院）
366	李煜	女	2003 年	天津市“十五”立功先进个人	天津市第三中心医院
367	冯金焕	女	2003 年	天津市“十五”立功先进个人	天津市第三中心医院
368	任敏	女	2003 年	天津市“十五”立功先进个人	天津市儿童医院
369	郝燕捷	女	2003 年	天津市“十五”立功先进个人	天津市肺科医院
370	李环霞	女	2003 年	天津市“十五”立功先进个人	天津市人民医院
371	徐晓梅	女	2003 年	天津市防治非典工作优秀共产党员	天津市第一中心医院
372	崔贵璞	女	2003 年	天津市防治非典工作优秀共产党员	天津市第一中心医院
373	王伟	女	2003 年	天津市防治非典工作优秀共产党员	天津市人民医院
374	刘小玲	女	2003 年	天津市防治非典工作优秀共产党员	天津市人民医院
375	李敬	女	2003 年	天津市防治非典工作优秀共产党员	天津市人民医院
376	刘彦芝	女	2003 年	天津市防治非典工作优秀共产党员	天津市人民医院
377	李云	女	2003 年	天津市防治非典工作优秀共产党员	天津市人民医院
378	马宏文	女	2003 年	天津市防治非典工作优秀共产党员	天津市人民医院
379	刘喜梅	女	2003 年	天津市防治非典工作优秀共产党员	天津市人民医院
380	徐晓梅	女	2003 年	天津市防治非典工作中突出贡献奖	天津市第一中心医院
381	孙玫	女	2003 年	天津市妇联津门女将	天津医科大学总医院
382	邢红梅	女	2003 年	天津市教卫系统防治非典型肺炎工作优秀共产党员	天津市第三中心医院
383	陈芳	女	2003 年	天津市抗击非典先进个人	南开大学附属医院（天津市第四医院）
384	甘媛媛	女	2003 年	天津市抗击非典先进个人	南开大学附属医院（天津市第四医院）

续表

序号	姓名	性别	获表彰时间	获表彰名称	单位
385	龚立影	女	2003年	天津市抗击非典先进个人	南开大学附属医院(天津市第四医院)
386	郭金惠	女	2003年	天津市抗击非典先进个人	南开大学附属医院(天津市第四医院)
387	刘冠群	女	2003年	天津市抗击非典先进个人	南开大学附属医院(天津市第四医院)
388	孙燕	女	2003年	天津市抗击非典先进个人	南开大学附属医院(天津市第四医院)
389	王　砚	女	2003年	天津市抗击非典先进个人	南开大学附属医院(天津市第四医院)
390	王莹	女	2003年	天津市抗击非典先进个人	南开大学附属医院(天津市第四医院)
391	郑志萍	女	2003年	天津市抗击非典先进个人	南开大学附属医院(天津市第四医院)
392	朱立婧	女	2003年	天津市抗击非典先进个人	南开大学附属医院(天津市第四医院)
393	付智慧	女	2003年	天津市抗击非典先进个人	南开大学附属医院(天津市第四医院)
394	李洁	女	2003年	天津市抗击非典先进个人	南开大学附属医院(天津市第四医院)
395	吕咏梅	女	2003年	天津市抗击非典先进个人	南开大学附属医院(天津市第四医院)
396	刘新冬	女	2003年	天津市抗击非典先进个人	南开大学附属医院(天津市第四医院)
397	庞　静	女	2003年	天津市抗击非典先进个人	南开大学附属医院(天津市第四医院)
398	薛轶群	女	2003年	天津市抗击非典先进个人	南开大学附属医院(天津市第四医院)
399	张永荣	女	2003年	天津市抗击非典先进个人	南开大学附属医院(天津市第四医院)
400	张建慧	女	2003年	天津市抗击非典先进个人	天津市北辰区中医医院
401	殷桂春	女	2003年	天津市抗击非典先进个人	天津市第二人民医院
402	王英惠	女	2003年	天津市抗击非典先进个人	天津市第二人民医院
403	陈俊华	女	2003年	天津市抗击非典先进个人	天津市第二人民医院
404	姬宝玲	女	2003年	天津市抗击非典先进个人	天津市第二人民医院
405	潘璇	女	2003年	天津市抗击非典先进个人	天津市第二人民医院

续表

序号	姓名	性别	获表彰时间	获表彰名称	单位
406	程燕	女	2003 年	天津市抗击非典先进个人	天津市第二人民医院
407	张红	女	2003 年	天津市抗击非典先进个人	天津市第二人民医院
408	薛秀玲	女	2003 年	天津市抗击非典先进个人	天津市第二人民医院
409	冯国菊	女	2003 年	天津市抗击非典先进个人	天津市第二人民医院
410	韩国红	女	2003 年	天津市抗击非典先进个人	天津市第二人民医院
411	于立玲	女	2003 年	天津市抗击非典先进个人	天津市第二人民医院
412	高洁	女	2003 年	天津市抗击非典先进个人	天津市第二人民医院
413	袁芳	女	2003 年	天津市抗击非典先进个人	天津市第二人民医院
414	姚志顺	女	2003 年	天津市抗击非典先进个人	天津市第二人民医院
415	肖玉玲	女	2003 年	天津市抗击非典先进个人	天津市第二人民医院
416	刘文军	女	2003 年	天津市抗击非典先进个人	天津市第二人民医院
417	和文香	女	2003 年	天津市抗击非典先进个人	天津市第二人民医院
418	赵凤敏	女	2003 年	天津市抗击非典先进个人	天津市第二人民医院
419	李群	女	2003 年	天津市抗击非典先进个人	天津市第二人民医院
420	韩颖	女	2003 年	天津市抗击非典先进个人	天津市第二人民医院
421	伉宜瑾	女	2003 年	天津市抗击非典先进个人	天津市第二人民医院
422	刘虹	女	2003 年	天津市抗击非典先进个人	天津市第二人民医院
423	张亚军	女	2003 年	天津市抗击非典先进个人	天津市第二人民医院
424	张彧	女	2003 年	天津市抗击非典先进个人	天津市第二人民医院
425	孙宏	女	2003 年	天津市抗击非典先进个人	天津市第二人民医院
426	王楠	女	2003 年	天津市抗击非典先进个人	天津市第二人民医院
427	尚新燕	女	2003 年	天津市抗击非典先进个人	天津市第二人民医院
428	范立红	女	2003 年	天津市抗击非典先进个人	天津市第二人民医院
429	王君	女	2003 年	天津市抗击非典先进个人	天津市第二人民医院
430	刘笑为	女	2003 年	天津市抗击非典先进个人	天津市第二人民医院
431	刘宝萍	女	2003 年	天津市抗击非典先进个人	天津市第二人民医院
432	王丽萍	女	2003 年	天津市抗击非典先进个人	天津市第二人民医院
433	田梅	女	2003 年	天津市抗击非典先进个人	天津市第二人民医院
434	张坤	女	2003 年	天津市抗击非典先进个人	天津市第二人民医院
435	王霞	女	2003 年	天津市抗击非典先进个人	天津市第二人民医院
436	景兰梅	女	2003 年	天津市抗击非典先进个人	天津市第二人民医院
437	崔娜	女	2003 年	天津市抗击非典先进个人	天津市第二人民医院

续表

序号	姓名	性别	获表彰时间	获表彰名称	单位
438	姬向军	女	2003 年	天津市抗击非典先进个人	天津市第二人民医院
439	刘颖	女	2003 年	天津市抗击非典先进个人	天津市第二人民医院
440	徐静	女	2003 年	天津市抗击非典先进个人	天津市第二人民医院
441	王敬	女	2003 年	天津市抗击非典先进个人	天津市第二人民医院
442	武敬红	女	2003 年	天津市抗击非典先进个人	天津市第二人民医院
443	高洁	女	2003 年	天津市抗击非典先进个人	天津市第二人民医院
444	戴秀芳	女	2003 年	天津市抗击非典先进个人	天津市第二人民医院
445	孙宏	女	2003 年	天津市抗击非典先进个人	天津市第二人民医院
446	胡雪梅	女	2003 年	天津市抗击非典先进个人	天津市第二人民医院
447	郭嫱	女	2003 年	天津市抗击非典先进个人	天津市第二人民医院
448	魏文敏	女	2003 年	天津市抗击非典先进个人	天津市第二人民医院
449	王紫琪	女	2003 年	天津市抗击非典先进个人	天津市第二人民医院
450	马倩	女	2003 年	天津市抗击非典先进个人	天津市第二人民医院
451	蔡卫华	女	2003 年	天津市抗击非典先进个人	天津市第二人民医院
452	李静文	女	2003 年	天津市抗击非典先进个人	天津市第二人民医院
453	赵旭	女	2003 年	天津市抗击非典先进个人	天津市第二人民医院
454	张彩君	女	2003 年	天津市抗击非典先进个人	天津市第二人民医院
455	李丽萍	女	2003 年	天津市抗击非典先进个人	天津市第二人民医院
456	张宝红	女	2003 年	天津市抗击非典先进个人	天津市第二人民医院
457	王洪婕	女	2003 年	天津市抗击非典先进个人	天津市第二人民医院
458	姜连荣	女	2003 年	天津市抗击非典先进个人	天津市第二人民医院
459	张永喜	女	2003 年	天津市抗击非典先进个人	天津市第二人民医院
460	李国英	女	2003 年	天津市抗击非典先进个人	天津市第二人民医院
461	刘洪稳	女	2003 年	天津市抗击非典先进个人	天津市第二人民医院
462	张广莉	女	2003 年	天津市抗击非典先进个人	天津市第二人民医院
463	刘秀兰	女	2003 年	天津市抗击非典先进个人	天津市第二人民医院
464	赵玉芬	女	2003 年	天津市抗击非典先进个人	天津市第二人民医院
465	金利萍	女	2003 年	天津市抗击非典先进个人	天津市第二人民医院
466	陈婉华	女	2003 年	天津市抗击非典先进个人	天津市第二人民医院
467	曹明霞	女	2003 年	天津市抗击非典先进个人	天津市第二人民医院
468	张美香	女	2003 年	天津市抗击非典先进个人	天津市第二人民医院
469	成瑞萍	女	2003 年	天津市抗击非典先进个人	天津市第二人民医院

续表

序号	姓名	性别	获表彰时间	获表彰名称	单位
470	李会萍	女	2003 年	天津市抗击非典先进个人	天津市第二人民医院
471	刘志萍	女	2003 年	天津市抗击非典先进个人	天津市第二人民医院
472	李天荣	女	2003 年	天津市抗击非典先进个人	天津市第二人民医院
473	刘淑英	女	2003 年	天津市抗击非典先进个人	天津市第二人民医院
474	王秀琦	女	2003 年	天津市抗击非典先进个人	天津市第二人民医院
475	滑新容	女	2003 年	天津市抗击非典先进个人	天津市第二人民医院
476	张玉明	女	2003 年	天津市抗击非典先进个人	天津市第二人民医院
477	刘宝琴	女	2003 年	天津市抗击非典先进个人	天津市第二人民医院
478	陈雅珍	女	2003 年	天津市抗击非典先进个人	天津市第二人民医院
479	邱秀莲	女	2003 年	天津市抗击非典先进个人	天津市第二人民医院
480	王凤英	女	2003 年	天津市抗击非典先进个人	天津市第二人民医院
481	杨懿	女	2003 年	天津市抗击非典先进个人	天津市第二人民医院
482	马金萍	女	2003 年	天津市抗击非典先进个人	天津市第二人民医院
483	范宝红	女	2003 年	天津市抗击非典先进个人	天津市第二人民医院
484	赵艳华	女	2003 年	天津市抗击非典先进个人	天津市第二人民医院
485	张会琴	女	2003 年	天津市抗击非典先进个人	天津市第二人民医院
486	朱秀荣	女	2003 年	天津市抗击非典先进个人	天津市第二人民医院
487	李士珍	女	2003 年	天津市抗击非典先进个人	天津市第二人民医院
488	尚莉英	女	2003 年	天津市抗击非典先进个人	天津市第二人民医院
489	孔宪文	女	2003 年	天津市抗击非典先进个人	天津市第二人民医院
490	魏玉萍	女	2003 年	天津市抗击非典先进个人	天津市第二人民医院
491	于秋祥	女	2003 年	天津市抗击非典先进个人	天津市第二人民医院
492	姜玉敏	女	2003 年	天津市抗击非典先进个人	天津市第二人民医院
493	王秀芝	女	2003 年	天津市抗击非典先进个人	天津市第二人民医院
494	刘学兰	女	2003 年	天津市抗击非典先进个人	天津市第二人民医院
495	王峥	女	2003 年	天津市抗击非典先进个人	天津市第二人民医院
496	郝宝霞	女	2003 年	天津市抗击非典先进个人	天津市第二人民医院
497	刘敏	女	2003 年	天津市抗击非典先进个人	天津市第二人民医院
498	马堪蓉	女	2003 年	天津市抗击非典先进个人	天津市第二人民医院
499	刘洁	女	2003 年	天津市抗击非典先进个人	天津市第二人民医院
500	许振环	女	2003 年	天津市抗击非典先进个人	天津市第二人民医院
501	曲颂燕	女	2003 年	天津市抗击非典先进个人	天津市第二人民医院

续表

序号	姓名	性别	获表彰时间	获表彰名称	单位
502	靳德苓	女	2003 年	天津市抗击非典先进个人	天津市第二人民医院
503	吴玉萍	女	2003 年	天津市抗击非典先进个人	天津市第二人民医院
504	李新华	女	2003 年	天津市抗击非典先进个人	天津市第二人民医院
505	齐雪梅	女	2003 年	天津市抗击非典先进个人	天津市第二人民医院
506	王晶	女	2003 年	天津市抗击非典先进个人	天津市第二人民医院
507	王德智	女	2003 年	天津市抗击非典先进个人	天津市第二人民医院
508	吴佳恩	女	2003 年	天津市抗击非典先进个人	天津市第二人民医院
509	王瑾	女	2003 年	天津市抗击非典先进个人	天津市第二人民医院
510	王敏	女	2003 年	天津市抗击非典先进个人	天津市第二人民医院
511	杨娟茹	女	2003 年	天津市抗击非典先进个人	天津市第二人民医院
512	鄄萍	女	2003 年	天津市抗击非典先进个人	天津市第二人民医院
513	张梅	女	2003 年	天津市抗击非典先进个人	天津市第二人民医院
514	贾玉华	女	2003 年	天津市抗击非典先进个人	天津市第二人民医院
515	赵文珍	女	2003 年	天津市抗击非典先进个人	天津市第二人民医院
516	苏秀英	女	2003 年	天津市抗击非典先进个人	天津市第二人民医院
517	降爱华	女	2003 年	天津市抗击非典先进个人	天津市第二医院
518	张文娟	女	2003 年	天津市抗击非典先进个人	天津市第二医院
519	武毅	女	2003 年	天津市抗击非典先进个人	天津市第三中心医院
520	于红	女	2003 年	天津市抗击非典先进个人	天津市第三中心医院
521	邸霞	女	2003 年	天津市抗击非典先进个人	天津市第四中心医院
522	乔洁	女	2003 年	天津市抗击非典先进个人	天津市第四中心医院
523	郝世静	女	2003 年	天津市抗击非典先进个人	天津市第一中心医院
524	阚艳红	女	2003 年	天津市抗击非典先进个人	天津市第一中心医院
525	阚燕	女	2003 年	天津市抗击非典先进个人	天津市第一中心医院
526	崔贵璞	女	2003 年	天津市抗击非典先进个人	天津市第一中心医院
527	郭志颖	女	2003 年	天津市抗击非典先进个人	天津市第一中心医院
528	田玉芳	女	2003 年	天津市抗击非典先进个人	天津市儿童医院
529	任敏	女	2003 年	天津市抗击非典先进个人	天津市儿童医院
530	魏培忠	女	2003 年	天津市抗击非典先进个人	天津市儿童医院
531	董恩虹	女	2003 年	天津市抗击非典先进个人	天津市儿童医院
532	邓芳	女	2003 年	天津市抗击非典先进个人	天津市儿童医院
533	于博娜	女	2003 年	天津市抗击非典先进个人	天津市儿童医院

续表

序号	姓名	性别	获表彰时间	获表彰名称	单位
534	房晓慧	女	2003 年	天津市抗击非典先进个人	天津市肺科医院
535	郝燕捷	女	2003 年	天津市抗击非典先进个人	天津市肺科医院
536	孙娜	女	2003 年	天津市抗击非典先进个人	天津市肺科医院
537	谢秀英	女	2003 年	天津市抗击非典先进个人	天津市肺科医院
538	邓玥	女	2003 年	天津市抗击非典先进个人	天津市肺科医院
539	费学辉	女	2003 年	天津市抗击非典先进个人	天津市肺科医院
540	李建云	女	2003 年	天津市抗击非典先进个人	天津市肺科医院
541	韩学茹	女	2003 年	天津市抗击非典先进个人	天津市肺科医院
542	夏盈	女	2003 年	天津市抗击非典先进个人	天津市肺科医院
543	王珺	女	2003 年	天津市抗击非典先进个人	天津市肺科医院
544	刘光红	女	2003 年	天津市抗击非典先进个人	天津市肺科医院
545	郑广萍	女	2003 年	天津市抗击非典先进个人	天津市肺科医院
546	徐春玲	女	2003 年	天津市抗击非典先进个人	天津市肺科医院
547	张倩	女	2003 年	天津市抗击非典先进个人	天津市肺科医院
548	刘春霞	女	2003 年	天津市抗击非典先进个人	天津市肺科医院
549	沈欣	女	2003 年	天津市抗击非典先进个人	天津市肺科医院
550	王炳权	女	2003 年	天津市抗击非典先进个人	天津市肺科医院
551	孙桐玲	女	2003 年	天津市抗击非典先进个人	天津市肺科医院
552	刘萍	女	2003 年	天津市抗击非典先进个人	天津市肺科医院
553	卞惠玲	女	2003 年	天津市抗击非典先进个人	天津市肺科医院
554	刘卓	女	2003 年	天津市抗击非典先进个人	天津市肺科医院
555	张希凤	女	2003 年	天津市抗击非典先进个人	天津市肺科医院
556	王艳	女	2003 年	天津市抗击非典先进个人	天津市肺科医院
557	吴静	女	2003 年	天津市抗击非典先进个人	天津市肺科医院
558	牟金香	女	2003 年	天津市抗击非典先进个人	天津市肺科医院
559	李宝菊	女	2003 年	天津市抗击非典先进个人	天津市肺科医院
560	宋秀敏	女	2003 年	天津市抗击非典先进个人	天津市肺科医院
561	和金松	女	2003 年	天津市抗击非典先进个人	天津市肺科医院
562	綦晓梅	女	2003 年	天津市抗击非典先进个人	天津市肺科医院
563	吴彦媛	女	2003 年	天津市抗击非典先进个人	天津市肺科医院
564	马玉龙	女	2003 年	天津市抗击非典先进个人	天津市肺科医院
565	孟繁叶	女	2003 年	天津市抗击非典先进个人	天津市肺科医院

续表

序号	姓名	性别	获表彰时间	获表彰名称	单位
566	任庆捷	女	2003年	天津市抗击非典先进个人	天津市肺科医院
567	沈淑敏	女	2003年	天津市抗击非典先进个人	天津市肺科医院
568	张速兰	女	2003年	天津市抗击非典先进个人	天津市肺科医院
569	张玉莲	女	2003年	天津市抗击非典先进个人	天津市肺科医院
570	郑伏晨	女	2003年	天津市抗击非典先进个人	天津市肺科医院
571	李生芬	女	2003年	天津市抗击非典先进个人	天津市肺科医院
572	李夏兰	女	2003年	天津市抗击非典先进个人	天津市肺科医院
573	李欣	女	2003年	天津市抗击非典先进个人	天津市肺科医院
574	刘淑惠	女	2003年	天津市抗击非典先进个人	天津市肺科医院
575	王金玲	女	2003年	天津市抗击非典先进个人	天津市肺科医院
576	王兰芳	女	2003年	天津市抗击非典先进个人	天津市肺科医院
577	魏志红	女	2003年	天津市抗击非典先进个人	天津市肺科医院
578	陈淑萍	女	2003年	天津市抗击非典先进个人	天津市肺科医院
579	董金凤	女	2003年	天津市抗击非典先进个人	天津市肺科医院
580	郭玉华	女	2003年	天津市抗击非典先进个人	天津市肺科医院
581	杨凤阁	女	2003年	天津市抗击非典先进个人	天津市肺科医院
582	杨士敏	女	2003年	天津市抗击非典先进个人	天津市肺科医院
583	姚桂英	女	2003年	天津市抗击非典先进个人	天津市肺科医院
584	苑发展	男	2003年	天津市抗击非典先进个人	天津市肺科医院
585	张爱菊	女	2003年	天津市抗击非典先进个人	天津市肺科医院
586	张雅晨	女	2003年	天津市抗击非典先进个人	天津市肺科医院
587	孙富锦	女	2003年	天津市抗击非典先进个人	天津市肺科医院
588	单国琴	女	2003年	天津市抗击非典先进个人	天津市肺科医院
589	赵玉萍	女	2003年	天津市抗击非典先进个人	天津市肺科医院
590	陈治凤	女	2003年	天津市抗击非典先进个人	天津市肺科医院
591	梁志琴	女	2003年	天津市抗击非典先进个人	天津市肺科医院
592	张兰	女	2003年	天津市抗击非典先进个人	天津市肺科医院
593	高秀珍	女	2003年	天津市抗击非典先进个人	天津市肺科医院
594	杨娜	女	2003年	天津市抗击非典先进个人	天津市肺科医院
595	吕莉	女	2003年	天津市抗击非典先进个人	天津市肺科医院
596	秦永芝	女	2003年	天津市抗击非典先进个人	天津市肺科医院
597	张宝珍	女	2003年	天津市抗击非典先进个人	天津市肺科医院

续表

序号	姓名	性别	获表彰时间	获表彰名称	单位
598	李萍	女	2003年	天津市抗击非典先进个人	天津市肺科医院
599	撒素琴	女	2003年	天津市抗击非典先进个人	天津市口腔医院
600	戴艳梅	女	2003年	天津市抗击非典先进个人	天津市口腔医院
601	沈玲	女	2003年	天津市抗击非典先进个人	天津市民族医院
602	马宏文	女	2003年	天津市抗击非典先进个人	天津市人民医院
603	濮楠	女	2003年	天津市抗击非典先进个人	天津市人民医院
604	李颖	女	2003年	天津市抗击非典先进个人	天津市人民医院
605	王秋霞	女	2003年	天津市抗击非典先进个人	天津市人民医院
606	李蓓	女	2003年	天津市抗击非典先进个人	天津市人民医院
607	元洋	女	2003年	天津市抗击非典先进个人	天津市人民医院
608	杨莉	女	2003年	天津市抗击非典先进个人	天津市人民医院
609	张婵	女	2003年	天津市抗击非典先进个人	天津市人民医院
610	李丽	女	2003年	天津市抗击非典先进个人	天津市人民医院
611	王嵩	女	2003年	天津市抗击非典先进个人	天津市人民医院
612	张军	女	2003年	天津市抗击非典先进个人	天津市人民医院
613	王霞	女	2003年	天津市抗击非典先进个人	天津市人民医院
614	尹宏	女	2003年	天津市抗击非典先进个人	天津市人民医院
615	高宏郁	女	2003年	天津市抗击非典先进个人	天津市人民医院
616	韩冰	女	2003年	天津市抗击非典先进个人	天津市人民医院
617	石茜芝	女	2003年	天津市抗击非典先进个人	天津市人民医院
618	赵虹	女	2003年	天津市抗击非典先进个人	天津市人民医院
619	王玉萍	女	2003年	天津市抗击非典先进个人	天津市人民医院
620	王俊英	女	2003年	天津市抗击非典先进个人	天津市人民医院
621	梁翠彬	女	2003年	天津市抗击非典先进个人	天津市人民医院
622	孙蒂	女	2003年	天津市抗击非典先进个人	天津市人民医院
623	韩玉梅	女	2003年	天津市抗击非典先进个人	天津市人民医院
624	齐长云	女	2003年	天津市抗击非典先进个人	天津市人民医院
625	侯文谆	女	2003年	天津市抗击非典先进个人	天津市人民医院
626	戴靓	女	2003年	天津市抗击非典先进个人	天津市人民医院
627	刘芳	女	2003年	天津市抗击非典先进个人	天津市人民医院
628	李家艳	女	2003年	天津市抗击非典先进个人	天津市人民医院
629	王伟	女	2003年	天津市抗击非典先进个人	天津市人民医院

续表

序号	姓名	性别	获表彰时间	获表彰名称	单位
630	王莹	女	2003 年	天津市抗击非典先进个人	天津市人民医院
631	张为	女	2003 年	天津市抗击非典先进个人	天津市人民医院
632	张东	女	2003 年	天津市抗击非典先进个人	天津市人民医院
633	孙岚	女	2003 年	天津市抗击非典先进个人	天津市人民医院
634	刘小玲	女	2003 年	天津市抗击非典先进个人	天津市人民医院
635	傅璇卿	女	2003 年	天津市抗击非典先进个人	天津市人民医院
636	张秀茹	女	2003 年	天津市抗击非典先进个人	天津市人民医院
637	刘晓军	女	2003 年	天津市抗击非典先进个人	天津市人民医院
638	许媛	女	2003 年	天津市抗击非典先进个人	天津市人民医院
639	贾秀梅	女	2003 年	天津市抗击非典先进个人	天津市人民医院
640	姚蕊	女	2003 年	天津市抗击非典先进个人	天津市人民医院
641	张丽君	女	2003 年	天津市抗击非典先进个人	天津市人民医院
642	齐鸿艳	女	2003 年	天津市抗击非典先进个人	天津市人民医院
643	刘立英	女	2003 年	天津市抗击非典先进个人	天津市人民医院
644	刘锦	女	2003 年	天津市抗击非典先进个人	天津市人民医院
645	运晓凤	女	2003 年	天津市抗击非典先进个人	天津市人民医院
646	王亮文	女	2003 年	天津市抗击非典先进个人	天津市人民医院
647	李培新	女	2003 年	天津市抗击非典先进个人	天津市人民医院
648	李晶	女	2003 年	天津市抗击非典先进个人	天津市人民医院
649	李敬	女	2003 年	天津市抗击非典先进个人	天津市人民医院
650	冯	女	2003 年	天津市抗击非典先进个人	天津市人民医院
651	张洁	女	2003 年	天津市抗击非典先进个人	天津市人民医院
652	陆学玲	女	2003 年	天津市抗击非典先进个人	天津市人民医院
653	颜世洁	女	2003 年	天津市抗击非典先进个人	天津市人民医院
654	马建军	女	2003 年	天津市抗击非典先进个人	天津市人民医院
655	芦颖	女	2003 年	天津市抗击非典先进个人	天津市人民医院
656	刘桂妍	女	2003 年	天津市抗击非典先进个人	天津市人民医院
657	康晋梅	女	2003 年	天津市抗击非典先进个人	天津市人民医院
658	李欣	女	2003 年	天津市抗击非典先进个人	天津市人民医院
659	朱卉	女	2003 年	天津市抗击非典先进个人	天津市人民医院
660	张振雨	女	2003 年	天津市抗击非典先进个人	天津市人民医院
661	李耀芬	女	2003 年	天津市抗击非典先进个人	天津市人民医院

续表

序号	姓名	性别	获表彰时间	获表彰名称	单位
662	孙楠	女	2003 年	天津市抗击非典先进个人	天津市人民医院
663	杜丽	女	2003 年	天津市抗击非典先进个人	天津市人民医院
664	孙悦	女	2003 年	天津市抗击非典先进个人	天津市人民医院
665	焦新立	女	2003 年	天津市抗击非典先进个人	天津市人民医院
666	刘彦芝	女	2003 年	天津市抗击非典先进个人	天津市人民医院
667	曹颖	女	2003 年	天津市抗击非典先进个人	天津市人民医院
668	管篷兰	女	2003 年	天津市抗击非典先进个人	天津市人民医院
669	李云	女	2003 年	天津市抗击非典先进个人	天津市人民医院
670	张晶	女	2003 年	天津市抗击非典先进个人	天津市人民医院
671	刘喜梅	女	2003 年	天津市抗击非典先进个人	天津市人民医院
672	王颖	女	2003 年	天津市抗击非典先进个人	天津市人民医院
673	尹彩兰	女	2003 年	天津市抗击非典先进个人	天津市人民医院
674	吴彤	女	2003 年	天津市抗击非典先进个人	天津市人民医院
675	李莹	女	2003 年	天津市抗击非典先进个人	天津市人民医院
676	周淑玲	女	2003 年	天津市抗击非典先进个人	天津市泰达医院
677	李娜	女	2003 年	天津市抗击非典先进个人	天津市天津医院
678	刘春杰	女	2003 年	天津市抗击非典先进个人	天津市天津医院
679	胡玮	女	2003 年	天津市抗击非典先进个人	天津市天津医院
680	邢秋玲	女	2003 年	天津市抗击非典先进个人	天津医科大学朱宪彝纪念医院
681	林梅	女	2003 年	天津市抗击非典先进个人	天津医科大学总医院
682	李艳丽	女	2003 年	天津市抗击非典先进个人	天津医科大学总医院
683	康颖	女	2003 年	天津市抗击非典先进个人	天津医科大学总医院
684	李丛中	女	2003 年	天津市抗击非典先进个人	天津医科大学总医院
685	王静	女	2003 年	天津市抗击非典先进个人	天津医科大学总医院
686	李星	女	2003 年	天津市抗击非典先进个人	天津医科大学总医院
687	孙玫	女	2003 年	天津市抗击非典先进个人	天津医科大学总医院
688	陈芳	女	2003 年	天津市抗击非典新长征突击手	南开大学附属医院（天津市第四医院）
689	龚立影	女	2003 年	天津市抗击非典新长征突击手	南开大学附属医院（天津市第四医院）
690	李楠	女	2003 年	天津市抗击非典新长征突击手	天津市第二人民医院

续表

序号	姓名	性别	获表彰时间	获表彰名称	单位
691	沈南兰	女	2003 年	天津市抗击非典新长征突击手	天津市第二人民医院
692	魏红	女	2003 年	天津市抗击非典新长征突击手	天津市第二人民医院
693	常新	女	2003 年	天津市抗击非典新长征突击手	天津市第二人民医院
694	韩荣	女	2003 年	天津市抗击非典新长征突击手	天津市第二人民医院
695	孙娟	女	2003 年	天津市抗击非典新长征突击手	天津市第二人民医院
696	董晓茜	女	2003 年	天津市抗击非典新长征突击手	天津市第二人民医院
697	张宝英	女	2003 年	天津市抗击非典新长征突击手	天津市第二人民医院
698	边卓	女	2003 年	天津市抗击非典新长征突击手	天津市第二人民医院
699	刘笑军	女	2003 年	天津市抗击非典新长征突击手	天津市第二人民医院
700	冯健	女	2003 年	天津市抗击非典新长征突击手	天津市第二人民医院
701	冯婷	女	2003 年	天津市抗击非典新长征突击手	天津市第二人民医院
702	刘欣	女	2003 年	天津市抗击非典新长征突击手	天津市第二人民医院
703	龚凤英	女	2003 年	天津市抗击非典新长征突击手	天津市第二人民医院
704	李煜	女	2003 年	天津市抗击非典新长征突击手	天津市第三中心医院
705	武毅	女	2003 年	天津市抗击非典新长征突击手	天津市第三中心医院
706	于红	女	2003 年	天津市抗击非典新长征突击手	天津市第三中心医院
707	邢红梅	女	2003 年	天津市抗击非典新长征突击手	天津市第三中心医院
708	耿志洁	女	2003 年	天津市抗击非典新长征突击手	天津市第三中心医院

续表

序号	姓名	性别	获表彰时间	获表彰名称	单位
709	刘颖琪	女	2003年	天津市抗击非典新长征突击手	天津市第三中心医院
710	徐晓梅	女	2003年	天津市抗击非典新长征突击手	天津市第一中心医院
711	魏培忠	女	2003年	天津市抗击非典新长征突击手	天津市儿童医院
712	董恩虹	女	2003年	天津市抗击非典新长征突击手	天津市儿童医院
713	郝燕捷	女	2003年	天津市抗击非典新长征突击手	天津市肺科医院
714	孙成茹	女	2003年	天津市抗击非典新长征突击手	天津市肺科医院
715	黄丽君	女	2003年	天津市抗击非典新长征突击手	天津市肺科医院
716	石玲	女	2003年	天津市抗击非典新长征突击手	天津市肺科医院
717	孙树英	女	2003年	天津市抗击非典新长征突击手	天津市肺科医院
718	杜春花	女	2003年	天津市抗击非典新长征突击手	天津市肺科医院
719	孙燕	女	2003年	天津市抗击非典新长征突击手	天津市肺科医院
720	闫国英	女	2003年	天津市抗击非典新长征突击手	天津市津南医院
721	郑昕	女	2003年	天津市抗击非典新长征突击手	天津市津南医院
722	刘继玲	女	2003年	天津市抗击非典新长征突击手	天津市津南医院
723	郑万颖	女	2003年	天津市抗击非典新长征突击手	天津市津南医院
724	王玉红	女	2003年	天津市抗击非典新长征突击手	天津市津南医院
725	潘少会	女	2003年	天津市抗击非典新长征突击手	天津市津南医院
726	张晶	女	2003年	天津市抗击非典新长征突击手	天津市人民医院

续表

序号	姓名	性别	获表彰时间	获表彰名称	单位
727	马宏文	女	2003年	天津市抗击非典新长征突击手	天津市人民医院
728	张军	女	2003年	天津市抗击非典新长征突击手	天津市人民医院
729	王霞	女	2003年	天津市抗击非典新长征突击手	天津市人民医院
730	王伟	女	2003年	天津市抗击非典新长征突击手	天津市人民医院
731	王莹	女	2003年	天津市抗击非典新长征突击手	天津市人民医院
732	运晓凤	女	2003年	天津市抗击非典新长征突击手	天津市人民医院
733	邓红	女	2003年	天津市抗击非典新长征突击手标兵	天津市第二人民医院
734	王躬莉	女	2003年	天津市抗击非典新长征突击手标兵	天津市第二人民医院
735	闫瑾	女	2003年	天津市抗击非典新长征突击手标兵	天津市第二人民医院
736	张文娟	女	2003年	天津市抗击非典新长征突击手标兵	天津市第二医院
737	刘燕英	女	2003年	天津市抗击非典型肺炎斗争突出贡献	天津市第一中心医院
738	鲍桂军	女	2003年	天津市抗击非典优秀共产党员	天津市肺科医院
739	朱郁芳	女	2003年	天津市抗击非典优秀护士	天津医科大学总医院
740	孙艳玲	女	2003年	天津市抗击非典优秀团干部	天津市泰达医院
741	孙艳玲	女	2003年	天津市抗击肺炎先进个人	天津市泰达医院
742	付智慧	女	2003年	天津市三八红旗手	南开大学附属医院（天津市第四医院）
743	轧春妹	女	2003年	天津市三八红旗手	天津市第二人民医院
744	王玲	女	2003年	天津市三八红旗手	天津市第二人民医院
745	范宝红	女	2003年	天津市三八红旗手	天津市第二人民医院
746	王莉峰	女	2003年	天津市三八红旗手	天津市第二人民医院
747	周润玲	女	2003年	天津市三八红旗手	天津市第三中心医院
748	刘学琪	女	2003年	天津市三八红旗手	天津市胸科医院

续表

序号	姓名	性别	获表彰时间	获表彰名称	单位
749	杜心平	女	2003年	天津市三八红旗手	天津市胸科医院
750	刘纯艳	女	2003年	天津市三八红旗手	天津医科大学
751	李丛中	女	2003年	天津市三八红旗手	天津医科大学总医院
752	孙玫	女	2003年	天津市三八红旗手	天津医科大学总医院
753	杨新月	女	2003年	天津市师德先进个人	天津医学高等专科学校
754	龚立影	女	2003年	天津市卫生局抗击非典优秀共产党员	南开大学附属医院（天津市第四医院）
755	李煜	女	2003年	天津市卫生系统支援抗震救灾工作先进个人	天津市第三中心医院
756	李煜	女	2003年	天津市卫生系统支援抗震救灾工作先进个人	天津市第三中心医院
757	张付芳	女	2003年	天津市先进个人	天津市宁河区中医医院
758	杨又力	女	2003年	天津市先进科技工作者	天津医科大学总医院
759	王佩	女	2003年	天津市新长征突击手	天津市第二人民医院
760	邢秋玲	女	2003年	天津市新长征突击手	天津医科大学朱宪彝纪念医院
761	张春荣	女	2003年	天津市优秀共产党员	天津市第二人民医院
762	萨百艳	女	2003年	天津市优秀共产党员	天津市肺科医院
763	邢维梅	女	2003年	天津市优秀共产党员	天津市肺科医院
764	杨又力	女	2003年	天津市优秀共产党员	天津医科大学总医院
765	孙玫	女	2003年	天津市优秀共产党员	天津医科大学总医院
766	林梅	女	2003年	天津市优秀护士	天津医科大学总医院
767	韩文珍	女	2003年	天津市优秀共产党员	天津市肺科医院
768	萨百艳	女	2003年	全国抗击非典先进个人	天津市肺科医院
769	江霁光	女	2003年	天津市抗击非典先进个人	天津市肺科医院
770	谷跃茹	女	2003年	天津市“十五”立功先进个人	天津市胸科医院
771	王宗贤	女	2003年	天津市“十五”立功先进个人	天津市胸科医院
772	李燕	女	2003年	全国抗击非典优秀共产党员	天津市肿瘤医院
773	周丽芯	女	2003年	全国优秀共青团员	天津市肿瘤医院
774	韩广红	女	2003年	天津市击非典新长征突击手	天津市肿瘤医院
775	徐世斌	女	2003年	天津市级抗击非典先进个人	天津市肿瘤医院
776	徐虹	女	2003年	天津市教卫系统防治非典型肺炎工作优秀共产党员	天津中医药大学第二附属医院

续表

序号	姓名	性别	获表彰时间	获表彰名称	单位
777	李雯	女	2003年	天津市教卫系统防治非典型性肺炎优秀共产党员	天津市天津医院
778	范惠兰	女	2003年	天津市教卫系统优秀共产党员	天津医科大学口腔医院
779	杨文瑾	女	2003年	天津市教卫系统优秀共产党员	天津医科大学口腔医院
780	谢艳	女	2003年	天津市教卫系统优秀共产党员	天津医科大学总医院
781	朱洁	女	2003年	天津市抗击非典先进个人	天津市肿瘤医院
782	司维	女	2003年	天津市抗击非典先进个人	天津市肿瘤医院
783	刘晓婕	女	2003年	天津市抗击非典先进个人	天津市肿瘤医院
784	王昊	女	2003年	天津市抗击非典先进个人	天津市肿瘤医院
785	杨丽	女	2003年	天津市抗击非典先进个人	天津市肿瘤医院
786	陈希伟	女	2003年	天津市抗击非典先进个人	天津市肿瘤医院
787	薛美英	女	2003年	天津市抗击非典先进个人	天津市肿瘤医院
788	张萍	女	2003年	天津市抗击非典先进个人	天津市肿瘤医院
789	韩广红	女	2003年	天津市抗击非典先进个人	天津市肿瘤医院
790	赵婧	女	2003年	天津市抗击非典先进个人	天津市肿瘤医院
791	刘国红	女	2003年	天津市抗击非典先进个人	天津市肿瘤医院
792	李燕	女	2003年	天津市抗击非典先进个人	天津市肿瘤医院
793	王静	女	2003年	天津市抗击非典先进个人	天津市肿瘤医院
794	温俊梅	女	2003年	天津市抗击非典先进个人	天津市肿瘤医院
795	杨丽	女	2003年	天津市抗击非典先进个人	天津市肿瘤医院
796	马蔚蔚	女	2003年	天津市抗击非典先进个人	天津市肿瘤医院
797	李郁	女	2003年	天津市抗击非典先进个人	天津市肿瘤医院
798	田洁	女	2003年	天津市抗击非典先进个人	天津市肿瘤医院
799	沈彤	女	2003年	天津市抗击非典先进个人	天津市肿瘤医院
800	冯慧媛	女	2003年	天津市抗击非典先进个人	天津市肿瘤医院
801	周丽芯	女	2003年	天津市抗击非典先进个人	天津市肿瘤医院
802	葛宝晶	女	2003年	天津市抗击非典先进个人	天津市肿瘤医院
803	王欣	女	2003年	天津市抗击非典先进个人	天津市肿瘤医院
804	谷明珠	女	2003年	天津市抗击非典先进个人	天津市肿瘤医院
805	王悦	女	2003年	天津市抗击非典先进个人	天津市肿瘤医院

续表

序号	姓名	性别	获表彰时间	获表彰名称	单位
806	蒋静媛	女	2003年	天津市抗击非典先进个人	天津市肿瘤医院
807	孙静	女	2003年	天津市抗击非典先进个人	天津市肿瘤医院
808	赵慧勤	女	2003年	天津市抗击非典先进个人	天津市肿瘤医院
809	温岩	女	2003年	天津市抗击非典先进个人	天津市肿瘤医院
810	邓艳	女	2003年	天津市抗击非典先进个人	天津市肿瘤医院
811	李嘉	女	2003年	天津市抗击非典先进个人	天津市肿瘤医院
812	樊荔	女	2003年	天津市抗击非典先进个人	天津市肿瘤医院
813	冯媛媛	女	2003年	天津市抗击非典先进个人	天津市肿瘤医院
814	袁腾杰	女	2003年	天津市抗击非典先进个人	天津市肿瘤医院
815	郝桂娥	女	2003年	天津市抗击非典先进个人	天津市肿瘤医院
816	徐文坤	女	2003年	天津市抗击非典先进个人	天津市肿瘤医院
817	王寅	女	2003年	天津市抗击非典先进个人	天津市肿瘤医院
818	姜红	女	2003年	天津市抗击非典先进个人	天津市肿瘤医院
819	于丽	女	2003年	天津市抗击非典先进个人	天津市肿瘤医院
820	张之美	女	2003年	天津市抗击非典先进个人	天津市肿瘤医院
821	杨卫霞	女	2003年	天津市抗击非典先进个人	天津市肿瘤医院
822	王朋之	女	2003年	天津市抗击非典先进个人	天津市肿瘤医院
823	张艳	女	2003年	天津市抗击非典先进个人	天津市肿瘤医院
824	赵静	女	2003年	天津市抗击非典先进个人	天津市肿瘤医院
825	郭艳慧	女	2003年	天津市抗击非典先进个人	天津市肿瘤医院
826	郭凤梅	女	2003年	天津市抗击非典先进个人	天津市肿瘤医院
827	刘扬	女	2003年	天津市抗击非典先进个人	天津医科大学总医院
828	王岩燕	女	2003年	天津市抗击非典先进个人	天津医科大学总医院
829	张爽	女	2003年	天津市抗击非典先进个人	天津医科大学总医院
830	李平	女	2003年	天津市抗击非典先进个人	天津中医药大学第二附属医院
831	蒲丽艳	女	2003年	天津市抗击非典新长征突击手	天津市第五中心医院
832	李娜	女	2003年	天津市抗击非典新长征突击手	天津市天津医院
833	杨颖	女	2003年	天津市抗击非典新长征突击手	天津市胸科医院

续表

序号	姓名	性别	获表彰时间	获表彰名称	单位
834	徐丽娜	女	2003年	天津市抗击非典新长征突击手	天津市胸科医院
835	张静	女	2003年	天津市抗击非典新长征突击手	天津市胸科医院
836	王欣	女	2003年	天津市抗击非典新长征突击手	天津市肿瘤医院
837	司维	女	2003年	天津市抗击非典新长征突击手	天津市肿瘤医院
838	王昊	女	2003年	天津市抗击非典新长征突击手	天津市肿瘤医院
839	杨丽	女	2003年	天津市抗击非典新长征突击手	天津市肿瘤医院
840	陈希伟	女	2003年	天津市抗击非典新长征突击手	天津市肿瘤医院
841	张萍	女	2003年	天津市抗击非典新长征突击手	天津市肿瘤医院
842	刘国红	女	2003年	天津市抗击非典新长征突击手	天津市肿瘤医院
843	王静	女	2003年	天津市抗击非典新长征突击手	天津市肿瘤医院
844	杨丽	女	2003年	天津市抗击非典新长征突击手	天津市肿瘤医院
845	李郁	女	2003年	天津市抗击非典新长征突击手	天津市肿瘤医院
846	田洁	女	2003年	天津市抗击非典新长征突击手	天津市肿瘤医院
847	沈彤	女	2003年	天津市抗击非典新长征突击手	天津市肿瘤医院
848	周丽芯	女	2003年	天津市抗击非典新长征突击手	天津市肿瘤医院
849	王悦	女	2003年	天津市抗击非典新长征突击手	天津市肿瘤医院
850	孙静	女	2003年	天津市抗击非典新长征突击手	天津市肿瘤医院
851	赵慧勤	女	2003年	天津市抗击非典新长征突击手	天津市肿瘤医院

续表

序号	姓名	性别	获表彰时间	获表彰名称	单位
852	于淼	女	2003年	天津市抗击非典新长征突击手	天津市肿瘤医院
853	邓艳	女	2003年	天津市抗击非典新长征突击手	天津市肿瘤医院
854	姜红	女	2003年	天津市抗击非典新长征突击手	天津市肿瘤医院
855	史学军	女	2003年	天津市抗击非典新长征突击手	天津医科大学眼科医院
856	郭连梅	女	2003年	天津市抗击非典新长征突击手	天津医科大学总医院
857	刘文莉	女	2003年	天津市抗击非典新长征突击手	天津医科大学总医院
858	康萍	女	2003年	天津市抗击非典新长征突击手	天津中医药大学第二附属医院
859	李萍	女	2003年	天津市抗击非典新长征突击手	天津中医药大学第二附属医院
860	邱宝娟	女	2003年	天津市抗击非典新长征突击手	天津中医药大学第二附属医院
861	李丽	女	2003年	天津市抗击非典新长征突击手	天津中医药大学第二附属医院
862	王健	女	2003年	天津市抗击非典新长征突击手	天津中医药大学第二附属医院
863	李燕	女	2003年	天津市抗击非典新长征突击手标兵	天津市肿瘤医院
864	师俊华	女	2003年	天津市抗击非典新长征突击手标兵	天津医科大学总医院
865	李燕	女	2003年	天津市抗击非典优秀共产党员	天津市肿瘤医院
866	赵婧	女	2003年	天津市抗击非典优秀团干部	天津市肿瘤医院
867	温岩	女	2003年	天津市抗击非典优秀团干部	天津市肿瘤医院
868	郝桂娥	女	2003年	天津市抗击非典优秀团干部	天津市肿瘤医院
869	曹家燕	女	2003年	天津市青年服务明星	天津市肿瘤医院
870	赵慧雯	女	2003年	天津市三八红旗手	天津市天津医院
871	郭凤梅	女	2003年	天津市三八红旗手	天津市肿瘤医院
872	师俊华	女	2003年	天津市抗击非典先进个人	天津医科大学总医院

续表

序号	姓名	性别	获表彰时间	获表彰名称	单位
873	赵慧雯	女	2003 年	天津市抗击非典新长征突击手	天津市天津医院
874	师俊华	女	2003 年	天津市三八红旗手	天津医科大学总医院
875	赵慧雯	女	2003 年	天津市"抗击非典"先进个人	天津市天津医院
876	何宝萍	女	2003 年	天津市"十五"立功先进个人	天津医科大学总医院
877	闫慧	女	2003 年	天津市防治非典工作优秀共产党员	天津市天津医院
878	李慧英	女	2003 年	天津市防治非典工作优秀共产党员	天津市天津医院
879	蒲丽艳	女	2003 年	天津市抗击非典先进个人	天津市第五中心医院
880	夏欣华	女	2003 年	天津市抗击非典先进个人	天津市泰达医院
881	李萍	女	2003 年	天津市抗击非典先进个人	天津市天津医院
882	李晶	女	2003 年	天津市抗击非典先进个人	天津市天津医院
883	李营	女	2003 年	天津市抗击非典先进个人	天津市天津医院
884	赵岩	女	2003 年	天津市抗击非典先进个人	天津市天津医院
885	侯玉岭	女	2003 年	天津市抗击非典先进个人	天津市天津医院
886	季玉秀	女	2003 年	天津市抗击非典先进个人	天津市天津医院
887	李晓锦	女	2003 年	天津市抗击非典先进个人	天津市天津医院
888	张晶	女	2003 年	天津市抗击非典先进个人	天津市天津医院
889	王静	女	2003 年	天津市抗击非典先进个人	天津市天津医院
890	闫慧	女	2003 年	天津市抗击非典先进个人	天津市天津医院
891	刘佳	女	2003 年	天津市抗击非典先进个人	天津市天津医院
892	郭婷	女	2003 年	天津市抗击非典先进个人	天津市天津医院
893	毛彬斐	女	2003 年	天津市抗击非典先进个人	天津市天津医院
894	胡静	女	2003 年	天津市抗击非典先进个人	天津市天津医院
895	刘潇玲	女	2003 年	天津市抗击非典先进个人	天津市天津医院
896	李屏	女	2003 年	天津市抗击非典先进个人	天津市天津医院
897	岳纯	女	2003 年	天津市抗击非典先进个人	天津市胸科医院
898	索秀莉	女	2003 年	天津市抗击非典先进个人	天津市胸科医院
899	杨颖	女	2003 年	天津市抗击非典先进个人	天津市胸科医院
900	姚彦红	女	2003 年	天津市抗击非典先进个人	天津市胸科医院
901	陈霞	女	2003 年	天津市抗击非典先进个人	天津市胸科医院
902	纪美琦	女	2003 年	天津市抗击非典先进个人	天津市胸科医院

续表

序号	姓名	性别	获表彰时间	获表彰名称	单位
903	邱杰	女	2003 年	天津市抗击非典先进个人	天津市胸科医院
904	郭瑾	女	2003 年	天津市抗击非典先进个人	天津市胸科医院
905	张静	女	2003 年	天津市抗击非典先进个人	天津市胸科医院
906	郑瑾	女	2003 年	天津市抗击非典先进个人	天津市胸科医院
907	王然	女	2003 年	天津市抗击非典先进个人	天津医科大学总医院
908	郭连梅	女	2003 年	天津市抗击非典先进个人	天津医科大学总医院
909	刘颖	女	2003 年	天津市抗击非典先进个人	天津医科大学总医院
910	孟珺	女	2003 年	天津市抗击非典先进个人	天津医科大学总医院
911	谢艳	女	2003 年	天津市抗击非典先进个人	天津医科大学总医院
912	郝晶	女	2003 年	天津市抗击非典先进个人	天津医科大学总医院
913	何雅静	女	2003 年	天津市抗击非典先进个人	天津医科大学总医院
914	钱玉梅	女	2003 年	天津市抗击非典先进个人	天津医科大学总医院
915	林晓云	女	2003 年	天津市抗击非典先进个人	天津医科大学总医院
916	吴晓云	女	2003 年	天津市抗击非典先进个人	天津医科大学总医院
917	王玉玲	女	2003 年	天津市抗击非典先进个人	天津医科大学总医院
918	王玉娜	女	2003 年	天津市抗击非典先进个人	天津医科大学总医院
919	姜昕	女	2003 年	天津市抗击非典先进个人	天津医科大学总医院
920	刘弘	女	2003 年	天津市抗击非典先进个人	天津医科大学总医院
921	李梅	女	2003 年	天津市抗击非典先进个人	天津医科大学总医院
922	邢颖珺	女	2003 年	天津市抗击非典先进个人	天津医科大学总医院
923	王蓓	女	2003 年	天津市抗击非典先进个人	天津医科大学总医院
924	刘文莉	女	2003 年	天津市抗击非典先进个人	天津医科大学总医院
925	范伟	女	2003 年	天津市抗击非典先进个人	天津医科大学总医院
926	王幼琳	女	2003 年	天津市抗击非典先进个人	天津医科大学总医院
927	姜桂芳	女	2003 年	天津市抗击非典先进个人	天津医科大学总医院
928	刘素彦	女	2003 年	天津市抗击非典先进个人	天津医科大学总医院
929	李娜	女	2003 年	天津市抗击非典先进个人	天津医科大学总医院
930	王丽丽	女	2003 年	天津市抗击非典先进个人	天津医科大学总医院
931	王玲	女	2003 年	天津市抗击非典先进个人	天津医科大学总医院
932	闫秀华	女	2003 年	天津市抗击非典先进个人	天津医科大学总医院
933	刘莉	女	2003 年	天津市抗击非典先进个人	天津医科大学总医院

续表

序号	姓名	性别	获表彰时间	获表彰名称	单位
934	康萍	女	2003 年	天津市抗击非典先进个人	天津中医药大学第二附属医院
935	李萍	女	2003 年	天津市抗击非典先进个人	天津中医药大学第二附属医院
936	邱宝娟	女	2003 年	天津市抗击非典先进个人	天津中医药大学第二附属医院
937	李丽	女	2003 年	天津市抗击非典先进个人	天津中医药大学第二附属医院
938	王健	女	2003 年	天津市抗击非典先进个人	天津中医药大学第二附属医院
939	孙鸿雁	女	2003 年	天津市抗击非典先进个人	天津中医药大学第二附属医院
940	魏桂荣	女	2003 年	天津市抗击非典先进个人	天津中医药大学第二附属医院
941	夏雪红	女	2003 年	天津市抗击非典先进个人	天津中医药大学第二附属医院
942	付春晖	女	2003 年	天津市抗击非典先进个人	天津中医药大学第二附属医院
943	褚嵘	女	2003 年	天津市抗击非典先进个人	天津中医药大学第二附属医院
944	徐慧彬	女	2003 年	天津市抗击非典先进个人	天津中医药大学第二附属医院
945	张燕双	女	2003 年	天津市抗击非典先进个人	天津中医药大学第二附属医院
946	王京津	女	2003 年	天津市抗击非典先进个人	天津中医药大学第二附属医院
947	霍艳华	女	2003 年	天津市抗击非典先进个人	天津中医药大学第二附属医院
948	徐虹	女	2003 年	天津市抗击非典先进个人	天津中医药大学第二附属医院
949	刘颖	女	2003 年	天津市抗击非典先进个人	天津中医药大学第二附属医院
950	鲍艳	女	2003 年	天津市抗击非典先进个人	天津中医药大学第二附属医院
951	陈玉霞	女	2003 年	天津市抗击非典先进个人	天津中医药大学第二附属医院

续表

序号	姓名	性别	获表彰时间	获表彰名称	单位
952	魏剑萍	女	2003年	天津市抗击非典先进个人	天津中医药大学第二附属医院
953	马淑文	女	2003年	天津市抗击非典先进个人	天津中医药大学第二附属医院
954	史学军	女	2003年	天津市抗击非典先进个人	天津医科大学眼科医院
955	李娜	女	2003年	天津市抗击非典新长征突击手	天津医科大学总医院
956	康萍	女	2003年	天津市中医药防治SARS工作先进个人	天津中医药大学第二附属医院
957	李萍	女	2003年	天津市中医药防治SARS工作先进个人	天津中医药大学第二附属医院
958	邱宝娟	女	2003年	天津市中医药防治SARS工作先进个人	天津中医药大学第二附属医院
959	李丽	女	2003年	天津市中医药防治SARS工作先进个人	天津中医药大学第二附属医院
960	王健	女	2003年	天津市中医药防治SARS工作先进个人	天津中医药大学第二附属医院
961	孙鸿雁	女	2003年	天津市中医药防治SARS工作先进个人	天津中医药大学第二附属医院
962	魏桂荣	女	2003年	天津市中医药防治SARS工作先进个人	天津中医药大学第二附属医院
963	夏雪红	女	2003年	天津市中医药防治SARS工作先进个人	天津中医药大学第二附属医院
964	付春晖	女	2003年	天津市中医药防治SARS工作先进个人	天津中医药大学第二附属医院
965	褚嵘	女	2003年	天津市中医药防治SARS工作先进个人	天津中医药大学第二附属医院
966	徐慧彬	女	2003年	天津市中医药防治SARS工作先进个人	天津中医药大学第二附属医院
967	张燕双	女	2003年	天津市中医药防治SARS工作先进个人	天津中医药大学第二附属医院
968	王京津	女	2003年	天津市中医药防治SARS工作先进个人	天津中医药大学第二附属医院
969	霍艳华	女	2003年	天津市中医药防治SARS工作先进个人	天津中医药大学第二附属医院
970	徐虹	女	2003年	天津市中医药防治SARS工作先进个人	天津中医药大学第二附属医院

续表

序号	姓名	性别	获表彰时间	获表彰名称	单位
971	刘颖	女	2003 年	天津市中医药防治 SARS 工作先进个人	天津中医药大学第二附属医院
972	鲍艳	女	2003 年	天津市中医药防治 SARS 工作先进个人	天津中医药大学第二附属医院
973	陈玉霞	女	2003 年	天津市中医药防治 SARS 工作先进个人	天津中医药大学第二附属医院
974	魏剑萍	女	2003 年	天津市中医药防治 SARS 工作先进个人	天津中医药大学第二附属医院
975	马淑文	女	2003 年	天津市中医药防治 SARS 工作先进个人	天津中医药大学第二附属医院
976	范惠兰	女	2003 年	天津市抗击非典先进个人	天津医科大学口腔医院
977	何宝萍	女	2003 年	天津市抗击非典先进个人	天津医科大学总医院
978	高秋云	女	2003 年	天津市抗击非典先进个人	天津医科大学口腔医院
979	高金惠	女	2003 年	天津市抗击非典先进个人	天津医科大学口腔医院
980	张重兰	女	2003 年	天津市抗击非典先进个人	天津医科大学口腔医院
981	田慧	女	2003 年	天津市抗击非典先进个人	天津医科大学口腔医院
982	牛树雯	女	2003 年	天津市抗击非典先进个人	天津医科大学口腔医院
983	杨文瑾	女	2003 年	天津市抗击非典先进个人	天津医科大学口腔医院
984	王悦	女	2003 年	天津市"十五"立功先进个人	天津市肿瘤医院
985	刘颖	女	2003 年	天津市"十五"立功先进个人	天津医科大学总医院
986	苑记清	女	2003 年	天津市"十五"立功先进个人	天津医科大学总医院
987	杨翠芳	女	2003 年	天津市"十五"立功先进个人	天津医科大学总医院
988	程　彬	女	2003 年	天津市新长征突击手	中国人民武装警察部队特色医学中心
989	魏力	女	2003 年	天津市抗击非典先进个人	天津医科大学总医院
990	王霞	女	2004 年	民革全国抗击非典型肺炎模范个人	天津市第二人民医院
991	齐之洪	女	2004 年	全国巾帼建功标兵	天津市儿童医院
992	轧春妹	女	2004 年	全国三八红旗手	天津市第二人民医院
993	张文娟	女	2004 年	全国先进女职工	天津市第二医院
994	宋丽萍	女	2004 年	三等功	天津康复疗养中心
995	韩晶	女	2004 年	天津市"十五"立功先进个人	天津市第一中心医院
996	曹文媚	女	2004 年	天津市"十五"立功先进个人	天津市第一中心医院
997	张艳	女	2004 年	天津市抗击非典先进个人	天津市第一中心医院

续表

序号	姓名	性别	获表彰时间	获表彰名称	单位
998	刘红敏	女	2004年	天津市优秀护理工作者	南开大学附属医院（天津市第四医院）
999	张建慧	女	2004年	天津市优秀护理工作者	天津市北辰区中医医院
1000	徐菲	女	2004年	天津市优秀护理工作者	天津市北辰区中医医院
1001	宓丽娟	女	2004年	天津市优秀护理工作者	天津市滨海新区大港医院
1002	孙培芳	女	2004年	天津市优秀护理工作者	天津市滨海新区海滨人民医院
1003	宋云	女	2004年	天津市优秀护理工作者	天津市第三中心医院
1004	杨玉娟	女	2004年	天津市优秀护理工作者	天津市第五中心医院
1005	赵洪运	女	2004年	天津市优秀护理工作者	天津市第五中心医院
1006	肖莉	女	2004年	天津市优秀护理工作者	天津市第一中心医院
1007	苗桂萍	女	2004年	天津市优秀护理工作者	天津市第一中心医院
1008	闫冬梅	女	2004年	天津市优秀护理工作者	天津市第一中心医院
1009	刘燕英	女	2004年	天津市优秀护理工作者	天津市第一中心医院
1010	田玉芳	女	2004年	天津市优秀护理工作者	天津市儿童医院
1011	任敏	女	2004年	天津市优秀护理工作者	天津市儿童医院
1012	韩文珍	女	2004年	天津市优秀护理工作者	天津市海河医院
1013	张宝珍	女	2004年	天津市优秀护理工作者	天津市海河医院
1014	王培华	女	2004年	天津市优秀护理工作者	天津市河西医院
1015	刘斌	女	2004年	天津市优秀护理工作者	天津市津南医院
1016	李会霞	女	2004年	天津市优秀护理工作者	天津市宁河区医院
1017	李家艳	女	2004年	天津市优秀护理工作者	天津市人民医院
1018	周淑玲	女	2004年	天津市优秀护理工作者	天津市泰达医院
1019	齐连秀	女	2004年	天津市优秀护理工作者	天津市西青医院
1020	牛和馥	女	2004年	天津市优秀护理工作者	天津市眼科医院
1021	赵桂华	女	2004年	天津市优秀护理工作者	天津市长征医院
1022	范宝红	女	2004年	天津市优秀护士	天津市第二人民医院
1023	刘燕英	女	2004年	天津市优秀护士	天津市第一中心医院
1024	薛　梅	女	2004年	天津市优秀护士	天津医学高等专科学校
1025	刘纯艳	女	2004年	天津市优秀教师	天津医科大学
1026	杨新月	女	2004年	天津市优秀教师	天津医学高等专科学校
1027	秦孝培	女	2004年	天津市优秀护理工作者	天津市公安医院

续表

序号	姓名	性别	获表彰时间	获表彰名称	单位
1028	董　丽	女	2004年	天津市"十五"立功先进个人	天津中医学院第一附属医院
1029	王惠连	女	2004年	天津市优秀护理工作者	天津市南开医院
1030	李雯	女	2004年	天津市优秀护理工作者	天津市天津医院
1031	杜心平	女	2004年	天津市优秀护理工作者	天津市胸科医院
1032	李俊花	女	2004年	天津市优秀护理工作者	天津医科大学总医院滨海医院
1033	刘颖	女	2004年	天津市优秀护理工作者	武清区人民医院
1034	赵术云	女	2004年	天津市优秀护理工作者	武清区中医医院
1035	陈荣秀	女	2004年	天津市优秀护士	天津市肿瘤医院
1036	靳建卉	女	2004年	天津市优秀工会积极分子	天津市天津医院
1037	李红	女	2005年	第二届天津市人民满意的"好护士"	天津市海河医院
1038	刘纯艳	女	2005年	全国高等学校医药优秀教材三等奖	天津医科大学
1039	付丽	女	2005年	全国巾帼建功标兵称号	天津医科大学第二医院
1040	杨玉娟	女	2005年	全国卫生系统护理专业巾帼建功标兵	天津市第五中心医院
1041	常新	女	2005年	天津市"十五"立功先进个人	天津市第二人民医院
1042	韩荣	女	2005年	天津市"十五"立功先进个人	天津市第二人民医院
1043	焦丽娟	女	2005年	天津市"十五"立功先进个人	天津市儿童医院
1044	王静	女	2005年	天津市"十五"立功先进个人	天津市天津医院
1045	王悦	女	2005年	天津市"十五"立功先进个人	天津市肿瘤医院
1046	韩荣	女	2005年	天津市建功立业先进女职工	天津市第二人民医院
1047	韩晶	女	2005年	天津市建功立业先进女职工荣誉称号	天津市第一中心医院
1048	张艳	女	2005年	天津市抗击非典新长征突击手	天津市第一中心医院
1049	杨萍	女	2005年	天津市五一劳动奖章	天津医科大学总医院
1050	赵桂敏	女	2005年	天津市新长征突击手	天津市人民医院
1051	周建新	女	2005年	天津市新长征突击手	天津医科大学朱宪彝纪念医院
1052	李雯	女	2005年	全国卫生系统护理专业巾帼建功标兵	天津市天津医院

续表

序号	姓名	性别	获表彰时间	获表彰名称	单位
1053	常　虹	女	2005年	天津市"五一"劳动奖章	天津中医学院第一附属医院
1054	马婵	女	2005年	天津市五一劳动奖章	天津市天津医院
1055	迟凤玉	女	2006年	北京军区优秀护士	联勤保障部队第九八三医院
1056	蔡宝英	女	2006年	北京军区优秀护士	联勤保障部队第九八三医院
1057	轧春妹	女	2006年	津门女将	天津市第二人民医院
1058	赵桂华	女	2006年	全国百名优秀中医护理标兵	天津市长征医院
1059	张春荣	女	2006年	全国三八红旗手	天津市第二人民医院
1060	孙玫	女	2006年	天津市第五届"十佳医务工作者"	天津医科大学总医院
1061	王春梅	女	2006年	天津市教委天津市高等教育学会论文二等奖	天津医科大学
1062	李艳丽	女	2006年	天津市教育先进个人	天津医科大学总医院
1063	张春荣	女	2006年	天津市津门健康女卫士	天津市第二人民医院
1064	张克森	女	2006年	天津市科学技术协会先进学会工作者	天津市护理学会
1065	轧春妹	女	2006年	天津市劳动模范	天津市第二人民医院
1066	刘纯艳	女	2006年	天津市师德先进个人	天津医科大学
1067	杨玉娟	女	2006年	天津市十佳护士	天津市第五中心医院
1068	萨百艳	女	2006年	天津市十佳护士	天津市海河医院
1069	杨志敏	女	2006年	天津市卫生系统十佳护士	天津市宝坻区人民医院
1070	周建新	女	2006年	天津市卫生行业优秀思想政治工作者	天津医科大学朱宪彝纪念医院
1071	唐明霞	女	2006年	天津市优秀共产党员	天津市第四中心医院
1072	张立英	女	2006年	天津市五一劳动奖章	天津医科大学总医院滨海医院
1073	王悦	女	2006年	天津市十佳护士	天津市肿瘤医院
1074	张宁	女	2006年	天津市五一劳动奖章	天津市天津医院
1075	王惠连	女	2006年	天津市卫生行业首届"十佳护士"	天津市南开医院
1076	王惠连	女	2006年	全国优秀中医护理标兵	天津市南开医院
1077	赵术云	女	2007年	全国人文医学荣誉奖	武清区中医医院

续表

序号	姓名	性别	获表彰时间	获表彰名称	单位
1078	迟凤玉	女	2007年	全军护理专业标兵	联勤保障部队第九八三医院
1079	孙玫	女	2007年	天津市“十五”立功先进个人	天津医科大学总医院
1080	杨志敏	女	2007年	天津市“五一”劳动奖章	天津市宝坻区人民医院
1081	杨新月	女	2007年	天津市高等学校教学名师	天津医学高等专科学校
1082	张春荣	女	2007年	天津市劳动模范	天津市第二人民医院
1083	刘纯艳	女	2007年	天津市首届教育科学研究优秀成果二等奖	天津医科大学
1084	张春荣	女	2007年	天津市卫生系统十大女杰	天津市第二人民医院
1085	靳连惠	女	2007年	天津市五一劳动奖章	天津市滨海新区大港医院
1086	刘春英	女	2007年	中华医学会“人文医学荣誉奖”	天津市第一中心医院
1087	杨又力	女	2007年	中华医学会“人文医学荣誉奖”	天津医科大学总医院
1088	赵术云	女	2007年	全国人文医学荣誉奖	武清区中医医院
1089	刘素彦	女	2007年	天津市三八红旗手	天津医科大学总医院
1090	张立英	女	2007年	天津市三八红旗手	天津医科大学总医院滨海医院
1091	张立英	女	2007年	天津市劳动模范	天津医科大学总医院滨海医院
1092	迟凤玉	女	2008年	北京军区首届十大女杰	联勤保障部队第九八三医院
1093	宋丽萍	女	2008年	三等功	天津康复疗养中心
1094	何春燕	女	2008年	天津市妇幼卫生工作先进个人	天津市宝坻区人民医院
1095	孙娜	女	2008年	天津市红十字会抗震救灾先进个人	泰达国际心血管病医院
1096	苏爱静	女	2008年	天津市红十字会抗震救灾先进个人	泰达国际心血管病医院
1097	吴蓓	女	2008年	天津市抗震救灾先进个人	天津市第四中心医院
1098	赵莉	女	2008年	天津市抗震救灾先进个人	天津市第四中心医院
1099	侯颖	女	2008年	天津市抗震救灾医药卫生先进个人	天津市胸科医院
1100	王海珍	女	2008年	天津市抗震救灾医药卫生先进个人	天津市人民医院

续表

序号	姓名	性别	获表彰时间	获表彰名称	单位
1101	刘香景	女	2008年	天津市抗震救灾优秀共产党员	泰达国际心血管病医院
1102	张富玲	女	2008年	天津市三八红旗手	天津市津南医院
1103	范惠兰	女	2008年	中华人民共和国卫生部从事护理工作三十年荣誉证书	天津医科大学口腔医院
1104	张颖	女	2008年	天津市卫生系统支援抗震救灾工作先进个人	天津市第三中心医院
1105	李欣欣	女	2008年	天津市卫生系统支援抗震救灾工作先进个人	天津市第三中心医院
1106	叶朝	女	2008年	天津市卫生行业第六届“十佳医务工作者”	天津市第一中心医院
1107	齐之洪	女	2008年	天津市卫生行业第六届“十佳医务工作者”	天津市儿童医院
1108	付丽	女	2008年	天津市卫生行业第六届“十佳医务工作者”	天津医科大学第二医院
1109	孙　岩	女	2008年	天津市卫生行业支援四川抗震救灾工作先进个人	天津市北辰医院
1110	张依琳	女	2008年	天津市卫生行业支援四川抗震救灾工作先进个人	天津市北辰医院
1111	杨　玲	女	2008年	天津市卫生行业支援四川抗震救灾工作先进个人	天津市北辰医院
1112	宏娜	女	2008年	天津市卫生行业支援四川抗震救灾工作先进个人	天津市第一中心医院
1113	东方	女	2008年	天津市卫生行业支援四川抗震救灾工作先进个人	天津市天津医院
1114	侯颖	女	2008年	天津市卫生行业支援四川抗震救灾工作先进个人	天津市胸科医院
1115	朱郁芳	女	2008年	天津市卫生行业支援四川抗震救灾工作先进个人	天津医科大学总医院
1116	窦佩娥	女	2008年	天津市五一劳动奖章	天津市滨海新区大港医院
1117	孙艳玲	女	2008年	天津市五一劳动奖章	天津市泰达医院
1118	杨又力	女	2008年	天津市五一劳动奖章	天津医科大学总医院
1119	宏娜	女	2008年	天津市支援抗震救灾优秀共产党员	天津市第一中心医院
1120	刘香景	女	2008年	天津市支援四川抗震救灾工作先进个人	泰达国际心血管病医院

续表

序号	姓名	性别	获表彰时间	获表彰名称	单位
1121	薛维娜	女	2008年	天津市支援四川抗震救灾工作先进个人	泰达国际心血管病医院
1122	范广超	男	2008年	天津市支援四川抗震救灾工作先进个人	泰达国际心血管病医院
1123	窦佩娥	女	2008年	天津市支援四川抗震救灾工作先进个人	天津市滨海新区大港医院
1124	梁丽芳	女	2008年	天津市支援四川抗震救灾工作先进个人	天津市滨海新区大港医院
1125	刘会云	女	2008年	天津市支援四川抗震救灾工作先进个人	天津市滨海新区大港医院
1126	曹君莲	女	2008年	天津市支援四川抗震救灾工作先进个人	天津市滨海新区大港医院
1127	王伟	女	2008年	天津市支援四川抗震救灾工作先进个人	天津市滨海新区大港医院
1128	李欣荣	女	2008年	天津市支援四川抗震救灾工作先进个人	天津市滨海新区大港医院
1129	闫惠	女	2008年	天津市支援四川抗震救灾工作先进个人	天津市滨海新区大港医院
1130	高展艳	女	2008年	天津市支援四川抗震救灾工作先进个人	天津市滨海新区大港医院
1131	张再红	男	2008年	天津市支援四川抗震救灾工作先进个人	泰达国际心血管病医院
1132	孙娜	女	2008年	天津市支援四川抗震救灾工作先进个人	泰达国际心血管病医院
1133	苏爱静	女	2008年	天津市支援四川抗震救灾工作先进个人	泰达国际心血管病医院
1134	蔺新梅	女	2008年	天津市支援四川抗震救灾工作先进个人	天津市静海区医院
1135	王海珍	女	2008年	天津市支援四川抗震救灾工作先进个人	天津市人民医院
1136	段博闻	女	2008年	天津市支援四川抗震救灾工作先进个人	天津市人民医院
1137	王海珍	女	2008年	天津市支援四川抗震救灾优秀共产党员	天津市人民医院
1138	杨又力	女	2008年	天津市支援四川抗震救灾工作先进个人	天津医科大学总医院
1139	刘香景	女	2008年	中国科协抗震救灾先进个人	泰达国际心血管病医院

续表

序号	姓名	性别	获表彰时间	获表彰名称	单位
1140	宏娜	女	2008年	中国科协抗震救灾先进个人	天津市第一中心医院
1141	杨又力	女	2008年	中国科协抗震救灾先进个人	天津医科大学总医院
1142	刘　颖	女	2008年	天津市“五一”劳动奖章	天津中医学院第一附属医院
1143	韩慧娟	女	2008年	全国三八红旗手	中国人民武装警察部队特色医学中心
1144	刘光玮	女	2008年	天津市卫生行业支援四川抗震救灾工作先进个人	天津市第五中心医院
1145	王东颖	女	2008年	天津市卫生行业支援四川抗震救灾工作先进个人	天津市天津医院
1146	刘维	女	2008年	天津市卫生行业支援四川抗震救灾工作先进个人	天津市天津医院
1147	刘欣	女	2008年	天津市卫生行业支援四川抗震救灾工作先进个人	天津市天津医院
1148	李颖	女	2008年	天津市卫生行业支援四川抗震救灾工作先进个人	天津市天津医院
1149	王芳	女	2008年	天津市卫生行业支援四川抗震救灾工作先进个人	天津市天津医院
1150	孙家芝	女	2008年	天津市卫生行业支援四川抗震救灾工作先进个人	天津市天津医院
1151	孙家芝	女	2008年	天津市卫生行业支援四川抗震救灾工作先进个人	天津市天津医院
1152	闻娟	女	2008年	天津市卫生行业支援四川抗震救灾工作先进个人	天津市胸科医院
1153	王秀新	女	2008年	天津市卫生行业支援四川抗震救灾工作先进个人	武清区人民医院
1154	马维颖	女	2008年	天津市支援四川抗震救灾工作先进个人	天津中医药大学第二附属医院
1155	孙虹	女	2008年	天津市支援四川抗震救灾工作先进个人	天津中医药大学第二附属医院
1156	宋怡	女	2008年	天津市支援四川抗震救灾工作先进个人	天津中医药大学第二附属医院
1157	鞠万霞	女	2008年	天津市卫生行业支援四川抗震救灾工作先进个人	天津市第五中心医院
1158	刘旭艳	女	2008年	天津市卫生行业支援四川抗震救灾工作先进个人	武清区人民医院

续表

序号	姓名	性别	获表彰时间	获表彰名称	单位
1159	董宝艳	女	2008年	天津市卫生行业支援四川抗震救灾工作先进个人	武清区人民医院
1160	施濒星	女	2008年	天津市卫生行业支援四川抗震救灾工作先进个人	天津市第五中心医院
1161	魏佳丽	女	2008年	天津市卫生行业支援四川抗震救灾工作先进个人	天津市第五中心医院
1162	刘丽	女	2008年	天津市卫生行业支援四川抗震救灾工作先进个人	天津市第五中心医院
1163	王维宁	女	2008年	天津市“五一”劳动奖章	天津中医学院第一附属医院
1164	韩慧娟	女	2008年	全国抗震救灾模范	中国人民武装警察部队特色医学中心
1165	常　虹	女	2008年	天津市第六届“十佳医务工作者”	天津中医学院第一附属医院
1166	李之华	女	2008年	天津市五一劳动奖章	天津市肿瘤医院
1167	施琪	女	2008年	天津市五一劳动奖章	天津市肿瘤医院
1168	宏娜	女	2009年	全国女职工建功立业标兵	天津市第一中心医院
1169	刘香景	女	2009年	全国卫生系统护理专业巾帼建功标兵	泰达国际心血管病医院
1170	窦佩娥	女	2009年	全国卫生系统护理专业巾帼建功标兵	天津市滨海新区大港医院
1171	王俊玲	女	2009年	全国征兵先进个人	天津市人民医院
1172	金霞	女	2009年	三等功	联勤保障部队第九八三医院
1173	杨国清	女	2009年	天津市劳动模范	天津市津南医院
1174	石倩	女	2009年	天津市青年岗位能手	天津市肿瘤医院
1175	刘静	女	2009年	天津市青年岗位能手	天津市儿童医院
1176	韩晶	女	2009年	天津市青年岗位能手称号	天津市第一中心医院
1177	窦佩娥	女	2009年	天津市三八红旗手	天津市滨海新区大港医院
1178	付丽	女	2009年	天津市五一劳动奖章	天津医科大学第二医院
1179	孙娜	女	2009年	中国科协抗震救灾先进个人	泰达国际心血管病医院
1180	王玉玲	女	2009年	天津市劳动模范	天津市南开医院
1181	孙家芝	女	2009年	全国卫生系统护理专业巾帼建功标兵	天津市天津医院

续表

序号	姓名	性别	获表彰时间	获表彰名称	单位
1182	陈红	女	2009年	全国卫生系统护理专业巾帼建功标兵	天津市中心妇产科医院
1183	肖华	女	2009年	全国卫生系统护理专业巾帼建功标兵	天津医科大学总医院
1184	韩慧娟	女	2009年	全国卫生系统护理专业巾帼建功标兵	中国人民武装警察部队特色医学中心
1185	石倩	女	2009年	天津市青年服务明星	天津市肿瘤医院
1186	许楠	女	2009年	天津市青年服务明星	天津市肿瘤医院
1187	沈钺	女	2009年	天津市五一劳动奖章	天津医科大学总医院
1188	王玉玲	女	2009年	全国百名优秀护理标兵	天津市南开医院
1189	高玉敏	女	2009年	全国百名优秀护理标兵	天津市中医药研究院附属医院
1190	刘宝兰	女	2009年	天津市五一劳动奖章	天津市中心妇产科医院
1191	朱锦芳	女	2010年	第一届天津市人民满意的“好护士”	滨海新区塘沽妇产医院
1192	许湧	女	2010年	第一届天津市人民满意的“好护士”	南开大学附属医院（天津市第四医院）
1193	张俊霞	女	2010年	第一届天津市人民满意的“好护士”	天津市安定医院
1194	侯坤	女	2010年	第一届天津市人民满意的“好护士”	天津市北辰区中医医院
1195	刘密	女	2010年	第一届天津市人民满意的“好护士”	天津市滨海新区大港医院
1196	肖莉	女	2010年	第一届天津市人民满意的“好护士”	天津市第一中心医院
1197	柴寿盈	女	2010年	第一届天津市人民满意的“好护士”	天津市东丽区东丽医院
1198	邹萍	女	2010年	第一届天津市人民满意的“好护士”	天津市儿童医院
1199	萨百艳	女	2010年	第一届天津市人民满意的“好护士”	天津市海河医院
1200	黄丽君	女	2010年	第一届天津市人民满意的“好护士”	天津市海河医院
1201	刘斌	女	2010年	第一届天津市人民满意的“好护士”	天津市津南医院

续表

序号	姓名	性别	获表彰时间	获表彰名称	单位
1202	黄平秀	女	2010年	第一届天津市人民满意的“好护士”	天津市静海区医院
1203	曹阳	女	2010年	第一届天津市人民满意的“好护士”	天津市口腔医院
1204	王霞	女	2010年	第一届天津市人民满意的“好护士”	天津市人民医院
1205	马虹	女	2010年	第一届天津市人民满意的“好护士”	天津市人民医院
1206	昝凤琳	女	2010年	第一届天津市人民满意的“好护士”	天津市胸科医院
1207	索秀莉	女	2010年	第一届天津市人民满意的“好护士”	天津市胸科医院
1208	于丽霞	女	2010年	三等功	天津康复疗养中心
1209	马晶	女	2010年	三等功	天津康复疗养中心
1210	降爱华	女	2010年	天津市第七届“十佳医务工作者”	天津市第二医院
1211	杨又力	女	2010年	天津市第四届“科技传播之星”	天津医科大学总医院
1212	刘淑霞	女	2010年	天津市妇幼卫生工作先进个人	天津市宝坻区人民医院
1213	叶朝	女	2010年	天津市劳动模范	天津市第一中心医院
1214	李广霞	女	2010年	天津市三八红旗手	天津市北辰医院
1215	傅杰	女	2010年	天津市卫生系统“优质护理服务示范工程”先进个人	天津市第四中心医院
1216	郝文静	女	2010年	天津市卫生系统“优质护理服务示范工程”先进个人	天津市第一中心医院
1217	王得莹	女	2010年	天津市卫生系统“优质护理服务示范工程”先进个人	天津市宁河区医院
1218	王松	女	2010年	天津市卫生系统优质护理服务示范工程先进个人	天津市第三中心医院
1219	路红	女	2010年	天津市卫生系统优质护理服务示范工程先进个人	天津市第三中心医院
1220	张再红	男	2010年	天津市卫生行业第七届“十佳医务工作者”	泰达国际心血管病医院
1221	梁萍	女	2010年	天津市五一劳动奖章	天津市北辰医院
1222	牛春红	女	2010年	天津市优秀共青团员	天津市第四中心医院

续表

序号	姓名	性别	获表彰时间	获表彰名称	单位
1223	苏爱静	女	2010年	中国科协抗震救灾先进个人	泰达国际心血管病医院
1224	孙家芝	女	2010年	天津市百名杰出女性	天津市天津医院
1225	王春梅	女	2010年	天津市教育系统第六届优秀调研成果三等奖	天津医科大学
1226	张　慧	女	2010年	天津市"五一"劳动奖章	天津中医学院第一附属医院
1227	尹红	女	2010年	第一届天津市人民满意的"好护士"	天津市中心妇产科医院
1228	马园	女	2010年	第一届天津市人民满意的"好护士"	天津市肿瘤医院
1229	马园	女	2010年	天津市五一劳动奖章	天津市肿瘤医院
1230	王维宁	女	2010年	第一届天津市人民满意的"好护士"	天津中医学院第一附属医院
1231	张红燕	女	2010年	第一届天津市人民满意的"好护士"	天津市天津医院
1232	蒲丽艳	女	2010年	第一届天津市人民满意的"好护士"	天津市第五中心医院
1233	王玉玲	女	2010年	第一届天津市人民满意的"好护士"	天津市南开医院
1234	刘艳红	女	2010年	第一届天津市人民满意的"好护士"	天津市天津医院
1235	王玥	女	2010年	第一届天津市人民满意的"好护士"	天津医科大学眼科医院
1236	谢艳	女	2010年	第一届天津市人民满意的"好护士"	天津医科大学总医院
1237	沈钺	女	2010年	第一届天津市人民满意的"好护士"	天津医科大学总医院
1238	狄红月	女	2010年	第一届天津市人民满意的"好护士"	天津中医药大学第二附属医院
1239	夏欣华	女	2010年	天津市科学技术协会科技传播之星	天津市泰达医院
1240	王思淼	女	2010年	天津市卫生系统优质护理服务示范工程先进个人	天津市泰达医院
1241	李梓香	女	2011年	北京军区优秀护士	天津康复疗养中心
1242	周建新	女	2011年	第一届天津市人民满意的"好护士"	天津医科大学朱宪彝纪念医院

续表

序号	姓名	性别	获表彰时间	获表彰名称	单位
1243	张衍	女	2011年	国家卫计委优质护理先进个人	天津市宁河区医院
1244	康晋梅	女	2011年	全国卫生系统优质护理服务先进个人	天津市人民医院
1245	仵淑娟	女	2011年	三等功	天津康复疗养中心
1246	降爱华	女	2011年	天津市"我最喜爱的健康卫士"	天津市第二医院
1247	邢秋玲	女	2011年	天津市第四届"科技传播之星"	天津医科大学朱宪彝纪念医院
1248	刘斌	女	2011年	天津市劳动模范	天津市津南医院
1249	李晓冬	女	2011年	天津市青年服务之星	天津市第三中心医院
1250	李楠	女	2011年	天津市青年岗位能手	天津市第二人民医院
1251	杨又力	女	2011年	天津市三八红旗手	天津医科大学总医院
1252	王丽君	女	2011年	天津市五一劳动奖章	天津市第一中心医院
1253	刘扬	女	2011年	天津市新长征突击手	天津市第三中心医院
1254	降爱华	女	2011年	天津市优秀共产党员	天津市第二医院
1255	张宏博	女	2011年	天津市优秀共青团员	天津市第一中心医院
1256	刘旭艳	女	2011年	天津市三八红旗手	武清区人民医院
1257	王欣	女	2011年	天津市五一劳动奖章	天津市肿瘤医院
1258	张立英	女	2011年	全国五一劳动奖章	天津医科大学总医院滨海医院
1259	蒲丽艳	女	2011年	天津市劳动模范	天津市第五中心医院
1260	张丽红	女	2011年	全国优质护理服务先进个人	中国人民武装警察部队特色医学中心
1261	闫广汛	男	2011年	天津市无偿献血奉献奖金奖	天津医科大学总医院
1262	王玉玲	女	2011年	全国中医护理优秀科研工作者	天津市南开医院
1263	王春梅	女	2011年	天津市高等教育自学考试先进工作者	天津医科大学
1264	赵岳	男	2011年	中华护理学会科技奖三等奖	天津医科大学
1265	金霞	女	2012年	北京军区优秀护士	联勤保障部队第九八三医院
1266	贾晓颖	女	2012年	北京军区优秀护士	天津康复疗养中心
1267	赵新红	女	2012年	第二届天津市人民满意的"好护士"	南开大学附属医院(天津市第四医院)

续表

序号	姓名	性别	获表彰时间	获表彰名称	单位
1268	黄燕莉	女	2012年	第二届天津市人民满意的“好护士”	天津市北辰区中医医院
1269	张宝娥	女	2012年	第二届天津市人民满意的“好护士”	天津市滨海新区大港医院
1270	王锦	女	2012年	第二届天津市人民满意的“好护士”	天津市滨海新区海滨人民医院
1271	刘虹	女	2012年	第二届天津市人民满意的“好护士”	天津市第二人民医院
1272	沈学惠	女	2012年	第二届天津市人民满意的“好护士”	天津市第三中心医院分院
1273	邸霞	女	2012年	第二届天津市人民满意的“好护士”	天津市第四中心医院
1274	叶朝	女	2012年	第二届天津市人民满意的“好护士”	天津市第一中心医院
1275	张绍芹	女	2012年	第二届天津市人民满意的“好护士”	天津市东丽区东丽医院
1276	赵颖	女	2012年	第二届天津市人民满意的“好护士”	天津市和平区中医医院
1277	李娜	女	2012年	第二届天津市人民满意的“好护士”	天津市红桥医院
1278	潘少会	女	2012年	第二届天津市人民满意的“好护士”	天津市津南医院
1279	赵晟伯	女	2012年	第二届天津市人民满意的“好护士”	天津市口腔医院
1280	李继红	女	2012年	第二届天津市人民满意的“好护士”	天津市南开区三潭医院
1281	魏淑英	女	2012年	第二届天津市人民满意的“好护士”	天津市人民医院
1282	张红革	女	2012年	第二届天津市人民满意的“好护士”	天津市人民医院
1283	任永霞	女	2012年	第二届天津市人民满意的“好护士”	天津市眼科医院
1284	何春燕	女	2012年	第二届天津市人民满意的”好护士”	天津市宝坻区人民医院
1285	马宏文	女	2012年	第二届天津市人民满意的”好护士”	天津市人民医院

续表

序号	姓名	性别	获表彰时间	获表彰名称	单位
1286	索秀莉	女	2012年	第二届天津市人民满意的"好护士"	天津市胸科医院
1287	徐丽娜	女	2012年	第二届天津市人民满意的"好护士"	天津市胸科医院
1288	宋子惠	女	2012年	第四届天津市人民满意的"好护士"	天津市人民医院
1289	瞿梅生	女	2012年	共青团天津委员会"青年服务之星"	天津市儿童医院
1290	降爱华	女	2012年	全国卫生系统先进工作者	天津市第二医院
1291	薛　梅	女	2012年	全国职业院校技能大赛优秀工作者	天津医学高等专科学校
1292	王美君	女	2012年	天津市青年服务之星	天津医科大学朱宪彝纪念医院
1293	马宏文	女	2012年	天津市三八红旗手	天津市人民医院
1294	肖莉	女	2012年	天津市卫生行业第八届"十佳医务工作者"	天津市第一中心医院
1295	邵蕊	女	2012年	天津市五一劳动奖章	天津医科大学总医院
1296	王娟	女	2012年	卫生部天津甘肃对口支援优秀工作者	天津市第一中心医院
1297	李雅萍	女	2012年	第二届天津市人民满意的"好护士"	天津市中心妇产科医院
1298	刘金萍	女	2012年	第二届天津市人民满意的"好护士"	天津市中心妇产科医院
1299	蒲丽艳	女	2012年	全国卫生系统创先争优活动先进个人	天津市第五中心医院
1300	马兰	女	2012年	第二届天津市人民满意的"好护士"	天津市天津医院
1301	杨爽	女	2012年	第二届天津市人民满意的"好护士"	天津市天津医院
1302	张洪凤	女	2012年	第二届天津市人民满意的"好护士"	天津市中医药研究院附属医院
1303	齐钒	女	2012年	第二届天津市人民满意的"好护士"	天津医科大学口腔医院
1304	苑记清	女	2012年	第二届天津市人民满意的"好护士"	天津医科大学总医院

续表

序号	姓名	性别	获表彰时间	获表彰名称	单位
1305	狄红月	女	2012 年	第二届天津市人民满意的“好护士”	天津中医药大学第二附属医院
1306	刘旭艳	女	2012 年	第二届天津市人民满意的“好护士”	武清区人民医院
1307	解文君	女	2012 年	第二届天津市人民满意的“好护士”	″中国医学科学院血液病医院（中国医学科学院血液学研究所）″
1308	王悦	女	2012 年	第二届天津市人民满意的“好护士”	天津市肿瘤医院
1309	强万敏	女	2012 年	第二届天津市人民满意的“好护士”	天津市肿瘤医院
1310	韩红梅	女	2012 年	第二届天津市人民满意的“好护士”	天津中医学院第一附属医院
1311	史学军	女	2012 年	天津市卫生行业第八届“十佳医务工作者”	天津医科大学眼科医院
1312	魏力	女	2012 年	第二届天津市人民满意的“好护士”	天津医科大学总医院
1313	杨建香	女	2012 年	天津市卫生系统优质护理服务示范工程先进个人	天津市第五中心医院
1314	韩志蕊	女	2013 年	第三届天津市人民满意的“好护士”	天津市第四中心医院
1315	韩晶	女	2013 年	全国青年岗位能手称号	天津市第一中心医院
1316	杨志敏	女	2013 年	天津市三八红旗手	天津市宝坻区人民医院
1317	李洪灵	女	2013 年	天津市五一劳动奖章	天津市东丽区东丽医院
1318	武苹	女	2013 年	天津市优秀志愿者	天津市第三中心医院
1319	史学军	女	2013 年	团中央第九届中国青年志愿者优秀个人奖	天津医科大学眼科医院
1320	张华甫	女	2013 年	卫生部医院管理研究所初级创伤救治传播贡献奖	天津市儿童医院
1321	朱晶晶	女	2013 年	天津市“五一”劳动奖章	天津中医学院第一附属医院
1322	诸葛晶哲	女	2013 年	天津市“五一”劳动奖章	天津中医学院第一附属医院
1323	王会菊	女	2013 年	天津市妇幼卫生工作先进个人	天津市第五中心医院

续表

序号	姓名	性别	获表彰时间	获表彰名称	单位
1324	冯颖	女	2013年	天津市五一劳动奖章	天津市肿瘤医院
1325	赵术云	女	2013年	全国中医医院优质护理服务先进个人	武清区中医医院
1326	史学军	女	2013年	天津青年五四奖章	天津医科大学眼科医院
1327	强万敏	女	2013年	天津市五一劳动奖章	天津市肿瘤医院
1328	狄红月	女	2013年	天津市五一劳动奖章	天津中医药大学第二附属医院
1329	崔志英	女	2013年	天津市新长征突击手	天津市中心妇产科医院
1330	赵岳	男	2013年	内蒙古自治区科学技术奖科学技术进步三等奖	天津医科大学
1331	王春梅	女	2013年	高等教育天津市级教学成果奖一等奖（第二完成人）	天津医科大学
1332	赵岳	男	2013年	高等教育天津市级教学成果奖一等奖（第一完成人）	天津医科大学
1333	赵岳	男	2013年	天津市级护理学教学团队（负责人）	天津医科大学
1334	仵淑娟	女	2014年	北京军区优秀护士	天津康复疗养中心
1335	马静	女	2014年	北京军区优秀护士	天津康复疗养中心
1336	李连芝	女	2014年	第二届天津市人民满意的“好护士”	武清区中医医院
1337	刘静	女	2014年	第三届天津市人民满意的“好护士”	滨海新区塘沽妇产医院
1338	范文雪	女	2014年	第三届天津市人民满意的“好护士”	南开大学附属医院（天津市第四医院）
1339	张靖	女	2014年	第三届天津市人民满意的“好护士”	天津市安定医院
1340	刘淑霞	女	2014年	第三届天津市人民满意的“好护士”	天津市宝坻区人民医院
1341	靳连惠	女	2014年	第三届天津市人民满意的“好护士”	天津市滨海新区大港医院
1342	吴曼莉	女	2014年	第三届天津市人民满意的“好护士”	天津市第二人民医院
1343	耿志洁	女	2014年	第三届天津市人民满意的“好护士”	天津市第三中心医院
1344	宋爱军	女	2014年	第三届天津市人民满意的“好护士”	天津市第三中心医院分院

续表

序号	姓名	性别	获表彰时间	获表彰名称	单位
1345	薛兴军	女	2014年	第三届天津市人民满意的“好护士”	天津市第四中心医院
1346	张桂娟	女	2014年	第三届天津市人民满意的“好护士”	天津市第五中心医院
1347	叶朝	女	2014年	第三届天津市人民满意的“好护士”	天津市第一中心医院
1348	王娟	女	2014年	第三届天津市人民满意的“好护士”	天津市第一中心医院
1349	李 丹	女	2014年	第三届天津市人民满意的“好护士”	天津市东丽区东丽医院
1350	王莹	女	2014年	第三届天津市人民满意的“好护士”	天津市儿童医院
1351	史桂红	女	2014年	第三届天津市人民满意的“好护士”	天津市儿童医院
1352	黄淑敏	女	2014年	第三届天津市人民满意的“好护士”	天津市海河医院
1353	王玲	女	2014年	第三届天津市人民满意的“好护士”	天津市红桥医院
1354	李文娜	女	2014年	第三届天津市人民满意的“好护士”	天津市口腔医院
1355	朱卉	女	2014年	第三届天津市人民满意的“好护士”	天津市人民医院
1356	刘喜梅	女	2014年	第三届天津市人民满意的“好护士”	天津市人民医院
1357	朱郁芳	女	2014年	第三届天津市人民满意的“好护士”	天津医科大学总医院
1358	薛　梅	女	2014年	第一届黄炎培职业教育杰出教师奖	天津医学高等专科学校
1359	于丽霞	女	2014年	三等功	天津康复疗养中心
1360	庄淑梅	女	2014年	天津市教育系统教工先锋岗先进个人	天津医科大学
1361	张克森	女	2014年	天津市科学技术协会先进学会工作者	天津市护理学会
1362	倪葳莲	女	2014年	天津市卫生行业第二届岗位练兵技术比武优秀者	天津市第三中心医院
1363	索秀莉	女	2014年	天津市卫生行业第九届“十佳医务工作者”	天津市胸科医院

续表

序号	姓名	性别	获表彰时间	获表彰名称	单位
1364	戴艳梅	女	2014年	天津市五一劳动奖章	天津市口腔医院
1365	肖红缨	女	2014年	天津市五一劳动奖章	天津市胸科医院
1366	李连芝	女	2014年	第二届天津市人民满意的“好护士”	武清区中医医院
1367	臧小英	女	2014年	天津市“131”创新型人才培养工程第三层次人选	天津医科大学
1368	张喆	女	2014年	第三届天津市人民满意的“好护士”	天津医科大学朱宪彝纪念医院
1369	闫桂虹	女	2014年	第三届天津市人民满意的“好护士”	天津市天津医院
1370	李君	女	2014年	第三届天津市人民满意的“好护士”	天津市中心妇产科医院
1371	李俊花	女	2014年	天津市好护士	天津医科大学总医院滨海医院
1372	张璐	女	2014年	第三届天津市人民满意的“好护士”	天津医科大学口腔医院
1373	董晓璠	女	2014年	天津市五一劳动奖章	天津市肿瘤医院
1374	林玲	女	2014年	天津市五一劳动奖章	天津市肿瘤医院
1375	李雯	女	2014年	第三届天津市人民满意的“好护士”	天津市天津医院
1376	岳林	女	2014年	第三届天津市人民满意的“好护士”	天津市肿瘤医院
1377	何浩	女	2014年	第三届天津市人民满意的“好护士”	天津市肿瘤医院
1378	袁苗	女	2014年	第三届天津市人民满意的“好护士”	天津医科大学眼科医院
1379	胡芳	女	2014年	第三届天津市人民满意的“好护士”	天津医科大学总医院
1380	董　丽	女	2014年	第三届天津市人民满意的“好护士”	天津中医学院第一附属医院
1381	杨冬梅	女	2014年	第三届天津市人民满意的“好护士”	天津中医学院第一附属医院
1382	李萍	女	2014年	第三届天津市人民满意的“好护士”	天津中医药大学第二附属医院

续表

序号	姓名	性别	获表彰时间	获表彰名称	单位
1383	张慧敏	女	2014年	第三届天津市人民满意的“好护士”	″中国医学科学院血液病医院（中国医学科学院血液学研究所）″
1384	王春梅	女	2014年	国家级教学成果奖二等奖（第二完成人）	天津医科大学
1385	赵岳	男	2014年	国家级教学成果奖二等奖（第一完成人）	天津医科大学
1386	胡芳	女	2014年	天津市五一劳动奖章	天津医科大学总医院
1387	赵岳	男	2014年	天津市高等学校教学名师奖	天津医科大学
1388	叶朝	女	2015年	全国医德标兵	天津市第一中心医院
1389	李民	女	2015年	天津市“五一”劳动奖章	泰达国际心血管病医院
1390	王桂丽	女	2015年	天津市劳动模范	天津市黄河医院
1391	史学军	女	2015年	天津市民族团结进步模范个人	天津医科大学眼科医院
1392	李宏	女	2015年	天津市三八红旗手	天津市人民医院
1393	刘素彦	女	2015年	天津市先进个人	天津医科大学总医院
1394	党爱亮	女	2015年	阅兵保障标兵	天津康复疗养中心
1395	张珍	女	2015年	阅兵保障标兵	天津康复疗养中心
1396	贾晓颖	女	2015年	阅兵保障优秀指导员	天津康复疗养中心
1397	贾晓颖	女	2015年	阅兵联合指挥部个人嘉奖	天津康复疗养中心
1398	唐俊琳	女	2015年	阅兵联合指挥部个人嘉奖	天津康复疗养中心
1399	王微微	女	2015年	阅兵联合指挥部个人嘉奖	天津康复疗养中心
1400	宋丽萍	女	2015年	阅兵优秀指挥员嘉奖	天津康复疗养中心
1401	张桂娟	女	2015年	天津市五一劳动奖章	天津市第五中心医院
1402	张博洋	女	2015年	天津市“五一”劳动奖章	天津中医学院第一附属医院
1403	王　鑫	女	2015年	天津市“五一”劳动奖章	天津中医学院第一附属医院
1404	强万敏	女	2015年	全国优秀护理部主任	天津市肿瘤医院
1405	赵岳	男	2015年	中华护理学会第四届科技奖三等奖	天津医科大学
1406	臧小英	女	2015年	中华护理学会第四届科技奖三等奖	天津医科大学

续表

序号	姓名	性别	获表彰时间	获表彰名称	单位
1407	蒙长燕	女	2016 年	第四届天津市人民满意的“好护士”	南开大学附属医院（天津市第四医院）
1408	邢延	女	2016 年	第四届天津市人民满意的“好护士”	天津市安定医院
1409	白爱萍	女	2016 年	第四届天津市人民满意的“好护士”	天津市宝坻区妇产医院
1410	刘淑芝	女	2016 年	第四届天津市人民满意的“好护士”	天津市宝坻区人民医院
1411	张　艳	女	2016 年	第四届天津市人民满意的“好护士”	天津市北辰医院
1412	赵之菁	女	2016 年	第四届天津市人民满意的“好护士”	天津市滨海新区大港医院
1413	彭云彩	女	2016 年	第四届天津市人民满意的“好护士”	天津市滨海新区海滨人民医院
1414	李楠	女	2016 年	第四届天津市人民满意的“好护士”	天津市第二人民医院
1415	陈韵芳	女	2016 年	第四届天津市人民满意的“好护士”	天津市第三中心医院
1416	陈霞	女	2016 年	第四届天津市人民满意的“好护士”	天津市第四中心医院
1417	王丽	女	2016 年	第四届天津市人民满意的“好护士”	天津市第一中心医院
1418	叶朝	女	2016 年	第四届天津市人民满意的“好护士”	天津市第一中心医院
1419	郑文玲	女	2016 年	第四届天津市人民满意的“好护士”	天津市东丽区东丽医院
1420	邵元荣	女	2016 年	第四届天津市人民满意的“好护士”	天津市儿童医院
1421	邹萍	女	2016 年	第四届天津市人民满意的“好护士”	天津市儿童医院
1422	王翠娴	女	2016 年	第四届天津市人民满意的“好护士”	天津市海河医院
1423	李宝菁	女	2016 年	第四届天津市人民满意的“好护士”	天津市红桥医院
1424	贾桂香	女	2016 年	第四届天津市人民满意的“好护士”	天津市蓟州区人民医院

续表

序号	姓名	性别	获表彰时间	获表彰名称	单位
1425	张家玲	女	2016年	第四届天津市人民满意的“好护士”	天津市津南医院
1426	蔺新梅	女	2016年	第四届天津市人民满意的“好护士”	天津市静海区医院
1427	李宗婷	女	2016年	第四届天津市人民满意的“好护士”	天津市静海区医院
1428	杨楠	女	2016年	第四届天津市人民满意的“好护士”	天津市口腔医院
1429	索秀莉	女	2016年	第四届天津市人民满意的“好护士”	天津市胸科医院
1430	曹静	女	2016年	第四届天津市人民满意的“好护士”	天津市黄河医院
1431	孙玫	女	2016年	全国十大杰出护理工作者	天津医科大学总医院
1432	王申	女	2016年	全国优秀护理部主任	天津市第一中心医院
1433	贾晓颖	女	2016年	三等功	天津康复疗养中心
1434	邵元荣	女	2016年	天津市妇女联合会“最美女护士”	天津市儿童医院
1435	臧小英	女	2016年	天津市教育系统劳动竞赛示范岗先进个人	天津医科大学
1436	黄淑敏	女	2016年	天津市卫生计生行业第十届“十佳医务工作者”	天津市海河医院
1437	李晓	女	2016年	天津市卫生计生行业岗位练兵技术能手称号	天津市泰达医院
1438	张猛	男	2016年	天津市卫生计生行业岗位练兵优胜者称号	天津市宝坻区人民医院
1439	武煜	女	2016年	天津市五一劳动奖章	天津市第三中心医院
1440	姜虹	女	2016年	天津市五一劳动奖章	天津市第三中心医院
1441	崔慧静	女	2016年	天津市五一劳动奖章	天津市第五中心医院
1442	王莹	女	2016年	天津市五一劳动奖章	天津市第一中心医院
1443	焦莉娟	女	2016年	天津市五一劳动奖章	天津市儿童医院
1444	刘颖	女	2016年	天津市五一劳动奖章	武清区人民医院
1445	郭志颖	女	2016年	天津市最美家庭	天津市第一中心医院
1446	叶朝	女	2016年	天津市最美女护士	天津市第一中心医院
1447	宋丽萍	女	2016年	郑州联勤保障中心嘉奖	天津康复疗养中心
1448	王翠娴	女	2016年	天津市“最美女护士”	天津市海河医院

续表

序号	姓名	性别	获表彰时间	获表彰名称	单位
1449	刘颖	女	2016年	天津市五一劳动奖章	武清区人民医院
1450	闫桂虹	女	2016年	天津市五一劳动奖章	天津市天津医院
1451	夏欣华	女	2016年	天津市科学技术协会先进学会工作者	天津市泰达医院
1452	夏欣华	女	2016年	全国优秀护理部主任	天津市泰达医院
1453	索秀莉	女	2016年	天津市最美女护士	天津市胸科医院
1454	尹雪梅	女	2016年	第四届天津市人民满意的“好护士”	天津市中心妇产科医院
1455	林梅	女	2016年	全国优秀护理部主任	天津医科大学总医院
1456	杨瑞	女	2016年	第四届天津市人民满意的“好护士”	天津市天津医院
1457	李静	女	2016年	第四届天津市人民满意的“好护士”	天津医科大学口腔医院
1458	王峥	女	2016年	第四届天津市人民满意的“好护士”	天津医科大学总医院
1459	井颖	女	2016年	第四届天津市人民满意的“好护士”	天津中医药大学第二附属医院
1460	靳文敏	女	2016年	第四届天津市人民满意的“好护士”	武清区人民医院
1461	徐丽	女	2016年	第四届天津市人民满意的“好护士”	″中国医学科学院血液病医院（中国医学科学院血液学研究所）″
1462	张丽红	女	2016年	第四届天津市人民满意的“好护士”	中国人民武装警察部队特色医学中心
1463	张宁	女	2016年	第四届天津市人民满意的“好护士”	天津市天津医院
1464	沙永生	女	2016年	第四届天津市人民满意的“好护士”	天津市肿瘤医院
1465	张清梅	女	2016年	第四届天津市人民满意的“好护士”	天津医科大学总医院
1466	东　梅	女	2016年	第四届天津市人民满意的“好护士”	天津中医学院第一附属医院
1467	李淳悦	女	2016年	第四届天津市人民满意的“好护士”	天津中医学院第一附属医院

续表

序号	姓名	性别	获表彰时间	获表彰名称	单位
1468	李淳悦	女	2016年	天津市最美女护士	天津中医学院第一附属医院
1469	宋丽萍	女	2017年	国家卫计委优质护理服务表现突出护士	天津康复疗养中心
1470	蔺新梅	女	2017年	国家卫计委优质护理服务表现突出个人	天津市静海区医院
1471	刘艳	女	2017年	国家卫计委优质护理服务表现突出个人	天津市眼科医院
1472	刘海迎	女	2017年	国家卫计委优质护理服务表现突出个人	天津医科大学总医院
1473	朱卉	女	2017年	全国改善医疗服务优化优质护理示范个人	天津市人民医院
1474	张克森	女	2017年	全国科协系统先进工作者	天津市护理学会
1475	张猛	男	2017年	全国卫生应急技能标兵	天津市宝坻区人民医院
1476	黄淑敏	女	2017年	全国优秀护理部主任	天津市海河医院
1477	曹淑卿	女	2017年	全国优秀护理部主任	天津市眼科医院
1478	刘　蓓	女	2017年	天津市“五一”劳动奖章	天津中医学院第一附属医院
1479	刘殿坤	男	2017年	天津市结对帮扶困难村工作优秀驻村干部	天津市人民医院
1480	黄淑敏	女	2017年	天津市三八红旗手	天津市海河医院
1481	张猛	男	2017年	天津市卫生应急技能标兵称号	天津市宝坻区人民医院
1482	贾晓颖	女	2017年	郑州联勤保障中心嘉奖	天津康复疗养中心
1483	仵淑娟	女	2017年	郑州联勤保障中心嘉奖	天津康复疗养中心
1484	许文婧	女	2017年	郑州联勤保障中心优秀护士	天津康复疗养中心
1485	肖莉	女	2017年	中华护理学会“杰出护理工作者”	天津市第一中心医院
1486	燕朋波	男	2017年	中华护理学会科技二等奖（第一完成人）	天津市北辰医院
1487	张靖	女	2017年	天津市最美白衣天使	天津市安定医院
1488	王玉玲	女	2017年	天津市最美女医务工作者	天津市南开医院
1489	张楠	女	2017年	国家卫计委优质护理服务表现突出个人	天津市胸科医院

续表

序号	姓名	性别	获表彰时间	获表彰名称	单位
1490	王旭	男	2017年	天津市卫生应急技能标兵称号	天津市天津医院
1491	何晨	女	2017年	天津市卫生应急技能标兵称号	天津市天津医院
1492	张楠	女	2017年	天津市最美女性	天津市胸科医院
1493	马国岭	女	2017年	西藏自治区昌都市援藏先进个人	天津市泰达医院
1494	高璠	女	2018年	第五届天津市人民满意的“好护士”	天津市天津医院
1495	赵云呈	男	2018年	第五届天津市人民满意的“好护士”	泰达国际心血管病医院
1496	王艳	女	2018年	第五届天津市人民满意的“好护士”	天津市安定医院
1497	李洪梅	女	2018年	第五届天津市人民满意的“好护士”	天津市宝坻区妇产医院
1498	张猛	男	2018年	第五届天津市人民满意的“好护士”	天津市宝坻区人民医院
1499	盛丹丹	女	2018年	第五届天津市人民满意的“好护士”	天津市北辰区中医医院
1500	陈凤茹	女	2018年	第五届天津市人民满意的“好护士”	天津市滨海新区大港医院
1501	赵颖	女	2018年	第五届天津市人民满意的“好护士”	天津市第四中心医院
1502	肖莉	女	2018年	第五届天津市人民满意的“好护士”	天津市第一中心医院
1503	郭莹	女	2018年	第五届天津市人民满意的“好护士”	天津市第一中心医院
1504	李少华	女	2018年	第五届天津市人民满意的“好护士”	天津市东丽区东丽医院
1505	张永萍	女	2018年	第五届天津市人民满意的“好护士”	天津市儿童医院
1506	任怡	女	2018年	第五届天津市人民满意的“好护士”	天津市海河医院
1507	孙海英	女	2018年	第五届天津市人民满意的“好护士”	天津市蓟州区人民医院
1508	蔺新梅	女	2018年	第五届天津市人民满意的“好护士”	天津市静海区医院

续表

序号	姓名	性别	获表彰时间	获表彰名称	单位
1509	郭春莲	女	2018 年	第五届天津市人民满意的“好护士”	天津市宁河区中医医院
1510	李宏	女	2018 年	第五届天津市人民满意的“好护士”	天津市人民医院
1511	王学焕	女	2018 年	第五届天津市人民满意的“好护士”	天津市人民医院
1512	么颖	女	2018 年	第五届天津市人民满意的“好护士”	天津医科大学总医院
1513	赵月亮	女	2018 年	第五届天津市人民满意的“好护士”	天津市口腔医院
1514	黄丽君	女	2018 年	全国最美防痨人	天津市海河医院
1515	李春月	女	2018 年	三等功	天津康复疗养中心
1516	沈悦好	女	2018 年	天津青年五四奖章提名奖	天津医科大学总医院
1517	王岚	女	2018 年	天津市教育系统劳动示范岗	天津医科大学
1518	刘洪	女	2018 年	天津市三八红旗手	泰达国际心血管病医院
1519	刘颖	女	2018 年	天津市三八红旗手	武清区人民医院
1520	吴曼莉	女	2018 年	天津市卫生计生系统优秀共产党员	天津市第二人民医院
1521	侯明艳	女	2018 年	天津市卫生计生行业岗位练兵技术技术能手	天津市第三中心医院
1522	张帅	女	2018 年	天津市卫生计生行业岗位练兵技术能手称号	天津市第三中心医院
1523	侯琳琳	女	2018 年	天津市五一劳动奖章	天津市泰达医院
1524	齐娟	女	2018 年	天津市最美家庭	天津市第一中心医院
1525	马宏文	女	2018 年	天津市最美女性	天津市人民医院
1526	仵淑娟	女	2018 年	优秀基层干部	天津康复疗养中心
1527	仵淑娟	女	2018 年	郑州联勤保障中心嘉奖	天津康复疗养中心
1528	宋丽萍	女	2018 年	郑州联勤保障中心优秀护士	天津康复疗养中心
1529	张秀秀	女	2018 年	郑州联勤保障中心优秀护士	天津康复疗养中心
1530	张晓娜	女	2018 年	郑州联勤保障中心优秀护士	天津康复疗养中心
1531	陈荣秀	女	2018 年	中国好护士	天津市肿瘤医院
1532	杨淼	男	2018 年	中华护理学会创新发明奖三等奖（第一完成人）	天津市第五中心医院
1533	刘颖	女	2018 年	天津市三八红旗手	武清区人民医院

续表

序号	姓名	性别	获表彰时间	获表彰名称	单位
1534	王春梅	女	2018年	高等教育天津市级教学成果二等奖（第二完成人）	天津医科大学
1535	赵岳	男	2018年	高等教育天津市级教学成果奖二等奖（第一完成人）	天津医科大学
1536	邵丹	女	2018年	第五届天津市人民满意的“好护士”	天津市中心妇产科医院
1537	王会英	女	2018年	第五届天津市人民满意的“好护士”	天津市肿瘤医院
1538	李杏	女	2018年	第五届天津市人民满意的“好护士”	武清区人民医院
1539	肖红缨	女	2018年	第五届天津市人民满意的“好护士”	天津市胸科医院
1540	强万敏	女	2018年	天津市第十一届“十佳医务工作者”	天津市肿瘤医院
1541	张静	女	2018年	天津市五一劳动奖章	天津市肿瘤医院
1542	王娜	女	2018年	第五届天津市人民满意的“好护士”	天津市天津医院
1543	孙春兰	女	2018年	第五届天津市人民满意的“好护士”	天津市武清区第二人民医院
1544	蒋晶红	女	2018年	第五届天津市人民满意的“好护士”	天津中医药大学第二附属医院
1545	孙志萍	女	2018年	第五届天津市人民满意的“好护士”	天津市中医药研究院附属医院
1546	王　晶	女	2018年	第五届天津市人民满意的“好护士”	天津中医学院第一附属医院
1547	陈　璐	女	2018年	第五届天津市人民满意的“好护士”	天津中医学院第一附属医院
1548	李连芝	女	2018年	第五届天津市人民满意的“好护士”	武清区中医医院
1549	李俊杰	女	2018年	第五届天津市人民满意的“好护士”	″中国医学科学院血液病医院（中国医学科学院血液学研究所）″
1550	马兰	女	2018年	天津市最美白衣天使	天津市天津医院
1551	魏力	女	2018年	第五届天津市人民满意的“好护士”	天津医科大学总医院空港医院

续表

序号	姓名	性别	获表彰时间	获表彰名称	单位
1552	潘玥	女	2019年	九三学社天津市委员会2019年度优秀社员	天津市胸科医院
1553	杨淼	男	2019年	全国临床创新与发明大赛一等奖（第一完成人）	天津市第五中心医院
1554	韩冷	女	2019年	三等功	天津康复疗养中心
1555	张帅	女	2019年	天津市五一劳动奖章	天津市第三中心医院
1556	侯明艳	女	2019年	天津市五一劳动奖章	天津市第三中心医院
1557	孙海英	女	2019年	天津市五一劳动奖章	天津市蓟州区人民医院
1558	林娜佳	女	2019年	天津市向上向善好青年	天津市第一中心医院
1559	郭路	女	2019年	天津市最美家庭	天津市第一中心医院
1560	仵淑娟	女	2019年	优秀基层干部	天津康复疗养中心
1561	马晶	女	2019年	优秀基层干部	天津康复疗养中心
1562	仵淑娟	女	2019年	郑州联勤保障中心嘉奖	天津康复疗养中心
1563	马晶	女	2019年	郑州联勤保障中心嘉奖	天津康复疗养中心
1564	马宏成	女	2019年	郑州联勤保障中心嘉奖	天津康复疗养中心
1565	宋丽萍	女	2019年	郑州联勤保障中心优秀护士	天津康复疗养中心
1566	韩冷	女	2019年	郑州联勤保障中心优秀护士	天津康复疗养中心
1567	康娜	女	2019年	郑州联勤保障中心优秀护士	天津康复疗养中心
1568	李民	女	2019年	中华护理学会“杰出护理工作者”	泰达国际心血管病医院
1569	燕朋波	男	2019年	中华护理学会“杰出护理工作者”	天津市北辰医院
1570	王莹	女	2019年	中华护理学会科技奖三等奖	天津市第一中心医院
1571	燕朋波	男	2019年	中华护理学会科技三等奖（第三完成人）	天津市北辰医院
1572	黄淑敏	女	2019年	中华人民共和国成立70周年“结核病防治时代人物”	天津市海河医院
1573	杨静	女	2019年	天津市最美家庭	天津市安定医院
1574	肖红缨	女	2019年	天津市三八红旗手	天津市胸科医院
1575	张清	女	2019年	中国致公党天津市委员会2018年度社会服务工作先进个人	天津医科大学
1576	刘素彦	女	2019年	第五届天津市人民满意的“好护士”	天津医科大学总医院

续表

序号	姓名	性别	获表彰时间	获表彰名称	单位
1577	强万敏	女	2019 年	天津市五一劳动奖章	天津市肿瘤医院
1578	马国岭	女	2019 年	昌都市第八批优秀援藏干部人才	天津市泰达医院
1579	强万敏	女	2019 年	中国肿瘤护理杰出贡献奖	天津市肿瘤医院
1580	王玉玲	女	2019 年	全国中医护理技术创新大赛贡献奖	天津市南开医院
1581	夏欣华	女	2019 年	中华护理学会科技奖三等奖	天津市泰达医院
1582	从立明	女	2020 年	第六届天津市人民满意的“好护士”	天津市环湖医院
1583	邢蕊	女	2020 年	第六届天津市人民满意的“好护士”	天津市环湖医院
1584	李智	男	2020 年	第六届天津市人民满意的“好护士”	天津市安定医院
1585	武小暄	女	2020 年	第六届天津市人民满意的“好护士”	天津市宝坻区中医医院
1586	张昆	女	2020 年	第六届天津市人民满意的“好护士”	天津市北辰区中医医院
1587	燕朋波	男	2020 年	第六届天津市人民满意的“好护士”	天津市北辰医院
1588	路欣	女	2020 年	第六届天津市人民满意的“好护士”	天津市第三中心医院
1589	许程飞	男	2020 年	第六届天津市人民满意的“好护士”	天津市第三中心医院
1590	米颖	女	2020 年	第六届天津市人民满意的“好护士”	天津市第一中心医院
1591	肖莉	女	2020 年	第六届天津市人民满意的“好护士”	天津市第一中心医院
1592	卢振	男	2020 年	第六届天津市人民满意的“好护士”	天津市红桥医院
1593	梁旭	女	2020 年	第六届天津市人民满意的“好护士”	天津市黄河医院
1594	侯美荣	女	2020 年	第六届天津市人民满意的“好护士”	天津市南开区王顶堤医院
1595	徐阳	男	2020 年	第六届天津市人民满意的“好护士”	天津市人民医院

续表

序号	姓名	性别	获表彰时间	获表彰名称	单位
1596	康晋梅	女	2020年	第六届天津市人民满意的“好护士”	天津市人民医院
1597	刘 辉	女	2020年	第六届天津市人民满意的“好护士”	天津市职业病防治院
1598	郭洪霞	女	2020年	第六届天津市人民满意的“好护士”	天津中医学院第一附属医院
1599	鲍桂军	女	2020年	第六届天津市人民满意的“好护士”	天津市海河医院
1600	赵月亮	女	2020年	第六届天津市人民满意的“好护士”	天津市口腔医院
1601	陈 迎	女	2020年	第六届天津市人民满意的“好护士”	天津中医学院第一附属医院
1602	王燕	女	2020年	第六届天津市人民满意的“好护士”	天津市肿瘤医院
1603	石倩	女	2020年	第六届天津市人民满意的“好护士”	天津市肿瘤医院
1604	许莹	女	2020年	第六届天津市人民满意的“好护士”	天津市天津医院
1605	李秀敏	女	2020年	第六届天津市人民满意的“好护士”	天津中医药大学第二附属医院
1606	张斌	女	2020年	第六届天津市人民满意的“好护士”	”中国医学科学院血液病医院（中国医学科学院血液学研究所）”
1607	李莹	女	2020年	第六届天津市人民满意的“好护士”	天津市天津医院
1608	肖婷	女	2020年	第六届天津市人民满意的“好护士”	天津医科大学朱宪彝纪念医院
1609	李梅	女	2020年	第六届天津市人民满意的“好护士”	天津医科大学总医院
1610	张丽	女	2020年	第六届天津市人民满意的“好护士”	天津医科大学总医院
1611	王霞	女	2020年	第六届天津市人民满意的“好护士”	天津市胸科医院
1612	刘晓萌	女	2020年	第六届天津市人民满意的“好护士”	武清区中医医院

续表

序号	姓名	性别	获表彰时间	获表彰名称	单位
1613	张宝娥	女	2020年	第六届天津市人民满意的“好护士”	天津市滨海新区大港医院
1614	李云	女	2020年	全国抗疫最美家庭	天津市宁河区中医医院
1615	肖莉	女	2020年	全国三八红旗手	天津市第一中心医院
1616	包宏静	女	2020年	全国三八红旗手	天津市蓟州区人民医院
1617	张文娟	女	2020年	全国卫生健康系统新冠肺炎疫情防控工作先进个人	天津市第二医院
1618	边颖	女	2020年	全国卫生健康系统新冠肺炎疫情防控工作先进个人	天津市第一中心医院
1619	李美娟	女	2020年	全国卫生健康系统新冠肺炎疫情防控工作先进个人	天津市职业病防治院
1620	付琳琳	女	2020年	全国优秀共青团干部	天津市第三中心医院分院
1621	蔡依静	女	2020年	全国优秀共青团员	天津市海河医院
1622	郭路	女	2020年	全国最美家庭	天津市第一中心医院
1623	张文娟	女	2020年	天津好人	天津市第二医院
1624	李云	女	2020年	天津好人	天津市宁河区中医医院
1625	刘富康	男	2020年	天津好人	天津市人民医院
1626	张昆	女	2020年	天津市爱岗敬业好青年	天津市北辰区中医医院
1627	马宏文	女	2020年	天津市巾帼建功标兵	天津市人民医院
1628	张文娟	女	2020年	天津市抗疫劳模	天津市第二医院
1629	沈悦好	女	2020年	天津市抗疫思政优秀教师	天津医科大学总医院
1630	马娜	女	2020年	天津市劳动模范	南开大学附属医院（天津市第四医院）
1631	贯筱琳	女	2020年	天津市劳动模范	天津市第三中心医院
1632	米颖	女	2020年	天津市劳动模范	天津市第一中心医院
1633	袁 静	女	2020年	天津市劳动模范	天津市东丽区东丽医院
1634	刘春荣	女	2020年	天津市劳动模范	天津市海河医院
1635	赵培	女	2020年	天津市劳动模范	天津市海河医院
1636	王利	女	2020年	天津市劳动模范	天津市海河医院
1637	董士起	男	2020年	天津市劳动模范	天津市海河医院
1638	孙燕	女	2020年	天津市劳动模范	天津市海河医院
1639	卢振	男	2020年	天津市劳动模范	天津市红桥医院
1640	单昆	女	2020年	天津市劳动模范	天津市静海区医院

续表

序号	姓名	性别	获表彰时间	获表彰名称	单位
1641	侯婕	女	2020年	天津市劳动模范	天津市静海区中医医院
1642	李倩	女	2020年	天津市劳动模范	天津市宁河区医院
1643	田丽丽	女	2020年	天津市劳动模范	天津市宁河区中医医院
1644	周焕丽	女	2020年	天津市劳动模范	天津市人民医院
1645	刘 辉	女	2020年	天津市劳动模范	天津市职业病防治院
1646	孙伟	女	2020年	天津市劳动模范	武清区人民医院
1647	尚春红	女	2020年	天津市劳动模范	天津市第三中心医院分院
1648	林辉	男	2020年	天津市劳动模范	天津市宝坻区人民医院
1649	于国珍	女	2020年	天津市三八红旗手	南开大学附属医院(天津市第四医院)
1650	张晨	女	2020年	天津市三八红旗手	南开大学附属医院(天津市第四医院)
1651	甘媛媛	女	2020年	天津市三八红旗手	南开大学附属医院(天津市第四医院)
1652	马娜	女	2020年	天津市三八红旗手	南开大学附属医院(天津市第四医院)
1653	尹楠	女	2020年	天津市三八红旗手	南开大学附属医院(天津市第四医院)
1654	孙桂敏	女	2020年	天津市三八红旗手	天津市宝坻区人民医院
1655	闫萍	女	2020年	天津市三八红旗手	天津市北辰区中医医院
1656	刘晓伟	女	2020年	天津市三八红旗手	天津市北辰区中医医院
1657	高运杰	女	2020年	天津市三八红旗手	天津市北辰医院
1658	李影	女	2020年	天津市三八红旗手	天津市北辰医院
1659	邢丽娜	女	2020年	天津市三八红旗手	天津市北辰医院
1660	刘帅帅	女	2020年	天津市三八红旗手	天津市北辰医院
1661	李海山	女	2020年	天津市三八红旗手	天津市北辰医院
1662	张宝娥	女	2020年	天津市三八红旗手	天津市滨海新区大港医院
1663	张健	女	2020年	天津市三八红旗手	天津市滨海新区汉沽中医医院
1664	王山艳	女	2020年	天津市三八红旗手	天津市滨海新区中医医院
1665	刘丹	女	2020年	天津市三八红旗手	天津市第二人民医院
1666	吴晓蒙	女	2020年	天津市三八红旗手	天津市第三中心医院
1667	赵珊	女	2020年	天津市三八红旗手	天津市第三中心医院
1668	赵悦	女	2020年	天津市三八红旗手	天津市第三中心医院

续表

序号	姓名	性别	获表彰时间	获表彰名称	单位
1669	邱婷婷	女	2020 年	天津市三八红旗手	天津市第三中心医院
1670	冯维静	女	2020 年	天津市三八红旗手	天津市第三中心医院
1671	路欣	女	2020 年	天津市三八红旗手	天津市第三中心医院
1672	孙增芳	女	2020 年	天津市三八红旗手	天津市第三中心医院
1673	马瑞访	女	2020 年	天津市三八红旗手	天津市第三中心医院
1674	贯筱琳	女	2020 年	天津市三八红旗手	天津市第三中心医院
1675	牛彦娥	女	2020 年	天津市三八红旗手	天津市第四中心医院
1676	曹颖	女	2020 年	天津市三八红旗手	天津市第四中心医院
1677	鲁欣	女	2020 年	天津市三八红旗手	天津市第四中心医院
1678	牛彦娥	女	2020 年	天津市三八红旗手	天津市第四中心医院
1679	阚燕	女	2020 年	天津市三八红旗手	天津市第一中心医院
1680	王莹	女	2020 年	天津市三八红旗手	天津市第一中心医院
1681	殷娟	女	2020 年	天津市三八红旗手	天津市第一中心医院
1682	崔雪	女	2020 年	天津市三八红旗手	天津市儿童医院
1683	朱宝爱	女	2020 年	天津市三八红旗手	天津市儿童医院
1684	李红	女	2020 年	天津市三八红旗手	天津市海河医院
1685	任怡	女	2020 年	天津市三八红旗手	天津市海河医院
1686	房晓慧	女	2020 年	天津市三八红旗手	天津市海河医院
1687	吴元蓉	女	2020 年	天津市三八红旗手	天津市海河医院
1688	李青	女	2020 年	天津市三八红旗手	天津市海河医院
1689	徐彩玲	女	2020 年	天津市三八红旗手	天津市海河医院
1690	王丽君	女	2020 年	天津市三八红旗手	天津市海河医院
1691	张文新	女	2020 年	天津市三八红旗手	天津市海河医院
1692	吴海燕	女	2020 年	天津市三八红旗手	天津市海河医院
1693	李会	女	2020 年	天津市三八红旗手	天津市海河医院
1694	李丽超	女	2020 年	天津市三八红旗手	天津市海河医院
1695	李雅平	女	2020 年	天津市三八红旗手	天津市海河医院
1696	王珊珊	女	2020 年	天津市三八红旗手	天津市海河医院
1697	李荣梅	女	2020 年	天津市三八红旗手	天津市海河医院
1698	杨阳	女	2020 年	天津市三八红旗手	天津市海河医院
1699	张华	女	2020 年	天津市三八红旗手	天津市海河医院
1700	杨慧	女	2020 年	天津市三八红旗手	天津市海河医院

续表

序号	姓名	性别	获表彰时间	获表彰名称	单位
1701	孙成茹	女	2020年	天津市三八红旗手	天津市海河医院
1702	孙娜	女	2020年	天津市三八红旗手	天津市海河医院
1703	苏丽洁	女	2020年	天津市三八红旗手	天津市海河医院
1704	鲍桂军	女	2020年	天津市三八红旗手	天津市海河医院
1705	黄丽君	女	2020年	天津市三八红旗手	天津市海河医院
1706	孙洪芬	女	2020年	天津市三八红旗手	天津市海河医院
1707	邳建蕊	女	2020年	天津市三八红旗手	天津市海河医院
1708	吴轶颖	女	2020年	天津市三八红旗手	天津市海河医院
1709	张文	女	2020年	天津市三八红旗手	天津市海河医院
1710	孙树英	女	2020年	天津市三八红旗手	天津市海河医院
1711	李红	女	2020年	天津市三八红旗手	天津市黄河医院
1712	李娜	女	2020年	天津市三八红旗手	天津市黄河医院
1713	薄明洁	女	2020年	天津市三八红旗手	天津市黄河医院
1714	马利华	女	2020年	天津市三八红旗手	天津市黄河医院
1715	魏莉	女	2020年	天津市三八红旗手	天津市黄河医院
1716	梁旭	女	2020年	天津市三八红旗手	天津市黄河医院
1717	杜艳秋	女	2020年	天津市三八红旗手	天津市蓟州区人民医院
1718	杨春伶	女	2020年	天津市三八红旗手	天津市蓟州区人民医院
1719	张家玲	女	2020年	天津市三八红旗手	天津市津南医院
1720	徐显	女	2020年	天津市三八红旗手	天津市津南医院
1721	蒋园园	女	2020年	天津市三八红旗手	天津市静海区医院
1722	蔺新梅	女	2020年	天津市三八红旗手	天津市静海区医院
1723	刘婷婷	女	2020年	天津市三八红旗手	天津市静海区医院
1724	马君	女	2020年	天津市三八红旗手	天津市静海区医院
1725	王吉娟	女	2020年	天津市三八红旗手	天津市静海区医院
1726	张文娟	女	2020年	天津市三八红旗手	天津市静海区医院
1727	李莉	女	2020年	天津市三八红旗手	天津市宁河区中医医院
1728	胡秋莲	女	2020年	天津市三八红旗手	天津市宁河区中医医院
1729	李妍	女	2020年	天津市三八红旗手	天津市人民医院
1730	刘佳	女	2020年	天津市三八红旗手	天津市水阁医院
1731	索秀莉	女	2020年	天津市三八红旗手	天津市胸科医院
1732	黄冬雪	女	2020年	天津市三八红旗手	天津医科大学总医院

续表

序号	姓名	性别	获表彰时间	获表彰名称	单位
1733	张蕊	女	2020年	天津市三八红旗手	天津市第三中心医院分院
1734	李彤	女	2020年	天津市三八红旗手	天津市第三中心医院分院
1735	程颖	女	2020年	天津市三八红旗手	天津市第三中心医院分院
1736	李娜	女	2020年	天津市三八红旗手	天津市第三中心医院分院
1737	吕莉	女	2020年	天津市三八红旗手	天津市海河医院
1738	秦永芝	女	2020年	天津市三八红旗手	天津市海河医院
1739	曹静	女	2020年	天津市三八红旗手	天津市黄河医院
1740	侯美荣	女	2020年	天津市三八红旗手	天津市南开区王顶堤医院
1741	孙伟	女	2020年	天津市三八红旗手	武清区人民医院
1742	李晓	女	2020年	天津市卫生计生行业岗位练兵技术能手称号	天津市泰达医院
1743	马娜	女	2020年	天津市优秀共产党员	南开大学附属医院（天津市第四医院）
1744	张文娟	女	2020年	天津市优秀共产党员	天津市第二医院
1745	阚燕	女	2020年	天津市优秀共产党员	天津市第一中心医院
1746	袁 静	女	2020年	天津市优秀共产党员	天津市东丽区东丽医院
1747	任怡	女	2020年	天津市优秀共产党员	天津市海河医院
1748	程希	女	2020年	天津市优秀共产党员	天津市和平区中医医院
1749	田丽丽	女	2020年	天津市优秀共产党员	天津市宁河区中医医院
1750	赵康娜	女	2020年	天津市优秀共产党员	天津市眼科医院
1751	林娜佳	女	2020年	天津市优秀共青团干部	天津市第一中心医院
1752	付琳琳	女	2020年	天津市优秀共青团干部	天津市第三中心医院分院
1753	孙云飞	男	2020年	天津市优秀共青团员	天津市宝坻区人民医院
1754	吴英华	女	2020年	天津市优秀共青团员	天津市北辰医院
1755	蔡依静	女	2020年	天津市优秀共青团员	天津市海河医院
1756	胡蝶	女	2020年	天津市优秀共青团员	天津市宁河区中医医院
1757	刘富康	男	2020年	天津市优秀共青团员	天津市人民医院
1758	刘欣	女	2020年	天津市优秀共青团员	天津市眼科医院
1759	王琪	女	2020年	天津市优秀共青团员	天津医科大学朱宪彝纪念医院
1760	张吉良	男	2020年	天津市优秀共青团员	天津医科大学总医院
1761	王 莹	女	2020年	天津市优秀共青团员	天津中医学院第一附属医院

续表

序号	姓名	性别	获表彰时间	获表彰名称	单位
1762	王德忠	男	2020年	天津市优秀共青团员	天津市黄河医院
1763	杨晓霞	女	2020年	天津市优秀护理工作者	天津市第五中心医院
1764	张昆	女	2020年	天津市优秀科技志愿者	天津市北辰区中医医院
1765	李妍	女	2020年	天津市最美白衣天使	天津市人民医院
1766	宋国敏	女	2020年	天津市最美白衣天使	天津市天津医院
1767	李云	女	2020年	天津市最美抗疫家庭	天津市宁河区中医医院
1768	李云	女	2020年	天津市最美抗疫家庭	天津市宁河区中医医院
1769	沈悦好	女	2020年	天津向上向善好青年	天津医科大学总医院
1770	王莹	女	2020年	天津最美抗疫人物“最美逆行者”	天津市第一中心医院
1771	宋丽萍	女	2020年	郑州联勤保障中心嘉奖	天津康复疗养中心
1772	董翔	女	2020年	郑州联勤保障中心嘉奖	天津康复疗养中心
1773	肖婷	女	2020年	中国好护士	天津医科大学朱宪彝纪念医院
1774	王山艳	女	2020年	中国农工民主党中央委员会“优秀党员	天津市滨海新区中医医院
1775	王山艳	女	2020年	中国农工民主党中央委员会抗击新冠肺炎疫情先进个人	天津市滨海新区中医医院
1776	任怡	女	2020年	中华护理学会“杰出护理工作者”	天津市海河医院
1777	沈悦好	女	2020年	中华护理学会“杰出护理工作者”	天津医科大学总医院
1778	孙志萍	女	2020年	天津好人	天津市中医药研究院附属医院
1779	路　美	女	2020年	全国抗疫巾帼英雄谱	中国人民武装警察部队特色医学中心
1780	傅加敏	女	2020年	天津爱岗敬业好青年	天津中医学院第一附属医院
1781	刘金萍	女	2020年	天津市三八红旗手	天津市中心妇产科医院
1782	沈悦好	女	2020年	中国青年五四奖章	天津医科大学总医院
1783	肖婷	女	2020年	天津青年五四奖章	天津医科大学朱宪彝纪念医院
1784	李孟函	女	2020年	全国优秀共青团员	中国人民武装警察部队特色医学中心
1785	曹庆玲	女	2020年	天津市三八红旗手	天津市南开区中医医院

续表

序号	姓名	性别	获表彰时间	获表彰名称	单位
1786	吴敏	女	2020年	天津市三八红旗手	天津市南开区中医医院
1787	周雅姣	女	2020年	天津市三八红旗手	天津市南开区中医医院
1788	丁桂梅	女	2020年	天津市三八红旗手	天津市天津医院
1789	王霞	女	2020年	天津市三八红旗手	天津市胸科医院
1790	石倩	女	2020年	天津市三八红旗手	天津市肿瘤医院
1791	谭晓娟	女	2020年	天津市三八红旗手	天津医科大学口腔医院
1792	陈慧娇	女	2020年	天津市三八红旗手	天津医科大学总医院
1793	郭连梅	女	2020年	天津市三八红旗手	天津医科大学总医院
1794	屈媛媛	女	2020年	天津市三八红旗手	天津医科大学总医院
1795	郝晶	女	2020年	天津市三八红旗手	天津医科大学总医院
1796	王晴晴	女	2020年	天津市三八红旗手	天津医科大学总医院
1797	范书南	女	2020年	天津市三八红旗手	天津医科大学总医院
1798	潘丽	女	2020年	天津市三八红旗手	天津医科大学总医院
1799	谢晶	女	2020年	天津市三八红旗手	天津医科大学总医院
1800	姜桂芳	女	2020年	天津市三八红旗手	天津医科大学总医院
1801	刘庆丽	女	2020年	天津市三八红旗手	天津医科大学总医院滨海医院
1802	韩红梅	女	2020年	天津市三八红旗手	天津中医学院第一附属医院
1803	王　倩	女	2020年	天津市三八红旗手	天津中医学院第一附属医院
1804	李　超	女	2020年	天津市三八红旗手	天津中医学院第一附属医院
1805	栾　娟	女	2020年	天津市三八红旗手	天津中医学院第一附属医院
1806	张会晓	女	2020年	天津市三八红旗手	天津中医学院第一附属医院
1807	王树苓	女	2020年	天津市三八红旗手	天津中医药大学第二附属医院
1808	宋怡	女	2020年	天津市三八红旗手	天津中医药大学第二附属医院
1809	李艳霞	女	2020年	天津市三八红旗手	天津中医药大学第二附属医院
1810	郝晶	女	2020年	天津市三八红旗手	天津中医药大学第二附属医院

续表

序号	姓名	性别	获表彰时间	获表彰名称	单位
1811	康萍	女	2020年	天津市三八红旗手	天津中医药大学第二附属医院
1812	孙海静	女	2020年	天津市三八红旗手	武清区中医医院
1813	穆维	女	2020年	天津市三八红旗手	天津市天津医院
1814	许莹	女	2020年	天津市三八红旗手	天津市天津医院
1815	万　娟	女	2020年	天津市三八红旗手	天津中医学院第一附属医院
1816	孙凯庆	男	2020年	天津市优秀共青团干部	天津医科大学总医院滨海医院
1817	孙培超	男	2020年	天津市优秀共青团干部	天津中医药大学第二附属医院
1818	徐爽	女	2020年	天津市优秀共青团员	天津市天津医院
1819	张宏宇	女	2020年	天津市优秀共青团员	天津市肿瘤医院
1820	张滨滨	男	2020年	天津市优秀共青团员	天津医科大学口腔医院
1821	王霞	女	2020年	天津市优秀护理工作者	天津市胸科医院
1822	侯亚红	女	2020年	中华护理学会“杰出护理工作者”	中国人民武装警察部队特色医学中心
1823	臧红新	女	2020年	全国优秀共青团干部	中国人民武装警察部队特色医学中心
1824	刘青	女	2020年	天津市三八红旗手	天津医科大学眼科医院
1825	杨蕾	女	2020年	天津市三八红旗手	武清区中医医院
1826	谢维维	女	2020年	天津市三八红旗手	武清区人民医院
1827	张业军	男	2020年	天津市优秀共青团干部	天津中医药大学第二附属医院
1828	孟　艳	女	2020年	“天津最美抗疫人物”之“最美逆行者”	天津中医学院第一附属医院
1829	宫　平	女	2020年	全国抗击新冠肺炎疫情先进个人	中国人民武装警察部队特色医学中心
1830	王树苓	女	2020年	全国三八红旗手	天津中医药大学第二附属医院
1831	王　蕊	女	2020年	全国三八红旗手	中国人民武装警察部队特色医学中心
1832	胡海霞	女	2020年	全国三八红旗手	中国人民武装警察部队特色医学中心
1833	王霞	女	2020年	天津市优秀共产党员	天津市胸科医院

续表

序号	姓名	性别	获表彰时间	获表彰名称	单位
1834	谭晓娟	女	2020 年	天津市优秀共产党员	天津医科大学口腔医院
1835	郭连梅	女	2020 年	天津市优秀共产党员	天津医科大学总医院
1836	王树苓	女	2020 年	天津市优秀共产党员	天津中医药大学第二附属医院
1837	孙伟	女	2020 年	天津市优秀共产党员	武清区人民医院
1838	刘传萍	女	2020 年	全国三八红旗手	中国人民武装警察部队特色医学中心
1839	孙志萍	女	2020 年	天津市劳动模范	天津市中医药研究院附属医院
1840	王燕	女	2020 年	天津市劳动模范	天津市肿瘤医院
1841	谭晓娟	女	2020 年	天津市劳动模范	天津医科大学口腔医院
1842	肖婷	女	2020 年	天津市劳动模范	天津医科大学朱宪彝纪念医院
1843	李梅	女	2020 年	天津市劳动模范	天津医科大学总医院
1844	陈　迎	女	2020 年	天津市劳动模范	天津中医学院第一附属医院
1845	郭洪霞	女	2020 年	天津市劳动模范	天津中医学院第一附属医院
1846	王树苓	女	2020 年	天津市劳动模范	天津中医药大学第二附属医院
1847	刘金萍	女	2020 年	天津市优秀共产党员	天津市中心妇产科医院
1848	肖婷	女	2020 年	天津市优秀共产党员	天津医科大学朱宪彝纪念医院
1849	刘金萍	女	2020 年	“中国好医生、中国好护士”抗疫特别人物	天津市中心妇产科医院
1850	刘青	女	2020 年	天津市劳动模范	天津医科大学眼科医院
1851	郑士楠	女	2020 年	第六届天津市人民满意的“好护士”	天津医科大学口腔医院
1852	路　美	女	2020 年	全国先进工作者	中国人民武装警察部队特色医学中心
1853	孙志萍	女	2020 年	全国农工党抗击新冠肺炎疫情先进个人	天津市中医药研究院附属医院
1854	孙志萍	女	2020 年	天津市第十二届“十佳医务工作者”	天津市中医药研究院附属医院
1855	王霞	女	2020 年	天津市巾帼建功标兵	天津市胸科医院

续表

序号	姓名	性别	获表彰时间	获表彰名称	单位
1856	张清	女	2020年	致公党抗击新冠肺炎疫情先进个人	天津医科大学
1857	刘青	女	2020年	第六届天津市人民满意的“好护士”	天津医科大学眼科医院
1858	王申	女	2020年	全国敬老爱老助老模范人物	天津市第一中心医院
1859	王莹	女	2020年	全国抗击新冠肺炎疫情先进个人	天津市第一中心医院
1860	王莹	女	2020年	全国卫生健康系统新冠肺炎疫情防控工作先进个人	天津市第一中心医院
1861	米颖	女	2020年	天津市三八红旗手	天津市第一中心医院
1862	米颖	女	2020年	中华护理学会“杰出护理工作者”	天津市第一中心医院
1863	蔡亚娜	女	2020年	天津市巾帼建功标兵	天津市蓟州区人民医院
1864	张宝英	女	2020年	天津市三八红旗手	天津市第二人民医院
1865	王躬莉	女	2020年	天津市三八红旗手	天津市第二人民医院
1866	聂晶晶	女	2020年	天津市三八红旗手	天津市第二人民医院
1867	孙燕	女	2020年	“天津最美抗疫人物”之最美逆行者	天津市海河医院
1868	卢振	男	2020年	“中国好医生，中国好护士”	天津市红桥医院

后　记

冬去春来，时移物换。2021年恰逢天津市护理学会建会70周年，天津护理事业的大发展凝聚着一代又一代护理工作者甘于奉献、大爱无疆的卓越品质，为记载护理工作者所做的贡献，记载天津地区护理发展史，让后人从中得到启迪，发扬光大，为天津护理事业的发展再立新功，天津市护理学会第九届理事会研究决定编写《天使初心——天津护理人物志》，在各界人士的大力支持和协助下，天津护理事业发展百年来的第一本人物志，终于如期与大家见面了。

本书从史实着手，以细节见长，选录贡献卓越的护理工作者，记述严谨求实、守正创新的突出事迹，展示出几代护理人奋发蹈厉、砥志研思的行业风采。书中每一个名字都熠熠生辉，每一点奉献都闪耀着灼灼光华，他们虽年龄不同、经历迥异，但以爱心化解病痛、以坚韧诠释担当的精神，无不给后辈人感动和引领。

《人物志》以护理事业发展为依托，更侧重从业者的生平履历，以事系人、以人察史。史志的撰写过程，串联起零散分散的历史关键，编织出天津市护理发展的完整画卷，也借此透视卫生健康医疗事业的前行历程。

编纂历时12个月，我们过去的记录留痕意识不强，珍贵细节已有缺失，需要联络很多医院和护理工作者才能补全一二。搜寻资料、采访整理的过程极富艰辛，同时也带来了别样的感动。新老几届主任之间再续前情，共同回忆那些拼搏在护理一线的葱茏岁月。老主任们感慨医院和护理事业的巨大发展，对未来充满期待；年轻同志们回顾护理事业步步走来的不易，更加懂得了珍惜和传承。护理技术和设备随着时代发展日新月异，取得了长足发展，但传统护理观念中对病人的人文关怀、对细节的体贴周到，应该被永远坚守并发扬。埋头苦干的职业生涯中，那些曾被忽视的瞬间在本书中重新散发光彩，那是所有护理工作者从心底溢出的对生命的感激与热爱，是一如我们宣南丁格尔誓言时秉持的崇高信仰。

本书的组稿编撰过程中，编辑组中来自天津市胸科医院的张佳琪，天津医科大学肿瘤医院的鲍雨婷，天津市北辰医院的孙瑶，中国医学科学院血液病医院的郭洁、黄雪丽几位年轻编辑感悟颇多，作为一名编者，有幸用笔见证不同时代护理者们在平凡岗位上续写的不平凡故事。每一位护理前辈，都是一座精神的丰碑；每一次对他们的回望，都是一次信仰的传承。这本《人物志》是我们每一位护理人最好的教材。

我们想为护理的发展变化留一笔资料，为前辈的恪尽职守存一处姓名，为行业的全面成熟献一份力量。当我们用朴素文字记录下那些感动瞬间时，这部《人物志》也就在一定程度上承载起了记录曾经的前辈、鼓励当下的我们、向外界展示风采的时代重任。护理工作者在面对病人和临床的工作时没有记录习惯，希望这本书能提供一些启发，各个医院、科室、学会都能做好发展史的记载，代代肩负起天津护理史志续篇的使命。

我们在撰写、编辑、设计、制作等方面不断总结经验，精益求精。感谢各位领导、顾问和有关部门的大力支持，感谢参编单位和人员的配合协助，感谢采访写作编辑们的尽心竭力。

能力有限，资料难全，本书尚有很多不足与疏漏，敬请广大读者批评指正。

怀昂扬之志，扬理想之帆，希望这本《人物志》的出版能成为良好的开端，让我们携手并进，再续新篇！